**기독교문서선교회** (Christian Literature Center: 약칭 CLC)는 1941년 영국 콜체스터에서 켄 아담스에 의해 시작되었으며 국제 본부는 미국 필라델피아에 있습니다.
국제 CLC는 59개 나라에서 180개의 본부를 두고, 약 650여 명의 선교사들이 이동도서차량 40대를 이용하여 문서 보급에 힘쓰고 있으며 이메일 주문을 통해 130여 국으로 책을 공급하고 있습니다. 한국 CLC는 청교도적 복음주의 신학과 신앙 서적을 출판하는 문서선교기관으로서, 한 영혼이라도 구원되길 소망하면서 주님이 오시는 그날까지 최선을 다할 것입니다.

# 추천사 1

**박 삼 경 박사**
서울신학대학교 기독교 윤리학 교수

　본서에 관한 추천사를 부탁받고, 여러 해 전에 영어로 된 원서 *The Liberative Cross*를 대략 본 사람으로서, '번역을 해야지' 하는 마음이 있었는데, 여러 일로 차일피일 미루다 이렇게 번역된 글을 읽어보니 내가 번역하지 않은 것이 천만다행이라고 생각한다. 원서의 저자인 한혜경 박사는 영어만 잘하는 줄 알았는데 영어만 아니라 한국어도 잘 아는 이중 언어 소유자임을 책을 통해 잘 느낄 수 있었다. 한국어로 잘 번역된 좋은 책을 다시 읽고 그 책에 관하여 추천사를 쓸 수 있다는 것이 개인적으로 큰 기쁨과 영광이라고 생각한다.
　신학은 언제나 상황 안에 존재한다는 제목으로 1장을 시작한다. 한혜경 박사의 신학함의 의미를 보여준다. 그녀가 살아온 시대의 상황들안에서 학문함의 신학적 성찰을 잘 보여주는 문장이 아닌가 한다. 왜 사회적 삼위일체와 십자가 신학이 그녀의 신학함의 화두가 되었는지를 알 수 있도록 열린 지평으로 독자를 초대한다. 한국인으로, 캐나다인으로 그리고 여성으로서 살아온 상황들 안에서 하나님의 "말 걸어옴"에 대한 그녀의 응답들이 아닌가 한다. 이런 면에서 신학함은 자서전적인 상황 안의 책임적 성찰을 전제로 시작하는 것 같다.
　2장과 3장은 하나님을 이해하는 것에 그녀는 삼위일체라는 신비한 어려운 용어를 몰트만의 사회적 삼위일체로 소개함으로써 하나님의 본질을 관계성, 상호성 그리고 다양성 안의 화합과 일치로 풀어낸다. 여성신학과의 대화와 비판으로 때로는 안셀름의 소론 『하나님은 왜 사람이 되었는가』의 논쟁과 속죄론의 비판으로 그리고 루터의 십자가의 신학과 몰트만의 삼위일체적인 십자가 신학의 비교 등을 통해 독자들을 하나님의 본질을 더 깊이 알아가도록 학문의 세계와 대화하게 만든다. 진정 하나님이 우리에게 원했던 십자가의 의미는 무엇일까?
　저자가 주장하는 십자가 신학의 삼위일체적인 접근은 과연 어떤 내용일까?
　4장은 사회적 삼위일체와 십자가 신학이 그녀의 신학함에 어떤 실질적인 이해와 실천으로 연결되어지는 것을 보여주는 프락시스의 백미가 아닌가 한다. 북미 사회는 물론 한국 사회도 다문화 다인종 사회로 살아가는 변화를 맞이하고 있다. 저자는 급변하는 작금의 사회 상황에서 차별과 배제, 계급주의를 넘어서는 포용과 연대 그리고 일치의 사회로 가기 위한 십자가 신학의 새로운 재해석을 통한 예언자적인 시도들을 하고 있다. 진정 십자가의 도를 추구하는 선교적 교회와 우리가 살아가는 사회는 어떠한 공동체를 추구해야 하는 것인가?

종교 간의 대화를 잘 풀어가는 새로운 접근은 무엇인가?

좋은 책을 읽는 것은 진정한 내가 누구인가를 발견하는 것이라고 본다. 한혜경 박사의 사회적 삼위일체와 십자가의 신학의 책은 하나님을 더 깊이 알아가는 동시에 내가 누구인가를 성찰하게 한다. 아울러 내가 사는 사회를 보다 크신 하나님의 사랑과 너그러움으로 서로에게 상호 함께 살아가야 할 공동체적인 생기를 제공해준다. '나는 진정 페리코레틱(perichoretic) 삶을 살고 있는가?' 라는 질문이 계속 주위를 맴돈다.

# 추천사 2

**허 천 회 박사**
토론토대학교 낙스신학대학원 겸임 교수

예수의 십자가 사건은 기독교 역사의 최대 스캔들 중 하나이다. 십자가 사건은 과연 고통과 죽음만을 의미하는가? 일부 여성학자들이 주장하는 것처럼 예수 홀로 정치적 희생자로 죽임을 당한 것일까, 아니면 안셀름의 속죄설이 주장하는 하나님의 명예회복을 위한 신의 독단적 요구에 의해 이루어진 희생적 죽음인 것인가?

혹은 루터의 형벌 대속설이 주장하는 "죄에 대한 보상으로 하나님이 요구하신 예수의 죽음"으로 해석되는 것이 옳은가?

저자는 십자가에 대한 재해석으로 몰트만의 십자가 이해, 곧 십자가는 모든 인간을 사랑하는 하나님의 능동적인 참여라는 사실에 근거하여 십자가 신학은 사랑과 구원을 실현시킨 부활의 신학이 되어야 한다고 주장한다. 저자는 하나님 자신이 십자가에서 수난을 당하고 죽음을 당한 것처럼 이해하는 성부 수난설과 달리, 십자가 사건을 삼위일체적 사건으로 보며, 십자가를 통해 하나님이 버림받고 고통 당하는 사람들과 연대하여 그들을 사랑하고 회복시키는 부활 사건으로 이해함으로써 십자가 사건이 곧 구원의 사건임을 보여주고 있다.

저자는 북미에서 살아가고 있는 여성 신학자의 관점에서 페리코레시스(perichoresis)의 개념, 즉 상호성(mutuality)과 호혜성(reciprocity)이 실현되는 사건이 십자가 신학이라고 한다. 그런 의미에서 삼위일체는 분리된 객체가 아니라 상호 의존적인 동시에 상호 협력적으로 교제하는 공동체가 되는 것이며, 그런 관점에서 저자는 몰트만과 같이 십자가 신학은 하나님과 세상이 서로 열린 교제를 통해 회복과 부활이 실현되는 사건이 되어야 한다고 주장한다.

십자가 신학에 대한 삼위일체적 이해는 오늘날 북미에서 살아가고 있는 아시안 여성들에게 자신들과 교제하고 연대하며 구원하시는 하나님을 만날 수 있도록 승화시키고 있다. 그런 관점에서 본서는 전통적인 십자가 신학에 대한 새로운 관점을 제공하는 신학적인 기여를 할 뿐만 아니라 오늘날 북미에서 살아가는 아시안 여성을 포함하여 소수 민족으로 살아가는 사람들, 억압받고 핍박받는 모든 사람이 소외되지 않고 하나님의 사랑과 용서와 회복에 참여하는 구원을 가능하게 한다는 뜻에서 현대신학의 발전에 탁월하게 기여하고 있음이 틀림없다.

흥미롭게도 이와 같은 관점과 기여는 오늘날 한국에서 일어나는 다문화적 상황에 적합하게 적용될 수 있다. 이와 같은 신학적 통찰은 현재와 미래에 펼쳐지는 한국적 상황 가운데 더욱더 긴밀하게 적용되며 더욱 발전하게 될 것임을 확신한다.

# 추천사 3

**Rev. Dr. Charles Fensham**
토론토대학교 낙스신학대학 조직신학·선교학 교수

이 책은 여성들이 십자가와 삼위일체의 관계성을 본받아(imitatio crucis and imitatio relationis) 현대사회에서 삼위일체 하나님의 페리코레틱 교제를 반영하며 하나님의 형상(imago Dei)으로 살도록 시대적 사명을 일깨우는 실천적 신학의 토대를 제공한다.
이러한 목적을 위해 세 가지 요소를 강조한다.

첫째, 십자가 신학은 현재 벌어지고 있는 현실적 우려와 관심사들에 대한 도전과 문제에 해결점을 제시할 수 있어야 한다.
둘째, 여성에게 생명과 자유를 주는 페미니스트 신학으로서의 십자가 신학을 회복해야 한다.
셋째, 하나님의 본질이 관계성, 상호성, 공동체 안의 관계성에 있음을 드러내 주는 십자가 신학에 관한 사회적 삼위일체 관점에서의 접근이 필수적이다.

이 책은 상상력과 실천 면에서 목회와 교회가 어떠해야 할지에 대한 건설적인 길잡이 역할을 할 것이다. 이 점에서, 한혜경 박사의 신학적 사고와 통찰력은 매우 인상적이다. 비록 이 책이 의도하는 범위가 북미의 이민자로 살아가는 여성과 국내 여성으로 제한되어 있다 하더라도, 해석학, 페미니즘 비평, 십자가 신학, 삼위일체론에 대한 충분한 이해와 정확한 비판을 제시함으로써 독자 모두에게 젠더, 세대, 문화, 인종 간의 다름을 포용하는 신학적 통찰력을 제공한다.
또한, 이 책은 변화하는 국내 상황과 이민자 사회 상황에 비추어 시대적 아픔과 도전을 담아내는 십자가 신학을 세운다. 나는 이 책이야말로 상황 신학과 십자가 신학에 대한 독창적인 기여라고 생각한다. 많은 신학자, 신학생, 목회자, 평신도 지도자가 이 책을 읽고 시대적 도전과 질문에 답을 찾게 되길 바란다.

# 추천사 4

Dr. Jenny Dagger
영국 Liverpool Hope University 신학 교수

　이 책은 오늘날 일부 페미니스트 신학자의 비판에 직면해 일반적으로 수용되어 온 속죄론을 고찰하고 포용적인 십자가 신학을 재개하는 건설적인 페미니스트 신학을 제시한다.
　저자는 오늘날 다원주의, 다문화 사회를 살아가는 여성을 위한 새로운 예언적 목적에 따라 사회적 삼위일체 관점에서 십자가 신학을 세웠다.
　또한, 이 책은 이러한 십자가 신학을 통해 하나님 나라에 이바지하는 목회적이며 평등주의적인, 가난한 이들과 연대하며 세상을 향해 열려 있는 교회를 구상하며 교회에 원동력이 되는 가르침을 주고 있다.

# 추천사 5

**Dr. Nik Ansell**
토론토 Institute for Christian Studies 교수

한혜경 박사의 신학은 목회적 경험과 관심에서 발단하였다. 따라서 그녀의 십자가 신학은 교회를 세우기 위한 신학적 성찰과 실천을 향한 상상력에 크게 기여한다.

모든 기독교 신학은 목회 신학이다. 가장 이론적으로 발전된(또는 개념적이며 추상적인) 신학이라도 목회적인 요소를 함축하고 있으므로 이 표현은 적절하다고 평가할 수 있다.

이 책은 좀 더 분명한 차원에서 목회적이다. 저자는 목회적 관심 때문에 개념적 명료성과 이론적 통찰을 희생시키지 않는다. 그녀는 오늘날 교회가 처한 상황과 주변 문화에서 공통으로 나타나는 다양한 문제를 회피하지 않고 현실과 맞닥뜨려 십자가 신학을 사회적 삼위일체적으로 해석하고 새롭게 제시함으로써 모든 독자에게 적극적인 하나님의 형상으로 십자가의 사명을 감당하길 촉구한다.

# 사회적 삼위일체와 십자가 신학

*Social Trinitarian Approach to the Theology of the Cross*
Written by Hye Kyung Heo
All rights reserved.
Korean Edition Copyright ⓒ 2024 by Christian Literature Center, Seoul, Korea.

**사회적 삼위일체와 십자가 신학**

2024년 4월 9일 초판 발행

지 은 이 | 한혜경

편　　집 | 이신영
디 자 인 | 박성준, 서민정, 이수정
펴 낸 곳 | (사)기독교문서선교회
등　　록 | 제16-25호(1980. 1. 18.)
주　　소 | 서울특별시 동대문구 천호대로71길 39
전　　화 | 02-586-8761~3(본사) 031-942-8761(영업부)
팩　　스 | 02-523-0131(본사) 031-942-8763(영업부)
이 메 일 | clckor@gmail.com
홈페이지 | www.clcbook.com
송금계좌 | 기업은행 073-000308-04-020 (사)기독교문서선교회
일련번호 | 2024-18

ISBN 978-89-341-2665-2 (93230)

이 책의 출판권은(사)기독교문서선교회가 소유합니다.
신저작권법에 의하여 한국 내에서 보호를 받는 저작물이므로 무단 전재와 무단 복제를 금합니다.

# SOCIAL TRINITARIAN APPROACH TO THE THEOLOGY OF THE CROSS

# 사회적 삼위일체와 십자가 신학

한혜경 지음

CLC

# 목차

추천사 1 **박삼경 박사** | 서울신학대학교 기독교 윤리학 교수     1
추천사 2 **허천회 박사** | 토론토대학교 낙스신학대학원 겸임 교수     3
추천사 3 **Rev. Dr. Charles Fensham** | 토론토대학교 낙스신학대학 교수     4
추천사 4 **Dr. Jenny Dagger** | 영국 Liverpool Hope University 교수     5
추천사 5 **Dr. Nik Ansell** | 토론토 Institute for Christian Studies 교수     6

감사의 말씀     14

## 제1장 신학은 언제나 상황 안에 존재한다     16

1. 가다머의 "지평 융합"의 개념     19
1) 한국 전통 종교인 불교, 유교, 샤머니즘의 종교적 융합 사례     23
2) 기독교를 이해하는 데 있어 '편견' 또는 이전 구조로 작용한 전통 종교들     27
3) 기독교와 혼합주의     30

2. 신학적 소재로서의 한국 여성의 경험     45
1) 한-북미 여성의 사회적 상황     49
2) 북미에 사는 한인 여성들의 종교적 상황     50
3) 새로운 상황에서 예언적 부르심으로서의 새로운 십자가 이해의 필요성     63

## 제2장  여러 가지 여성신학에 대한 비판적 평가                    66

1. 하나님의 남성성                                              76
1) 하나님은 남성인가?                                            78
2) 삼위일체와 신-언어                                            79
3) 여자가 남자에게 종속된다는 것이 삼위일체 내에 내재되어 있는가?    95

2. 십자가와 하나님의 관계                                        101
1) 십자가는 폄하와 억압의 상징인가?                              102
2) 예수 십자가의 와해                                           108
3) 죌레(Sölle)의 십자가에 대한 실존적 이해                       113
4) 엘리자베스 존슨의 십자가-부활 변증법의 개념                   117

3. 하나님은 왜 사람이 되었는가에 나타난 안셀름의 속죄론 재검토     120
1) 안셀름의 논쟁: 『하나님은 왜 사람이 되셨는가』                 121
2) 『하나님은 왜 사람이 되셨는가』에 대한 비판                    124
3) 오늘날 다문화적 사회에서 사는 기독 여성의 상황에서 현대 신학적,  135
　 교회론적 문제에 관련하여 본 안셀름의 속죄론의 기여와 부적절성

## 제3장 사회적 삼위일체적 십자가 신학을 향하여    141

1. 루터의 십자가 신학    143
1) 하이델베르그 논쟁과 루터의 중요한 논문 분석    144
2) 루터의 십자가 신학이 현대적 상황에 기여한 것    153

2. 몰트만의 십자가 신학    158
1) 신학의 기초와 비판으로서 십자가    160
2) 무신론과 유신론의 맥락에서 보는 그리스도의 십자가    165
3) 하나님의 감동성으로서의 그리스도 십자가    172
4) 삼위일체 사건으로서 그리스도의 십자가    176

3. 몰트만의 사회적 삼위일체론    190
1) 페리코레시스    196
2) "경륜적 삼위일체는 내재적 삼위일체이다. 그리고 내재적 삼위일체는 경륜적 삼위일체이다"    203
3) 필리오케 논쟁    206

**SOCIAL TRINITARIAN APPROACH TO THE THEOLOGY OF THE CROSS**

제4장 다문화, 다인종, 다원주의 상황에서 여성을 위한 십자가에  211
　　　대한 사회적 삼위일체적 이해와 실천

1. 삼위일체적 교제를 진정한 인간공동체의 본질에 대한 처방"으로 본  212
　　몰트만의 주장은 비판받고 있다
　1) 몰트만의 사회적 삼위일체 신학은 자신의 사회적 가치들과 정치적 이상을  214
　　　투사한 것인가?
　2) 아버지, 아들, 성령의 관계에 대한 그림이 인간 사회의 모델 역할을 할 수  229
　　　있는가?
　3) 관계의 유비로서의 하나님 형상에 대한 몰트만의 이해  232

2. 오늘날의 다문화, 다인종, 다원주의 상황에서 살아가는 여성을 위한  236
　　사회적 삼위일체적 실천
　1) 사회적 삼위일체적 십자가 신학의 실천적 관련성: 앤드류 성 박의 "한"  238
　　　신학과 몰트만의 죄 개념에 대한 비판
　2) 사회적 삼위일체적 십자가 신학의 실천적 관련성: 그리스도인의 사적,  247
　　　사회적 영역에서의 페리코레틱 삶
　3) 공공의 차원에서 삼위일체적 교제의 실천: 교회의 지도력과 구조  253
　4) 공공의 차원에서 삼위일체적 교제의 실천: 선교  261
　5) 공공의 차원에서 삼위일체적 교제의 실천: 종교 간의 대화  272

결론  282

참고 문헌  290
인명 색인  313
주제 색인  317

# 감사의 말씀

『자유롭게 하는 십자가』(The Liberative Cross)를 미국에서 Pickwick Publications를 통해 출판한 지 벌써 8년이 지났다. 그동안 토론토대학교 내에 있는 낙스신학대학원에서 기독교 윤리학을 가르치며 학생들에게 필독서로 읽혀 왔다. 그들은 하나 같이 이 책을 통해 시대적 도전과 십자가 신학에 눈을 뜨게 되었고, 그들이 가졌던 많은 신학적 질문에 답을 얻게 되었다며 이 책이 좀 더 많이 읽혔으면 좋겠다는 반응을 보였다.

그리고 정작 이 책을 반드시 읽어야 할 대상자들인 대다수의 한인 이민자와 국내인들은 이 책이 영어로 쓰인 관계로 읽고 싶어도 읽을 수 없음을 아쉬워했다. 저자로서 이 책을 번역해야겠다는 책임감을 느끼면서도 엄두를 내지 못하고 있었다. 그러던 중, 2022년 봄학기에 서울신학대학원에서 몰트만의 <영성과 신학>을 강의할 기회가 주어졌다. 한국말로 강의하는 것은 생소한 일이었기 때문에 여간 힘든 일이 아니었지만, 이 계기를 통해 신학 용어들을 한국말로 익히게 되었다. 결과적으로 영어로 된 이 책을 한국어로 번역할 수 있겠다는 자신감이 생기게 되었다. 즉시 번역하기 시작했고, 일 년이 걸려 완성되었다.

원서는 본래 북미라는 다문화적 사회에 사는 한인 여성 1세와 2세를 위해 사회적 삼위일체 접근을 통해 십자가 신학을 새롭게 세우는 시도로 발단한 것이다. 그런데 지난해 한국을 방문해 다문화사회로 변모해 가는 한국적 상황을 경험하게 되었고, 이 책이 이런 한국의 상황에서 발생하는 많은 신학적 질문에 해답을 줄 수 있다는 확신이 생기게 되었다. 그러한 이유로 이 책의 독자 범위를 북미에 국한할 필요가 없이 한국을 포함하는 것이 좋겠다는 생각이 들었다.

이 책을 한국말로 번역할 수 있도록, 또한, 수십 년간 끊임없이 목회하며서 학문할 수 있도록 신학에 대한 열정과 육체적 건강을 주신 하나님께 감사드린다. 제일 먼저, 기독교인은 어떻게 살아야 하는지 본이 되어 주신 믿음의 선구자이며 안내자였던 어머니 고 박차남 권사님, 아버지 고 한만국 장로님께 감사하며 이 책을 드린다. 목회뿐만 아니라 신학함에 있어서 깊이와 넓이를 더해 주는 나의 삶의 동반자이며 남편인 허천회 박사에게 고마움을 전한다.

　신학 공부를 다시 시작했을 때 초등학생이었던 두 아들, 허차영과 허주영이 이젠 결혼하고 각각 가정을 이루어 살고 있다. 영어권 목회자로 우리의 동역자가 되어준 첫째 아들 허차영과 그의 아내 이보영 그리고 변호사와 평신도 사역자로 헌신하고 봉사하는 둘째 아들 주영과 그의 아내 이정주, 교회에는 힘이요 부모에게는 자랑거리가 되어 주니 얼마나 감사한지, 하나님께 영광을 돌린다.

　학문적으로 나의 길잡이가 되어 주신 찰스 펜샴 교수님께 감사드린다.

　목사로서 낙스칼리지의 학장으로서 또한 기독교 여성의 본을 보여주신 존경하는 나의 선생님 돌카스 골든 박사에게 감사드린다.

　2003년도에 남편 허천회 박사와 개척한 토론토 말씀의교회의 목회자들과 성도에게도 감사드린다.

　끝으로, 이 책을 영어로 쓰고 한국어로 번역하는 모든 수고가 서로를 존중하며 생명을 나누며 상호적, 호혜적 관계를 중시하는 사회적 삼위일체 십자가 신학을 배우고 실천하는 것으로 열매맺기를 기도한다.

## 제1장

## 신학은 언제나 상황 안에 존재한다

오늘날 북미에서 사는 한인 여성들과 글로벌시대를 맞이하여 다문화 사회로 급변하는 한국 사회에서 살아가는 여성들 모두를 아우르며 시대적 도전에 답을 줄 수 있는 가장 적절한 십자가 신학을 세우기 위해서는, 무엇보다도 그들의 사회적 정치적 종교적 문화적 배경을 살펴보아야 한다. 시대적 도전에 답을 제시해 주는 상황 신학을 한다는 것은 기독교 메시지를 새로운 상황에 따라 끊임없이 창의적으로 재해석하는 것을 말한다.

캐나다의 대표적인 신학자 더글라스 홀(Douglas Hall)은 『우리 상황에서의 십자가』(Cross in our Context)에서 "자신이 처한 때와 장소의 특성을 살피는 것은 신학 작업을 하기 위한 필수 조건이다"[1](the conditio sine qua non of real theological work)라고 주장하며 상황성(contextuality)이 얼마나 중요한지를 강조하였다.

홀에 따르면 삶의 장은 그리스도의 인격과 사역에 중심을 둔 기독교 메시지가 어떻게 표현되고 수용될 것인가를 결정한다. 이런 의미에서 우선 한국 여성들과 북미에서 사는 한인 여성들의 생활 양식과 세계관 및 가치체계에 지대한 영향을 끼친 한국의 문화적 종교적 상황(the cultural and religious context)을 분석해야 할 것이다. 그들은 영성과 도덕성 면에서 한국 전통종교의 영향을 받으며 성장했고 그로 인해 형성된 특정한 패러다임을 가지고 산다. 그러나 기독교로 개종한 후 새로운 삶의 장에서 패러다임의

---

1  Hall, *Cross in Our Context*, 47. See also Paul Tillich, *On the Boundary*, 13–16.

전환을 경험하게 되고 그에 따라 세상을 바라보며 판단하게 된다.

'패러다임의 전환'(paradigm shift)이라는 개념은 과학철학자인 토마스 쿤(Thomas Kuhn, 1922-96)에게서 차용된 개념이다. 그의 저서 『과학적 변혁의 구조』(The Structure of Scientific Revolution)에서 쿤(Kuhn)은 패러다임을 과학 공동체의 구성원들이 공유하는 이해의 패턴이라고 말한다. 기존의 패러다임을 깨고 기존 패러다임의 부적절함을 드러내는 새로운 발견이나 이론이 생겼을 때, 대다수의 과학자는 새로운 발견이나 이론이 이미 성립된 기존의 패러다임에 맞지 않는다는 이유로 저항하거나 반대한다.[2]

그런데도 결국에는 광범위한 변화가 일어나게 된다. 새롭게 세워진 패러다임도 새로운 이론이나 발견을 통해 또 다른 패러다임이 자리 잡게 되면 지배적인 위치로부터 사라지게 된다. 쿤(Kuhn)에 따르면, 새로운 패러다임은 과학자들이 다른 관점에서 세상을 바라보게 만든다.[3]

패러다임의 변화에 관한 쿤(Kuhn)의 이론을 통해 개신교가 처음으로 한국에 소개된 19세기 말경의 종교 상황을 비추어 볼 수 있다. 당시 사람들은 정서적으로나 영적으로나, 국가적인 차원에서나 개인적인 차원에서 파산 지경에 놓여 있었고 고달픈 상황에서 희망을 제시해 줄 만한 새로운 패러다임이 필요했다. 사회적·정치적 위기에 직면하면서 불교, 유교, 무속 등 기존 전통 종교의 패러다임으로는 현대 사회의 급변하는 변화를 수용할 수 없었다. 전통 종교는 역사적 의식이 없어 급변하는 세계에 관한 과학적 접근이 없었기 때문이다.

당시 기독교를 접한 사람들은 기독교가 시대적 도전에 해답을 제시하고 그들의 필요를 채워주리라는 희망을 품었다. 한국의 초기 기독교에 관해 연구한 신학자 김경재(Kyoung Jae Kim)는 당시 사람들은 그들이 필요로 하고 열망하던 요소들을 기독교에서 발견했다고 하면서, 다음과 같이 서술한다.

---

2  Kuhn, *The Structure of Scientific Revolution*, 151-152.
3  Ibid., 121.

주권자 하나님에 대한 개인적 믿음, 죄와 고통을 담당해 주시는 그리스도에 대한 믿음, 자유와 사랑과 정의의 공동체를 도우시는 성령에 대한 믿음, 하나님 나라에 대한 종말론적 믿음, 역동적인 조직과 기독교 교회의 활동 등, 이 모든 것은 다른 종교에서는 찾아볼 수 없는 것이며 기독교를 일종의 창조적 조직적 유기체로 만드는 역동적 요소들이다.[4]

김경재는 기독교 초기 신자들이 어떻게 새로운 구원의 패러다임을 이해하고 받아들였는지 자세히 설명한다. 그에 따르면 외세의 침략을 받으며 마침내 일본의 식민지배를 받게 된 격동기에 고통받던 사람들은 자유와 공의와 자비로 세상을 다스리시는 절대자 하나님을 주님으로 영접하고 의지했으며 또한 악은 결국 심판받게 될 것이라고 믿었다.

그러나 초월적인 다른 세계나 "천국"(heaven)을 중시하는 "하나님 나라에 대한 종말론적 신앙"은 신자들이 현실 도피(escapism)적 삶의 태도, 즉 현실보다 "미래의 다음 세계"(the futuristic next world)를 더 중시하는 위험에 빠지게 만든 경우가 많았다고 한다.[5]

쿤의 패러다임 변화론을 당시 한국인의 종교적 상황에 적용해보면, 기독교가 구원과 인류 역사와 가치관의 관점에서 어떤 패러다임의 변화를 가져왔는지 알게 된다. 당시 한국인들은 진공 상태에서 기독교를 받아들인 것이 아니다. 그들은 특정한 문화에 의해 형성된 이해(a particular culture-shaped understanding)를 가지고 기독교를 받아들였다. 한국 여성의 영성과 하나님에 관한 이해는 문화적으로 그리고 종교적으로 영향을 받아 형성되었다.

가다머의 현상학적 해석학(Gadamer's phenomenological hermeneutics)을 중심으로 문화와 종교와 영성의 관계를 살펴보려고 한다. "역사적으로 영향을 받은 의식"(historically-influenced consciousness)과 "지평의 융합"(fusion of horizons)이라는 개념에 초점을 맞춰 종교와 문화와 영성의 관계를 알아보

---

4   Kim, *Christianity and the Encounter of Asian Religions*, 143.
5   Ibid., 51–52.

도록 하자.⁶

종교는 문화를 형성하는 데 중요한 역할을 하였다. 그리고 기독교 이전의 전통 종교인 불교, 유교, 샤머니즘은 서로 융합되어 한국인의 고유한 영성을 형성하게 되었다.

다음에서는 가다머가 "경멸적인 암시 없이(without pejorative implications) 사용한 편견"(prejudice)이라는 개념을 차용하여 전통 종교가 기독 여성의 영성과 하나님에 관한 이해 형성에 어떤 영향을 끼쳤는지에 관해 논의하고자 한다. 곧이어 북미의 다문화적 상황에서 사는 한인 여성들의 체험이 그들의 십자가 이해를 형성하는 데 어떤 영향을 끼쳤는지를 살펴볼 것이다.

## 1. 가다머의 "지평 융합"의 개념

사람들은 특정한 문화 속에서 체득한 전이해를 바탕으로 새로운 종교를 만나게 된다. 기독교가 들어오기 전, 한국은 이미 불교, 유교, 샤머니즘과 같은 전통 종교들이 공존하는 종교다원주의 사회였다. 비록 갈등과 긴장이 없던 것은 아니었지만, 이러한 전통 종교들은 서로 영향을 주고받으며 한민족의 종교적 모판을 형성하였다. 이와 같은 현상은 가다머의 "지평 융합"에 의해 설명될 수 있다.

하이데거를 따라서 가다머는 인류를 역사적 전통에 몰입된 "세계 속의 존재"(the being-in-the-world)로 생각한다.⁷ 하이데거와 가다머에게 "세계"(the world)는 자연환경으로서의 우주나 주관적 자의식(subjective self-consciousness)과 대립하는 객관적 실재(objective reality)가 아니다. 오히려 인간

---

6  Gadamer, *Truth and Method*, 277–309.
7  Palmer, *Hermeneutics: Interpretation Theory in Schleiermacher, Dilthey, Heidegger, and Gadamer*, 124–125.

이 그 안에서 존재하며 의미를 찾는 "삶의 거대한 그물"과 같은 것이다.

그러므로 "세계"는 인류의 "삶의 세계"(life-world)이다. 이 "삶의 세계"는 자기의 경험과 이해를 끌어내는 곳이다. 가다머에 따르면 인간은 "세계 속의 존재"(beings-in-the-world)로서 역사적 현실에 의해 발견되고 영향을 받는다.[8] 인간은 항상 특정 상황에서 자신을 발견하게 된다. 그것은 어느 사람도 상황을 떠나 존재하지 않으며 그러므로 상황에 관한 객관적 지식을 가질 수 없다는 것을 의미한다. 자기 인식(self-knowledge)은 역사적으로 이미 주어진 것에서 발생하며 모든 주관적 의도와 행동의 기초가 된다. 전통은 이미 역사적으로 주어진 것이므로 인간이 이해할 모든 가능성을 규정하고 제한한다.[9]

이와 관련하여 가다머는 "편견"(prejudice)이라는 독특한 용어를 사용한다. 그에게 "편견"이란 용어는 사람들이 객관적인 세계를 이해하기 위해 내리는 자의적이거나 비합리적인 판단이 아니라, 존재의 역사적 실재(the historical reality of their being)를 구성하는 이해의 "이전 구조"(vor-struktur, fore-structure) 또는 이해 조건(condition of understanding)인 것이다.[10]

가다머에 따르면 이해는 "중립적 관점"(a neutral standpoint)에서 시작되는 것이 아니라, 불가피하게 어떤 "시초적 전제"(initial presupposition)와 기대(expectation)에서 시작된다. 역사의 주체는 순수한 의식을 소유하지 않으며 역사의 영향을 받기 마련이기 때문에, 모든 이해는 참이든 거짓이든 "편견"을 가질 수밖에 없다. "역사의 실재"(the reality of history, Die Wirklichkeit der Geschichte)는 역사와 그에 관한 이해 사이의 통합(unity)이다. 가다머는 이를 "실제적 역사"(effective history, Wirkungsgeschichte)라고 부른다.[11]

이 역사(Wirkungsgeschichte)는 개인적 또는 문화적 차원에서 세상에 관한 개인의 이해에 영향을 미친다. 가다머는 이 현상을 "역사적으로 영향을

---

8  Gadamer, *Truth and Method*, 276-277.
9  Ibid., 302.
10 Ibid., 265-271.
11 Ibid., 300-307.

받은 의식"(Wirkungsgeschichtliches Bewusstsein)이라고 부른다.¹² 이는 사람이 문화적, 역사적 배경에서 완전히 벗어나지 못하며 과거의 경험과 편견을 바탕으로 다른 문화와 전통 및 신념을 이해한다는 것을 의미한다.

가다머는 이러한 역사적으로 결정된 이해 상황을 "지평"(horizon)이라고 부른다. 지평은 어떤 특정한 시점으로부터 볼 수 있는 한계를 표시한다. 그것은 또한 우리가 인접한 시점을 넘어서 멀리 볼 수도 있음을 암시한다. 이와 같은 사실에 관해 가다머는 이렇게 서술한다.

> 모든 유한한 현재(every finite present)에는 한계(limitations)가 있다. 우리가 볼 수 있는 가망성(possibility of vision)은 시점에 의해 제한된다. "상황"(situation)이라는 개념은 본질적으로 "지평"과 밀접한 관련이 있다. 지평은 특정한 시점(a particular vantage point)에서 볼 수 있는 모든 것을 포괄하는 시야 범위이다. 이 개념을 생각하는 마음에 적용하여 우리는 지평의 협소함, 지평의 확장 가능성, 새로운 지평을 여는 것 등을 말할 수 있다.¹³

가다머에 따르면 인간은 지평(horizont), 즉 역사적으로 규정된 이해의 상황을 두고 존재한다. "지평"이란 우리가 문화적, 역사적, 언어적 조건 때문에 다른 사람들과 격리되어 있다는 것을 의미하지 않는다. 오히려 "지평"은 유동적이며 심지어 새롭게 확장될 수 있는 것으로 이해할 수 있다. 이해의 지평은 정적이거나 불변하는 것이 아니라 변화하고 끊임없이 형성되는 과정에 있는 것이다. 이런 과정에서 이해의 이전 구조(vor-struktur)는 새로운 경험과 지식과 함께 새로운 지평으로 병합됨으로써 지속해서 변화한다.

가다머에 따르면 전통 안에는 "옛것과 새로운 것이 항상 살아 있는 가치를 지닌 어떤 것으로 결합하는 그러한 융합 과정이 계속 진행된다."¹⁴

---

12  Ibid., 301.
13  Ibid., 302.
14  Ibid., 306.

이렇게 진행되는 융합 과정에서 옛것이나 새로운 것이나, 어느 것도 영향을 받지 않은 채로 남아 있는 것은 없다. 그뿐만 아니라 결코 그 어느 것도 최종적으로 완성되었거나(final completion) 완전히 해명된 것으로 남아 있을 수 없다(complete elucidation).

가다머의 "지평 융합" 개념에서 짚고 넘어가야 할 또 한 가지 사항은 이해가 항상 언어적으로 중재된다는 사실이다.[15] 가다머는 존재하는 진리(the truth of being)는 오직 언어로만 중재할 수 있으며, 언어는 유한하고(finite) 상황적(situated)이라는 하이데거의 개념을 충실하게 따른다. 그러므로 진리는 그것이 언급되는 역사적-언어적 상황에 뿌리를 두고 있다.

가다머에 따르면 언어적 공동체는 전통을 향해 개방되고 귀를 기울임으로써 텍스트의 의미를 결정한다. 그러므로 지평의 융합은 언어의 융합에서 가장 구체적으로 이루어진다. 그런 점에서 번역은 두 개의 이질적인 언어가 통합되는 지평 융합 과정의 모델로 제시될 수 있는 해석의 극단적 형태이다.[16] 결과적으로 모든 이해는 해석학적 중재를 요구하므로 어떤 형태로든 해석이 필요하다.

가다머의 "지평 융합" 개념은 성경 번역 과정을 포함하여 기독교 이전 종교들의 융합과 기독교 토착화를 설명할 수 있는 유용한 해석학적 구조(hermeneutical structure)를 제공한다.

가다머의 "지평 융합" 개념에 비추어 저자는 샤머니즘, 불교, 유교와 같은 한국의 전통 종교가 수 세기 동안 어떻게 눈에 띄게 융합되어 한국인의 혼합적 종교-문화의 지평을 이루어 왔는지 설명하려고 한다. 기독교 역시 이러한 오래된 전통과 어느 정도 융합하여 한국 고유의 기독교 영성을 형성해 왔다.

이와 관련하여 좀 더 상세하게, 다음의 질문을 제기하고 답을 찾아보려고 한다.

---

15   Ibid., 389.
16   Ibid., 386.

기독교 이전의 종교들이 어떻게 융합되어 한민족 고유의 영성을 형성했는가?

그리고 기독교 이전의 종교들은 어떤 방식으로 기독교를 이해하는 데 있어 "편견"으로 작용했는가?

### 1) 한국 전통 종교인 불교, 유교, 샤머니즘의 종교적 융합 사례

기독교 이전 역사에서 한국의 전통 종교들은 서로 영향을 주고받으면서 한국 여성의 독특한 영성과 하나님에 관한 이해를 형성했다. 한국은 단일민족, 단일언어 사회였지만 종교적으로는 대승불교, 유교, 샤머니즘과 같은 전통 종교들이 공존하며 번창한 종교적 다원주의 사회였다. 이 종교들은 서로 융합되거나 접목되어 한국인의 독특한 영성을 형성하였다.[17]

불교는 4세기에 중국을 통해 한국에 전해졌으며 고대 한국인의 사고방식에 패러다임 전환을 가져왔다. 김경재는 불교가 그들의 세계관과 가치관에 급격한 변화를 가져왔지만, 그들의 마음속에는 종교적으로 샤머니즘과 풍류도와 같은 불교 이전의 전통 종교들이 여전히 살아 있었다고 주장한다.[18] 토착 종교들은 새로운 종교와 융합 또는 접목되어 독특한 형태의 불교를 탄생시켰으며, 한국 불교는 토속 종교나 다른 철학과의 융합을 서

---

17  새로운 종교인 가톨릭교는 18세기 후반에 종교적으로 비옥한 땅인 조선에 도착했고 개신교는 그 후 1세기 후인 19세기 후반에 도착했다.

18  Kim, *Christianity and the Encounter of Asian Religions*, 105. 김경재는 풍류도가 하늘의 신, 빛과 생명의 신인 하나님을 믿는 고대 한민족의 일신교였다고 설명한다. 그들은 하나님의 아이콘을 만들려고 한 적도 없고, 이원론을 전파한 적도 없다. 그러나 수렵에서 농업으로 생활이 변화면서 마을을 이루며 살게 되었고 고산 신앙인 초월적 하나님 신앙은 보다 구체적이고 신현적 종교 그리고 보다 고유한 면모를 갖춘 종교로 변하였다. 일상 생활에서 자손에 대한 복, 농사 번창, 병 고침, 장수, 죽은 자의 영혼에 대한 복수 등의 소원을 들어주는 영적인 존재들이 있어야 했다. 그들은 하늘이 아닌 땅에서, 높은 산이 아닌 마을에서 접근할 수 있는 영적 존재의 힘이 필요했다. 이러한 요구에 부응하기 위해 풍류도는 다종교 샤머니즘과 융합되었다.

습지 않았다고 한다.[19]

김경재는 불국토 신앙(Buddha Land belief), 팔관회, 삼성각 등과 같은 독특한 관습과 신앙에서 관찰할 수 있는 융합, 즉 불교와 풍류도, 불교와 샤머니즘의 종교적 융합에 관해 자세히 설명한다.[20] 불교와 풍류도의 종교적 융합의 첫 번째 예는 불국토 신앙이다. 한국의 높은 산들은 부처가 현현하는 특별한 장소가 되었고, 이로써 불교는 더 이상 외부에서 유입된 외국 종교가 아닌 한국의 종교로 토착화되었다.[21]

불교와 샤머니즘의 종교적 융합의 예는 팔관회라는 의례에서 찾아볼 수 있다. 팔관회는 원래 죄를 고백하는 시기 동안 여덟 가지 죄를 멀리하겠다는 특별한 서원을 드리는 불자들의 집회였다. 여덟 가지 서원은 살인하지 말라, 도둑질하지 말라, 간음하지 말라, 거짓말하지 말라, 술 마시지 말라, 상좌에 앉지 말라, 향수를 바르지 말라, 노래와 춤을 즐기지 말라는 것이다. 그러나 팔관회 정신은 신라시대(BC 57-935)와 고려시대(AD 918-1392)에 이르러 변화하였고 이 의례는 천신, 산신, 강신, 무사신 등 다양한 신을 숭배하는 의식이 되었다.

따라서 불교 집회의 금욕적 성격이 거의 사라지면서 샤머니즘적 황홀경과 다신 숭배가 성행하게 되었다. 팔관회는 결국 개인의 복을 구하는 무속

---

19  Ibid., 74.
20  Ibid., 74.
21  Ibid., 79. 의상은 한국 불교사에서 불국토론을 제시한 인물이다. 서기 661년 의상은 대승불교에 정통하여 중국 당나라로 가서 화엄불교를 공부하였다. 그는 중국 화엄의 두 번째 총대주교이자 유명한 세 번째 총대주교인 법창(643-712 AD)의 스승인 치현(602-688 AD) 밑에서 8년 동안 공부했다. 풍류도의 천신 신앙은 높은 산을 신성하게 여겼다. 왜냐하면, 신이 산에 내려오셨다고 믿기 때문이다. 화엄불교에서 O-Tai(오대)는 동쪽, 서쪽, 북쪽, 남쪽 및 중간을 의미한다. 각 스테이션에는 특별한 부처가 자리한다. 화엄교의 이 오대 사상은 궁극의 실재(ultimate reality)가 어디에나 있다는 것이다. 한반도에서 이와 유사한 풍류도 신앙과 합쳐져 신라(BC 57~935 AD)와 고려(AD 918~1392 AD)시대에 불국토 신앙으로 발전했다.

의식으로 전락한 것이다.²²

또 다른 융합의 사례는 사원 단지 안에 삼성각을 짓는 것에서 볼 수 있다. 삼성각(家)은 세 가지 신(three deities)을 모시는 사당이다. 이것이야말로 불교와 샤머니즘의 전형적 융합이다. 한국 사찰의 건축 구조는 석가모니를 모시는 대웅전, 장례를 치르는 명부전, 이생의 복을 기원하는 삼성각으로 구성되어 있다. 흥미롭게도 삼성각의 벽화에 그려진 신들은 원래 불교와 상관없는 칠성, 삼신, 독성과 같은 무속신들이다.²³

위에서 관찰한 것처럼, 불교는 전통 종교와 융합하여 한국의 토착 종교가 되었다. 그러나 김경재에 따르면 고려 말기(서기 918-1392)의 한국 불교는 개인의 복을 구하는 종교로 전락하면서, 사회 문제를 해결할 만한 창조적 힘을 상실하게 되었고 결과적으로 고려 말기 사람들은 성리학이라는 또 다른 종교적 패러다임을 받아들일 준비가 되어 있었다고 한다. 조선왕조(또는 이조, 1392-1910)는 성리학(Neo-Confucianism)을 사회-정치적 이데올로기로 채택하고 불교를 억압하였다. 그 결과 한국 불교는 무속 신앙과의 융합을 통해 그리고 성리학의 반대에 맞서 개인의 복을 비는 구복 신앙의 형태로 더욱 발전하면서 살아남게 되었다.

유교는 4세기에 불교가 한국에 공식적으로 도입되기 이전부터 오랫동

---

22  Ibid., 83.
23  Ryu, *The History and Structure of Korean Shamanism*, 271. 유동식에 따르면 칠성신은 고대 하나님 신앙의 융합이며, 독성신은 환웅의 변형이며, 삼신은 단군의 한 형태이다. 단군은 한국 최초의 왕국인 고대 조선의 시조이다. 단군 신화에 따르면 그는 신인 환웅과 곰이었던 여자 사이에서 태어났다. 환웅은 늘 사람을 사랑하는 마음이 있었기에 아버지 환인은 그를 태백산 정상으로 보내어, 비신, 바람신, 구름신과 함께 추수, 생명, 질병, 심판, 선과 악 등 360여 가지의 사물과 문제를 다스리게 했다. 그때에 호랑이와 곰은 항상 여자로 변하고 싶어 기도를 했다. 그들은 여자로 변하는 조건을 받았는데, 그것은 흑암에 머물며 마늘 20쪽과 쑥 한 다발을 먹는 것이었다. 호랑이는 실패했지만 곰은 꿋꿋이 버텼고 21일 만에 마침내 여자로 변했다. 그녀는 아이를 갖고 싶었기 때문에 기도했다. 환웅은 그녀를 보고 남자로 변해 아들을 낳아 단군이라 이름지었다. 단군은 고조선(고대 조선이라는 뜻)이라는 나라를 세우고 기원전 2333년에 초대왕으로 1500년 동안 다스리다가 세상을 떠나 산신이 되었다.

안 한민족의 삶과 가치관에 영향을 미쳤다. 실천적 도덕철학으로서의 고전적 유교는 인간 생활에서의 도덕적 원리와 사회적 관계에서의 올바른 질서를 강조하였다. 고전적 유교는 기본적으로 충, 효, 인, 의, 예, 지혜, 진실을 강조하는 자기수양의 한 방식이었을 뿐만 아니라 특히 불교가 한국에 들어오기 전부터 법 체계, 정부 구조, 사회 규범을 확립하고 정부 엘리트 양성을 위한 국가의 지배 이데올로기로서 한국인들에게 영향력을 행사하고 있었다.

그렇다면 이런 질문이 생긴다. 유교가 종교가 아니라 단순히 도덕적 철학이었다면, 어떤 이유로 18세기에 한국으로 처음 소개된 기독교에 큰 걸림돌이 되었던 것일까?

김경재에 따르면 조선시대의 정치 이데올로기였던 성리학에서는 신이나 조상신에 관한 믿음을 합리화할 수 있는 근거가 없다고 한다.[24] 그러나 조선인들 사이에는 성리학의 이름으로 조상숭배(제사)가 행해졌다. 조상숭배자들은 정령들이 실제로 제단으로 돌아와 제삿날에 차려놓은 음식을 먹는다고 굳게 믿었다. 제사 의식은 죽은 사람이 저승에서 계속 산다는 무속 신앙이 있었기 때문에 가능했다. 김경재는 조상숭배(제사)가 한국 사람들이 기독교를 받아들이는 데 큰 걸림돌이 된 이유를 다음과 같이 잘 설명해 준다.

> 조상숭배는 단순히 한국 사회의 종교의식이 아니었다 … 유교적 지배 이데올로기의 절대적인 상징이었다. 즉, 조상숭배의 폐지는 보수적인 봉건적 사회구조를 뿌리부터 말살하는 것을 의미했다. 조상숭배는 조상들의 영들이 후손들의 일을 계속해서 돌봐주신 것에 대해 감사하며 다시 의탁하는 예식으로서 조상의 영을 숭배하는 것이다. 이 신앙은 무속 신앙과 융합된 토착 생활방식이었다. 유교의 종교적 관점에서 볼 때 조상숭배는 분명하게 미신적인 면을 띠고 있었다….[25]

---

24  Kim, *Christianity and the Encounter of Asian Religions*, 144.
25  Ibid., 144. 조상숭배를 위해 후손들은 보통 명절, 설날, 보름날 등에 장손의 집에

따라서 조상숭배(제사)는 영혼 불멸에 관한 무속 신앙과 조상에 대한 감사가 강조되는 유교 철학의 지평이 융합된 것이라고 볼 수 있다. 이처럼 지배적인 종교들 사이에서도 의식적으로나 무의식적으로 일종의 종교적 융합이 일어났을 뿐만 아니라 사회적·정치적 변화에 따라 종교가 서로 대체되면서도 종교 융합이 일어났다.

다음으로 제기되는 문제는 "편견"으로서의 한국 전통 종교에 관한 것이다. 한국의 전통 종교들은 어떤 면에서 한국 여성들이 기독교를 받아들일 때 "편견"(prejudice) 또는 이해의 이전 구조(fore-structure of understanding)로 작용했는가를 논의하도록 한다.

### 2) 기독교를 이해하는 데 있어 '편견' 또는 이전 구조로 작용한 전통 종교들

19세기 말 한국의 일반 대중은 기독교를 받아들일 준비가 되어 있었다. 특히, 민초들, 즉 여성들을 포함한 하층민들과 어린이들은 개신교 선교사들을 잘 받아들였다.[26] 사회적·정치적 관점에서 볼 때, 기독교는 19세기 후반기에 유교의 봉건적 지배 이데올로기에 구속되어 있던 하층민들과 여성들에게, 하나님 앞에서 인간은 모두 평등하며 자유를 누릴 권리가 있다

---

모여 조상의 영을 위해 좋은 음식으로 상을 차린다.

[26] 개신교 선교사들은 천주교 선교사들보다 한 세기 늦게 한국에 왔다. 이미 18세기 말에 가톨릭 신자들이 있었고 그들은 조상숭배를 거부했다. 이러한 행위는 가족과 사회로부터 심각한 효도 위반 행위로 비난받았다. 이러한 현상으로 형성된 오해는 1785년, 1791년, 1801년, 1839년, 1846년, 1866년에 걸친 심각한 박해가 일어나게 하였고 그로 인해 약 10,000명의 신자가 순교하였다. 순교한 사람 중에는 뛰어난 평신도 지도자들이 상당수 있었다. 또한, 파리해외선교회(Paris Foreign Missions Society)로부터 파송된 프랑스인 선교사들 12명과 중국인 선교사 1명을 잃은 것은 교회에 큰 타격이었다. 그 중 103명의 순교자들이 1984년 5월 6일 서울 여의도에서 교황 요한 바오로 2세에 의해 시성되었다. 한국 가톨릭교회의 순교사에 관해 알아보려면, 다음 소논문을 읽으시오. Finch, "The Pursuit of Martyrdom in the Catholic Church in Korea before 1866," 95–118.

는 소식을 알려 주며 그들을 깨우는 선구자 역할을 담당하였다.

김경재는 사회 계급의 장벽을 폐지하고 남녀평등을 주장함으로써 인권을 증진하는 기독교의 가르침이 한국 여성들이 기독교를 억압에서 해방하는 복음으로 받아들일 수 있게 했다고 주장한다.[27] 또한, 한국의 종교적 토양이 비옥했기 때문에 기독교는 한국인들에게 쉽게 이해될 수 있었다. 모든 전통 종교는 해석학적 전-이해(hermeneutical pre-understanding)를 위한 기초로 작용했다.

기독교가 들어오면서 성경 말씀을 우리말로 번역해야 했다. 가다머의 언어학적 개념에 따르면 이해는 언어라는 매체를 통해 이루어지며, 이해는 해석을 의미하고 해석은 지평들의 융합 과정이다.[28] 성경을 번역하는 과정에서 선교사들과 한국 기독교인들은 성령, 구원, 대속, 회개, 거듭남, 천국, 마음, 능력 등과 같은 성경적 용어를 번역하기 위해 이전 종교들에서 생겨나고 이미 사용되어 온 특정 용어들을 빌려야만 했다.

성경 번역은 매우 어려운 작업이었지만, 이미 이러한 단어가 종교적 맥락에서 사용되어 왔기 때문에 실행 불가능한 작업은 아니었다. 김경재는 이러한 용어들이 새로운 기독교적 상황에서 사용되면서 그 용어와 개념에 새로운 차원과 현실이 부여되었다고 단언한다.[29]

최초로 성경을 한글로 번역한 존 로스 선교사는 성경에 나타나는 "God"을 "하나님"으로 번역하였을 때 번역 사례를 들어 이렇게 설명해 준다.

"하나님" 개념은 너무나 독특하고 보편적으로 사용되기 때문에 앞으로 될 번역과 설교에 두려움 없이 사용될 수 있다.[30] 한국 문화에 기원을 두고 있는 "하나님" 개념은 기독교의 "하나님" 개념을 성공적으로 전달하는 데 탁월한 기여를 했다.[31] 어원적으로 "하나"는 높고 큰 것을 의미한다.

---

27    Kim, *Christianity and the Encounter of Asian Religions*, 117.
28    Gadamer, *Truth and Method*, 389.
29    Kim, *Christianity and the Encounter of Asian Religions*, 119.
30    Ross, *History of Corea,* 356. See also Kim, "Christianity and Korean Culture: The Reasons for the Success of Christianity in Korea," 142.
31    Kim, "Christianity and Korean Culture: The Reasons for the Success of Christianity

"님"은 사람의 이름이나 호칭에 붙는 접미사로 존경을 표시한다.

그러므로 "하나님"은 한국인들에게 가장 높은 신을 의미한다. 미국 감리교 선교사인 헐버트(H.B. Hulbert)는 "하나님" 신앙을 샤머니즘 신앙과 구별하며 다음과 같이 설명해 준다.

> 하나님은 모든 자연에서 현현하는 다양한 영들과 귀신들의 영역으로부터 완전히 초월하여 존재하신다. 하나님은 어떤 우상숭배의 의례에 따라 숭배된 적이 없다. 원칙적으로 일반인들은 하나님을 직접 숭배하지 않는다. 황제만 하나님께 호소할 뿐이다. 황제만이 백성을 대신하여 고난과 고통에서 해방되기 위해 중보할 수 있었다.[32]

한국 문화에 기원을 둔 "하나님" 개념은 또한 유일하신 하나님을 의미한다. 이 개념은 삼위일체 하나님을 의미하지는 않지만, 한국인들은 하나님을 구약의 유일한 하나님과 쉽게 동일시했다.[33] 하나님은 자연계의 하늘 너머에 계신 분으로서 악은 벌하시고 선은 상 주시는 신이다. "하나님"에 관한 이러한 개념 때문에 그들은 구약의 하나님을 쉽게 이해하고 받아들일 수 있었다.

---

in Korea," 142.

[32] Hulbert, *The Passing of Korea*, 404-405.
H.B. Hulbert(1863-1949)는 감리교인으로 최초의 한국 선교사 중 한 명이었다. 그는 *The Passing of Korea*, *The History of Korea*, *Korean and Dravidian*과 같은 몇 권의 책을 저술했다. 그리고 그는 한 살배기 아들이 묻힌 한국 양화진에 묻혔다.

[33] 하나님을 채택할 것인가, 하느님을 채택할 것인가에 관한 논쟁이 있었다. 하느님은 하늘의 거처에 대한 의미가 강하기 때문에, 그들은 결국 하느님보다 하나님을 선택했다. 그러나 천주교는 하늘의 주님을 뜻하는 한자어인 천주님을 직역하기 때문에 여전히 하느님을 채택하여 사용하고 있다.

### 3) 기독교와 혼합주의

위에서 관찰한 바와 같이 샤머니즘과 불교와 유교는 수 세기에 걸쳐 눈에 띄게 융합되어 한국인의 혼합적 종교-문화 지평을 만들어 냈다. 가다머의 "지평 융합" 개념에 담긴 종교 간의 이러한 융합이 경쟁, 갈등, 박해를 통해 현상으로 나타났다.

종교 간에 서로 차용하고 혼합하는 과정을 혼합주의라고 한다. 특이하게도, 대다수의 한국 개신교 신자들은 그들의 신앙생활 속에서 무의식적으로 혼합적 특성을 보인다. 그러면서도 그들이 개종 당시 포기한 전통 종교에서 찾아볼 수 있는 어떤 진리나 지혜도 인정하려 하지 않는다. 캐나다의 저명한 조직 신학자 해롤드 웰스(Harold Wells)는 1997년, 한국에 장기간 머물며 연구하고 관찰한 결과 한국 기독교인들의 배타주의적 성향은 그들의 열렬한 신앙선언에서 온 것 같다고 밝힌다.[34] 그러나 이러한 성향은 비기독교인들이 기독교를 전통문화와 상충하는 외래 종교로 여기게 만들고 오만과 지배의 종교로 오해하게 했다고 옳게 지적한다.[35] 이러한 현실은 "우리 한국 기독교인들이 지평 융합의 가능성에 대해 얼마나 열려 있어야 하는가?"라는 질문을 제기한다.

불교, 유교, 샤머니즘과 같은 전통적 종교는 삶의 관점과 구원에 관한 이해에 있어 기독교와 매우 다르다.

샤머니즘의 다신교와 조상숭배의 관습에서 나타나는 사후세계에 관한 믿음은 삼위일체 하나님, 영생 그리고 예수 그리스도의 죽음과 부활을 통한 구원에 관한 기독교의 가르침과 매우 다르다. 더구나 기독교의 종말론적 역사관은 불교의 영원한 순환과 양립할 수 없다. 기독교의 타율적(heteronomy-based soteriology) 구원론은 불교의 자율적 구원(autonomy-based

---

34　Wells, "Korea Syncretism and Theologies of Interreligious encounter: The Contribution of Kyoung Jae Kim," 60. Wells는 1998년에 출판된 이 소논문을 쓰기 직전에 한국에 머물며 연구하는 동안 이러한 관찰을 하게 되었다고 기록한다.

35　Kim, *Christianity and Encounter of Asian Religions*, 125-126.

salvation)과 대립한다.

그러므로 우리는 기독교와 불교, 기독교와 다른 전통 종교 사이에 지평 융합이 어느 정도 가능한지와 어떤 성격을 띠는 것인지에 관해 질문하지 않을 수 없다.

한국 기독교에서 전통 종교들의 특성과 일부 요소들이 발견된다는 사실에서 이미 어느 정도의 지평 융합이 이루어졌다고 볼 수 있다. 한국 선교에 평생을 바친 미국 선교사이자 교회사 학자인 모팻(Moffat)은 기독교가 고유의 특성을 잃지 않고 어떻게 전통 종교와 문화에 적응했는지 연구하였다. 그는 "한국 개신교는 유교와 같이 사회정의를 가르치며 과학과 학문을 귀하게 여기고, 불교처럼 순결을 추구하고 내세를 약속했다. 그리고 무속 신앙처럼 기도가 응답하고 기적이 일어난다고 가르쳤다"고 서술한다.[36]

역사적으로 한국은 중국과 일본이라는 두 초강대국 사이에서 잦은 외세의 침략을 받으며 가난과 질병에 시달렸다. 이런 상황에서 민속 신앙은 자연스럽게 번영, 건강, 장수를 향한 것이었다. 이런 기복주의적 신앙은 기독교를 받아들일 때 하나님을 이해하는 편견이나 전이해로 작용하였다. 결과적으로, 물질의 축복과 치유는 한국 목회자들의 주요 설교 주제가 되었다.

예를 들어, 여의도순복음교회를 개척하고 세계 최대의 교회를 이룬 조용기 목사는 요한삼서 1장 2절의 말씀, "사랑하는 자여 네 영혼이 잘 됨 같이 네가 범사에 잘 되고 강건하기를 내가 간구하노라"를 중심으로 삼박자 축복을 설교했다.[37] 영혼의 구원과 육신의 건강과 물질의 축복을 약속하는 그의 설교 메시지는 민중들로부터 큰 호응을 얻었다. 축복이 담긴 그의 메시지는 운명론이나 숙명론에 빠져 사는 수동적 삶의 모습을 능동적 인생관과 창조적인 삶의 모습으로 변화시킬 만큼 강력한 것이었다.

---

36 Moffat, *The Christians of Korea*, 52.
37 조용기 목사는 기독교인에 대한 하나님의 축복을 강조하며 1958년 여의도순복음교회를 설립했고 2007년에는 교인 수가 100만 명에 이르렀다.

우리는 종종 한국 신도들 사이에서 기독교로 위장한 무속적 요소, 즉 점을 치거나 살풀이를 통해 질병을 치료하는 행위와 유사한 요소들을 발견할 수 있다. 그들은 축귀를 통해 영과 육신의 치유를 문화적으로 체험한 경우가 있으므로 기독교의 초자연적인 치유와 영적 체험의 기적들을 쉽게 받아들일 수 있었다. 서구 계몽주의의 영향을 받은 루돌프 불트만(Rudolph Bultmann)은 그의 실존주의적 해석학에서 "비신화화"를 시도하여 현대 서구인들이 수용할 만한 견해를 제시한다.[38] 불트만은 기적을 실제로 일어난 사건이 아니라 신화적 표현으로 여기면서, 이것은 많은 현대 서구인에게 수용될 수 있는 견해라고 주장한다. 이런 견해와는 달리, 한국 사람들에게 복음서에 기록된 기적은 예수 이름으로 역사하시는 전능하신 하나님을 가리키는 표적으로 인식되었다.

한국 기독교는 일반적 경향과 특성에 있어 개인적 종교로 인식되었음이 틀림없지만, 기독교가 한민족을 계몽하고 근대화를 이루는 데 중추적 역할을 했다는 역사적 사실은 부정할 수 없다. 기독교 메시지를 받아들인 사람 중에는 교육, 의학, 정치, 경제, 시각예술, 건축, 음악 등 각 분야에서 사회적 책임을 자각하고 국가 재건에 적극적으로 참여한 선구자들이 많이 있었다.

한국 개신교가 타 전통 종교와의 지평 융합을 어느 정도 허용해야 하는가에 관한 질문에 관해 답하려면 무엇보다도 한국 개신교 교회에 지대한 영향을 끼쳤던 초기 한국 개신교 신학자들 가운데 근본주의, 진보주의, 자유주의로 나뉘는 신학적 진영을 규명해야 할 필요가 있다.

우선 한국 기독교는 박형룡을 중심으로 한 근본주의의 영향을 많이 받았다.[39] 존 칼빈의 개혁신학의 주창자로서 박형룡의 신학적 입장은 인간

---

38   Rudolph Bultmann, *Interpreting Faith for the Modern Era*.
39   Hyung-Nong Park(1897-1978). 박형룡은 한국 평안북도에서 태어났다. 그는 숭실대학에서 청교도적 경건주의를 계승하였고 1926년에 졸업하였다. 중국 난징에 있는 금릉대학을 거쳐 프린스턴 신학대학원에서 교의신학(dogmatic theology)을 전공했다. 그후 그는 Louisville Seminary에서 대학원 공부를 계속하여 박사학위를 받았다. 한국으로 돌아온 그는 평양신학교에서 가르쳤다. 그의 가장 잘 알려

의 전적 타락, 은혜의 절대주권, 성령의 변화시키는 어쩔 수 없는 능력, 자연과 초자연의 이분법에 대한 확신에 근거한다. 그는 전통 종교를 기독교 복음의 디딤돌로 여기지 않았다. 오히려 그것은 복음으로 정복되어야 할 우상숭배, 이단적 비진리로 간주했다. 전통 종교는 뽑아 버려야 할 잡초와 엉겅퀴라고 단정한 것이다.[40]

전통 종교는 기독교 복음에 의해 정복되어야 한다는 박형룡의 견해는 보수파 개신교의 대다수를 구성하는 한국 장로교회에서 가장 영향력이 컸다. 그의 배타주의적 입장은 성경이 구원하시는 하나님의 자기 계시와 이에 응답하는 인간 사이에서 이루어지는 만남의 산물이라는 것을 절대 인정하지 않는다. 따라서 가다머의 지평 융합에 따른 이해의 해석학을 수용하지 않는 것이다.

타 종교에 대한 박형룡의 배타주의적 입장과 그가 미친 영향으로 인해 한국 기독교가 배타적 성향을 띠게 됐으며 그로 인하여 기독교는 종종 전통문화와 충돌 관계에 있는 외래 종교로 간주되었다.[41] 또한, 배타적 한국 개신교 신자들은 다른 신학적 입장을 용납하려고 하지 않으며 자신의 신학적 입장만이 성경적이며 건전하다고 주장하는 경우가 많다.[42]

배타주의적 입장의 반대쪽에는 스스로 다원주의자라고 부르는 신학자들이 있다. 그들은 기독교 이전의 종교들을 진리와 구원으로 인도하는 거의 동등한 구원의 통로라고 여긴다. 예를 들어, 페미니스트 신학자인 정현경과 민중 신학자인 서남동은 아시아 종교적 유산으로부터 얻은 통찰과 지혜의 혼합을 좋은 것으로 생각한다.[43]

---

진 출판물 중 하나는 『교의신학』(*Dogmatic Theology*, 1964)이다. 그는 한국 기독교 보수주의의 핵심 지도자이자 칼빈주의의 주창자로 알려져 있다.

40  Park, *A Review of Modern Theological Problems*, 300. See also Kim, *Christianity and The Encounter of Asian Religions*, 121–124.
41  Kim, *Christianity and the Encounter of Asian Religions*, 125–126.
42  칼빈의 기독론과 칼빈의 예정론 이해와 다르다는 이유로 칼 바르트는 박형룡의 신학 써클에서 "신 신학"으로 배격당했다.
43  Chung, *struggles to be the Sun Again*. See also Suh, *A Theology of the Changing Era*.

정현경은 예수를 한국 여성들의 "한"[44]을 풀어주는 무당으로 묘사한다.[45] 서남동은 자신의 민중신학(억압받는 이들을 위한 신학)에서 출애굽 사건과 예수의 생애와 십자가를 포함하는 과거의 특정한 구원의 사건들은 단순히 오늘날 일어나는 구원적 사건을 해석하기 위한 참고자료로 보아야 한다고 주장한다. 그는 살아계신 하나님은 과거의 전통이나 경전에 국한되지 않으며 고통받는 민중들 속에서, 즉 그들의 영혼과 몸에서 발견된다고 믿는다.[46] 사람들을 억압과 불의로부터 실제로 해방하는 것이 기독교이든 다른 종교이든 세속적 활동이든 간에 서남동은 그것을 성령의 역사하심이며 우리가 참여하도록 부름을 받은 하나님의 선교(missio Dei)라고 주장한다. 따라서 서남동은 한국의 주요 종교적 전통들의 "융합"(confluence)에 개방적일 뿐만 아니라 그것을 선호한다.[47]

서남동의 성령론과 기독론에 관련하여 해롤드 웰즈는 몇 가지 문제점을 지적한다.[48] 서남동은 보편적이고 해방적인 성령의 역사를 강조하지만, 성령에 관한 그의 생각은 그리스도의 영이 아니므로 명백하게 삼위일체적

---

[44] 한은 외부의 억압과 버림받음, 무력감 등으로 자신의 앞길과 목표가 막혀 장기간 강화될 때 발생한다. 한은 슬픔, 분개, 공격성, 무력감을 생산한다. 대만의 신학자 C.S. Song은 지배-종속이 수 세기 동안 지속된 곳에서 한의 경험이 특히 분명하다고 지적한다. See Park, *The Wounded Heart of God*, 71.

[45] 한국 여인의 한을 풀어주는 무당으로 예수를 묘사한 정현경의 신학에서 두 가지 문제점을 발견한다. 첫째, 그녀는 여성의 삶의 상황을 텍스트로 받아들이면서 성경을 참고로만 받아들인다는 사실이다. 그러나 한국 기독교 여성들에게 성경은 삶의 문제를 극복할 수 있는 영적 권위가 있는 자원이자 도덕적 삶의 지침으로 중요한 역할을 한다. 둘째, 더 이상 샤머니즘을 열망하거나 샤머니즘을 선호하지 않기 때문에 젊은 여성들에게 반드시 많은 영향력이 있거나 도움이 되는 것은 아니다.

[46] 민중은 한국인에게 정치적으로 억압당하고, 경제적으로 착취당하고, 사회학적으로 소외되고, 문화적으로 멸시받는 사람들을 의미한다.

[47] Suh, "Historical References for a Theology of Minjung," 155–182. See also Suh, *A Theology of the Changing Era*. Also K.J. Kim discusses this matter in his book, *Christianity and the Encounter of Asian Religions*, 133.

[48] Wells, "Korea Syncretism and Theologies of Interreligious Encounter," 67.

이지 않다. 서남동은 또한 예수 그리스도의 십자가와 부활을 단지 참고자료로 보는 문제가 있다.

한국의 신학자인 김경재도 서남동의 기독론을 다음과 같이 정확하게 비판한다.

> 예수 이야기는 단순히 다른 민중의 이야기 중의 하나가 아니라 구원하는 능력이 있는 이야기이다. 서남동의 "합의 모델"(converging model)은 예수 그리스도의 십자가와 부활 사건의 궁극성과 옛것을 새것으로 변화시키는 독특한 능력이 있음을 충분히 인식하지 못하고 있다.[49]

박형룡을 중심으로 한 배타주의와 민중 신학자 서남동과 페미니스트 신학자 정현경의 다원주의 중간에 오늘날의 한신대학교로 발전한 조선신학대학원(1939)의 설립자인 김재준(1901-1987)의 신학적 입장이 존재한다.[50] 박형룡과 동시대를 살았던 김재준은 칼 바르트의 신정통 신학과 리차드 니버의 『변혁하는 그리스도』(Transforming Christ)[51]를 자신의 성육신 신학

---

49  Kim, *Christianity and the Encounter of Asian Religions*, 135.
50  김재준(1901~1987)은 함경북도에서 태어났다. 그는 프로테스탄트 교회의 진보적 개혁신학을 대표한다. 박형룡처럼 그도 미국에서 칼빈의 개혁신학을 공부했다. 그러나 그들은 신학적 입장이 서로 다르며 한국에 두 개의 주요 신학 진영을 만들었다. 김재준은 1928년 동경 청산신학대학원에서 신학 공부를 마치고 프린스턴신학교(1929년)에 진학했다. 청산학파에서 그는 자유분방한 분위기와 칼 바르트와 에밀 브루너의 신정통주의 신학에 영향을 받았다. 프린스턴에 있는 동안 그는 근본주의 보수 신학자들을 만났지만 그곳에서 당시의 신학의 조류에 동의할 수 없다고 느꼈다. 따라서 그는 웨스턴신학교로 갔다. 그곳에서 그는 구약 연구(1929-1932)를 전공하고 석사 학위를 받았다. 그런 다음 그는 귀국하여 한국에서 신학 교육에 전념했다(1939-1970). 한국의 신학교육에 기여한 공로를 인정받아 1958년에 캐나다 브리티시컬럼비아주 유니언칼리지(오늘날 Vancouver School of Theology)에서 명예박사 학위를 받았다.
See Hwang, *The Life and Theology of Chang-gong, Kim Chai Choon*. See also Kim, *Christianity and the Encounter of Asian Religions*, 128.
51  H. Richard Niebuhr(1894-1962)는 『그리스도와 문화』(*Christ and Culture*)에

(incarnation theology)과 문화 변혁 신학(culture transformation theology)의 모델로 받아들였다. 김재준은 역사와 문화에 관한 견해를 다음과 같이 밝혔다.

> 역사에 관해서 말하자면 기독교는 하나님 나라의 구속사를 역사 속에 넣어 인간의 역사가 하나님 나라로 변하게 한다…. 한국 역사를 하나님의 나라로 변화시키라고 우리에게 위임하셨다…. 그러므로 우리는 한국의 정치, 경제, 교육, 문화 분야에서 기독교 정신이 변화의 영이 되도록 노력해야 한다.[52]

김재준은 하나님 나라에 관한 그의 이론을 통해, 역사는 하나님이 주관하시는 것이지만 인류에 의해 수행된다고 강조한다. 그의 관점에서 하나님의 나라는 초월적이지만 내재적이기도 하다. 그것은 현재이면서도 미래의 삶의 현실이다. 하나님의 나라는 하나님의 통치다. 김경재는 이러한 하나님 나라의 관점을 "역설적 시너지즘"(paradoxical synergism)으로 부른다.[53]

김재준은 불교와 유교와 같은 한국의 전통 종교가 불완전하고 희미하지만, 성령이 역사하신 "한 조각의 하나님 말씀"이라고 평가하며 다음과 같이 서술한다.

> 한국인들은 1500년간 샤머니즘은 말할 것도 없고 유교나 불교와 같은 종교를 가지고 있었다. 좋든 나쁘든 이들 종교는 한국인의 정신을 형성하고 한국 사회의 규범을 확립했다. 그러나 처음으로 한국에 들어온 선교사들

---

서 기독교인들 사이의 다양성과 문화에 대한 그들의 반응을 이해하기 위한 다섯 가지 패러다임을 제시한다. 다섯 가지 패러다임은 "문화에 반대하는 그리스도"(Christ against Culture), "문화의 그리스도"(Christ of Culture), "문화 위에 그리스도"(Christ above Cultue), "역설적인 그리스도와 문화"(Christ and Culture in Paradox), "문화를 변화시키는 그리스도"(Christ Transforming Culture)이다.

52 Kim, *Christianity and the Encounter of Asian Religions*, 129 quoting The Collected Work of Kim Chai Choon, vol. 4, 303-304.

53 Ibid., 129.

은 한국인의 정신과 문화를 공허한 것으로 여겼다. 그들은 전통 종교와 그에 따른 문화를 고려할 가치도 없으며 파괴되어야 할 것들이라고 생각했다…. 우리는 다른 종교를 마귀의 소산으로 여기지 않고 성령께서 역사하신 한 조각의 하나님 말씀으로 여긴다. 그것은 달이 없는 밤에 보는 것 같이 희미하고 불완전한 것이지만 이제는 그리스도 안에서 분명하고 완전해질 수 있다.[54]

여기에서 전통 종교를 "한 조각의 하나님 말씀"(piece of God's word)으로 보는 김재준의 관점은 바르트가 『교회 교의학』(Church Dogmatics) 제4권 화해에 관한 내용에서 "다른 빛들"(other lights)에 관해 논의하며 밝힌 입장을 반영한 것 같다. 화해에 관한 부분에서 바르트는 "다른 빛들"(other lights)이 있을 가능성을 제시한다. 그는 예수 그리스도의 예언에 나오는 하나님의 자기 선언과 "빛과 말씀"(lights and words)을 구별하지만[55] 하나님의 자기 계시에는 포함시킨다.[56]

이처럼 그의 후기 글에서 바르트는 하나님에 관한 자연 지식에 관해 보다 긍정적인 태도를 보인다. 그러나 바르트는 그가 가능하다고 생각하는 자연 계시의 타당성(validity of natural revelation)과 그가 허용하지 않는 타락한 인간의 자연 신학(natural theology of fallen man)을 구별한다.[57]

바르트는 하나님이 태초부터 항상 이방인들에게 하나님 자신을 선포하시고 계시하셨다고 주장한다.[58] 그는 "다른 빛"에 대한 논의 과정에서 다른 종교들도 특정 종교의 신봉자뿐만 아니라 기독교인에게도 참되고 유익한 것이 많이 있다고 밝힌다.[59]

---

54　*The Collected Work of Kim Chai Choon*, vol. 7, 341–342.
55　Barth, *CD* IV/3, 152.
56　Barth, *CD* IV/3, 152.
57　Bromiley, *Karl Barth in Creative Minds in Contemporary Theology*, 40.
58　Barth, *CD* IV/3: 127–8.
59　Barth, *CD* I/2: 299–303. See also Scott, *Karl Barth's Theology of Mission*, 16. 바르트는 그의 초기 저서에서 신을 아는 인간의 능력을 긍정하기도 하고 부정하기

박형룡은 불교와 유교 등과 같은 종교를 귀신의 산물이나 인간이 만들어 낸 창조물로 보면서 뽑아버려야 할 "잡초"라고 규정하지만, 김재준은 그것을 성령에 의해 이루어진 '한 조각의 하나님 말씀'(a piece of God's word)으로 인정한다. 김재준의 포용적인 "성취론"(fulfillment theory)이 기여한 지대한 공헌이 있다면 그것은 그리스도 안에서 계시 된 복음과 한국의 전통 종교 문화와의 관계를 가능케 한다는 점이다.

그러나 김경재는 김재준의 "성취론"이 기독교 복음을 능동적이고 강력한 변혁의 주체로 보지만 전통문화는 변혁되어야 할 수동적 대상으로 견지하면서 기독교 복음과 전통문화 사이에 상호 영향의 여지를 남겨두지 않았다고 지적한다.[60]

---

도 한다. 바르트는 오직 하나님만이, 하나님을 알게 하시는 진리만이 인간이 알 수 있는 진리라고 주장한다. 그러나 인간들은 하나님께서 진리를 그들에게 계시해 주실 때만 그것을 알 수 있다고 주장한다. 계시는 오직 하나님만이 그것을 그들에게 계시하시고 인류를 구원하실 수 있으며 하나님께서 오직 예수 그리스도 안에서만 이 일을 하셨다는 것을 분명히 알려주기 때문에, 종교는 그리스도 안에 계신 하나님만이 하실 수 있고, 하나님이 하신 일을 인간이 시도하는 것으로 보아야 한다. 그러므로 바르트는 모든 종교에 대해 "종교는 불신앙이다"라고 평결을 선언한다. 이 평결을 발표한 후 그는 복음과 다른 종교의 관계에 관한 실제적인 결론을 내린다. 그에 따르면 신학자나 선교사는 결코 어떤 식으로든 기독교 계시와 종교 사이의 관계를 추구해서는 안 된다. 그들은 어떤 식으로든 "접점"(point of contact)을 볼 수 없다. 기독교 메시지와 종교 사이의 관계는 "이것이 아니면 저것"(either-or), 즉 양자택일이다. 그러나 브루너의 "접점" 가능성에 대한 바르트의 "Nein"이라는 강력한 반응은 독일 국가관, 즉 계시의 두 번째 출처로서의 독일역사와 정치적 상황을 긍정한 독일 기독교인들에 대해 투쟁하는 독일 고백 교회의 맥락에서 이해되어야 한다. Cf. Barth, *The German Church Conflict*, 16. 그러므로 제3제국 시대(The Third Reich) 독일 기독교인들의 이데올로기에 대한 바르트의 강력한 거부였다. 그리고 그들이 일반계시라는 이름으로 하나님의 지식을 반복해서 통제하고 조작하려는 경향이 있다는 것에 대한 경고였다. See also Almond, "Karl Barth and Anthropocentric Theology," 435-47. Almond는 바르트가 말년에 자연신학이 나치즘의 위협과 뗄 수 없이 연결되어 있던 1934년보다 훨씬 더 브루너에게 너그러울 수 있었다는 점을 발견한다.

60  Kim, *Christianity and the Encounter of Asian Religions*, 131.

다음으로 고려해야 할 신학자는 한국 토착 기독교의 선구자(a pioneer of indigenized Christianity)로 알려진 감리교 신학자 유동식이다.[61] 그는 해석학적 순환의 원리에 따라 접목 모델을 제시하며 그것을 통해 기독교 복음과 전통문화가 모두 다 주체가 되도록 한다.[62] 그는 전통 문화를 줄기에 비유하고 복음을 접붙여진 순에 비유하면서, 그들 사이의 상호의존과 상호기여를 전제로 한다. 순이 줄기에 접붙여져 하나의 유기적인 가지가 되듯이 복음의 성공적인 토착화는 문화로 구체화하여 분리할 수 없는 실체가 된다. 유동식은 복음과 문화의 해석학적 순환이 타 문화적 상황에서 지속해서 이루어져야 한다고 주장하며 다음과 같이 서술한다.

> 성경의 복음이 유대 문화에서 파악된 하나님의 말씀이라면 서양신학은 그리스-로마 문화를 통해 복음을 이해한 것이다. 하나님의 말씀은 그 자체로 초월적이지만 구원을 이루기 위해서는 성육신 되어야 한다 … 그러므로 복음은 영원의 빛 속에서 우주적 진리로 비쳐야 하지만 그것을 실질적이고 살아 있는 진리로 만들기 위해서는 그것을 포착하기 위한 주관적 문화적 안목이 필요하다. 주관적 안목은 구체적인 문화와 역사 안에서 형성될 수 있다.
>
> 그러므로 복음을 받아들이는 나라마다 각자의 신학이 있어야 한다 … 유대인들은 하나님의 말씀을 보는 그들만의 눈이 있었고 서양인들도 마찬가지였다. 여기서 눈은 민족정신을 의미한다 … 신학은 교회의 사명에 이바지한다. 그래서 신학은 주관적이어야 하며 그런 관점에서 복음과 대화를 시작할 수 있다.

---

61 류동식(1922~)은 한국 교회의 토착화 문제를 탐구한 대표적인 선교신학자이다. 그는 1922년 황해도에서 태어났다. 서울 감리교신학교를 졸업하고 보스턴대학교 신학대학원에서 신학학 석사학위를 받았다. 그런 다음 그는 제네바의 에큐메니컬 연구소에 합류하여 세계 선교와 평신도운동을 접하게 되었다. 그는 Kraemer의 『평신도 신학』(*Lay Theology*)을 한국어로 번역했다(1963). <한국 샤머니즘의 역사와 구조>(*The History and Structure of Korean Shamanism*, 1975)라는 논문으로 동경대학교에서 박사학위를 받았다. 그는 서울의 감리교신학대학과 연세대학교에서 가르쳤다. 대표작으로는 『한국종교와 기독교』(1965), 『한국무속의 역사와 구조』(1975), 『풍류도와 한국신학』(1988) 등이 있다.

62 Kim, *Christianity and the Encounter of Asian Religions*, 136.

다시 말하자면 신학은 민족정신의 관점에서 복음을 해석한다.[63]

이런 맥락에서 유동식은 헬레니즘화된 기독교인들이 예수를 이해하기 위해 그리스의 로고스 개념을 사용한 것처럼 도덕경의 토양에서 자란 아시아인들은 "도"의 관점에서 예수를 이해할 수 있다고 주장한다.[64] 헬레니즘화된 기독교인들에게 로고스 개념은 복음을 이해하기 위한 지평을 제공했다. 그들의 지평에서 복음을 받아들였을 때 삶이 변화되었고 로고스 개념은 또 다른 의미를 갖게 되었다.

이제 로고스라는 단어는 전통적인 의미에서 벗어나 예수를 의미하게 되었다. 이처럼 유동식은 동양 사상의 바탕을 이루고 있는 "도" 개념도 성경을 이해하는 기초로 삼을 수 있으며 또한 이해의 토대로 전유될 수 있다고 주장한다.[65] 그러나 그는 이스라엘의 유대교가 아시아 종교로 대체되어야 한다거나 구약성경이 불교나 유교 경전으로 대체되어야 한다고 제안하지 않는다.

이런 점에서 유동식은 중국계 미국인 페미니스트 신학자 곽 푸이란(Kwak Pui Lan)이 『비성경적 세계에서 성경 발견하기』(Discovering the Bible in the Non-Biblical World)에서 언급한 포 첸(Po Ch'en Kuang), 시에 후야(Hsieh Fu Ya), 후 싼윤(Hu Tsan Yun)과 같은 중국인 다원주의 신학자들과는 매우 다르다.[66]

---

63  Ryu, *Tao and Logos*, 39–40.
64  Ibid., 26–27. 도(*Tao*)는 "길"을 의미한다. 이 단어는 종종 "생명의 길" 또는 "자연의 길과 그것의 힘"이라는 의미로 사용된다. See Lao Tzu, *Tao Te Ching*.
65  류동식은 가다머의 *Truth and Method*가 출간되기 1년 전인 1959년 자신이 쓴 『도와 로고스』라는 글에서 이미 '지평선'(horizon)이라는 용어를 두 번 사용한 바 있다.
66  Kwak, Pui-lan, 중국계 미국인 페미니스트는 그녀의 저서 *Discovering the Bible in the Non-Biblical World*에서 열린 정경(open canon)을 주장한다. 그녀는 공자의 논어, 맹자, 노래 책과 같은 많은 중국 고전이 히브리 성경의 선지서와 시편과 신명기와 비교할 수 있다고 주장한 Bo Chenguang, Xie Fuya 및 Hu Zanyun과 같은 중국 신학자들을 인용하여 자신의 입장을 뒷받침한다. 성경에는 예수 이전 유대

다원주의 관점에서 이들 중국 신학자들은 성경이 예수 이전의 유대 민족의 중요한 고전들을 담고 있는 것처럼 중국어 성경에 중국 고전들을 포함해야 한다고 주장한다. 그들은 중국어 성경에 히브리어 성경의 일부, 신약성경, 유교 고전, 심지어 도교나 불교 문헌을 포함해야 한다고 주장한다.

그러나 유동식은 위에서 언급한 중국의 다원주의 신학자들과는 다르게 단순히 복음과 관련하여 한국의 영적 유산의 가치를 인정해야 한다고 주장한다. 복음의 토착화 또는 성육신 접근을 통해 해석학적 순환을 수용한다. 즉 복음이 문화를 변화시키는 동시에 타 종교와 문화와의 만남을 통해 복음에 대한 이해가 변화된다는 것이다.[67]

그렇다면 우리는 기독교의 독특한 구원론과 체험이 과연 타 종교와 함께 어우러져 지평의 융합을 이룰 수 있는지에 관한 문제를 논의해야 한다.

김경재는 유동식의 이론, "접붙임"의 은유에 관해 숙고하며 접붙임은 비슷한 종끼리만 가능하다는 것을 지적한다. 그는 유전적으로 사과와 배를 접붙이는 것은 가능하지만 사과를 밤나무와 접붙일 수는 없다고 말한다.[68]

---

민족의 중요한 고전이 포함되어 있기 때문에 중국 기독교인이 자신의 고전을 경전으로 포함해서는 안 될 이유가 없다고 그들은 생각한다. 그들은 중국어 성경이 히브리어 성경, 신약성경, 유교 고전, 심지어 도교 및 불교 텍스트의 일부를 포함해야 한다고 제안한다.
See Bo Chenguang, "Zhongguo de jiuyue,"(Chinese Old Testament), 240-44, See also Xie Fuya, "Guanhu zhnghua Jidujiao shengjing de bianding wenti"(On the issues of editing the Chinese Christian Bible), 9-40; and Hu Zanyun, "Liangbu kiuyu"(Two Old Testaments), 67-71.

67 For a discussion of inculturation and incarnation, see Arbuckle, *Earthing the Gospel: An Inculturation Handbook for the Pastoral Worker,* 22. See *Christianity and the Encounter of Asian Religions,* 141. See also Wells, "Korean Syncretism and Theologies of Interreligious Encounter," 68.

68 Kim, *Christianity and the Encounter of Asian Religions,* 141. 류동식은 불교, 유교, 기독교의 구원 체험이 자연스럽게 융합되어 지평이 융합될 수 있다고 믿지 않는다. 그래서 접붙임을 교리의 차원이 아니라 정의, 자유, 사랑, 능력, 건강 등의 실

여기서 그가 암시하는 것은 어떤 종교도 고유한 정체성과 메시지를 상실하지 않으려면, 접목할 수 있는 것에 한계가 있다는 것이다. 즉, 단순한 합성을 통해 동질성에 도달하려는 대대적인 혼합주의적 노력은 결코 장려되어서는 안 된다는 것이다. 혼합주의에 관련하여 헤롤드 웰즈는 다음과 같이 주장한다.

> 기독교인에게 긍정적이고 지속할 수 있는 혼합주의를 향한 진보가 이루어지기 위해서는 첫째로 분명한 기독론적 입장에 기반을 두어야 한다 … 기독교 신앙이 기독교적으로 인정받고 기독교 "복음"(good news)에 굳게 서려면 어떤 혼합주의(syncretism)도 그리스도 중심적 혼합주의여야 한다. 즉, 십자가에 못 박히시고 부활하신 예수 그리스도가 지배적 중심이자 진리의 기준으로 유지되어야 한다. 많은 것이 차용되고 혼합될 수 있다 … [그러나] 종교적 전통이 정체성과 고유한 메시지를 잃어버리지 않으려면 '접목' 또는 버릴 수 있는 것에 한계가 있음을 감지해야 한다.[69]

이처럼 웰즈는 모든 혼합주의가 그리스도 중심적이어야 한다고 정당하게 주장하는 것이다. 그러나 혼합주의라는 용어는 경멸적인 의미로 자주 사용되어 왔기 때문에 많은 혼란을 일으킨다. 이 용어는 종교가 서로 만날 때 특정 종교가 상호 영향, 차용 및 혼합 과정에서 독창적인 요소를 잃어버리고 다른 종교와 병합된다는 부정적인 의미로 자주 사용됐다.

많은 기독교인은 기독교 신앙의 내용이 축소되거나 희석되는 것에 관해 우려한다. 이러한 이유로 저자는 종종 혼란을 일으켜 온 혼합주의라는 용어 대신에 가다머의 "지평 융합의 범주"(Gadamer's category of the fusion of horizons)를 사용하여 기독교가 다른 문화권에서 어떻게 적응하고 구체화되었는지 설명해야 한다고 본다. 경멸적인 차원으로 혼합주의(syncretism)라는 용어가 사용되고 있음을 인식하며 김경재는 혼합주의 대신에 "지평

---

재를 생산하는 삶의 차원으로 제한한다. See Tong-Shik Ryu, *Tao and Logos*, 14.
69  Wells, "Korean Syncretism and Theologies of Interreligious Encounter," 73.

융합"이라는 용어를 사용하며 그 의미를 다음과 같이 설명한다.

> 종교 간의 지평 융합은 각 종교의 고유한 특성을 유지하게 한다. 오케스트라에서 각 악기는 고유한 소리를 내지만 하모니를 만들어 내는 것과 같은 것이다 … 다른 종교들과의 만남에서 지평 융합은 경험의 창조적 확장을 의미한다. 그러나 주요 종교들에게 지평 융합은 언제나 평화로운 방법으로만 일어난 것은 아니다 …[70]

김경재의 이러한 지평 융합에 관한 이해와 유사한 의미로 『사이의 신학』(*Theology of the in-between*)을 저술한 신학자 칼 스타클로프(Carl Starkloff)는 "혼합 과정"(the syncretic process)이라는 용어를 제안한다. "혼합 과정"은 "인간 본성에 내재된 역동성과 모든 인간의 사회적, 종교적 교류의 과정"(a dynamic built into human nature and a process of all human social and religious interaction)이라고 한다.[71]

스타크로프는 "혼합 과정"을 "죄의 유산이 아니라 다양성 속에서 일치를 추구하는 인간의 바람직한 욕망과 일치하는 것"(connatural with, not the heritage of sin, but of a laudable desire of humans for unity within diversity)[72]이라고 인정한다. 그러므로 기독교는 처음부터 항상 다른 문화 속에서 구체화되었으며(incarnated), 그 문화는 한결같이 예수의 삶, 죽음, 부활을 담은 복음의 내용과 교감하는 종교적 차원을 지니고 있었다고 주장한다. 이런 의미에서 틸리히가 주장한 것처럼 "계시를 받아들이는 것은 인간의 실존에 따라 결정되기 때문에"[73] 순수 신학(pure theology)이란 있을 수 없다는 것이다.

---

70  Kim, *Christianity and the Encounter of Asian Religions*, 107.
71  Starkloff, *Theology of the in-between*, 11.
72  Ibid., 11.
73  Tillich, *On the Boundary*, 41. 틸리히는 자연주의 신학과 초자연주의 신학(naturalistic and supra-naturalistic theologies) 모두 인간과 신 사이의 구조적 틀을 세우는 데 실패했기 때문에 비판한다. 자연주의 신학은 인본주의를 강조하고 계시를 무시하며, 초자연주의 신학은 하나님과의 존재론적 연결이 아니라 분리를 찾

지금까지 우리는 가다머의 지평 융합(Fusion of Horizons)이라는 개념을 사용하여 전통 종교가 경쟁, 갈등 및 박해를 통해 영향을 주고받으며 서로 융합되어 한국인의 혼합적 종교-문화 지평을 이루어 왔음에 관해 논의했다. 이러한 현상은 모든 종교가 공통적인 특성을 띠게 했으며 기독교가 개인의 안녕과 번영의 수단으로서 개인 종교화(cultus privatus)를 이루게 된 원인이 되었다.

한국의 개신교 신자 중 대다수는 신앙과 생활 속에 무의식적으로 혼합적 요소를 지니고 있음에도 불구하고, 그들 가운데 많은 사람은 타 종교에 대하여 배타주의적 태도를 보인다. 우리는 근본주의, 진보주의, 자유주의로 나뉘는 한국의 기본적 신학 진영이 보여주는 타 종교에 대한 특유한 견해와 태도에 관해 살펴보았다. 그리고 박형룡의 근본주의적 견해가 한국 개신교인들에게 현저한 영향을 끼쳤음을 알게 되었다.

많은 개신교 신자는 그의 영향을 받아 타 종교는 기독교가 정복해야 할 우상숭배나 이단적 비진리로 인식하였다. 타 종교에 대한 그들의 배타주의적 태도는 확실히 기독교를 제국주의적 태도를 가진 서구 종교로 인식하게 했다.[74] 이러한 배타주의적 경향에 대응하는 방안으로 저자는 "혼합주의"를 언급하기보다는 가다머의 "지평 융합"을 적용하여 좀 더 넓은 의미로서 "복음이 다른 문화 속에서 구체화 되어가는 과정"으로 이해할 필

는다. 틸리히는 하나님의 자기 계시(self-manifestation)가 우리가 그것을 받는 방식에 달려 있다는 것을 인정한다는 점에서 바르트의 입장과 다르다. 이것은 계시의 수용이 인간 실존 때문에 결정되며 우리는 계시의 교리를 수용하지 않고서는 그 자체로 계시의 교리를 구성할 위치에 있지 않다는 것을 의미한다. 틸리히에게 대답으로서의 계시와 질문으로서의 인간 실존사이에 연관성을 물을 수 있다는 사실은 본질적인 인간의 선함과 하나님 사이의 연관성이 완전히 파괴되지 않았음을 보여 주는 것이다. 그리고 우리가 그것에 대해 물어야 한다는 사실은 우리가 그러한 연합에서 멀어져 있음을 보여준다. See Roberts, "Tillich's Doctrine of Man" in Kegley and Bretall, *Theology of Paul Tillich*, 113.

74  4장에서 사회적 삼위일체적 관점에서 종교 간 대화라는 주제를 다룰 것이다. 다민족, 다원주의적 상황에서 여성들이 다른 종교와 문화를 가진 사람들에 대해 어떤 태도를 보여야 하는지 논의한다.

요가 있다고 본다.

처음부터 기독교는 항상 다른 문화권에 침투되어 그 속에서 구체화하였기 때문에 배타주의자들이 주장하는 의미의 "순수 신학"(pure theology)이나 "순수 복음"(pure gospel)은 존재할 수 없다고 말할 수 있다.

## 2. 신학적 소재로서의 한국 여성의 경험

이제 기독교 이전의 종교적 전통들이 전반적으로 어떻게 한국 여성들에게 하나님에 관한 이해를 돕는 "해석학적 사전 이해"(hermeneutical pre-understanding) 또는 "편견"(prejudice)으로 작용해 왔는지 살펴보겠다. 이어서 북미에서 사는 한인 이민자들과 그들의 자녀들을 목회해 온 여성 목사로서 30여 년간 쌓아온 경험과 인쇄된 자료들을 기반으로 그들의 삶과 체험을 신학적 소재로 삼고 그들이 보이는 신학적 특성을 분석하고자 한다.

한국 여성신학자 중에는 기독교가 여성 신도들에게 끼친 부정적인 요소에 초점을 두고 강조하는 경우가 많이 발견된다. 한가지 예를 들자면, 1962년 샌프란시스코에서 남편과 결혼하기 위해 미국에 이민해 오게 된 북미 한인 여성신학자 김애라는 『새로운 삶을 위해 고군분투하는 여성들』(*Women Struggling for a New Life*)에서 자기 경험을 서술한다.

> 한인 이민 교회는 나의 구원자 역할을 해주었다. 교회를 통해 자기 부정(self-denial)을 정당화하는 확고하고 엄격한 성경의 원칙들, 즉 여성은 남성에게 복종하고(엡 5:22-25) 공공장소에서는 침묵하여야 한다(고전 14:31)는 가르침을 받았다. 그리고 교회의 위계질서와 제도는 여성이 남성에 종속된 존재임을 강화하고 정당화했다. 교회에 더 깊이 관여하고 교회의 가부장적 가르침과 교리를 받아들일 때 나는 더 쉽게 자신의 정체성을 주장하려는 나의 추구와 갈망을 누그러뜨릴 수 있었다.
>
> 이처럼 나는 칼 마르크스가 언젠가 선언한 것처럼 교회에서 규정한 "종교적 아편"(religious opium)에 중독되어 간 것이었다 … 교회는 암묵적으로나 명시적으

로 여성의 자기 파괴를 정당화하는 원칙을 제공한다고 본다. 여성의 열등한 지위를 합법화함으로써 이러한 원칙들은 가정과 교회, 한인 이민자 공동체와 사회에서 제도적 성차별을 영속케 한다.[75]

김애라는 한인 이민교회가 여성의 자기-비하 또는 자기-포기(self-abnegation)를 정당화하는 원칙들을 가르치며 그러한 원칙에 따라 살기를 부추긴다고 비판한다. 김애라의 이와 같은 증언은 가부장적 가르침과 제도를 하나님이 정하신 것으로 내세우는 전형적인 보수파 개신교의 경우라고 할 수 있다. 그녀의 저서 『새로운 삶을 위해 고군분투하는 여성들』이 발간된 이후 개신교의 가르침과 북미 이민교회의 상황에 많은 변화가 일어났다.

오늘날 교회에서 여성이 대우 받는 방식은 종종 교단적 기준과 교회 목회자의 리더십에 따라 다르다는 사실을 무시할 수 없다. 그러나 평등주의를 강조하고 증진하기 위해 앞장서는 북미 사회에서 일부 교회가 아직도 성차별을 제도화하고 영속하고 있다는 사실은 아이러니한 일이 아닐 수 없다.

그리스도인의 정체성은 십자가에 못 박히신 예수 그리스도를 바로 알고 그에 따라 행하는 것이다. 기독교 신앙의 타당성을 유지하기 위해서 그리스도인은 변화하는 세상에서 정체성을 확고히 하고 실천으로 옮길 수 있어야 한다. 이러한 목적을 위해 십자가 신학은 끊임없이 변화하는 상황 속에서 제기되는 새로운 질문에 답을 제시할 수 있어야 한다. 그러므로 신학을 한다는 것은 도전적인 작업임이 틀림없다.

성별, 인종, 문화가 서로 다른 사람들 간의 호혜적 관계의 중요성을 인식시키고 더 나아가 증진하는 십자가 신학을 제시하기 위해, 우리는 먼저 한국의 사회 환경이 여성의 신분과 사회 경제적 지위에 어떤 변화를 일으켜 왔는지 살펴보아야 한다. 이민 사회는 모국의 변화에 직-간접적으로 영향을 받기 때문에 국내에 사는 여성들의 신분과 사회-경제적 지위의

---

75  Kim, *Women Struggling for a New Life*, x.

변화를 살펴보는 것은 매우 중요한 작업이다.

북미 이민 사회의 주요 노동력은 60년대부터 90년대 후반기에 출생한 사람들로 구성되어 있다. 60년대 후반 이후 태어난 한인 이민자 여성들의 자신을 바라보는 시각은 이전 세대와 매우 다르며, 이는 주로 그들이 양육된 환경과 깊은 관련이 있다. 60년대 후반에 한국 정부는 급속한 인구 증가가 경제 성장을 저해한다는 경각심을 가지고 전국적으로 가족 계획 캠페인을 벌였다.

정부는 가족들에게 "아들딸 구별 말고 둘만 낳아 잘 기르자"라는 캐치프레이즈 아래 부부가 한두 자녀만 낳도록 장려하며 강조했다. 그 결과 여성 1인당 평균 출생아 수인 출산율(여성 1인당 평균 출생아 수)은 1960년 6.1명에서 1970년 4.2명, 1980년 2.8명, 1984년 2.4명, 2005년 1.21명으로 줄었다. 최근 2021년 유엔 경제사회부, 인구분과의 집계에 의하면 한국의 출산율은 0.81로 세계에서 가장 낮은 출생률을 기록했다.[76]

기성세대 가운데는 여전히 유교적 전통 안에서 아들 선호 사상을 가진 사람들이 있다. 그들은 노후에 부모를 모시고 가문의 이름을 이어갈 아들이 있어야 한다고 생각한다. 그러나 오늘날 한국의 젊은 부부들은 가문의 이름을 이어가는 문제보다는 본인의 직업과 성공에 더 몰두하며 대가족 부양에 관심을 보이지 않는 경향이 많다.

오늘날 아들 선호 사상은 거의 사라졌다. 그뿐만 아니라 핵가족 단위에서 최고의 보살핌을 받으며 성장한 많은 젊은 여성은 자신이 여성이라는 이유만으로 차별받거나 희생당했다고 생각하지 않는다.

또 하나의 새로운 사회 현상은 오늘날 한국이 급격히 다문화 다인종 국가로 변모하고 있다는 점이다. 1990년대 후반까지만 해도 한국은 세계에서 많지 않은 단일 민족 국가 중 하나였다. 이러한 단일 민족 국가의 특

---

76  유엔 경제사회부 인구과(2007)에서 제공한 정보에 따르면, "유엔 인구 전망: 2006 개정판, 표 A. 15,"(뉴욕: UN), 여성 1인당 2.1명이라는 대체 수준 이하의 출산율은 고령화 사회가 노인을 부양할 수 없다는 무서운 예측과 함께 국가적 경보를 발령했다. 최근 한국 정부는 여성의 출산을 장려하는 사회 개혁을 시행하겠다고 약속하면서 이 문제를 의제에 우선순위로 두고있다.

성으로 인해 외국인이 한국 사회에서 거부당하거나 차별당하는 경우가 많았다.

그러나 오늘날 한국은 많은 외국인 노동자가 들어와 함께 거주하게 되면서 "다문화주의"라는 개념이 많이 언급되고 있는 동시에 사회적 이슈로 드러났다. 2007년에 "국제이주연구소"(International Migration Institute)의 스티븐 케슬(Stephen Castles)은 다음과 같이 주장했다.

> 한국은 더 이상 다문화 사회가 되길 원하는지 아닌지에 대해 결정할 필요가 없다. 몇 년 전에 신흥 세계 경제에 완전히 참여하기로 결정을 내렸을 때 이미 한국은 무의식적으로 다문화 사회가 되기로 결정을 내렸던 것이다. 한국 정부는 빠르게 성장하는 사회의 경제적, 인구학적 필요를 충족하기 위해 외국인 노동자들을 적극적으로 모집하기로 결정했다. 오늘날 한국은 또 다른 결정을 내려야 할 현실에 직면해 있다. 어떤 유형의 다문화 사회가 되기를 원하는가?[77]

한국은 한때 단일민족의 동질성을 최고의 강점으로 여겼으며 동일한 가치관을 공유하고, 깊은 동포애를 중심으로 세워진 나라임을 자랑스럽게 여겼다. 따라서 동질성은 한국이 격동의 역사를 통해 역경을 이겨내는 데 도움이 된 초석으로 여겨졌다. 그러나 한국인들은 동질적인 전통과 문화에 가치를 두고 그것에 몰두하기 때문에 인종적으로나 문화적으로 그들과 다른 타민족에 대해 배타적인 태도를 보이는 경향이 있다.[78]

1980년대 후반부터 지금까지 북미로 이민 온 여성들은 이처럼 격동하는 한국의 사회상 속에서 가족 구조, 경제 성장, 성 간의 변화로 이미 많은 영향을 받았다. 그러나 다문화와 다인종으로 이루어진 북미 사회로 이주하면서 그들의 존재는 외국 문화, 언어 그리고 인종, 계급, 민족, 종교,

---

[77] Castles, "Will Labour Migration lead to a Multicultural Society in Korea?" Global Human Resources Forum 2007/ International Migration Institute.

[78] "Multiculturalism in Korea," *Joong Ang Daily*, August 26, 2010.

성별, 나이와 같은 많은 사회적 요인에 의해 더욱더 복잡한 현실에 놓이게 되었다.

오늘날 다문화 다인종 다원주의적 사회로 변모하는 한국 상황에서 북미의 이민 상황에서 경험하고 나타나는 현상은 결코 동떨어진 이야기가 아니라 국내에서도 느끼고 체험하게 될 현실로 다가올 것이다.

그런 의미에서 북미의 한인 여성의 사회적 종교적 상황을 분석하려고 한다.

### 1) 한-북미 여성의 사회적 상황

북미에 이민해 온 여성들은 남성들보다 새로운 문화와 환경에 더 쉽게 적응하는 경향이 있다. 반면에 많은 남성은 북미의 새로운 환경 속에서 자존감 상실을 경험하게 된다. 그들은 가족의 부양자, 아버지, 남편으로 존경받는 가부장적 사회에 익숙하다.

이민자들은 낯선 땅에서 살아가면서 언어장벽으로 인해 타인에게 의존해야 하는 경우가 많다. 그럴 때 자신이 아무것도 아닌 것 같고, 부족하고, 무능하다고 느낀다. 반면에 여성들은 남녀평등을 주창하는 북미의 새로운 환경에 더 잘 적응하는 경향이 있다.

그리고 여성들은 언어장벽에도 불구하고 낯선 이민의 땅에서 가족부양을 위해 돈벌이에 나서는 경우가 많다. 이민자들의 자녀들, 특히 딸 중에는 의약, 법률, 기업, 언론 등의 전문직으로 주류 사회에 진출한 경우가 많다. 그렇게 성공한 자녀들이 반드시 한국 사람들과 결혼한다는 보장이 없다. 그러므로 이민자 가족들이 봉착하고 있는 또 하나의 사회적 이슈는 자녀들이 타 문화권 및 타 인종과 결혼하는 것이다.

이러한 모든 사회적 요인들을 감안할 때 북미에 사는 한인 이민자 여성들 사이에 존재하는 사회적, 문화적, 종교적, 정치적, 경제적 차이를 상관하지 않고 그들을 오직 "한" 많은 동질 집단으로(a monolithic group of han-ridden people) 취급하는 것은 불합리한 처사다.⁷⁹ 더구나 남성과 여성, 지배층과 피지배층 사이의 이분법적 대립 속에서 희생자로만 취급되어서도 안 된다.

그러므로 좀 더 포용적이고 포괄적인 십자가 신학을 제시하기 위해서는 반드시 북미의 다문화·다인종 사회에 사는 한인 여성들의 삶의 자리(Sitz im Leben)에 관한 사회적 분석이 필요하다. 시대적 도전에 해결점을 제시할 만한 십자가 신학은 반드시 타인과의 상호 연결성뿐만 아니라 다양성을 인정하며 성별, 세대, 민족과 인종에 관계없이 상호 의존의 필요성을 받아들이는 포용적이고 포괄적이어야 한다.

### 2) 북미에 사는 한인 여성들의 종교적 상황

북미에 사는 한인 여성들은 영성이나 자존감의 측면에서 한국 전통 종교의 영향을 많이 받았다. 따라서 이들 종교가 어떻게 남성 중심적, 위계적 사고방식을 구축하고 강화하는 데 이데올로기로 역량을 발휘했는지 논의할 것이다. 그뿐만 아니라 어떻게 비기독교적인 남성 중심적, 위계적 사고방식이 교회에 스며들어 하나님이 제정한 원칙으로 인식하게 되었는지에 관해서도 논의할 것이다.

**첫째**, 유교의 주요 의례인 제사 제도는 남성이 여성보다 우월하다고 가르친 유교적 정신을 강화했다.⁸⁰ 제사를 통해 살아있는 가족과 조상이 재결합하고 그로 인하여 가문의 정체성이 강화되었다. 가문의 장자들은 제사 의식을 진행하는 사제 역할을 담당했다. 어린 소년들을 포함한 모든 남

---

79  "한"은 한국의 민중 신학자 서남동에 의해 "무력한 민중의 감정의 공통분모"라고 정의되며, 한국계 미국 신학자인 앤드루 성 박은 그것을 "좌절된 희망"(frustrated hope)이라고 정의한다.
    See Park, *The Wounded Heart of God,* 16. See also Suh, "Towards a Theology of Han," 58.

80  Choi, *Korean Women and God*, 38–40.

성은 제사 의식에 참여했지만, 여성은 완전히 제외되었다. 여성이 담당한 유일한 역할은 남성의 보조자로서 음식을 준비하고 제사상을 차리는 일이었다.

유교적 전통에서 한국 여성의 정체성과 삶의 목적은 유교적 이데올로기에 의해 결정되었다. 그들은 '조화로운 질서'(harmonious order)를 유지해야 한다는 명목하에 억압당하고 멸시당했다.[81] 유교에는 여성과 남성 간의 상호관계를 지배하는 두 가지 주요 사상이 존재한다. 남녀유별(남성과 여성은 본질적으로 다름)과 남존여비(남성은 존경받고 여성은 비천함) 사상이다.[82]

토론토대학에서 동아시아학을 가르친 라차드 귀쏘(Richard W. Guisso)는 『호수 위의 천둥: 오경과 초기 중국의 여성에 대한 인식』(Thunder over the Lake: The Five Classics and the Perception of women in Early China)에서 남성우월주의가 유교의 경전에 뿌리를 두고 있다고 주장한다. 그는 초기 중국의 여성에 관한 인식을 다음과 같이 서술한다.

> 여성은 천성적으로 열등하다. 여성은 달처럼 어둡고 물처럼 변덕스럽고 질투심이 많고 편협하고 교활하다. 여성은 무분별하고 무능하며 감정에 지배당한다. 그녀의 아름다움은 부주의한 남성에게 올무가 되고 국가의 파멸을 불러온다.[83]

---

[81] 유교에서는 하늘, 남편, 왕, 부모, 남자가 월등하고 더 높은 지위에 있으며, 땅, 아내, 신하, 자녀, 여자가 열등하고 더 낮은 지위에 있다고 가르친다. 이 위계는 유교에서 우주 질서를 유지하는 데 없어서는 안 될 것으로 여겨진다. 지위가 낮은 사람은 윗사람에게 복종해야 하지만, 윗자리는 힘을 써서 아랫사람을 돌볼 의무가 있다. 각각은 전체의 이익을 위해 작동하도록 패턴 된 것 같지만 유교가 지배 이데올로기와 결합하면 우월한 위치에 있는 사람들의 권력을 정당화하는 역할을 할 뿐이다.
See Choi, *Korean Women and God*, 36–37.

[82] Chong, "Women's Social Status during the Yi Dynasty," 12.

[83] Guisso, "Thunder over the Lake: The Five Classics and the Perception of women in Early China," in Guisso and Johannesen, *Women in China*, 59. See also Choi, *Korean Women and God*, 37.

여성은 무지하고 열등하다고 여겨졌기 때문에 일생을 통해 세 남자에게 종속되어 살아야 했다. 딸로서 아버지와 형제들에게 복종해야 했다. 아내로서 남편에게 복종해야 했고, 며느리로서 시부모에게 복종해야 했다. 남성 중심적 위계 사회에서 여성은 남성의 계보와 가부장적 가치에 관한 지나친 강조로 인해 고통당했다.

여성의 주요 기능 중 하나가 남편의 계보를 이어줄 아들을 낳는 일이었기 때문에 아들이 없는 여성은 종종 아내의 위치에서 해고되었으며 남편을 위해 아들을 낳아 줄 다른 여성으로 대체되었다.[84]

여성신학자 최희안은 이러한 이데올로기가 여성의 마음에 "한"을 일으키는 일차적 원인이 되었다고 지적한다.[85] 이러한 이데올로기의 학대적 행태는 여성에게 무조건적인 복종을 강요하며 남성의 학대적 권력 남용을 무관시한다.

**둘째**, 한국 불교에는 가부장적 종교구조와 의례가 존재하였다. 그런데도 대부분의 불교 의식과 의례는 여성 구도자들에 의해 수행되고 지원되었다. 여성 구도자들은 과거에 샤머니즘을 믿으며 매일 정성을 들였던 것처럼 불교를 믿고 난 후에도 똑같이 행하였다. 그들은 샤머니즘에서 섬겼던 신상들을 불교로 가져왔을 뿐만 아니라 두 종교에 관한 신의와 충성심도 비슷했다.

여성 구도자들은 절에 기도하러 갔으며 승려들이 주문과 마법의 약을 사용하여 치유할 수 있다는 믿음을 가지고 그들과 상의했다. 이처럼 불교는 점차 한국의 문화와 종교적 환경에 적응하여 개인의 불행과 자연재해를 극복하는 수단을 제공하는 민속신앙이 되었다. 이러한 형태의 불교는 심오한 철학 때문이 아니라 샤머니즘적 여성의 필요를 충족시킬 수 있었기 때문에 번창하였다.

한국 불교는 주로 여성을 위한 민속 신앙의 역할을 감당했지만, 여성을

---

84  Peterson, "Women without Sons: A Measure of Social Change in Yi Dynasty Korea," in Laurel Kendall and Mark Peterson, *Korean Women*, 37–43.

85  Choi, *Korean Women and God*, 39.

남성보다 열등하다고 믿게 하는 여성 혐오적 이데올로기를 담고 있었다. 여성 구도자들은 붓다가 역사적으로 남성으로 나타났기 때문에 따라서 자신이 남성과 동등하다고 상상할 수 없었다.[86] 그들은 종종 현재의 삶에서 겪는 고통은 전생에 지은 죄로 인한 것이므로 당연히 감내해야 한다고 믿었다. 그들은 자신의 여성성이 카르마(karma)의 완성을 통해 제거되어야 할 요소라고 받아들였다.[87]

**셋째**, 샤머니즘은 한 때 한국 여성들의 주요 종교였지만 그들을 남성 중심적 세계관에서 해방하지 못했다. 샤머니즘은 18,000 이상의 신을 섬기는 다신교이다.[88] 샤머니즘 신들 가운데 많은 신은 여성이며 남성 신들과 동등하게 숭배되었다.

예를 들어, 삼신(출산하게 하는 할머니 신)은 한국에서 가장 강력하고 널리 알려진 여성 신이다. 삼신은 한국의 가부장적 문화 속에서도 매우 독립적인 권력을 발휘하며 강인한 성격을 보여준다. 그들은 삼신이 지상의 모든 아기를 태어나게 하고 태어난 후 백 일 동안 질병과 악령으로부터 보호한다고 믿었다.

샤머니즘 신 중에는 또한 수납공간, 대문, 부엌 등 여성의 생활공간과 밀접하게 연결된 신들이 많다. 이런 장소에서 사는 샤머니즘 신들에게 좋은 대우를 해주면 여러 가지 사고와 불운으로부터 그들을 보호해 준다고 믿었다. 이러한 신들은 쉽게 화를 내기도 하고 짜증을 부리기 때문에 혹이라도 홀대하면 화를 불러일으키게 될까 봐 매우 조심스럽게 신들을 모셨다. 불행과 재난을 막기 위해 신들을 달래는 각종 굿과 의례를 살펴보면 샤머니즘적 여성들이 얼마나 자유로움 없이 속박되고 의존적인 삶을 살아가고 있는지 확실히 알 수 있다.[89]

---

86  Ibid., 33.
87  카르마(*Karma*)는 삼사라(*saṃsāra*)라고 불리는 원인과 결과의 전체 순환을 야기하는 것으로 이해되는 "행동" 또는 "행위" 개념이다.
88  Kim, "Korean Shamanism: A Bibliographical Introduction," in Yu and Guisso, *Shamanism*, 12.
89  Chung, "*Han-Pu-Ri*," 54–55. 무속 의식인 굿을 통해 무당은 무시당하여 한으로

위에서 언급한 바와 같이 이러한 전통적 종교들은 여성을 억압하고 탄압하는 여성 혐오적 이데올로기를 품고 있었다. 그러면 기독교는 여성에게 자유로움을 주고 그들을 해방하는 역할을 했는가, 아니면 전통 종교가 품고 있던 여성비하와 억압을 낳은 이데올로기를 오히려 더욱 강화하는 역할을 하지는 않았는가에 관해 논의해야 한다.

초기 한국 기독교 역사에서 가장 먼저 복음을 받아들인 사람들은 여성과 어린이였다. 사회-정치적 관점에서 볼 때, 천국에 관한 예수의 비전(Jesus' vision of basileia)은 봉건적 유교와 일제 식민 지배 아래에서 이중으로 속박된 사람들에게 자유를 선포하며 해방하는 것이었다.

기독교 복음은 신분 계급의 장벽을 허는 동시에 평등한 인권을 증진하고 공교육 및 공공 서비스 참여에 대한 여성의 권리를 확대함으로써 한국 사회를 변혁하는 데 큰 공헌을 했다. 평등주의에 대한 기독교 메시지는 낮은 사회 계층에 속한 소녀들과 여성들에게 매혹적으로 다가왔다. 그리고 교회는 그들이 큰 소리로 노래하고 기도하며 자유롭게 감정을 표현할 수 있는 유일한 공공장소가 되었다.

이렇게 여성들과 어린이들에게 제일 먼저 받아들여진 복음에 차츰 높은 계층의 지식인들과 남성들까지도 귀를 기울이게 되었다. 당시 한국 사회의 엘리트들은 일제 강점기가 가져온 사회-정치적 구조의 붕괴로 말미암아 희망과 존엄성을 상실하고 있었다. 결과적으로 몇몇 지식인 남성은 절망 속에서 어떤 돌파구를 찾으려 했으며 특히 당시 새로운 종교였던 기독교에 관심을 돌리기 시작했다.

상류층의 엘리트 남성들이 교회에 들어오기 시작하면서 통솔력이 자연스럽게 여성에서 남성으로, 하층 남성에서 상류층 지성인들로 이동하는 현상이 일어났다. 그리하여 초기 한국 교회에 사회적 계층화가 형성되기 시작한 것이다. 그 후로 초기 한국 교회의 사회적 계층화는 바울서신의 가정 규범에 주어진 가부장적 행동강령에 따라 더욱 강화되었다(골 3:18-4:1; 엡 5:21-33; 딤전 2:10-15; 딛 2:4-5).

---

가득한 귀신들을 기리고, 그들의 용서를 구하며 그들과 백성들을 화해시킨다.

성경학자인 엘리자베스 피오렌자(Elizabeth Fiorenza)는 교회 내의 사회적 계층화가 어떻게 형성되고 진화하였는지 그 과정을 연구하였다. 그리고 가부장적 구조는 본래 기독교 공동체에 내재된 본성이 아님을 증명한다. 그녀가 재구성한 초대교회의 삶과 여성 제자도의 실천은 한국 초기 기독교 교회의 상황과 매우 유사하다. 피오렌자는 첫 저서인 『그녀를 기리며』(*In Memory of Her*)에서 초대교회 공동체의 예배와 리더십에서 여성을 제거한 것은 바울의 전통이 아니라 바울 후기(post-Pauline) 전통과 유사-바울(pseudo-Pauline tradition) 전통이라고 주장한다.

예를 들어, 골로새서 3장 18-4장 1절에 세심하게 주어진 가정 규범을 보면 골로새서의 저자는 갈라디아서 3장 28절에서 보여지는 제자도 전통에 관한 세례공동체의 이해를 영성화하고 도덕화하였다. 그뿐만 아니라 당시의 그리스-로마의 가부장적 가정 윤리를 기독교 사회 윤리의 일부로 만들고 있다. 그러나 그녀는 초대 기독교의 세례신조에 관한 골로새서의 그러한 재해석이 1세기 이전에 일어나지 않았으며, 따라서 초기 예수의 전통에 영향을 미치지 않았다고 주장한다.[90]

엘리자베스 피오렌자는 그리스-로마의 가부장적 사회 기풍(the patriarchal-societal ethos)이 장기적으로 진정한 기독교의 평등관을 대체시켰다고 지적한다. 이 현상은 에베소 교인들에게 보낸 편지와 목회서신에서 발견된다. 에베소서 5장 21-33절에 주어진 가정 규범은 남편에 대한 아내의 복종을 기독교인의 종교적 의무로 재확인시킨다.

목회서신들을 통해 기독교 신자들의 가정에서뿐만 아니라 "하나님의 권속"인 교회에서 더 많은 가부장화가 이루어졌음을 발견한다.[91] 예를 들어, 디모데전서 2장 10-15절과 디도서 2장 4-5절에서 여자/아내는 신분이 요구하는 바에 따라 온전히 정숙하고 순종하는 모습으로 배워야 한다고 명령한다.

이러한 방법으로 목회서신들은 당시 교회가 복음으로 다가가고자 하는

---

90 Fiorenza, *In Memory of Her*, 252.
91 Ibid., 290.

가부장적 로마 사회를 수용하기 위해 가부장적 질서를 옹호한다는 것이다. 그러므로 사역과 지도력은 주로 개인의 영적 능력이나 은사에 의존하기보다는 나이와 성별이 부여하는 자격에 의존하게 되었다고 한다.

피오렌자는 목회서신들이 부유한 후견인들(patrons)의 지도력과 기독교 공동체의 지역 관리들의 지도력을 통합함으로써 가부장적 지위와 나이의 서열에 따른 교회 지도력의 계층화가 이루어지게 되었다고 결론짓는다.[92] 가정에서의 가부장적 질서가 교회의 질서에 적용될 때, 부유한 여성들의 지도력을 제한하였으며 기독교 가정 공동체 내에서는 노예 여성과 남성에 대한 사회적 착취를 존속시켰다.

더 나아가 이브는 아담보다 나중에 창조되었으나 먼저 죄를 범했다는 창조설을 신학화하고 합법화함으로써 여성의 지도력을 금지할 수 있게 되었다(딤전 2:12-15). 이처럼 초대교회는 가부장적 복종을 규범화하고 강조함으로써 확실하게 기독교 사역의 젠더화를 초래하게 되었다.[93]

위에서 논의된 것처럼 초대교회의 리더십에 변화가 있었다. 예수의 평등한 제자도와 초대교회의 세례공동체 신조에서 보여지는 남녀 간의, 인종 간의, 주종 간의 수직관계가 무너지고 예수 안에서 하나되는 하나님 나라의 원칙이 서서히 가부장적 로마 사회의 사회 윤리에 의해 대체되어 갔다.

한국 기독교 초기의 리더십에도 그와 유사한 변천 과정이 존재한다. 요약하자면, 기독교로 개종한 초기 한국 기독교인들은 그들의 낡은 관습과 이념을 교회에 그대로 가지고 들어왔다. 교회는 상류층의 지성인들을 수용하기 위해, 낡은 관습과 사상을 성경의 가부장적 가르침과 병치시켜 계급주의와 성차별을 영속케 하는 독특한 체계를 만들어 냈다. 따라서 "오늘날에도 가부장적 유교가 한국의 교회뿐만 아니라 북미에 존재하는 많은 한인 교회를 지배하고 있다"라고 해도 과언이 아니다.

북미에 사는 한인 중에는 보수적 신앙과 청교도적 윤리의 영향을 받은

---

92  Ibid., 291.
93  Ibid., 315.

기독교 여성들이 많이 있다.[94] 그들은 보수적이거나 근본주의적 신앙을 "정통"(orthodox)으로 간주한다. 그러나 그들의 신학과 실천은 오히려 한국 전통 종교들에 의해 많은 영향을 받고 있음을 보여준다.

가다머의 개념인 "편견"으로서의 전통 종교들이 하나님에 관한 그들의 이해와 믿음의 실천에 미친 영향은 매우 크다. 예를 들자면, 그들은 경건의 실천에 있어 특정 장소와 시간을 중시하며 더 영적이라고 생각하는 독특한 사고방식을 가지고 있다.

한국에 기독교가 소개되기 이전부터, 한국 여성들은 해가 뜨기 전 이른 새벽에 기도하는 의식을 행하였다. 그들은 경건과 지극 정성으로 "하늘"을 움직인다[95]고 믿으며 일정 시간을 정하여 이른 새벽에 기도하며 가문의 복과 질병의 치유를 위해 빌었다. 이 의식을 위해서 여성들은 몸을 씻고, 갓 길어온 깨끗한 우물물 한 그릇을 지정된 장소에 놓고, 해가 뜰 때까지 그 앞에 무릎을 꿇고 기도했다. 급한 상황이 생기면 여인들은 산속에 자리한 절에 올라가 여러 날 동안 기도하기도 했다.

기독교가 소개되었을 때, 그들은 이런 독특한 종교적 관행에 대한 대안을 찾았다. 그들은 은밀한 곳에서 "하늘"에게 기도하는 대신 교회로 달려가 전능하신 하나님께 기도했다. 하나님이 그의 능력과 지혜로 모든 기도를 응답해 주실 것을 믿었다. 그들은 산에 있는 절에 가는 대신에 산에 세워진 기독교 기도원으로 발걸음을 돌렸다. 그들의 종교적 신심은 기독교로 개종하면서 기독교화 되었다. 그들은 "하늘"에 기도하지 않고 하나님께 기도했다. 그들은 병 고침과 가문의 복 등 개인적인 문제뿐만 아니라 자신의 죄 사함을 위해서 그리고 믿음 때문에 핍박 받는 자들이 자유로움을 얻게 되길 기도했다. 또한, 조국이 일본으로부터 해방되기를 기도했고, 그 후에는 한국의 경제 성장을 위해서 계속 기도했다.

---

94  Lee, "American Missionary Movement in Korea 1882–1945," 387–402.
95  중국어로 "티엔"(Tien) 또는 한국어 발음으로 "천"(chun)을 의미하는 "하늘"(heaven)은 그들의 생활 공간에 거주하는 모든 샤머니즘 신들보다 위에 계신 높은 분(하느님)으로 여겨졌다.

이처럼 전통적이고 샤머니즘적 경건의 실천은 기독교적 경건의 실천과 융합되고 발전하여 한국 기독교 여성의 고유한 영성을 형성하였다.

오늘날 북미에 존재하는 많은 한인 교회도 새벽기도회로 모인다. 매일 새벽기도뿐만 아니라 새해, 부활절, 크리스마스를 전후로 40일 특별 기도를 드린다. 일반적으로 새벽기도가 더 영적이라고 생각하는 경향이 있다. 그러므로 새벽기도를 하지 않는 교회와 목회자들을 덜 영적이고 능력이 덜하다고 생각하기도 한다.

한국의 전통 종교가 한국 여성의 영성에 미친 영향은 그들이 내재적인 하나님을 쉽게 인식한다는 점에서도 발견된다. 기독교가 들어오기 전에 한국 여성들은 안방, 부엌, 정원, 우물 등 자신의 생활공간에 거하는 무속신을 섬겼다. 그 결과 그들 가운데 함께 거하며 고난을 겪으며 생명을 나누는 내재적 하나님을 아무 어려움 없이 이해할 수 있었다.

샤머니즘 신들은 대우받지 못하면 쉽게 화를 내며 심통을 부린다고 믿기 때문에 성경 지식이 부족한 일부 기독 여성들은 그들이 악을 행할 때마다 화를 내며 변덕스러우며 벌주기를 좋아하는 하나님을 상상한다. 하나님이 베푸신 은혜에 감사하는 대신 형벌과 불행에 대한 두려움이 그들의 영적 생활을 지배하는 때가 많다.

한인 여성신학자 최희안은 한국 여성들이 내재적 하나님에 대해서 쉽게 공감하는 반면에, 전능하신 아버지 하나님을 자신의 하나님으로 받아들이기는 매우 힘겨워함을 주장한다. 이러한 그녀의 주장은 한국의 역사적 배경을 기초로 한다.

그러나 한국 여성들이 전능하신 아버지 하나님을 꺼린다는 그녀의 주장은 다시 고려해 볼 여지가 있다. 최희안은 한국이 역사적으로 겪은 많은 시련을 언급하며 자신의 주장을 편다. 한국은 역사를 통틀어 주변국들로부터 자주 침략을 받았고 최근에는 내전(1950-53)을 겪으며 많은 사람이 목숨을 잃었다. 그런 와중에, 그들은 전능하신 하나님은 약자들과 함께하지 않고 압제자들과 함께하시는 분이라고 인식했다고 한다. 더구나 전쟁으로 인해 많은 아이가 홀어머니에 의해 양육되었다. 아버지의 부재로 인해 홀어머니에게 양육된 사람들은 그들의 말을 경청하고 이해해주는 아버

지의 이미지를 상상하기 어려웠다.[96]

최희안은 그들이 아버지의 명령에 순종하도록 동기를 부여한 것은 사랑보다는 두려움이었다고 한다. 그들은 아버지 하나님을 두려워하고, 두려워서 하나님께 순종한다고 한다. 그녀는 이러한 하나님에 관한 이해가 여성의 고통을 치유하는 데 실패하고 오히려 그들의 고통을 가중했다고 결론짓는다.

최희안은 이러한 하나님에 관한 이미지와 이해가 고난과 한의 체험에서 형성되었으며, 그러므로 전능하신 가부장적 하나님을 이해하고 관계를 맺는 데 어려움을 겪는 것은 당연하다고 주장한다. 결과적으로 그녀는 하나님에 관한 이미지를 전능한 가부장적 아버지 대신에 가족, 어머니, 딸로 대체해야 한다는 혁신적 대안을 제시한다. 가족 일원으로서 내재적 하나님은 긴밀한 관계 속에 가족들과 함께 하신다.

> 가혹한 가난과 압제 속에서도 가족은 결속하여 절대적인 신뢰와 믿음의 터전이 되었다. 하나님은 가족의 일원으로서 그들의 가난과 고통과 억압을 함께 나누셨다. 하나님은 동정심 많고 자비로운 분이다. 하나님은 밤낮으로 그들과 함께하시며 그들을 위해 존재하신다. 하나님은 그들의 눈물을 닦아 주신다. 하나님은 그들과 함께 죽으시고 그들을 가난과 일본의 압제와 남성의 폭력으로부터 새롭게 일으켜 세우신다. 하나님은 여성들과 항상 함께하신다.[97]

가족의 일원이라는 하나님의 이미지는 혈연 가족들뿐만 아니라 그들과 일상을 함께하며 소통하고 이해하며 울고 웃는 그들의 이웃들까지 아우른다. 또한, 가족으로서의 하나님은 여성이 가부장적 세상에서 당면하는 각종 어려움을 극복할 수 있도록 힘주시고 평화를 가져다주며 풍요로운 삶에 대한 희망을 버리지 않고 내일을 바라볼 수 있도록 하신다고 덧붙인다.

---

96   Choi, *Korean Women and God*, 106.
97   Ibid., 108.

전능하신 가부장적 하나님 이미지가 가진 단점을 극복하고자 하는 최희안의 이와 같은 시도는 높이 평가된다. 그러나 그녀의 신학적 시도가 일제 강점기와 한국 전쟁과 같은 역사적 비극의 피해자인 특정 여성들의 체험을 중심으로 이루어졌다는 점에서 몇몇 약점이 드러난다.

최희안은 한국 여성을 "한"의 여인으로 정형화했다. 결과적으로 "한"을 체험하지 않고 성장한 여성들과 전쟁을 겪지 않은 세대의 여성들을 배제하면서 시대적 희생자들의 "한"을 중심으로 모두에게 공감될 수 없는 상황적 체험을 바탕으로 하는 신학적 틀을 세운 것이다.

최희안은 또한 한국 여성들이 역사적 현실과 비극 때문에 하나님을 전능하신 아버지로 받아들이는 것을 대체로 어렵게 여겼다고 주장하지만, 사실 많은 경우에 가난과 억압 속에서 무력한 삶을 살아가야 했던 그들은 매일 닥치는 고난과 어려움을 이겨낼 수 있도록 능력과 은혜를 베푸시는 전능하신 하나님을 믿음으로 바라보았다. 개신교가 처음 도입된 19세기 말에 이르러서 한국 사람들은 개신교에 대해 개방적인 태도를 보였을 뿐만 아니라 잘 수용하는 편이었다.

당시 사회적 정치적 위기에 직면하고 있던 그들은 기존 전통 종교의 패러다임으로는 현대 사회의 급변하는 현실을 수용하기 어렵다고 판단했다. 기독교를 접하게 되면서 당시 사람들은 기독교가 시대적 도전과 개인적 필요를 충족시킬 수 있는 종교라고 인식하였다.

김경재가 주장한 것처럼 곤경에 놓인 우리 민족의 사회적 정치적 상황에서 고통당하는 사람들은 자유와 공의와 자비로 세상을 다스리는 절대자 주님되신 하나님을 믿고 의지하였다.[98] 이미 논의한 바와 같이 최희안은 한국 여성들이 전능하신 아버지 하나님을 자기 편이 아니라 압제자들과 함께하는 분으로 여겼기 때문에 그런 하나님을 고백하고 신뢰하는 것을 매우 힘들어했다고 주장한다.

그러나 그런 주장과 다르게 "전능하신 아버지 하나님"은 한국 기독교 여성들에 의해 가장 많이 고백되는 강력한 이미지로 작용해 왔다. 한국

---

98  Kim, *Christianity and the Encounter of Asian Religions*, 51–52.

여성의 신앙고백과 실천에서 기독론의 두 가지 모티프(motif)가 두드러지게 발견된다. "승리자 그리스도"(*Christus Victor*, Christ is the conqueror)와 칸터베리의 안셀름(Anselm of Canterbury)의 "대속론"이다. 특기할 사항은 이 두 가지 모티프 모두가 전능하신 아버지 하나님을 기초로 하여 예수 그리스도가 누구이며 그의 죽음과 부활은 어떤 의미가 있는지를 묘사한다는 것이다.

"승리자 그리스도"를 강조하는 여성들은 자신의 무력한 상황을 극복하기 위해 그리스도 안에서 능력 주시는 하나님을 고백한다. "승리자 그리스도"는 죽음을 이기고 부활하심을 통해 인류를 속박하는 죄와 사망과 마귀의 권세에서 구원하시고 하나님과 화목하게 하셨다(고후 5:19).[99] 사망과 죄와 마귀의 권세에서 인류를 구원한다는 것은 동시에 하나님의 심판으로부터 구원한다는 것을 의미한다.

한국 여성에게 영향력 있는 또 하나의 모티프는 그리스도의 "대속적 속죄론"(substitutionary atonement of Christ)이다. 전능하신 하나님은 독생자 예수 그리스도의 죽음을 통해 죄를 용서하신다. 한국 여성들은 전능하신 아버지께서 인류를 위해 아들을 희생하셨다는 말씀을 기쁜 소식으로 받아들였다. 역사를 통틀어 강대국들의 침략과 자국의 가부장제 안에서 받는 억압으로 인해 이중적 족쇄에 묶여 살던 그들은 강력한 왕이 백성들의 유익을 위해 하나밖에 없는 아들을 희생시켰다는 사실이 어떤 의미가 있는지를 쉽게 이해할 수 있었다.

그들에게 권력자는 보통 착취자이자 압제자였지만 전능하신 하나님은 그들의 유익을 위해 독생자를 희생하신 사랑의 하나님이다. 하나님의 희생은 인간의 노력으로는 결코 갚을 수 없는 놀랍고 측량할 수 없는 은혜이다.

결과적으로, 안셀름의 대속론은 기독교가 한국에 처음 소개되었을 때 복음을 설명하는 데 가장 많이 사용되었던 대중적인 해석학적 렌즈였

---

99　Aulen, *Christus Victor*, 76.

다.¹⁰⁰ 봉건제도에 익숙했던 당시 한국 여성들은 자신의 통치 아래에 있는 백성들의 복지를 책임지고 존경받아 마땅한 "주 하나님"에 관한 이미지를 잘 이해할 수 있었고, 결과적으로 쉽게 받아들였다. 그러나 시대적 변화에 따라 안셀름의 "속죄론"은 많은 신학자에 의해 재해석되기도 하며 최근에 페미니스트 신학자들에 의해 강한 비판을 받고 있다.

따라서 우리는 일부 페미니스트 신학자들이 어떤 이유로 안셀름의 "속죄론"을 거부하는지를 논할 필요가 있다. 한국 여성의 영성에 지대한 영향을 미친 "속죄론"에 대하여, 다음 장에서 안셀름의 『왜 하나님은 인간이 되셨는가』(*Cur Deus Homo*)를 자세히 분석하고 재평가하려고 한다.

한국의 종교적 문화적 상황에서 성장하여 북미로 이민을 와서 사는 여성들 가운데 대다수는 기독교 신앙을 사적 종교 생활에 국한하는 보수적 견해를 보인다. 그들은 그리스도 안에서 이루어진 구원 역사의 두 가지 전통적 모티프, 즉 "승리자 그리스도"와 안셀름의 "대속론"에 의해 강한 영향을 받았다.

결과적으로 그들은 개인의 도덕적 삶과 영혼 구원을 강조한다. 그러나 모든 사람의 공동 복지와 사회적 정치적 문제에 관심을 두고 참여하는 경우는 매우 드물다. 기독교를 사적 신앙생활에 국한할 때, 신자들은 개인의 물질적 복과 이익을 위해 하나님의 성경적 이미지를 왜곡하고 잘못 사용하는 오류를 범하게 된다.

예를 들어, 은사주의 운동의 일부 추종자들은 "승리자 그리스도" 모티프를 왜곡하고 그릇되게 사용한다. 그들은 세상이 선과 악으로 나뉘어 있다고 믿으며, 하나님은 항상 자기의 편이라고 생각하고 자신에게 불리하게 하거나 자신을 대항하는 모든 것은 사탄으로 규정하는 이원론적 견해를 가지고 있다.

---

100 안셀름(Anselm of Canterbury)은 『왜 하나님은 인간이 되셨는가』 *Cur Deus Homo I/VII*에서 그의 봉건적 중세 세계관을 반영하고 법, 범죄, 배상 및 사회적 의무에 관한 이해를 전제로 한다. 신과 인간은 봉건 영주와 농노처럼 관련되어 있다. 인간의 불순종하는 행위는 주를 욕되게 하며 보속을 드려야 한다.

"승리자 그리스도"의 개념을 왜곡하는 이러한 이원론적 견해는 심각한 영적 문제를 일으킬 수 있다. 예를 들어 이원론적 견해를 가진 사람은 죄를 고백하고 회개하기보다는 자신을 사탄의 공격을 받는 피해자라고 생각하거나, 자신은 항상 옳으며 회개할 필요가 없다고 생각하는 경향이 있다. 이러한 왜곡은 자기반성과 회개의 부재만 아니라 판단력의 부재 및 폭력까지도 불러올 수 있는 빌미를 제공한다.

마지막으로, 미국과 유럽의 선교사들이 소개한 기독교 교리가 '정통' 교리이며 시대적 상황에 영향을 받지 않는 불변의 진리라고 믿는 여성이 많다. 그러나 이러한 신념과는 다르게 그들이 "정통"으로 믿는 교리들도 사회적 변화가 가져온 시대적 요청에 응하여 형성된 역사적 산물이다. 따라서 이러한 "정통" 교리들이 과연 오늘날 다문화적 상황에서 당면하는 여러가지 영적·사회적 문제에 대해 답을 줄 수 있는지에 관한 재평가와 비판이 요구된다.

### 3) 새로운 상황에서 예언적 부르심으로서의 새로운 십자가 이해의 필요성

다문화적 환경에서 성장하는 젊은 세대와 이미 한국에서 성인으로 이민을 온 기성세대는 하나님에 관한 이해와 관계에 차이를 보인다. 다문화권인 북미에서 교육받으며 성장한 젊은 세대는 기독교가 개인적 신앙으로 그치지 않고 좀 더 사회적으로 관여하길 원한다.

반면에 한국에서 성인으로 이민을 온 사람 중 대다수는 기독교를 개인의 신앙으로 국한해 예수를 개인의 위로자, 상담자, 치유자, 영혼의 구세주로만 고백한다. 그리고 교회는 개인의 문제를 해결받고, 고통이 제거되고, 위로받는 곳으로 여긴다. 하나님의 중요한 역할은 각 개인에게 치유와 복을 베푸시는 것이다. 그리하여 그들은 십자가를 따르는 사람들로서 인류의 공동 복지와 사회 정의에 참여하도록 선교적 부름을 받았다는 사실에 관심을 두지 않는 경향이 있다.

한인 이민자 중에 많은 사람은 더 풍요로운 삶과 더 나은 자녀 교육을 꿈꾸며 북미로 왔기 때문에, 고난이 따르는 제자도를 강조하는 십자가 신학보다는 성공과 번영을 향하는 영광의 신학을 선호하는 경향이 있다.[101] 그리고 기독교를 개인의 성공을 위한 수단으로 또는 천국을 가기 위한 내세적 구원의 수단으로 삼는 경우가 많다.

이민의 역사가 길어지면서 아메리칸 드림(American dream)을 가지고 북미로 이민 온 사람들의 자녀 중에는 부모가 원하던 꿈을 이루어 사회적으로 성공한 사람들이 많다. 그러나 부모가 꿈꾸고 염원하던 것을 이룬 사람 중에는 신앙의 필요성을 느끼지 못하고 조용히 교회를 떠나는 경우가 많이 발생한다. 그들에게 성공과 부를 보장하는 개인 종교(cultus privatus)로서의 기독교는 더 이상 설득력 있고 매력적이지 않다. 분명히 그들에게 요청되는 것은 개인 종교 이상의 다른 타당한 의미이다.

그들은 "예수 그리스도의 십자가는 우리와 타 문화권에 사는 여러 민족에게 어떤 의미가 있는가?"

이런 새로운 질문을 던진다.

오늘날 다문화 상황에서 요청되는 십자가에 관한 새로운 이해는 서로 다른 성별과 인종과 문화 사이에 평등, 상호, 호혜 관계를 바탕으로 한 새로운 인간 공동체를 상상하고 구현할 수 있게 하는 것이어야 한다. 그러므로 오늘날 다문화 사회를 살아가는 사람들에게 십자가는 어떤 의미가 있는지에 대한 적절한 답을 제시해주는 십자가 신학을 세우는 일이야말로 분명히 이 시대가 요청하는 예언적 소명이라고 말할 수 있다.

인간은 세계 속의 존재들(beings-in-the world)로서 관계를 통해 삶의 가치와 의미를 찾는다. 그러므로 새로운 시대, 새로운 세대를 위한 십자가 신학은 "나만의" 관심과 이익을 추구하며 살아가는 "게토" 정신상태(ghetto

---

101  십자가의 신학은 하나님이 강함으로가 아니라 약함과 죽음으로 알려지셨다는 것을 의미한다. 우리는 힘 있는 자리에 오르는 것이 아니라 고통당하시는 하나님의 생명을 주시는 사랑 안으로 들어가 십자가에 못 박히신 하나님의 죽음에 참여한다. 오직 자신의 영광을 위해 기독교 신앙을 통해 부자가 되고, 권력을 얻고, 인기를 얻으려는 개인적인 꿈의 성취를 추구하는 것은 십자가 신학이 증명하는 것과 정반대이다. 사실 그것이 영광의 신학이다. See Hall, *The Cross in Our Context*, 75-79.

mentality)에서 벗어나 새로운 희망을 품고 관계 속에서 십자가를 따르는 그리스도인으로 살도록 도전하는 것이어야 한다. 이러한 시대적 예언적 소명을 염두에 두고 먼저 페미니스트 신학자들이 신학과 전통 내에서 발견되는 다양한 억압적 신학 패턴들을 어떤 시도를 통해 폭로하고 비판하며 수정해 나가려고 했는지 탐구하고 비판하려고 한다.

## 제2장

# 여러 가지 여성신학에 대한 비판적 평가

제2장에서는 사회적 삼위일체론 입장에서 억압적 신학과 전통을 폭로하는 여성신학자의 다양한 시도를 살펴보며 비판하려고 한다. 다문화 사회인 북미에 살아가는 한인 여성들은 성별, 민족, 또는 인종에 따른 다양한 권력의 연계를 경험한다. 모든 인간은 성별, 신분, 또는 인종을 막론하고 누구나 호혜적 관계를 형성하며 살아야 하는 존재이다.

차별 없이 모두가 동등하게 존중받는 새로운 인간 사회를 바라보며 그것을 구현하도록 인도하는 십자가 신학은 가능한가?

예수의 십자가 사건을 통해 드러나는 성부, 성자, 성령 간의 상호적 호혜적 관계(reciprocity)를 바탕으로 십자가 신학이 그 해답이 될 수 있을 것이다.[1]

여성신학자 엘리자베스 존슨(Elizabeth A. Johnson)은 십자가 신학을 세우는 과정에서 반드시 기억해야 할 분명한 목표와 방향성을 제시한다.

> [내가 원하는 것은] 여성이 남성을 지배하는 역차별을 목표로 하는 것이 아니다. 한 집단이 지배하고 다른 집단은 종속되는 것이 아니다. 그것은 선입견이나 고정관념 없이 각자가 자신의 권리를 가지고 은사에 따라 상부상조하는 그런 새 하늘과 새 땅에 대한 꿈이 실현되는 것이다. 각 사람

---

1 사회적 삼위일체적 실천과 관련하여 4장에서 페리코레틱 삼위일체적 친교의 개념을 논한다.

이 동일하다기 보다는 각자의 고유성이 형제자매 공동체 안에서 동등하게 존중되는 것을 바라는 것이다.[2]

올바른 사회적 삼위일체적인 십자가 이해를 통해 우월감이나 경쟁심으로 다른 사람을 억압하지 않으며, 사랑과 존중으로 신뢰의 관계를 맺어가는 새로운 세상을 바라보며 구현하는 십자가 신학을 구축해야 한다.[3] 그러한 십자가 신학을 세우기 위한 과정으로 우선, 기독교 역사를 통해 발전되고 전수된 전통 속에서 드러나는 남성 중심적 언어와 상징에 대한 일부 패미니스트 신학자들의 비판을 탐구하고, 십자가에 대한 하나님의 관계에 대한 그들의 주장을 검토하는 일이 필요하다.

여성들에게 생명을 주고 그들을 해방시켜온 하나님과 구원의 중심적 상징들을 회복하기 위해, 일부 여성신학자는 급진적 패미니스트 신학자들의 비판을 진지하게 다룰 뿐만 아니라 기독교에 의해 형성된 문화적, 종교적 전통들을 자세히 살피며 재평가한다.

전통을 충분히 이해하고 상황에 맞는 새로운 해석을 시도하는 신학자들에게 독일 철학자 가다머(H. G. Gadamer)는 매우 중요한 관점을 제공한다.[4] 신학자들은 그들에게 주제를 제공하는 효과적인 전통의 역사(effective history) 밖에서 작업하는 것이 불가능함을 인정해야 한다. 그들은 전통이 해석자가 서있는 맥락에서 해석되고 재해석 되었음을 인식해야 한다. 이러한 해석학적 관점을 가지고 일부 페미니스트 신학자들은 성경과 역사적 텍스트에 관한 토론과 이러한 텍스트가 수 세기에 걸친 설교와 가르침을 통해 해석된 방식에서 어떤 왜곡이 이루어졌는지 파악하고, 왜곡의 부정적인 영향으로부터 여성을 해방하기 위해 해석의 왜곡과 이러한 해석이 여성의 실제 생활과 자기 이해에 미치는 지속적인 영향을 폭로하려고 시

---

2 Johnson, *Consider Jesus*, 98. See also her book, *She Who Is*, 68.
3 3장과 4장에서 사회적 삼위일체와 사회적 삼위일체적 실천이라는 주제에 관해 자세히 논의할 것이다.
4 Gadamer, *Truth and Method*, 277–309. See also Ricoeur, *Interpretation Theory*, 39–95.

도한다.⁵

예를 들어 구약성서학자 필리스 트리블(Phyllis Trible)과 성서신학자 엘리자베스 피오렌자(Elisabeth S. Fiorenza)는 우리가 성경이 전통적인 성차별주의적 해석에 대한 이론적이고 실제적인 증거라고 주장하는 목소리와 그와 "반대 목소리"(counter voices)를 성경에서 발견할 수 있다고 한다.

트리블에 따르면 성경(scripture)는 세상과 지속해서 교류하면서 성경 자체가 스스로 여러 가지 해석을 내놓았다. 그녀는 이 사실을 보여주는 복합적 해석방법론(a complex hermeneutical method)을 다음과 같이 소개한다.⁶

> 마치 성경이 보완, 반대, 확인 또는 도전하기 위해 자체를 해석하는 것처럼 우리들도 마찬가지로 당시와 현재 사이의 유사성(an affinity between then and now)를 인식하며 이러한 전통을 우리 시대에 맞게 해석한다. 즉, 해석학은 과거에서 현재까지의 설명, 이해 및 적용을 포괄한다.⁷

트리블은 성경이 하나님에 관한 남성적 은유에 대해 압도적으로 호의적임을 인정한다. 그러나 동시에 성경이 바로 그 모든 남성 중심적 해석에 반대하는 잠재적 증거가 됨을 보여준다. 그녀는 창조와 불복종에서, 그리고 에로틱한 기쁨과 세속적인 위기에서 남녀평등을 보여주는 하나님의 여성 이미지(the female imagery of God)에 관해 탐구한다.

트리블에 따르면 하나님의 여성 이미지는 사소한 주제가 아니다. 오히려 "끈기와 능력으로 성서를 가득 메우고 있다." 그뿐만 아니라 남성과 여성에 대한 일부 본문들은 "성차별의 죄가 아닌 성의 은혜"(the grace of sexuality, not the sin of sexism)를 이야기하고 있다고 한다.⁸

한편, 엘리자베스 피오렌자(Elisabeth S. Fiorenza)는 "역사 비판적 해석

---

5   Carr, *Transforming Grace*, 101.
6   Trible, *God and the Rhetoric of Sexuality*, 4.
7   Ibid., 7.
8   Ibid., 201-202.

학"(historical-critical hermeneutics)을 채택하여 신약성서 저자들이 역사를 남성 중심적 방식으로 전달했는지에 관해 의문을 제기하며 다음과 같이 자적한다.

> 예수는 가부장적 문화에서 살았고 설교했음에도 불구하고 신약성서에서 예수의 남성 중심적인 진술이나 성차별적인 이야기는 조금도 발견되지 않는다…비록 여성 제자들에 관한 몇 안 되는 예들만 남성 중심적 전통과 복음의 편집 과정에서 살아남아 있지만 분명한 것은 예수의 교제에서 여성이 담당한 역할들은 결코 미미한 것이 아니었다.[9]

피오렌자(Fiorenza)는 갈라디아서 3장 28절의 말씀이 추상적인 이상이 아니라 초대교회의 정치적 현실이었다고 주장한다.[10] 그러나 초대교회 저술은 목회에 관련된 것이었기 때문에, 그 안에서 우리는 초대교회가 생존을 위해 어떻게 교회의 가부장화를 이루었는지 목격할 수 있다. 그녀는 예수운동과 초기 기독교 선교 운동이 반문화적(countercultural)이고 근본적으로 평등주의적이며 포용적이기 때문에 기독교가 원래 가부장적이지 않았다고 주장한다.

그러므로 교회의 가부장화(Patriarchalization)는 교회 내 여성 문제에 대한 실제적인 문제로 수 세기를 거쳐 이루어진 점진적인 과정이었다.[11] 그녀는 이 사실을 다음과 같이 간략하게 서술한다.

> 초기 기독교 역사의 재건을 위한 평등주의적 모델만이 교회에서 여성 리더십의 평등주의적 전통과 가부장적 그리스-로마 문화와 사회의 점차적인 적응 과정과 신학적 정당화 모두를 공정하게 설명해낼 수 있다.[12]

---

9   Fiorenza, "Interpreting Patriarchal Traditions," 52. See also Fiorenza, *In Memory of Her*, 105-159.
10  Ibid., 53.
11  Fiorenza, *In Memory of Her*, 97-323.
12  Fiorenza, "You are Not to Be Called Father," 318.

트리블과 피오렌자가 제공하는 이러한 성경적, 역사적 연구는 비록 방식은 다르지만 전통적인 성차별적 해석에 반대한다. 결과적으로, 그들의 연구 성과는 하나님과 예수 그리스도의 교리가 본질적으로 가부장적이며 결과적으로 여성의 종속을 정당화한다는 일부 페미니스트 신학자들의 주장을 약화시킨다.

페미니스트 신학자들은 공통적으로 여성의 온전한 인간성(the full humanity of women)을 증진한다는 동일한 목표를 공유한다. 그러나 그들은 동일한 방법론적 접근 방식(methodological approaches)을 공유하지는 않는다. 여신(goddess)운동의 선봉자이자 페미니스트 역사학자인 캐롤 크라이스트(Carol Christ)는 페미니스트 학자들을 그들의 접근 방식에 따라 개혁주의자(reformist)와 혁명주의자(revolutionary)로 구분한다.

메리 댈리(Mary Daly), 캐롤 크라이스트(Corol Christ) 그리고 다프니 햄슨(Daphne Hampson)과 같은 페미니스트 "혁명가들"(Feminist revolutionaries)은 여성의 경험을 시정 교본(a corrective)으로 삼을 뿐만 아니라, 출발점(starting point)과 규범(norm)으로 삼는다. 기독교의 권위로부터 자유로운 페미니스트 혁명가들은 현실에 대한 자신의 인식을 바탕으로 새로운 상징과 전통을 창조하려고 시도한다.[13]

이런 영향 아래, 혁명적 페미니스트 신학자들은(revolutionary feminist theologians)은 기독교가 전통적으로 사용해온 상징을 버리고 여성적 특성을 구현하고 긍정하는 여신이나 위대한 어머니의 이미지를 주장하고 전향한다.[14]

한 예로, 메리 댈리는 기독교의 상징주의(the symbolism of Christianity)와 그것이 여성의 종속을 합법화하고 여성의 내면화된 열등의식을 강화하는

---

13    Mary Daly, Daphne Hampson, Carol P. Christ와 같은 혁명적 페미니스트들은 페미니즘이 여성을 위한 실행 가능한 종교적 선택으로서 기독교의 종말을 알리는 종을 울린다고 선언한다. See Christ, "Why Women Need the Goddess"; Daly, *Beyond God the Father;* Hampson, *Theology and Feminism.*

14    Budapest, *The Spiral Dance*; Christ, *Diving Deep and Surfacing*; Goldenberg, *Changing of the Gods*.

방식에 대해 논한다. 기독교에 대한 그녀의 비판은 하나님을 "아버지"(father)로 이해하는 데 중점을 둔다. 그녀는 하나님이 하늘의 최고 족장으로서 지상에 존재하는 그의 백성들을 다스리며, 결과적으로 이러한 이미지는 남성 중심의 사회 질서를 정당화한다고 주장한다.

그녀는 신의 남성적 상징들(the male symbols of God)이나 "신성한 아버지로부터 신성한 아들의 진행"(the procession of a divine son from a divine father)으로 나타나는 "완전한 남성 삼위일체"(all male Trinity)의 궁극적 상징은 여성에게 적절한 상징이 아니라고 제안한다.[15]

댈리는 기독교의 주요 상징에 대한 페미니스트 비판의 틀을 세우면서, 남성신학(male theology)이 여성의 질문을 "비질문"(nonquestions)으로, 여성의 데이터를 "비데이터"(nondate)로 만들었으며 그것은 대뇌적인(cerebral) "방법론적 우상"(methodolatry)이라고 비난한다.

대조적으로 그녀는 이러한 "비질문"(nonquestions)과 "비데이터"(nondate)를 중심으로 여성들에게 파괴적인 영향을 미치는 기독교 상징들을 거부하면서, 페미니스트 경험 자체가 여성을 위한 해방적인 영적 경험의 원천이라고 주장한다.[16] 댈리는 가부장적 신 상징주의의 심오한 사회학적, 심리적 영향을 "신이 남성이라면 남성은 신이다"(If God is male then male is God)라는 격언(aphorism)으로 요약한다.[17]

다프니 햄슨(Daphne Hampson)은 댈리에 동의하면서 페미니즘은 여성을 위한 실행 가능한 종교적 선택이라고 선언한다. 햄슨은 여성이 남성과 근본적으로 다른 사고방식을 가진다고 주장한다. 여성의 사고방식을 지지하고 긍정하는 페미니즘은 그녀가 믿기에 전적으로 남성적인 사고방식을 발전시킨다고 믿는 기독교 사상과 상반된다.[18]

댈리와 비슷한 맥락에서 캐롤 크라이스트는 여신 또는 위대한 어머니의

---

15  Daly, *Beyond God the Father*, 13–63, 44–68, 69–71.
16  Ibid., 11–12, 69–97.
17  Daly, *Beyond God the Father*, 8. See also Daly, "Feminist Post–Christian Introduction," 38.
18  Hampson, *Theology and Feminism*, 54.

상징주의가 여성의 힘, 신체, 의지 및 서로의 집단적 유대관계에 관한 완전한 종교적 뒷받침을 위해 필요하다고 주장한다.[19] 그녀는 또한, 여성은 선천적으로든 역사적 경험 때문이든 현실과 신에 대한 다른 접근 방식뿐만 아니라 다른 지식과 비전의 상속자라고 주장한다.

그러나 여성들의 그러한 성향에서 얻어진 지식은 남성의 제도적 통제에 의해 항상 지워지고, 통제되고, 억압되고, 배제되고, 예속되었으며, 신에 대한 배타적인 남성 언어에 종속되었다고 한다.[20]

여기에서 주목할 것은 페미니스트 혁명가들(feminist revolutionaries)이 신에 관한 여성 이미지나 여신 숭배를 고수함으로써 실제로 진정한 변혁을 가져오기보다는 지배 패턴의 반전만 제안한 셈이 되고 만다는 점이다.

이런 점에서 개혁주의적 페미니스트인(reformist feminist) 로즈메리 류더(Rosemary Ruether)는 페미니스트 혁명가들의 문제점들을 올바르게 지적한다. 그녀는 페미니스트 혁명가들에게서 분리주의, 지배의 역전, 여성/남성 상징주의로 분열된 자연/문화의 영속화, 여성에게 선을 남성에게 악을 부여, 통합과 변형을 위한 노력의 실패와 같은 문제점이 발견된다고 지적한다.

그녀는 또한 페미니스트 여신 숭배자들이 주장하는 위대한 어머니 숭배(the cult of the Great Mother)를 포함한 "새로운 페미니스트 종교들"(new feminist religions)은 역사적으로 가부장적 문화에서 출현했으며, 그것은 "여성이나 노예를 해방하는 것이 아니라 오히려 왕을 세상의 왕좌에 앉히는 것과 관련이 있는 방법"이었다고 밝힌다.[21]

페미니스트 혁명가들은 기독교가 파괴적이고 배타적이라고 생각하며 기독교를 떠난다. 그들의 급진적인 비판은 오늘날 여성들에게 큰 영향을 미치고 있다. 그들의 비판을 심각하게 받아들인 기독교 페미니스들은 기

---

19　Christ, "Why Women Need the Goddess" in Christ and Plaskow, *Womanspirit Rising,* 273-287.

20　Ibid., 273-287.

21　Ruether, "A Religion of Women: Sources and Strategies," 310.

독교 상징과 이러한 상징의 변형(the transformation)에 관해 고민하며 씨름한다. 그들은 역사적으로나 현재에 하나님, 예수, 죄, 구원, 교회, 성령과 같은 기독교적 언어와 상징이 여성들에게 생명을 주고 해방해 왔다는 것을 인정한다.

따라서 개혁주의 페미니스트들(예, 로즈메리 류더, 엘리자베스 피오렌자, 엘리자베스 존슨, 돌로시 죌레, 레티 러셀, 엘리자베스 몰트만-웬델)은 기독교 전통 안에 머물면서 억압적인 신학 패턴을 찾아 폭로하고, 해방적 신앙과 실천을 강조하면서 여성과 남성 모두를 동등하게 포용할 수 있도록 기독교 신앙의 기본 상징을 재구성한다.[22]

폭력의 구조에 저항하고 여성의 온전한 인간성(the full humanity of women)을 증진하기 위한 적절한 자원을 제공하는 십자가 신학을 찾기 위해, 우리는 무엇보다도 기독교 전통의 언어와 상징에 숨겨진 지배의 역학을 폭로하고 역사 속에서 억압되었거나 잊힌 대안적 지혜를 찾아내야 한다. 우리는 억압적인 신학적 암시와 실천으로부터 여성을 해방할 목적뿐만 아니라 현재와 다음 세대를 위한 기독교 전통의 생존 가능성 때문에 기독교 신학에서 여성을 해방하는 진리를 찾아 회복시킬 필요가 있다.

엘리자베스 존슨(Elizabeth A. Johnson)은 판넨베르그(Wolfhart Pannenberg)를 인용하여 종교의 생존 가능성(the viability of the Christian religion)에 관하여 논하며, 신에 대한 그들의 생각에 비추어 인간의 전반적인 현재 경험을 해석할 수 있는 능력을 잃게되면 종교는 사라지게 된다고 단언한다.

> 신의 진리는 신의 관념이 현실의 현재 접근할 수 있는 측면들을 고려하고 수용하는 정도와 현재 경험의 복잡성을 그 자체로 통합하는 능력에 의해 테스트된다. 신에 대한 관념이 발전하는 현실과 보조를 맞추지 못하면 경험의 힘이 사람들을 끌어당기고 신은 그들의 기억 속에서 사라져 버리게 된다.[23]

---

22　Ruether, "Christian Feminist Theology: History and Future" in Haddad and Esposito, *Daughters of Abraham: Feminist Thought in Judaism, Christianity, and Islam*, 69.

23　Johnson, "The Incomprehensibility of God and the Image of God Male and Female,"

오늘날 여성의 평등과 인간 존엄성에 대한 인식은 기독교 전통의 하나님이 현재 접근할 수 있는 여성의 경험을 고려하고 조명하며 통합할 수 있는지를 시험하는 주제로 등장했다.

따라서 여성의 존엄성과 자존감을 약화하는 기능을 하는 신에 대한 배타적이고 가부장적인 상징과 언어를 진지하게 살펴봐야 한다. 상징의 힘과 관련하여 엘리자베스 존슨(Elizabeth A. Johnson)은 다음과 같이 설득력 있게 서술한다.

> 신의 상징(God-symbol)은 시각적인 환상(visual phantasy)일 뿐만 아니라, 매우 깊고 끈질긴 의식과 무의식의 생각, 느낌, 감정, 견해 및 연상(associations)을 망라하는 복합체의 초점(focus)이다. 여성의 경우, 오직 남성 용어로만 표현된 신에 대한 언어는 여성과 남성이 신성한 기반에 동등하게 참여하지 않는다는 것을 가리킨다. 남성 이미지는 남성이 온전히 참여하도록 허용하는 반면, 여성은 여성으로서 자신의 구체적인 신체적 정체성을 추상화해야만 참여할 수 있다. 따라서 [신을 남성으로 표현하는 언어와 상징으로 인해] 남성과 남성 권위에 대한 의존성이 강화되는 동시에 여성을 자신의 장점과 능력으로부터 소외시키는 대체로 무의식적인 역학이 설정된다.[24]

하나님에 관한 독점적이고 문자 그대로의 가부장적 언어는 남성 중심적 세계관(the androcentric world view)과 같은 지배적 사회구조를 정당화하는 역할을 해왔다. 따라서 엘리자베스 존슨은 구조적 변화와 언어적 변화가 함께 진행된다고 단언한다.[25]

남성 중심적 언어와 상징체계가 남성 중심이 보편적으로 받아들여지는 세상을 형성하고 창조하는 데 어떻게 영향을 미쳤는지를 보여주는 단편적 예가 있다.

---

445. See also Pannenberg, "Toward a Theology of the History of Religions," 65–118.
24　Johnson, *She Who Is*, 38.
25　Ibid., 40.

저자가 사역하고 있던 교회 청년들이 크리스마스 성극을 준비하기 위해 하나님 역을 캐스팅하고 있었다. 과연 하나님 역을 누가 맡을 것인가에 대한 분분한 의견이 있었다. 그들 중 몇몇이 하나님 역은 당연히 남성이 담당해야 한다는 주장을 내세웠다.

여성은 하나님 역을 할 수 없다는 그들의 사고방식에 속에는 하나님은 남성이라는 신념이 함축되어 있다. 그들은 하나님이 남성인 예수로 성육신하였고, 예수 자신이 하나님을 아버지라고 불렀기 때문에 당연히 하나님 역은 남자의 몫이라고 믿었다.

신의 성에 대한 신학적 논쟁은 매우 중요하다. 왜냐하면, 그것은 일반적으로 여성이 문명과 종교 세계에서 동등한 대우를 받고 있느냐에 대한 인류학적 문제로 이어지기 때문이다.

일부 페미니스트 신학자들은 이러한 편견을 심각하게 받아들이고 기독교적 실천을 왜곡한 신학적 패턴을 분석하고 불법화하려고 시도한다. 그러므로 더욱 포괄적인 방식으로 하나님의 개념을 갱신하기 위해 일부 페미니스트 신학자들이 배타적이고 가부장적인 언어에 대해 취하는 다양한 접근 방식을 살펴보는 것이 필요하다.

페미니스트 신학자들은 하나님의 남성성에 대한 개념에 대해 서로 다른 접근 방식을 취한다.

**첫째**, 그들 중 일부는 전형적인 여성적 특성을 하나님께 적용한다.
**둘째**, 다른 사람들은 성령을 삼위일체의 여성적 원리로 강조함으로써 하나님의 여성적 차원을 드러내려고 한다.
**셋째**, 성 삼위일체, 성부-성자-성령을 창조주-구속자-유지자(creator-redeemer-sustainer)와 같이 남성도 여성도 아닌 다른 삼인조로 대체한다.

과연 이러한 접근 방식들은 여성의 평등과 인간 존엄성에 대한 인식을 증진하는 역할을 하기에 충분한가, 아니면 어떤 점에서 부족한가 살펴보도록 한다.

## 1. 하나님의 남성성

기독교 신앙과 실천을 왜곡한 신학적 패턴을 분석하고 불법화하려는 페미니스트 신학자들의 여러 가지 시도를 평가하려면 몇 가지의 원칙을 염두에 두어야 한다.

**첫째**, 하나님은 기본적으로 여성적인 면을 가진 남성이거나 남성적인 면을 가진 여성이 아니라는 사실이다. 따라서, 예배와 기도에서 어떤 하나의 이미지에 대한 지나친 강조가 이루어지는 것을 막고 그것을 상대화하기 위하여 다양한 이미지와 상징으로 하나님을 표현할 수 있어야 한다. 예를 들어, 하나님에 대한 여성 이미지는 남성 이미지의 상대적 특성을 드러내 주고 궁극성에 관한 주장을 제한한다.

**둘째**, 하나님은 모든 이름을 초월하시며 하나님의 본질은 알 수 없다는 점이다. 인간의 말로 다 형언할 수 없는 하나님은(Ineffability of God) 이미지의 확산을 요구한다.[26] 하나님의 풍성함과 관련하여 남성적, 여성적 또는 인격적, 비인격적 이미지를 온전히 활용하는 것이 필요하다. 그러나 우리는 하나님에 대한 은유를 문자 그대로 해석하지 말아야 하며 하나님과 인간 사이에서 만들어지는 모든 비유에는 유사점과 비유사점이 있다는 점을 잊어서는 안 된다.

어거스틴에 따르면, 하나님은 하나님에 대한 우리의 모든 이해보다 훨씬 크신 분이며, 하나님에 대한 우리의 이해는 하나님에 대한 우리의 모든 표현보다 더 크다. 다시 말해서 신이 무엇인지 보다는 무엇이 신이 아닌지를 말하는 것이 더 쉽다. 그러므로 우리가 하나님을 이해했다고 생각할 때도 하나님을 완전히 이해한 것이 아니다.

6세기 초에 이르러 이러한 통찰은 신에 대한 지식에 도달하는 삼중방식

---

[26] LaCugna, "The Baptismal Formula, Feminist Objections, and Trinitarian Theology," 239.

의 원칙, 즉 긍정과 부정, 내재 또는 초월의 방식으로 분명하게 공식화되었다.[27] 부정신학(negative theology) 또는 "부정을 통해"(*via negative*)로 알려진 아포파틱(*apophatic*) 접근에 따르면 우리가 신에 관해 하는 모든 진술은 우선 부정되어야 한다는 것이다.

우리는 신이 무엇인지 말할뿐 아니라 신이 무엇이 아닌지도 말해야 한다. 예를 들어, 우리가 신은 공의롭고 지혜로운 분이라고 주장한다면, 우리는 반드시 신은 인간의 공의와 지혜의 척도에 따라 공의롭고 지혜로운 것이 아니라는 사실을 덧붙여야 한다. 하나님을 아버지라고 말할 때, 하나님은 여성도 남성도 아니기 때문에 어떤 인간적 아버지와 같지 않다는 것이 암시된 것을 알아야 한다.

토마스 아퀴나스는 초기 기독교 시대부터 이어진 신성 불가해성(divine incomprehensibility)의 전통을 계승하고 부정신학(*apophatic* theology)을 더욱 발전시킨다. 그는 우리가 하나님을 묘사하기 위해 사용하는 다양한 유형의 말들을 구별한다.[28] "하나님은 반석이시다"와 같은 은유는 우리가 의도하는 어떤 메시지를 전달하기 위해 어떤 구체적인 물체의 형태(some form of concrete bodiliness)와 연관한다.

"하나님은 우리의 구원자이시다"와 같은 관계적 표현은 하나님과 피조물 사이의 신성한 관계에 기초하여 하나님을 명명한다.

"하나님은 선하시고 살아 계시며 지혜로우시다"와 같은 본질적 표현들(substantial terms)은 하나님 자신의 본질에 합당한 속성을 서술한다.

이러한 용어들은 모두 하나님을 명명하는 데 사용되지만, 단독으로 또는 모두 합쳐서 하나님 자체를(God *in se*) 어떤 분인지 모두 담아낼 수 없다. 그러므로 하나님에 대한 어떤 은유나 수사가 참이 되려면 모든 경우에 긍(affirmation), 부정(negation) 그리고 초월적인 긍정의 움직임 속에서 놓아버림(letting-go)이라는 동일한 동시적 움직임(the same simultaneous movement of

---

27  Armstrong, "Negative Theology," 176–189.
28  Johnson, "Incomprehensibility of God," 452. See also Pesch, *The God Question in Thomas Aquinas and Martin Luther*, 9.

affirmation, negation)을 거쳐야 한다.

일부 페미니스트 신학자들은 신성한 부성(divine fatherhood)과 신성한 본질을 동일시하는 것이 부적절하다고 주장하기 위해 부정신학(negative theology)의 원리를 사용한다. 그들은 신성한 부성이 우리와 관계를 맺는 하나님의 방식의 한 측면이라고 주장한다. 그들은 또한 우리가 하나님의 은유를 문자 그대로 받아들이고, 모든 비유는 실체와 차이가 있음을 잊는 경향이 있다고 경고한다.

그러므로 신성한 부성은 결코 남성성(maleness)의 관점에서 이해되어서는 안 된다. 아버지를 하나님에 대한 유추적 용어로 사용할 때, 우리는 이 유비가 인간과 신적 부성 사이의 유사성이 아니라 비 유사성에 의해 작용한다는 것을 기억해야 한다.

어머니든 아버지든 하나님에 대한 모든 상징은 본질적으로 그것의 부정을 요구한다. 어떤 상징도 하나님의 초월성을 완전히 담아내지 못하기 때문이다. 다만 그것은 우리의 경험에서 인간 공동체와 사람들에 대한 하나님의 친밀하심을 확인시킨다.[29]

이러한 원칙들을 염두에 두고 저자는 페미니스트 신학자들이 기독교 실천을 왜곡했다고 믿는 신학적 패턴을 분석하고 그들이 불법화하려는 다양한 시도를 평가하고자 한다.

### 1) 하나님은 남성인가?

성경은 가부장적 문화에서 형성되었다. 그러므로 성경은 일반적으로 하나님을 아버지, 강력한 전사, 질투하는 남편, 의로운 왕 등으로 묘사한다. 그러나 우리는 또한 성경에서 하나님의 여성적 이미지를 발견한다. 예를 들어, 하나님이 출산하는(신 32:18), 젖 먹이는(호 11:3-4; 사 49:15), 산통으로 우는(사 42:14), 위로하는(사 66:13) 그리고 자녀에게 젖을 떼는 어머니(시 131:2)로 묘사된다.

---

29  Ibid., 441–480. See also Carr, "The God who is Involved," 314–328.

하나님은 또한 바느질하는 사람(느 9:21), 빵굽는 여인(눅 13:18-21), 출산을 돕는 산파(시 22:9-10, 71:6; 사 66:9) 및 자기의 잃어버린 동전을 찾는 여인(눅 15:8-10)과 같이 여성의 여러 가지 경험에서 출현한 은유로 묘사된다.

창조자 하나님은 아버지와 어머니, 낳은 자와 출산자(욥 38:28-29)로 묘사되기도 한다. 출산 여성, 사랑스러운 어머니, 승리의 전사, 자비로운 아버지와 같은 여성과 남성의 이미지에서 하나님에 대한 이러한 명시적인 언급은 우리와 함께하시는 하나님의 여러 가지 방식을 통해 그분의 놀라운 선하심을 더 깊이 이해할 수 있게 한다.

이러한 이미지와 의인화는 신성의 여성적 또는 남성적 측면으로 간주하기보다는 하나님의 창조물에 대한 신적 권능과 보살핌의 충만함을 표현하는 것이다. 가장 좋은 예는 잃어버린 양을 찾아 나서는 목자와 잃어버린 동전을 찾기 위해 애쓰는 여인의 비유 말씀이(눅 15:4-5; 8-10) 동시에 나란히 열거된다는 사실이다. 두 비유 말씀은 남성과 여성 이미지를 동등하게 사용하여 구원을 이루신 하나님의 사랑을 남성과 여성 모두에게 친근한 방식으로 알려준다.

### 2) 삼위일체와 신-언어

위에서 관찰한 바와 같이 성경에서 하나님은 남성과 여성 모두의 이미지로 묘사되었다. 그런데도 오늘날에도 많은 교회가 하나님을 성부, 성자, 성령 이외의 다른 이름으로 부르거나 하나님을 여성적 이미지로 표현하는 것에 대해 불안해하거나 불쾌감을 드러내는 경우가 많다. 의도적이든 의도적이 아니든 예배와 신학에서 남성적 이미지와 은유만을 사용함으로써 하나님이 남성이라는 인상을 심어주었다는 사실에는 의심할 여지가 없다.

동시에 오늘날에도 하나님에 대한 남성적 이미지와 은유만을 사용하는 것은 여전히 남성이 여성보다 우월하다는 전통적인 젠더관에 머물러 있음을 의미한다. 어쨌든 남성적인 이미지와 은유로 하나님을 언급하는 일방적인 방식은 남성성이 모든 인간에게 규범적임을 가정한다는 점에서 가부장제의 종교적 합법화에 기여한다.

일부 페미니스트 신학자들은 성부, 성자, 성령으로 불리는 전통적 삼위일체가 남성 하나님에 관한 개념에 기여한 것으로 여긴다. 부정할 수 없이, 남성 하나님에 관한 이해는 가부장제를 합법화하고 남성에 대한 여성의 종속을 정당화하는 데 사용됐다.[30] 따라서 그들은 언어의 힘을 인정하며 삼위일체 안에 있는 성부-성자-성령의 언어에 관심을 돌린다. 성부, 성자, 성령으로 표현되는 전통적인 삼위일체 이미지의 남성성을 우회하기 위해 그들은 세 가지 다른 방식을 취한다.

**첫째**, 성령의 여성적 특성을 강조하는 것이다.
**둘째**, 성부-성자-성령을, 여성도 남성도 아닌 다른 삼합체(triad)로 대체하는 것이다.
**셋째**, 하나님에 대한 전적으로 남성적인 은유를 거부하기 위해 성경적 소피아 전통으로 전환하는 전체적인 접근 방식을 취하는 것이다.

우선, 페미니스트 신학자 중에 일부는 삼위일체에 내재된 가부장제를 극복하기 위한 교정책으로 성령에 대한 여성적 이미(feminine imagery of the Holy Spirit)를 부각시킨다. 역사상, 나지안주스의 그레고리우스(Gregory of Nazianzus)는 삼위일체 하나님의 이미지를 최초의 핵가족인 아담과 이브와 셋에서 발견했다.

이 핵가족의 사회적 유비에서 그는 영원한 아버지(eternal Fatherhood)와 영원한 어머니(eternal Motherhood)와 자녀(eternal Childhood)를 발견했다.[31] 일부 페미니스트 신학자들은 성경에서 성령이 창조적인 어머니 하나님(the

---

30  친구로 보는 하나님에 대한 Sallie McFague의 모델은 비성차별적이다(nonsexist). 포괄적인 언어 성서 위원회의 "하나님 아버지"(그리고 어머니)의 사용은 포괄적이다. Gail Ramshaw-Shmidt는 "아바(Abba), 종(Servant), 보혜사(Paraclete)"라는 부분적으로 비성차별적인 삼위일체 공식을 제안한다.
See also Collins, "Naming God in Public Prayer," 291-304.

31  Moltmann-Wendel and Moltmann, *Humanity in God*, 100-106.

creative maternal God)으로 묘사된 점을 지적한다.

그들은 피조물 가운데 생명을 불어넣고(창 1:2), 그리스도를 성육신할 수 있게 하고, 세례를 통해 그리스도의 몸된 교회의 새로운 구성원들을 부르시며 성찬례의 부(the *epiclesis* of the Euchasist: ἐπίκλησις)를 통해 그리스도의 몸을 이루는 성령의 역할에서 여성 이미지를 발견한다.

엘리자베스 존슨(Elizabeth A. Johnson)은 성령을 "여성적"(feminine)으로 구별하려는 여러 가지 시도를 비판한다.

**첫째**, 그녀는 성령을 "하나님 안에 여성적 위격"(the feminine person in God)으로 규정한 프랑스 가톨릭 신부이자 신학자인 이브 콩가(Yves Congar)를 비판한다. 콩가는 성령이 "하나님 안에 여성적 위격"이라는 개념을 발전시킨다. 콩가는 성령이 지적 수준보다는 정서적인 수준에서 더 많이 역사하며 매일 매일의 존재와 소통을 통해 생명을 낳고 사랑하고 교육하는 어머니와 유사하다며 성령의 여성적인 면들을 묘사한다.[32]

엘리자베스 존슨은 콩가의 이런 주장이 효과적으로 여성의 정체성을 어머니의 역할 하나로 축소한다고 지적한다. 어머니의 역할은 가장 중요한 것이 틀림없지만 지력을 행사하지 않고 수행할 수 있는 것은 아니며 여성이 평생 수행하는 유일한 역할도 아니라는 것이다.[33]

**둘째**, 존슨은 삼위일체의 성령이 독특한 방식으로 여성성을 전유하는 위격이라고 주장하는 레오나르도 보프(Leonardo Boff)의 입장도 검토한다. 보프는 성령이 사랑하며 자기를 내어주는 어머니의 특성을 소유한다고 확언한다. 그는 또한 예수 안에서 이루어진 말씀의 성육신과 유사하게 성령이 모든 여성의 유익을 위해 성모 마리아 안에서 여성성을 신성화한다고 주장하며 다음과 같이 서술한다.

---

32  Congar, "The Motherhood in God and the Femininity of the Holy Spirit," 155–164.
33  Johnson, *She Who Is*, 52.

영원한 여성성(the eternal feminine)인 성령은 창조된 여성이 온전하게 될 수 있도록, 즉 처녀이자 어머니가 될 수 있도록, 창조된 여성과 결합한다. 기독교 신앙이 늘 직관해 왔던 바와 같이 마리아는 모든 차원에서 여성성의 종말론적 실현이다.[34]

이런 주장을 통해 보프(Boff)는 남성이 예수와 신체적 유사성에 대한 이점을 누려왔던 것처럼 여성에게도 신성에 직접적인 접근이 가능한 길을 열어주려고 시도한 것이다. 그러나 엘리자베스 존슨은 보프의 이와 같은 시도가 실제로는 여성을 자유롭게 하지 못한다고 다음과 같이 반박한다.

그 어떤 자질도 남자에게만 혹은 여자에게만 국한되지 않음을 인정한다 해도 여성성은 어둠, 죽음, 깊음과 감수성과 동일시하고 남성성은 빛, 초월, 외향성과 이성과 동일시하는 융의 무비판적 입장을 보프는 선택할 뿐만 아니라 이와 같은 여성적 차원을 성령에게만 국한함으로써 여성을 해방하지 못하는 결과를 초래한다.[35]

따라서, 보프와 콩가는 성령을 여성적으로 이미지화하여 성차별을 완화하려고 시도하지만, 여성의 특성과 역할에 대한 고정관념 위에 그들의 이론을 세우기 때문에 결과적으로 여성 해방을 보장하지 못한다는 것이다. 존슨은 다음과 같이 설명한다.

단순히 양육과 부드러움이 여성의 능력 전부가 아니다. 육체와 본능이 여성의 본성을 정의하지 않는다. 지성과 창의성과 변혁에 관한 주도력도 여성의 능력 범위를 초월하지 않는다. 여성의 잠재력을 질식하지 않고서는 여성성을 어머니의 양육, 애정, 어둠, 처녀성, 성모 마리아 또는 긍정적

---

34   Boff, *The Maternal Face of God*, 101.
35   Johnson, *She Who Is*, 52–53.

인 여성 원형에만 국한하고 동일시할 수 없다.³⁶

위에서 본 바와 같이 존슨에 따르면 신격이 여전히 가부장적 틀 안에서 이해되면서 오로지 성령만이 신격의 여성상으로 간주될 때, 결과적으로 복합적인 차원에서 여성을 하나님의 형상(*imago Dei*)으로 해방하거나, 권한을 부여하거나, 발전시킬 수 있는 하나님의 관점이 되지 못한다.

그러므로 신격에 여성적인 측면을 더하기 위해 성령을 여성으로 이해하려는 시도는 여성들을 해방하는 데 부적절하다. 왜냐하면, 이러한 이해는 포괄적인 남성 중심적 틀에 기반을 두고 있기 때문이다. 더구나 종속론적 삼위일체 신학의 틀 안에서 여성적 이미지를 오로지 성령과 연관하는 것은 교회와 사회에서 여성의 종속을 강화할 뿐이다.³⁷

결과적으로, 성령을 여성적 위격(the feminine person of the Godhead)으로 묘사할 때 그것은 결코 하나님의 성을 지시하는 것으로 받아들여서는 안 되며, 오히려 하나님의 본질적인 관계성을 나타내거나 신적 활동과 속성의 다양성을 나타내는 것으로 받아들여야 한다.³⁸

하나님의 남성 이미지에 도전하는 또 다른 접근법은 삼위일체의 남성성과 여성성을 모두 제거하여 성부, 성자, 성령의 고유한 인격적 이름의 대체물을 제안하는 것이다. 이러한 목적을 가지고 일부 페미니스트 신학자들은 포괄적이고 비 성차별적인 표현을 생각해 낸다. 예를 들어, 게일 램셔-슈미트(Gail Ramshaw-Schmidtt)는 부분적으로 비성차별주의적 삼위일체 공식인, "아빠-종-보혜사"(Abba-Servant-Paraclete)를 제안한다.³⁹

또한, 레티 러셀(Letty Russell)은 인간과 세상을 위한 신성한 보살핌과 협력관계로 부르시는 삼위일체를 "창조자-해방자-보혜사"(Creator-Libera-

---

36  Ibid., 53–54.
37  Johnson, "The Incomprehensibility of God," 458. See also LaCugna, "God in Communion with Us," 105.
38  LaCugna, "God in Communion with Us," 105. See also Johnson, *She Who Is*, 55.
39  Collins, "Naming God in Public Prayer," 291–304.

tor-Advocate)로 이해한다.⁴⁰ 그뿐만 아니라 성부-성자-성령을 "창조자-그리스도-성령"으로 대체하는 신학자들도 있다.⁴¹ 가장 일반적으로 제안되는 삼위일체 공식은 "창조자-구원자-유지자"(Creator-Redeemer-Sustainer)이다.⁴²

수잔 부룩스 티슬스웨이트(Susan Brooks Thistlethwaite)는 창조자-구원자-유지자로서 경륜적 삼위일체(the economic Trinity as Creator-Redeemer-Sustainer)의 장점은 하나님과 그의 피조물과 관련된 역사를 담고 있다고 주장하는 것에 있다. 그녀는 이 역사의 관점에서 몰트만의 삼위일체에 관한 이해를 빌려 하나님의 본질적 관계성을 강조한다. 삼위의 관계에 관한 삼위일체적 역사는 "개방적이고(open) 초청하고(inviting) 통일한다(unifying). 따라서 삼위일체는 통합적 단일체"(an integrating unity)이다.⁴³ 삼위일체 안에 있는 신적 위격들의 단일성은(The unity of the divine persons in Trinity)은 일부 이전 개념으로 부과된 것이 아니라 삼위일체 하나님이 인류를 품으러 오실 때 나타난 것이다.

티슬스웨이트(Thistlethwaite)는 창조, 구속, 유지로 나타나는 하나님의 활동에 대한 삼위일체적 역사가 성부, 성자, 성령에 관한 신학적 성찰을 특징짓는 지배와 종속의 개념을 전복한다고 주장한다.

그러나 라쿠나(LaCugna)는 하나님을 "창조자-구원자-유지자"로 "명명"(naming)하는 것은 문제가 있다고 지적한다. 이렇게 명명하는 것은 "세 개의"(숫자적으로 셋) 어떤 것들 또는 어떤 자들이 있고 각각 구속의 다른 측면에 대해 책임을 진다는 인상을 준다.⁴⁴

---

40   Russell, *The Future of Partnership*, 25-43.
41   *Word and Sacrament, United Church of Christ Office of Church Life and Leadership*, 47.
42   Thistlethwaite, "On the Trinity," in Thistlethwaite and Engel, *Lift Every Voice: Constructing Christian Theologies from the Underside*, 125.
43   Ibid., 125.
44   LaCugna, "The Baptismal Formula, Feminist Objections, and Trinitarian Theology," 243.

라쿠나(LaCugna)는 "창조자-구원자-유지자"와 같은 기능적 또는 양태론적 언어 표현은 하나님이 아들을 통해(골 1:16; 히 11:3; 요 1:1-3) 성령에 의해(창 1:1-2) 창조하신다든지, 어떻게 우리를 그리스도를 통해(고후 5:19; 엡 1:7; 골 1:14) 구원하시는지와 같은 성경적 언어를 적절하게 반영하지 못한다고 정확하게 지적한다.[45]

삼위일체의 위격은 각자가 행하는 것 이상이기 때문에 그러한 기능적 또는 양태론적 언어가 모든 경우에 고유한 개인 이름인 "성부-성자-성령"과 정확하게 일치하는 것은 아니라는 것이다.[46] 그들의 기능에 따라 신성한 위격(the divine persons)을 구별하는 것은 내재적 하나님(God in se)의 인격적, 관계적 특성을 충분히 드러내지 못한다고 강조한다.

**셋째**, 삼위일체에 내재된 가부장제를 극복하기 위해 엘리자베스 피오렌자와 엘리자베스 존슨은 성령의 체험에 뿌리를 두고 예수의 사역과 삶을 소피아의 관점에서 이해하는 성경적 소피아학 전통으로 관심을 돌린다. 피오렌자는 소피아 기독론(a Sophia-Christology)이 초기 기독교 선교 운동에 만연되어 있었다고 주장한다.[47]

기독교 선교 운동의 하나님은 예수를 죽음의 권세에 버려둔 하나님이 아니라 예수가 "살리는 영"(a life-giving Spirit)이 되도록 "권능으로" 일으키신 하나님이시다(고전 15:45). 기독교 초기 선교 운동의 지혜 신학(The wisdom theology of the Christian missionary movement)은 부활하신 주를 하나님의 영뿐만 아니라 하나님의 소피아와 동일시했다. 그것은 예수를 신성한 소피아 자체로 간주하는 것이다.

피오렌자는 바울 이전의 찬송들(the pre-Pauline hymns, [빌 2:6-11; 딤전 13:16; 골 1:15-20; 엡 2:14-16; 히 1:3; 벧전 3:18-22; 요 1:1-14])에서 소피아 기독론(Sophia-Christology)을 발견한다. 그녀는 이 찬송들이 유대-헬레니즘

---

45　LaCugna, "God in Communion with Us," 105.

46　LaCugna, "The Baptismal Formula, Feminist Objections, and Trinitarian Theology," 243.

47　Fiorenza, *In Memory of Her*, 189-199.

지혜 신학과 동시대의 신비 종교에서 유래한 언어를 통해 예수 그리스도 안에 있는 구원의 보편성을 선포한다고 주장한다. 예를 들어, 빌립보서 2:6-11의 케노시스 구절(the *kenosis* passage)은 예수의 높임(exaltation)과 즉위(enthronement)를 통해 그리스도-소피아가 하늘과 땅의 권세뿐만 아니라 온 우주에 대한 주권(lordship)을 받았다고 선포한다.

피오렌자는 그리스도-소피아(Christ-Sophia)가 온 우주를 다스리는 주로 높임을 받는 것은 구약성경(사 45:23)과 동시대에 존재한 아이시스 숭배(Isis cult)를 암시하는 언어로 이루어진다고 단언한다. 그녀에 따르면 아이시스(Isis)와 마찬가지로 그리스도-소피아는 "모든 이름위에 뛰어난 이름"(a name which is above all names)이 부여되고 우주의 모든 권세에 의해 경배된다. 아이시스에 대한 진정한 환호가 "아이시스는 주님이다"인 것처럼 기독교의 진정한 환호는 "예수는 주님이다"인 것이다.[48] 무자비한 권력과 무엇보다도 눈먼 운명이 지배했던 헬레니즘 세계의 종교적 환경에서 기독교인들은 그리스도-소피아를 이전에 세상을 노예로 만든 권세자들 위에 다스리시는 통치자(the ruler of principalities)로 선포했다. 더 나아가 그리스도-소피아를 권세자들의 통치자로 선포하는 기독교 초기 선교 운동은 기독교인이 이 세상의 권세에서 해방되어 하나님 나라에 참여할 것을 촉구한다.

피오렌자는『예수: 미리암의 아이, 소피아의 예언자』(*Jesus: Miriam's Child, Sophia's Prophet*)에서 요한복음이 예수를 신성한 소피아의 아들(the Son of the divine Sophia)로 소개하지 않고 아버지의 독생자(the begotten Son of the Father)로 소개하고 있는 것과 요한복음 전체에서 성육신하신 지혜로 특징 지우고 있음을 다음과 같이 지적한다.

> 소피아-아이시스처럼 예수는 계시적인 "나는 … 이다" 스타일(the revelatory, "I am" style)로 말씀하신다. 그리고 빵, 포도주, 생수의 상징으로 사람들에게 먹고 마시라고 초청하신다. 소피아처럼 예수는 예수의 삶과 사명을 서술하는 패턴을 제공한다. 소피아처럼 예수도 보냄을 받았다. 예수-소피아는 그의 백성들

---

48  Ibid., 190.

에게 왔지만, 그들은 그를 영접하지 않았다. 그는 높임을 받고 하나님의 나라로 돌아가셨다. 지혜 신화(Wisdom mythology)는 예수의 삶과 운명(the life and fate of Jesus)을 이해하는 데 매우 중요한 역할을 한다.

따라서 제4 복음서[요한복음]의 서문에 나타나는 로고스라는 명칭(title)은 요한복음이 예수가 그/그녀의 사역 안에서 그리고 사역을 통해 소피아를 나타내고 있음을 이해하고 있다는 가능성을 약화하지 않고 오히려 증진시키고 있는 것 같다.[49]

피오렌자는 요한복음의 서문에서 아버지-아들 언어를 도입하고(요 1:14-18), 요한복음 전체를 통해 사용함으로써 로고스와 아들이 역사적 예수의 생물학적 남성과 일치한다는 개념을 강화한다고 주장한다. 결과적으로 제4 복음서는 소피아의 여성성과 예수의 남성성 사이의 긴장을 해소할 뿐만 아니라 신성한 소피아로 대표되는 하나님의 전통을 소외시키고(marginalize) 침묵시킨다고 한다.[50]

소피아 삼위일체를 주창하는 엘리자베스 존슨(Elizabeth A. Johnson)도 구약과 외경의 지혜서들(The apocryphal wisdom books)에서 호크마/소피아(Hokma/Sphia)에 귀속되었던 것이 이제 신약성경에서는 예수에게 귀속되었다고 지적한다.[51] 그녀는 요한복음이 왜 서문에서 지혜/소피아(wisdom/Sophia)를 말씀/로고스(word/logos)로 대체하는지 설명한다. 1세기 말까지 "말씀"(word)이란 용어는 사도적 케리그마(kerygma)를 의미하는 데 사용되었다. 그러나 신진 영지주의 집단들이 "소피아"를 그들에게 맞게 적용하여 사용하기 시작하면서 점점 문제가 되었다고 한다.[52]

존슨에 따르면 또한 헬레니즘 유대인 철학자 필로(the Hellenistic Jewish philosopher Philo)의 사상이 1세기 후반의 신학적 성찰이 일어난 환경에 큰

---

49　Fiorenza, *Jesus: Miriam's Child, Sophia's Prophet*, 152.
50　Ibid., 152-154.
51　Johnson, *She Who Is*, 94-98. See also Johnson, "Jesus the Wisdom of God," 261-294.
52　Ibid., 97.

영향을 미쳤다. 소피아와 로고스의 관계에 관한 연구에서 필로는 그리스 사상의 이원론적 패턴을 채택하였다.

필로는 여성의 상징이 감각의 세계에 묶여 있고 비합리적이거나 수동적인 모든 악을 의미하지만 남성의 상징은 선, 정신과 합리성의 세계, 능동적 주도권을 의미한다고 주장한다. 존슨은 이러한 사상적 틀 안에서 신성한 소피아가 여성으로 남을 수 있다는 것은 상상할 수 없는 일이라며 필로를 다음과 같이 인용한다.

> 탁월함은(pre-eminence) 항상 남성적인 것과 관련이 있고, 여성적인 것은 항상 그것보다 부족하고 열등하기 때문이다. 그렇다면 단어의 성별 차이에 주의를 기울이지 말고 하나님의 딸, 소피아조차도 남성적일 뿐만 아니라 영혼에 배움, 규율, 지식, 건전성, 감각과 칭찬할 만한 행동을 심고 낳는 아버지라고 말하자.[53]

존슨은 이러한 배경이 얼마나 쉽게 여성 상징을 남성 상징으로 대체하게 만들었는지 지적한다. 또한, 예수의 성별(the gender of Jesus) 때문에 여성적인 소피아를 남성적인 상징인 로고스로 대체할 필요가 있었다고 주장한다.[54]

존슨의 요점은 요한복음 이전의 기독교적 성찰에서 역사적 예수와 부활하고 승천하신 그리스도를 소피아와 연관하는 것이 어렵지 않다는 것이다. 그러나 요한복음의 서문에서 소피아가 로고스로 대체되면서 기독교 공동체에서 성차별이 심화하였다고 한다. 그것은 결국 기독교 공동체들을 변화시켰고, 그들을 가부장적 교회 구조로 이끌었고, 여성들이 원래 봉사했던 특정 사역에서 일하는 것을 막아 버렸다고 한다.

존슨은 역사적 예수를 지혜/소피아(wisdom/ Sophia)와 연결함으로써 기

---

[53] Ibid., 98. See also LaPorte, "Philo in the Tradition of Biblical Wisdom Literature," 103–141.
[54] Ibid., 98.

독교 공동체가 십자가에 못 박힌 예수에게 우주적 중요성을 부여하고 예수가 단순히 하나님의 영감을 받은 인간이 아니라 어떤 특별한 방식으로 하나님과 관련이 있음을 볼 수 있게 했다고 단언한다. 또한, 그녀는 예수 그리스도가 성스러운 소피아로 묘사되기 때문에 예수 그리스도를 여성의 상징으로 형상화된 하나님의 성육신으로 고백하는 것은 상상할 수 없는 일도 비성경적인 일도 아니라고 주장한다. 그녀는 더 나아가 "소피아의 모든 충만함이 예수 안에 있었기 때문에 그는 세상에서 창의적이고 은혜롭게 구원을 이루는 사역에서 신성한 신비의 깊이를 보여준다"라고 말한다.[55]

존슨에 따르면 요한복음서의 서문은 본질적으로 지혜 텍스트(wisdom text)이기 때문에 로고스의 관점에서만 성육신을 논할 필요가 없다.[56]

"예수는 성육신한 소피아이다. 예수는 성육신한 로고스이다."

이와 같은 포괄적인 기독론적 성찰은 여성 이미지를 위한 여지를 만들고 실제로 여성의 존엄성을 이해하는데 이론과 실천에 기여할 잠재력을 가진다"고 주장한다.[57] 따라서 지혜 기독론은 하나님의 신비의 깊이를 반영하고 여성 상징들을 포함하는 포괄적인 기독론으로 가는 길을 제시해 준다.

그녀의 사회적 삼위일체론에서 존슨은 소피아의 개념을 사용하여 유일한 하나님(the one God)을 거룩한 지혜(Holy Wisdom) 또는 단순하게 소피아-하나님(Sophia-God)으로 말한다. 소피아 삼위일체를 전개하면서 그녀는 삼위일체에 관해 이야기하기 위해 여성 이미지를 사용하는 이유를 다음과 같이 설명한다.

---

55 Ibid., 99.
56 Elizabeth A. Johnson cities, among others, Brown, *The Gospel According to John I–XII*, 523 and Dunn, *Christology in the Making*, 2nd ed., 214.
57 Johnson, "Jesus the Wisdom of God: A Biblical Basis for Non-Androcentric Christology," 289.

> 하나님의 삼위일체 신비의 진리를 항상 성부 성자 성령의 은유로 말하는 것은 필수적이지 않다. 그런데도 수 세기에 걸쳐 예배 및 교리교육과 신학에서 이러한 이름[성부 성자 성령]을 거의 배타적으로 사용함으로써 이것[소피아 삼위일체]이 잊혀지게 되었다…. 나는 남성의 삼위일체적 이미지가 심지어 가장 세련된 사상가들의 상상력까지도 지배하는 무의식적인 영향력을 깨기 위해서 명백하게 강력한 여성 이미지 처방이 필요하다고 믿는다.[58]

따라서 존슨은 삼위일체를 여성의 이미지를 사용하여 세상의 고통 속에서 구원 신비의 상징으로 제시해야 한다고 단언한다. 그녀는 삼위일체의 각 위격과 관련하여 소피아를 사용하여 성령-소피아, 예수-소피아, 어머니-소피아로 칭한다.[59] 이런 식으로 소피아를 사용함으로써 그녀는 삼위일체에 네 번째 위격을 더하거나 삼위 중 어느 하나를 지혜로 대체하는 것을 피한다. 소피아 삼위일체 개념으로 존슨은 거룩한 신비의 중심에 군주제가 아니라 공동체가 있고 절대적 통치자가 아니라 삼중 코이노니아 (threefold *koinonia*)가 있음을 강조한다. 그녀는 또한 "하나님의 본질은 관계 속에 있는 것이며, 따라서 고독한 자아보다는 관계성이 모든 현실의 핵심이다"라고 주장한다.[60]

그녀는 이렇게 이해한 삼위일체는 상호성, 관계, 다양성 속의 공동체라는 페미니스트적 가치와 공명한다고 믿는다. 존슨의 소피아-삼위일체뿐만 아니라 소피아의 관점에서 예수의 삶과 주권을 이해한 피오레자의 접근은 남성 지배 체계를 강화하고 여성의 비인간화로 이어진 전통적인 신 묘사의 약점을 극복하려는 위대한 시도임이 틀림없다.[61]

그러나 가부장적이고 남성 중심적인 사고방식과 제도를 야기하는 근본

---

58 Johnson, *She Who Is*, 212.
59 Ibid., 212.
60 Ibid., 216. See also Wells, "Trinitarian Feminism: Elizabeth Johnson's Wisdom Christology," 339.
61 Wells, "Trinitarian Feminism," 339.

적인 문제는 단순히 언어적인 데 있지 않다. 라쿠나가 지적한 것처럼 예배학이나 신학에서 종교적 언어를 수정하면 언어에 함축된 배제에 대한 의식이 높아질 수 있지만 모든 배타성이나 문자성(literalness)을 즉시 극복하지는 못한다.[62]

이런 이유로 일부 페미니스트 신학자들은 하나님이 아버지라는 예수의 가르침과 동등한 제자들로 이루어진 비가부장적 신앙공동체(non-patriarchal faith community of equal disciples)를 부르신 것에 대해 다른 접근 방식을 취한다. 하나님을 아버지로 부르길 주장하는 사람들은 예수가 하나님을 "아버지"(Father)로 부르신 것을 언급함으로써 자기 입장을 변호한다.

예수님이 하나님을 아버지로 불렀으므로 하나님은 아버지로 불려야 한다. 만약 하나님이 자신을 어머니로 계시하길 원하셨다면 하나님은 그렇게 하셨을 것이다. 그러나 예수님은 하나님을 "아바"(Abba)로 부르셨다(막 14:36). "아바"(Abba)는 예수님에 의해 계시된 놀랍도록 개인적이고 친밀하신 하나님이다. 하나님을 "아바"(Abba)로 부름으로써 우리도 또한 예수님의 기도의 특징인 친밀감의 용어를 사용하는 것이다.

사도 바울은 그의 서신을 통해 우리가 성령으로 말미암아 예수님께서 아바라 부르신 하나님께 나아갈 길을 얻었다고 말씀해 준다(롬 8:15; 갈 4:6).

라쿠나는 하나님이 예수에 의해 아버지로 불린 것은 부인될 수 없는 사실이지만 그렇다고 하여서 이 사실로부터 하나님의 남성성을 추론할 수 없다는 점을 다음과 같이 주장한다.

> [예배에서의] 부름(invocation)과 기도의 용어에서 신성한 속성으로 옮겨가려면 큰 주의가 필요하다. "예수 그리스도의 아버지"(Father of Jesus Christ)라는 의미에서 "아버지 하나님"(God the Father)은 신의 본질에 대한 불명확한 이름(indefinite name for the divine essence)이 아니라 하나님을 명명하는 하나의 구체적이고 인격적인 방법이다.[63]

---

62  LaCugna, "God in Communion with Us," 107.
63  LaCugna, "The Baptismal Formula, Feminist Objections, and Trinitarian Theology,"

결과적으로 하나님과 예수의 관계를 생물학적 또는 가부장적 의미로서의 아버지와 아들의 관계(a Father-Son relationship)로 이해해서는 안 된다. 예수님이 하나님을 아바(Abba)로 제시한 것을 가부장제의 승인인 것처럼 사용할 수 없다. 오히려 가부장제를 죄악된 인간 구조로 드러내며 그로부터의 해방적 전복을 가능케 하는 것이다.[64] 그런데도 이 하나님의 아버지 됨(Fatherhood of God)은 상보성의 성차별 신학과 가부장적 하나님 언어를 모두 지원하는 데 사용되었다.

라쿠나는 "하나님 아버지"(God the Father)를 신성한 실체의 불명확한 이름(indefinite name)으로 이해하면 "아버지"(father)를 신성한 실체(ousia)의 동의어로 이해한 아리우스파(the Arians)의 함정에 빠지게 된다고 경고한다.[65] 아리우스(Arius)에 따르면 "아버지"(Father)이신 하나님은 모든 실재의 근원이시며, 태어나지 않으시고 영원하시며 시작이 없으신 분이다. 더구나, 신성(Godhood)은 그 누구에게 심지어 그리스도에게도 공유되거나 나누어질 수 없다. 만일 아버지에게 동일한 본성(same nature)및 본질(substance)을 가진 아들이 있다면 하나님이 두 분(two gods)인 것이다. 그러므로 그는 그리스도를 다른 피조물보다 높지만, 하나님보다 조금 못한 피조물로 여겼다. 만일 "아버지"(father)를 신성한 실체(divine substance, *ousia*)의 동의어로 이해한다면 이 논리는 완벽하게 성사될 것이다.

그러나 라쿠나는 "아버지"를 하나님에 대한 일반적이고 비관계적인 이름으로 보는 아리우스파(the Arians)의 견해가 하나님을 세상에서 완전히 제거하고 인류와의 모든 관계를 금지한다고 주장한다. 결과적으로 이러한 아라우스파의 전제(premise)는 그리스도를 중심으로한 신앙을 가진 그리스도인들에게 찬사를 불러일으킬 수 없었다.[66]

아리우스파의 견해에 반하여 카파도키안들(the Cappadocians: Basil, Greg-

---

240-242.

64  Schneiders, *Women and the Word*. 1986 Madaleva Lecture in Spirituality, 48.
65  LaCugna, "The Baptismal Formula, Feminist Objections, and Trinitarian Theology," 240-242.
66  Ibid., 242.

oryof Nyssa, Gregory of Nazianzus)은 아버지라는 칭호를 본질적으로 관계적이고 인격적인 하나님의 본성을 확보하는 방법으로 보았다.[67] 카파도키아인에 따르면, "태어나지 않음"(agenesia, unbegottenness)의 차원에서 "아버지"는 아들과 관련된 아버지"(Father in relation to the Son), 즉 "태어나게 한 자"(Begetter)를 의미한다.

그러나 라쿠나는 "태어나게 함"(begetting)과 "태어나지 않음"(unbegotten), 또는 생성함(generate)과 생성하지 않음(ungenerate)과 같은 말들은 하나님의 본질이 무엇인지 말해주지 않는다면서, 그들은 다만 세상을 향한 하나님의 얼굴의 한 측면을 명시해 주는 것이라고 주장한다.[68] 마찬가지로 "아버지"라는 칭호는 신성한 아버지됨(divine fatherhood)의 본성이나 자질에 대한 정보를 제공하지 않는다. 라쿠나는 하나님이 인격적인 의미에서 아버지라고 단언한다. 즉, 하나님은 선택에 의해 이스라엘의 아버지이며, 하나님은 생성에 의해(by generation) 예수 그리스도의 아버지이다.[69]

그녀는 우리가 하나님의 인격적인 이름으로 "아버지"를 사용하길 거부한다면 가부장제가 주장하는 것처럼 실제로 아버지 하나님이 남성임을 인정하는 것이라고 주장한다.[70] 따라서 문제는 하나님이 아버지로 묘사되는 것이 아니라 아버지됨(fatherhood)이 하나님에 대한 근본 은유(the root-metaphor for God)가 되어 하나님 통치 선포(the proclamation of God's reign)를 가부장제 제도(the institution of patriarchy)로 대체한다는 것이다.[71]

삼위일체 교리를 가부장적 종교의 배후에 있는 범인으로 치부하기보다는 카파도키아 삼위일체 교리의 신학적, 역사적 발전을 연구하는 것이 사회에서 인간 사이의 평등과 상호성에 대한 비전을 위한 강력한 토대를 찾는데 도움이 될 수 있다.[72] 카파도키아인들은 다른 사람과 관계하는 인격

---

67   Ibid., 240.
68   Ibid., 241.
69   Ibid., 240.
70   Ibid., 243.
71   Sallie McFague, *Metaphorical Theology*, 45-52.
72   LaCugna, "God in Comunion with Us," 90. 카파도키아의 삼위일체 교리는 신성

성(personhood)을 하나님의 최고의 특성으로 전제한다. 그들은 신성(divinity) 또는 신격(Godhood)이 실체(substance, 무언가 그 자체)가 아니라 인격성(personhood, 어떤 사람이 다른 사람을 향함)에서 비롯된다고 주장한다.

인격성(Personhood)은 다른 사람과의 관계 속에 존재한다(being-in-relation-to-another). 예를 들어, 아들(the Son)은 아버지(the Father)로부터 기원함으로 정의된다. 즉, 아들은 아버지에게서 태어났다(begotten by the Father). 성령도 마찬가지로 아버지에게서 비롯된다(originates from the Father). 즉, 성부로부터 나온다(proceeds from the Father).

한 사람의 정체성과 고유한 실체는 전적으로 다른 사람과의 관계 속에서 드러난다. 비록 아버지 하나님의 인격성은 "아무에게서 나지 아니하신"(Unoriginate)것으로 정의되지만, 그것을 가장 잘 보여주는 것은 바로 그리스도와 성령의 경륜이다. 아무것으로부터 기원하지 않은 하나님(the unoriginate God)은 본질적으로 없는 것을 있게 하시고, 그들과 관계하시는 분이다. 그러므로 하나님의 본질은 외향적인 사랑이며 자기 헌신이다.[73]

여기에서 나지안주스의 그레고리(Gregory of Naziansus)가 제안한, 공유된 신성한 아르케(the idea of a shared divine arche) 개념을 주목할 만하다. 왜냐하면 라쿠나(LaCugna)가 지적한 것처럼 그것[공유된 신성한 아르케 개념]은 "아들이 성부 군주(the Father monarch)에게 종속되었다는 아리우스파의 남은 흔적들을 완전히 제거했기 때문이다."[74]

나지안주스의 그레고리에 따르면, 삼위 하나님의 하나됨(unity)은 더 이상 모든 사람과 다른 모든 것보다 앞서거나 위대한 아버지-하나님(the Fa-

---

한 위격들 사이의 완전한 평등, 상호성, 상호침투를 강조하면서 일부 페미니스트와 해방 신학자들에게 사회에서 인간들 사이의 평등에 대한 비전을 정립하는 방법으로 관심을 끌어왔다.

좋은 예로 다음을 참조하라. Patricia Wilson-Kastner, *Faith, Feminism and the Christ*; Leonardo Boff, *Trinity and Society*; Margaret Farley, "New Patterns of Relationship: Beginning of a Moral Revolution," 627-646.

73   LaCugna, "The Trinitarian Mystery of God" 149-191.
74   LaCugna, "God in Communion," 87.

ther-God) 안에 있지 않다.

대신, 삼위 하나님의 하나됨(unity)과 생명은 한 위격이 다른 위격보다 우월한 것이 아니라, 동등하지만 고유한 위격들의 친교에 있다. 이런 방식으로 삼위일체 유일신론은 공동 통치의 원칙을 보존하고 어떤 위격이 다른 위격에 종속될 수 있다는 생각을 제거하였다.

라쿠나는 이것이 오늘날 페미니즘 프로그램과 관련된 카파도키아 교부의 급진적인 신학적, 정치적 제안의 핵심이라고 강력하게 단언한다.[75] 카파도키아 교부들은 "자급자족하는 아버지"의 가부장적 이상을 포함하여 아버지에 대한 생물학적, 문화적, 상식적인 개념을 포기하도록 기독교인의 상상력에 도전을 줄 수 있다고 본다.

따라서 제3장에서는 몰트만이 삼위일체 안에 종속관계가 존재하지 않으며 성부, 성자, 성령의 상호 침투와 내주를 설명하기 위해 카파도키아 교부들로부터 차용한 중요한 용어인 페리코레시스(perichoresis)에 대해 살펴볼 것이다.[76]

### 3) 여자가 남자에게 종속된다는 것이 삼위일체 내에 내재되어 있는가?

상보성 신학(the theology of complementarity)을 믿는 사람들은 성부 하나님과 성자 하나님의 종속적인 관계가 남녀의 관계가 어떠해야 할지를 반영한다고 주장한다. 즉, 성부 하나님은 성자 하나님의 근원인 것처럼 남자는 여성의 근원이며, 심지어 성자 하나님이 성부 하나님께 순종하고 복종하는 것처럼 여성은 남성에게 순종하고 복종해야 한다는 것이다.[77]

남성이 여성보다 우월하다고 주장하는 상보성 신학의 배후에는 남성의

---

75 Ibid., 88.
76 Moltmann, *The Trinity and the Kingdom*, 175.
77 Garcia, "Femininity and the Life of Faith," 125-130. Cf. Werner Neuer, *Man and Woman in Christian Perspective*, 34-41. Neuer의 상보성 신학에 대한 좋은 비판을 위해, 다음을 참조하라. LaCugna, "God in communion with us: The Trinity," 94-99.

머리됨을 가르치는 바울서신이 있다(고전 11:3; 엡 5:12; 골 3:18; 딛 2:5). 남자는 여자의 머리이다. 남자는 하나님을 완전히 형상화하는 반면에 여자는 남자와의 관계로 인해 하나님을 형상화한다고 주장한다.

수장직 모델(the headship model)의 종교적 사용은 과거 정치구조의 제국주의 및 군주제 패턴에서 유래한다.[78] 류더(Ruether)에 동의하면서 앤 카(Anne Carr)는 다음과 같이 주장한다.

> 하나님과 인간의 관계, 그리스도와 교회의 관계는 남편과 아내, 남성과 여성, 성직자와 평신도라는 봉건적 종속의 관계와 유사하게 다루어졌으며, 후자가 전자에 대해 열등하고 전자에 종속된 관계로 다루어졌다. 이와같은 계층구조는 그리스 철학에 기원을 둔 육 보다 영을, 육체보다 영혼을, 물질보다 정신을 높게 평가하는 교부적 중세사상의 계층적 이원론을 구현한 것이다.[79]

류더에 따르면 토마스 아퀴나스는 아리스토텔레스적 유산을 기독교 언어에 도입하여 여성의 종속을 신이 내린 질서로 확립하였다. 아퀴나스는 그가 생각하는 여성의 불완전한 본성에 대해 다음과 같이 서술한다.

> 남성의 씨 안에 있는 활동적인 힘은 자신과 같은, 남성적인 어떤 완전한 것을 생산하려는 경향이 있다. 그러나 여성으로 태어나는 것은 아리스토텔레스가 말한 것처럼 활동력의 약화, 물질의 어떤 부적합성, 또는 예를 들어, 습한 남풍과 같은 외부의 영향에 의해 받는 변화의 결과이다.[80]

아퀴나스에 따르면 영혼은 육체에 정보를 제공하므로, 여성의 결함 있

---

[78] Ruether, "Women in Medieval Theology," 220.
[79] Carr, *Transforming Grace,* 165.
[80] *ST* I, q. 92, a. 1, ad. 1. See Ruether, "Misogynism and Virginal Feminism in the Fathers of the Church," 150–183. See also Horowitz, "Aristotle and Women," 183–213.

는 신체 상태는 여성의 영혼도 마찬가지로 결함이 있고 추론 능력이 약하며 선을 선택하는 의지가 약하다는 결론에 이르게 한다. 여성의 결핍은 "남자에게는 이성적 분별력이 우세하기 때문에" 남성의 감독을 필요로 한다.[81]

이렇게 여성을 불완전한 인간으로 평가하기 때문에 여성성은 신에 관해 이야기할 때 은유로 사용하기엔 부적합하다고 여겼다. 그뿐만 아니라 결함이 있는 인간으로서의 여성은 사회에서나 교회에서나 머리의 역할을 감당할 수 없다고 판단한 것이다.[82] 이러한 상보성 논리에 따르면 여성이 리더십 역할을 맡는 것은 부자연스러운 일이다.

토마스 아퀴나스에 반대하여 라쿠나는 여성이 남성에 종속되는 것은 신이 정한 계획에서 비롯된 것이 아니라 타락의 결과라고 올바르게 주장한다.[83] 하나님의 섭리적인 계획은 그리스도 안에서 남자와 여자, 유대인과 이방인, 자유인과 노예가 동등하게 한 가족으로 살아가는 하나님 가정의 회복을 계시하셨다(갈 3: 28).

그러므로 교회는 약자를 학대하는 모든 거짓 통치자들이 폭로되고 전복되는 하나님의 통치를 증언하는 증인이 되어야 한다.[84] 라쿠나에 따르면 상보성 논리가 보여주는 또 다른 문제는 교회가 아리우스주의를 거부하면서 극복하려고 했던 바로 그 이단론, 즉 아들이 어떤 의미에서든 아버지에게 종속된다는 개념을 아직도 따른다는 점이다.

아타나시우스(Athanasius)와 카파도키아인들(the Cappadocians)은 아버지와 아들 사이의 모든 종속을 근절하고 인격체로서의 완전한 평등을 주장하기 위해 격렬하게 투쟁했다.[85] 결과적으로 남성이 성부 하나님과, 여성이 성자 하나님과 연결되어야 하는 본질적인 이유는 없는 것이다.

---

81  *ST* I, q. 92, a.1, ad.2.
82  Rosemary Radford Ruether, *To Change the World: Christology and Cultural Criticism*, 45.
83  LaCugna, "God in Communion with Us," 98.
84  Ibid., 98.
85  Ibid., 98.

하나님과 남성성이 어떤 식으로든 본질적으로 연관되어 있다는 믿음은 남성과 여성의 역할과 지위에 큰 영향을 미친다. 또한, 여성의 본성을 남성보다 결함이 있고 열등한 것으로 보는 견해는 성찬예식과 사제직의 가르치는 기능에서 여성을 배제하는 원인이 되었다.

이러한 접근 방식은 여성과 사제직에 관한 1976년 바티칸 선언에서 찾을 수 있다. 이는 여성이 예수님과 성별이 다르기 때문에 성찬식 또는 성체성사에 그리스도의 대행자로서 역할(persona Christi)을 수행하기에 부적합하다고 묘사한다.[86]

이러한 사고방식은 예수의 남성성을 공유하는 것이 인간이 되는 유일한 진정한 방법이기 때문에, 예수가 남성으로 성육신하신 것은 존재론적으로 필수 조건이라는 신념에 뿌리를 두고 있다. 엘리자베스 존슨은 바티칸이 예수의 남성성과 하나님의 남성성을 존재론적으로 연결한 것은 니케아(Nicaea) 및 칼케돈(Chacedon)의 교리와 상충된다고 주장한다.

따라서, 존슨은 니케아와 칼케돈을 페미니스트의 편으로 끌어들이는 데 성공한다.[87] 그녀는 "가정되지 않은 것은 구속되지 않는다"(What is not assumed is not redeemed)는 나지안주스의 그레고리가 말한 유명한 교부주의적 명언(dictum)을 진지하게 받아들인다.

그리고 "하나님은 여성의 인간성을 가정하셨는가?"(Did God assume the humanity of women?)라고 묻는다. 이 질문에 답하기 위해 존슨은 "하나님으로부터 온 하나님"(God from God)이 "인간"이 되셨다는(et homo factus est) 초기 니케아 신앙고백(Nicene Confession)에 나오는 문구를 자세히 살펴보고, 이 문구는 나중에 칼케톤 공의회에서 "진정한 인간"(vere homo)을 의미하는 것으로 더욱 구체화되었다고 말한다.[88]

주목해야 할 핵심적 사실은 하나님이 특별히 남성 인간이 되기로 선택

---

86   Carr, *Transforming Grace*, 164. See also Johnson, "Redeeming the Name of Christ,"119.

87   Johnson, *Consider Jesus*, 153. See also Johnson, *She Who Is*, 152.

88   Johnson, *She Who Is,* 164.

하신 것이 아니라(*vir factus est*), 예수님 안에서 진정한 인간(*vere homo*)이 되기로 선택하셨다는 것이다. 칼케돈 공의회에서는 니케아 신조에서 예수와 하나님과 본질적 동일성을 증명하기 위해 사용되어 논란이 되었던 헬라어 *homoousios*, 즉 "존재에 있어서 하나"라는 단어가 예수도 "인성에서 우리와 존재에서 하나인 분"(one in being with us as to his humanity)이라는 또 하나의 동일성을 증명하기 위해 추가된 것으로 해석되었다.[89]

따라서 "인성에 관하여 우리와 동일하신 분"으로서 예수님은 육신의 쾌락과 고통, 무지와 지혜의 성장, 위험을 감수해야 할 필요가 있는 자유로 특징지어지는 피조물의 유한한 삶으로 태어나셨다. 존슨은 교리적으로 중요한 것은 예수의 남성성(maleness)이 아니라 고통받는 인류 전체와 연대하는 예수의 인간(humanity)이라고 결론을 내린다.[90]

그러므로 엘리자베스 존슨은 남자가 되기 위한 하나님의 선택이 존재론적 필연성이 아니라고 단언한다. 예수의 남성성은 그를 인간으로 만든 한 가지 특징에 불과한 것이다. 예수의 남성성은 역사적 선택 사항이다. 그래서 그녀는 남성 인간의 모습으로 나타난 "말씀의 성육신"(incarnation of the Word)을 사회학적으로 분석한다. 즉, 남성으로 성육신하신 하나님의 선택은 존재론적 필연성이라기보다는 의도적이면서도 전복적인 것으로서 분명히 가부장적 세계에 대한 도전이라고 본다.

하나님은 타인을 위한 절대적인 겸손과 자유로 성차별의 족쇄를 깨기 위해 남자가 되셨다는 것이다.[91] 남성 예수는 "권력가라는 가부장적 이상과 정반대되는 것"을 설교하시고 실행하셨다.[92] 엘리자베스 존슨은 이 점을 좀 더 강조하기 위해 다음과 같이 서술한다.

---

89  Ibid., 164.
90  Ibid., 164–165. See also Johnson, "Redeeming the Name of Christ," 130.
91  Ibid., 161.
92  Ibid., 161.

> 만일 한 여자가 [같은 여자들을 위해] 설교하고 연민을 행하고 죽기까지 자신을 내어주었다면, 세상은 어깨를 으쓱하며 "어쨌든 이것이 여자가 해야 할 일이 아닙니까?"
> 이렇게 반문할 것이다. 그러나 남성 특권의 세계에서 한 남자가 이렇게 살다 죽는다는 것은 남성 지배라는 가부장적 이상에 근본적으로 도전하는 것이다.[93]

이런 식으로 존슨은 예수의 남성성을 가부장제에 도전하는 예언으로 받아들인다. 예수는 자신의 남성성을 활용하는 대신 가부장적 그리스-로마 문화에서 여성과 어린이에 대한 긍휼과 사랑을 실천하셨다. 그녀는 또한 십자가를 가부장제의 비움(a symbol of the *kenosis* of patriarchy)을 나타내는 상징으로 본다. 십자가에서의 예수의 죽음은 가부장적 권력자의 이상과 정반대를 구현하며 "해방을 위한 투쟁에서 치러야 할 값비싼 대가"를 보여준다.[94]

남성 예수가 십자가에서뿐만 아니라 삶에서 가르치고 실천한 것이 전복적이고 동요시킨다는 존슨의 주장은 신학적인 의미가 있다고 본다. 같은 맥락에서 버나드 하링(Bernard Haring)은 "여성보다 남성"(성직자들)의 특권을 확립하기 위해 그리스도의 남성성을 지나치게 강조하려는 사람은 예수가 남녀를 무론하고 모든 사람의 해방자임을 이해하지 못한 것이며, 그가 우리를 해방시킨 방식을 이해하지 못한 것이다"라고 올바르게 주장한다.[95]

위에서 논의한 바와 같이 예수가 하나님을 "아버지"라고 부르거나 남성 인간으로 성육신하신 것에 근거하여 예수의 아버지가 남성 하나님이라고 주장하는 것은 신약성경을 잘못 이해하는 것이다.

예수의 역사적 남성성은 전적으로 남성적인 하나님의 이미지를 강화하고 특히 남성이 여성보다 그리스도의 이미지에 더 부합한다는 믿음에서

---

93  Johnson, *Consider Jesus*, 111.
94  Johnson, *She Who Is*, 161. See also Ruether, *Sexism and God-talk*, 137.
95  Haring, *Free and Faithful in Christ*, 139.

여성보다 남성의 우월성을 합법화하는 데 사용되었다.

그러나 신약성경에 나타난 예수 그리스도의 아버지는 성별이나 사회적 지위에 따라 차별하지 않으신다. 하나님은 예수의 인격 안에서 "막힌 담"(the dividing walls)을 허시고(엡 2:11-22; 골 1:19-20), 남자와 여자, 유대인과 이방인, 종과 자유인을 예수 그리스도 안에서 하나 되어 하나님의 새로운 가정에서 조화롭게 살도록 부르셨다.

지금까지 페미니스트 신학자들이 더 큰 포괄성을 향한 신의 개념을 갱신하기 위해 배타적이고 가부장적인 언어를 다루는 다양한 방식을 살펴보았다. 후반부에서는 십자가를 바라보는 페미니스트 신학자들의 다양한 관점과 여성을 포함한 온 인류에게 생명을 주고 자유케하는 상징으로서의 십자가 신학을 어떻게 되찾고자 하는 그들의 시도를 살펴보고자 한다.

## 2. 십자가와 하나님의 관계

일부 페미니스트들은 십자가가 여성에 대한 폄하와 억압의 상징이라고 비난했으며, 이로 인해 결국 일부 여성은 기독교를 떠나게 되었다.

그들의 주장은 어디까지 정당한가?

여성을 포함한 인류에 대한 사랑의 해방과 생명의 상징인 십자가 신학을 되찾을 수 있을까?

우리는 신학적 전통에서 간과되어 온 신학적 줄기들을 밝혀내고 반대 목소리를 드러냄으로써 이러한 질문에 답할 것이다.

## 1) 십자가는 폄하와 억압의 상징인가?

　기독교 신앙의 중심에는 십자가가 있다. 그러나 밸러리 쎄이빙(Valerie Saiving)[96] 및 쥬디쓰 플라스코우(Judith Plaskow)[97]와 같은 일부 페미니스트는 십자가를 여성에게 파괴적인 상징으로 본다. 그들은 십자가를 수동적 희생으로 본다. 그러나 일반적으로 한국 기독 여성들은 그들의 관점을 공유하지 않는다. 그들이 자주 즐겨 부르는 두 개의 찬송가는 예수 십자가에 관한 것이다. 프란시스 제인(팬니) 크로스비(Francis Jane [Fanny] Crosby, 1820-1915)가 작사한 "십자가로 가까이"(Jesus Keep Me near the Cross)와 프란시스 보톰(Francis Bottome, 1823-94)이 작사한 "변찮는 주님의 사랑과"(Let Us Sing of His Love)이다. 한국 기독 여성들은 하나님의 어린양이 그들의 죄를 씻으시고 깨끗하게 하셔서 완전한 구원을 얻게 하셨음을 믿기 때문에 감사함으로 이러한 찬송을 즐겨 부른다.

　이러한 찬송을 부르며 예수의 십자가의 대속적 죽음을 통해 그들에게 주어진 구원의 기쁨을 표현한다. 한국 기독교 여성들은 예수의 십자가를 비위를 거스리는 희생의 상징으로 받아들이지 않는다. 오히려 예수의 십자가는 노래할 이유이며 본받아야(*imitatio Christi*) 할 것으로 받아들인다.

　그렇다면 왜 일부 페미니스트들은 십자가를 모욕적으로 여기며 여성들에 대한 폄하(denigration) 및 억압(oppression)의 상징으로 여기는 것일까?

　십자가를 부정적으로 보게 하는 것은 무엇인가?

　십자가를 폄하와 억압의 상징으로 보는 사람들은 십자가가 자신의 목소리를 낼 수 없는 힘없는 여성과 어린이들에게 해로운 영향을 끼칠 수 있다고 생각한다. 말없이 고통을 참은 예수를 본받아 가부장적 억압에도 묵묵히 참고 침묵하게 될 것이라는 두려움을 가진다. 그들의 두려움은 주로 그

---

96　Saiving, "The Human Situation: A Feminine View," in Christ and Plaskow, *Womanspirit Rising*, 25–42.

97　Plaskow, *Sex, Sin, and Grace: Women's Experience and the Theologies of Reinhold Niebuhr and Paul Tillich*.

들이 인간의 죄를 이해하는 방식에서 비롯된다.

밸러리 세이빙(Valerie Saiving)은 십자가를 여성에 대한 폄하와 억압의 상징으로 보는 사람 중 하나이다. 그녀는 신학자들이 인간의 죄가 실제로 무엇인지 알기 위해서는 본질적으로 여성과 남성의 서로 다른 경험을 고려해야 한다고 주장한다.[98] 세이빙(Saiving)은 여성의 죄는 교만(pride)이나 신학자 니버(Niebuhr)가 이해하는 "권력 의지"(will to power)가 아니고 저계발(underdevelopment) 또는 자아 부정(negation of self)이라고 지적한다.

니버(Niebuhr)의 죄 개념에 관해 랭든 길키(Langdon Gilkey)는 『니버에 대한 신학적 연구』(On Niebuhr: A Theological Study)에서 이렇게 설명한다.

> 인간은 인간의 피조물 됨의 한계를 넘어선 의지력(will to power)으로 자신의 불안정을 극복하려고 한다 … 인간은 무지하고 유한한 마음의 한계에 연루되어 있다. 그러나 그는 자신이 제한되지 않은 척한다. 그는 자신의 마음이 우주적 정신(universal mind)과 동일해질 때까지 점차 유한한 한계를 초월할 수 있다고 생각한다.
>
> 그러므로 그의 모든 지적, 문화적 추구는 교만의 죄에 감염된다. 인간의 교만(man's pride)과 권력 의지(will to power)는 창조의 조화를 어지럽힌다. 성경은 죄를 종교적 용어와 도덕적 용어로 정의한다. 종교적 차원에서의 죄는 하나님에 대한 인간의 반역이다 … 도덕적, 사회적 차원에서의 죄는 불의(injustice)이다. 교만(pride)과 권력 의지(will-to-power) 속에서 거짓으로 자신(the ego)을 존재의 중심으로 삼는 자아(ego)는 필연적으로 다른 생명을 자신의 의지에 종속시켜 다른 생명에게 불의를 행한다.[99]

밸러리 세이빙은 여성의 죄를 "교만" 또는 "권력 의지"로 정의할 때 위험이 뒤따른다고 주장한다.[100] 세이빙은 여성 경험의 복잡성을 인정하기보

---

98   Saiving, "The Human Situation: A Feminine View," 25–42.
99   Gilkey, *On Niebuhr: A Theological Study,* 178–179.
100  Saiving, "The Human Situation: A Feminine View," 25–42.

다는 여성의 경험을 총체화(totalizing)하고 여성의 죄를 여성의 성격에 내재된 성향으로 보는 자기의 저계발 또는 자기 부정으로 정의한다.

세이빙은 여성이 니버가 정의하는 "죄"에 대한 치료법(a cure to the Niebuhrian conception of sin)으로 "사랑의 이타심"(selflessness of love)을 받아들일 때 건전한 자기 차별화(self-differentiation)및 자기 관심(self-concern)을 달성하고자 하는 모든 충동을 억누르게 된다고 주장한다.

유대인 페미니스트인 주디스 플라스코우(Judith Plaskow)는 여성의 죄가 저계발 또는 자아부정이라는 세이빙(Saiving)의 핵심 주장을 공유한다. 그러나 생물학에 뿌리를 둔 여성 경험의 차이를 보는 세이빙과 비교하여 플라스코우는 죄에 대해 사회 구성주의적 접근 방식(social-constructivist approach)을 취하고 죄를 사회적 경험의 산물로 본다.[101]

플라스코우는 저계발 또는 자기부정이 내재적이라면 어떻게 동시에 죄로 간주 될 수 있는지 질문한다. 그녀는 또한 신학이 여성의 성격에 내재된 것에 대해 잘못된 생각을 억제하기 위해 어떻게 노력해야 하는지 주장한다.[102]

플라스코우는 자아에 대한 부정이 여성의 고유한 특성이라기보다는 인종, 계급 등의 사회적 요인이 복합적으로 작용하여 남성과 구별되는 여성의 자아를 형성한다고 주장한다. 플라스코우에 따르면 가부장적, 사회적, 문화적 요인은 여성이 자기 희생의 삶을 살도록 부추긴다. 죄는 문화적, 사회적 구조에서 비롯된다. 따라서, 여성의 자아를 발달시키는 능력을 제한하는 기형적인 사회 및 문화적 구조에 변화가 일어나야만 치유가 일어날 수 있다고 주장한다.

쎄이빙(Saiving)과 플라스코우(Plaskow)의 이와 같은 주장을 바탕으로 다프니 헴프슨(Daphne Hampson)은 여성들은 다른 사람과의 관계를 통해 변

---

[101] Plaskow, *Sex, Sin, and Grace: Women's Experience and the Theologies of Reinhold Niebuhr and Paul Tillich*, 154.
[102] Ibid., 2.

화를 경험할 수 있다고 주장한다.[103] 하나님에게 의존하는 개인적, 사회적 변화에 대한 루터의 강조와 대조적으로 햄프슨(Hampson)은 여성들은 사랑의 관계에 대한 잠재력을 실현하는 힘을 가지고 있다고 확언한다.[104]

따라서 햄프슨은 가부장적 사회 구조를 변화시키기 위해 여성들이 사회에서 권력을 주장하도록 결집하고 서로 대화를 나누고 영향을 주고받는 시스템을 구축하도록 촉구한다.

쎄이빙(Saiving)의 주장과는 다르게 햄프슨(Hampson)은 남성도 관계를 맺을 수 있는 타고난 잠재력을 가지고 있지만 건강하지 못한 가부장적 구조는 건강한 관계를 맺지 못하도록 방해하는 장애물들을 만들어 낸다고 함축한다. 그녀는 페미니스트들이 타인과의 올바른 관계를 통해 억압적인 구조를 변화시키고 스스로 구원을 이룰 수 있다고 믿는다.

햄프슨과 다르게 레베카 프레이(Rebecca Frey)는 교만이 여성의 죄에 대한 적절한 분석이라며 여성의 죄성을 진단한다. 그녀는 사회 구조가 여성의 자긍심 표현에 부정할 수 없을 만큼 지대한 영향을 미치지만, 여성의 죄의 근원은 사회 구조보다 더 깊은 곳에 있다고 주장한다.[105] 프레이에 따르면, 여성은 니버가 교만(pride)의 표현으로 분류한 자신의 힘, 정의, 지식을 확대하는 대신에 다른 사람에게 베푼 자신의 희생을 미화하려는 경향이 있다고 주장한다. 이처럼 여성과 남성이 교만을 표현하는 방식은 다를 수 있지만, 교만의 주된 표현이 불신이나 믿음의 부재라는 점에서 동일한 죄를 짓는다고 주장한다.

이 시점에서 우리는 다음과 같은 질문을 제기하지 않을 수 없다.

죄에 관련하여 우리는 여성과 남성의 죄가 다르다고 말할 수 있는가?
또 그렇게 해야 하는 것인가?

---

103  Thompson, *Crossing the Divide: Luther, Feminism, and the Cross*, 106.
104  Hampson, "Luther on the Self: A Feminist Critique," 215.
105  Frey, "Why women want the Goddess: Experiential and Confessional Reflections," 20.

교만이나 "권력 의지"에 대한 니버의 이해도 여성의 죄에 대한 적절한 진단을 나타내지 않는가?

여자들도 남자들처럼 그들의 권력과 의로움과 지식을 높이며 자랑하지 않는가?

페미니스트들은 사회에서 건전한 인간관계를 형성하고 사회 구조를 변화시키는 여성의 능력을 주장함으로써 인류의 절반만을 미화하며 높이는 것은 아닌가?

여성은 본질적으로 남성과 너무 다르므로 그들과 다른 여성만의 구원자를 필요로 하는가?

이미 언급된 바와 같이 죄의 본질을 논의할 때 우리는 여성의 경험을 총체화(totalize)해서는 안 되며 그 복잡성을 인정해야 한다. 그리고 죄의 본질은 오만(hubris) 또는 교만보다 훨씬 더 광범위한 의미를 가짐을 인정해야 한다. 그런 의미에서 구원에 대한 사회적 삼위일체론의 관점에서 죄는 깨진 관계(broken relationship), 즉 하나님과 다른 사람들과의 상호협력하는 교제(perichoretic fellowship)와 상반되는 자율성(autonomy)만을 추구하는 반역(rebellion)이라고 할 수 있다. 이렇게 죄를 치유되고 회복되어야 할 깨진 관계라고 정의한다면, 우리는 여성과 남성의 죄를 다르게 말할 수 없게 된다.

엘리자베스 몰트만-웬델(Elizabeth Moltmann-Wendel)은 십자가 신학자는 "관계의 힘도 깨질 수 있다"는 점을 인정하면서 여성의 삶에서 시련과 유혹의 현실을 긍정해야 한다고 정확하게 지적한다.[106] 여성은 종종 깨진 관계로 인한 고통뿐만 아니라 관계를 치유하고 개선해야 할 책임의 부담을 진다.

기독교 페미니스트 윤리학자인 쎌리 퍼비스(Sally Purvis)는 여성이 권력

---

[106] Moltmann-Wendel, "A Feminist Theology of the Cross" in Moltmann-Wendel and Moltmann, *God: His and Hers*, 85.

남용을 통한 죄의 유혹에 면역되어 있지 않다고 정확하게 단언한다.[107] 여성들은 깨지고 상처 입은 관계의 시련을 겪는다. 사실, 남녀를 막론하고 모든 인간은 불완전하며 지속적으로 지배 패턴을 반복하려는(replicate) 유혹에 노출되며 결국엔 굴복한다.

우리는 남성의 삶뿐 아니라 여성의 삶에서도 죄와 이에 수반되는 고통을 인정해야 한다. 그렇지 않으면 여성은 죄악된 사회 구조에 참여하고 영속화하는 것뿐만 아니라 개인적인 죄에 대해 책임을 질 수 없다. 따라서, 루터교 페미니스트 신학자 디애나 톰슨(Deanna A. Thompson)은 여성이 다른 여성과 결탁하여 모든 깨진 관계를 치유하고, 모든 건강한 관계를 유지하며, 그것을 필요로 하는 모든 사람을 충족시킬 수 있다고 믿는 "영광 신학의 교만"(the glory theology assumption)으로 부터 자유로워지길 촉구한다.[108]

그녀는 "~로부터의 자유/~를 위한 자유"라는 루터의 변증법을 사용하여 "여성은 각본에 정해진 역할과 행동 패턴에서 해방되었고, 이웃을 섬김으로써 겸손히 하나님을 섬김"으로써 하나님을 위해 살도록 해방되었다고 말한다.[109]

이미 언급된 쎄이빙과 플라스코우 및 햄프슨과 같은 페미니스트들은 겸손에 대한 루터의 이해에 회의적이다. 왜냐하면, 그들이 비난하는 바로 그 이타심을 옹호하는 것처럼 보이기 때문이다. 그러나 루터의 겸손 개념은 개인의 성취와 자신을 드러내지 않는 행위(self-effacing act)가 아니라 창조하시고 사랑하시고 유지하시는 하나님만이 자신을 정의하도록 허락하는 존재의 상태(a state of being)이다.[110]

그러므로 여성은 인간 피조물로서의 한계를 겸허하게 받아들이고 여성의 삶을 다른 사람을 위해 살도록 변화시키고 해방하는 하나님의 능력을 받아들여야 한다.

---

107   Purvis, *The Power of the Cross: Foundations for a Christian Feminist Ethic of Community*, 16.
108   Thompson, *Crossing the Divide*, 111.
109   Ibid., 111.
110   *LW* 44:27.

몰트만은 빌립보서 2장의 비움 구절(the *kenosis* passage in Philippians 2)에 따라 예수 그리스도의 성육신과 수난을 예수의 인격 안에서 이루신 하나님의 최종적이고 완전한 겸손, 자기 낮추심(self-humiliation)이라고 말한다. 몰트만은 예수의 십자가 죽음의 의미를 다음과 같이 설명한다.

> 예수의 수난 가운데 당하신 고통은 그의 아버지이신 하나님에 의해 버림 당하고(abandonment) 거절당한 것이다. 하나님은 인간이 종교적 생각과 감정으로 하나님과 관계를 맺도록 종교가 되지 않으신다. 하나님은 사람이 율법에 순종함으로써 그분과 관계를 맺도록 율법이 되지 않으신다. 하나님은 인간이 끊임없는 노력을 통해 그와의 공동체를 이루도록 어떤 이상(ideal)이 되지 않으신다. 그는 불경건한 자들(the godless)과 버림받은 자들(the godforsaken) 모두가 그와 더불어 영적 교제를 경험할 수 있도록 자신을 낮추시고 그들의 영원한 죽음을 짊어지신다.[111]

하나님은 아들의 십자가를 통해 세상의 고난을 하나님 자신의 고난으로 삼으셨다. 따라서, 페미니스트 십자가 신학은 예수의 십자가 죽음이 여성을 포함한 인간 존재 전체를 포괄한다는 점을 인정해야 한다. 그것은 어떤 여성도 다양한 형태의 억압을 자행한 책임에서 면제되지 않기 때문이다.

### 2) 예수 십자가의 와해

조안 칼슨 브라운(Joanne Carlson Brown), 레베카 파커(Rebecca Parker), 리타 나카시마 브로크(Rita Nakashima Brock)와 같은 페미니스트 신학자(feminist theologians)들과 여성주의자(womanist)인 드로레스 윌리암스(Delores Williams)는 하나님이 죄에 대한 보상으로 요구하신 예수의 죽음에 대한 해석을 거부한다. 그들은 하나님께서 우리의 죄를 위해 그의 아들을 희생하셨다는 것을 강조하는 신학적이고 기독론적인 상징체계를 거부한다.

---

111  Moltmann, *The Crucified God*, 276.

그들은 그것이 여성과 어린이와 같은 힘없는 사람들에 대한 폭력 행위를 합법화하는 데 사용될 수 있다고 생각하며 꺼려한다. 예를 들어, 페미니스트 신학자인 리타 나카시마 브로크(Rita Nakashima Brock)와 여성주의자인 드로레스 윌리암스(Delores Williams)는 "피에 굶주린 신처럼"(a blood-thirsty God) 아들이 죽임을 당하도록 허용한 전통적인 하나님의 이미지를 거부하며, 그들이 믿기에 여성과 남성의 삶에 더 긍정적으로 작용하는 하나님의 이미지로 대체한다.[112]

그들은 예수의 죽음보다 예수의 생애에 더 가치를 둔다. 그들에겐 삶을 변화시키는 예수의 인간적 활동에 관한 하나님의 관계가 십자가에 달려 죽은 남성 구세주에 관한 하나님의 관계보다 더 중요한 것이다.

예를 들어, 여성주의자 드로레스 윌리암스(Delores Williams)는 "예수가 십자가에서 자기희생적 경험(self-sacrificial experience on the cross)을 통해서"가 아니라 당시의 압제적인 제도에 대해 끊임없이 대항하는 그의 삶을 통해 죄를 정복했다고 주장한다.[113]

브라운(Brown)과 파커(Parker)는 또한 구원은 죽음의 위협을 무릅쓰고 신실함과 고결함을 유지한 그리스도의 삶으로부터 영감을 받은 충만한 삶에서 발견된다고 주장한다.[114] 그리스도의 삶은 정의, 순수한 사랑, 해방의 모범이 되었다. 그는 부당하고 억압적인 문화에 대항하는 삶을 선택했다. 그러므로 구원은 그리스도가 하신 것과 같은 방법으로 서로 사랑하는 관계를 이루며 살기로 한 모든 사람에게 가능하다.

예수를 따르는 자들은 죽음의 위협을 무릅쓰고 죽음의 권세를 타도하기 위해 정의와 순수한 사랑과 해방을 선택해야 한다. 브라운과 파커에게 있어서 그리스도의 죽음은 구원의 효력이 없다. 예수는 인간을 구원하기 위해 십자가 죽음을 선택한 것이 아니다. 오히려 예수의 죽음은 그의 삶의

---

112  Brock, "And a Little Child Will Lead Us: Christology and Child Abuse," 43.
113  Williams, "Black Women's Surrogate Experience and the Christian Notion of Redemption," 12.
114  Brown and Bohn, "For God so loved the World," 2, 27.

방식을 거부하고 십자가의 죽음을 통해 그를 침묵시키기로 선택한 인간들에 의해 행해진 부당한 행위였다. 이런 식으로 브라운과 파커는 기독교가 고통을 미화하고 칭송하는 "학대적 신학"(abusive theology)으로부터 해방되어야 한다고 주장한다.[115]

리타 나카시마 브로크(Rita Nakashima Brock)도 그녀의 저서 『마음으로의 여행』(Journeys by Heart)에서 예수의 삶이 우선임을 강조한다. 그녀는 예수와 예수를 둘러싼 사람들은 개인과 공동체의 관계를 치유하는 "사랑의 능력"(erotic power)을 소유하였다고 주장한다. 그녀는 또한 예수의 죽음은 순수하게 정치적 사건이었으며 일어날 필요도 없었고 구원을 위한 하나님의 계획에 속한 것이 아니었다고 단언한다.[116]

브로크에 따르면, 수난설에서 예수의 행위는 자기희생의 행위라기보다는 압제적인 세력에 짓눌린 사람들과 연대하려는 열정적 헌신의 행위이며, 어쩌면 그들에 대한 분노일 수도 있다.[117] 그녀는 예수의 죽음이 구원적이거나 필수적인 것이 아니라 다만 비극적인 것이며 억압의 힘에 대한 증거일 뿐이라고 단언한다. 그러나 예수의 고난은 우리가 절망하지 않고 예수를 기억하고 고통당하는 모든 사람을 위해 행동할 수 있는 사랑의 능력(erotic power)을 추구하게 만든다고 한다.

브로크는 예수께서 십자가 위에서 "나의 하나님, 나의 하나님 왜 나를 버리셨나이까?"라고 부르짖을 때도 예수와 함께 예루살렘으로 갔던 여인들이 십자가에 달리신 예수와 함께 있었기 때문에 그는 완전히 버림받은 가운데 죽으신 것이 아니라고 주장한다. 갈릴리의 그리스도 공동체(Christian Community)와 베다니의 여인들을 통해 조명된 신성한 사랑의 힘(the divine erotic power)은 예수의 죽음을 지켜보고 그분의 무덤을 기억하고 찾은 사람들에 의해 유지된다.[118]

---

115  Ibid., 26.
116  Brock, *Journey by Heart: A Christology for Erotic Power*, 93.
117  Ibid., 94.
118  Ibid., 96–100.

십자가에서 함께 있던 여인들은 두려우면서도 예수의 무덤을 계속 돌보았으며 마음에 깊은 상처를 입은 중에도 사랑의 힘(erotic power)을 절대로 잃어버리지 않았다.

**첫째**, 브로크는 예수의 제자들 공동체를 위한 사랑의 힘과 온전함에 대한 희망이 서로에 대한 관계를 지워버리지 않고, 예수의 죽음이 그들의 공동체의 끝이 되는 것을 거부한 충성된 제자들에 의해 회복된다고 주장한다. 그녀에 따르면 부활은 예수가 제자들 안에서 계속 사시고 제자들이 서로를 위해 그리고 함께 살 수 있는 길을 제공했다.[119]

제자들이 서로에 대한 사랑과 치유를 포기하지 않은 것은 "이미 가신 분들의 생명뿐만 아니라 구원과 치유를 외치는 지금 여기 사는 사람들의 정의에 대한 권리를 깊이 긍정하는 것으로" 부활에 의미를 부여한다.[120]

엘리자베스 몰트만-웬델(Elisabeth Wendel-Moltmann)은 위에서 언급한 페미니스 신학자들의 십자가 이해에 대해 반론을 제기한다. 그녀는 예수의 죽음에 대한 전통적인 이해를 따르지 않고 예수의 삶과 가르침에 기초하는 구원론을 펼치는 페미니스트 신학자들의 신학적 접근을 "decrucifying [of] Jesus"(예수의 십자가를 와해시킴)라고 반박한다.[121] 그녀는 브로크가 예수의 죽음이 구원을 위한 하나님의 계획 일부가 아니라 순전히 정치적인 사건이라고 말함으로써 십자가에서 하나님의 개입을 완전히 제거한다고 비판한다.

브로크에 관련하여, 엘리자베스 몰트만-웬델(Elisabeth Wendel-Moltmann)은 신약성경이 하나님의 버림 받음(godforsakenness)과 인간에 의해 버림 받음(being forsaken by human beings)을 분명하게 구별 짓는다고 지적한다. 여인들이 예수의 십자가와 무덤에서 함께함은 예수에 대한 그들의 우정을 증명하는 것이다. 그러나 예수가 십자가에서 경험한 하나님의 버림 받음

---

119  Ibid., 100.
120  Ibid., 100.
121  Moltmann-Wendel and Moltmann, *God: His and Hers*, 85 .

(godforsakenness)은 사랑의 힘(erotic power)이나 관계의 힘으로 제거될 수 없는 것이다. 몰트만-웬델(Wendel-Moltmann)은 "우리는 단순히 하나님의 경험을 인간의 경험으로 축소하면 안 된다"고 올바르게 주장한다.¹²²

**둘째**, 브로크는 하나님을 인격체가 아닌 사랑의 힘, 생명을 불어넣는 힘으로 본다. 그녀는 "마음의 기초로서 사랑의 능력(erotic power)은 과거에 대한 우리의 비판적 기억에서 연민, 집단 행동(collective action), 통합(integration), 자기 수용 및 자기 반성으로 마음이 향하도록 강하게 역사한다"고 단언한다.¹²³

웬델-몰트만의 비판처럼 기독교에서 십자가를 와해시키는 것은 기독교를 행복과 에로스의 종교로 타락시키는 일이며, 사람들이 정의를 위한 투쟁의 중요성을 보지 못하게 하는 것이다.¹²⁴ 십자가에서 후퇴할 때 우리는 예수의 죽음을 가져온 폭력과 고통의 심각성을 약화하는 위험에 빠지게 되고 결과적으로 인간의 죄, 고통, 절망의 현실을 경시하게 된다. 예수의 삶만 강조하고 "예수의 십자가를 와해"(decrucifying Jesus)하는 신학은 예수를 하나님의 사랑과 공의에 대한 "궁극적인 본보기"로 만들어 결국엔 구세주에서 도덕적 모범(moral exemplar)으로 강등시킨다.

일부 페미니스트 신학의 이러한 성향, 즉 예수의 삶에 초점을 두고 십자가 사건을 단지 정치적인 사건으로 보는 성향은 매우 위험한 것이다. 웬델 몰트만은 "누구든지 십자가를 지워버리는 사람은 환상 속에서 길을 잃고 현실을 잃게 된다"며 기독교 신앙에서 십자가의 중요성을 강조한다.¹²⁵

---

122 Ibid., 83.
123 Brock, *Journey by Heart*, 42.
124 Moltmann-Wendel, *Autobiography*, 180.
125 Ibid., 180.

### 3) 죌레(Sölle)의 십자가에 대한 실존적 이해

"예수의 십자가를 와해시키는"(decrucifying Jesus) 일부 페미니스트 신학자들과는 다르게 도로시 죌레(Dorothee Sölle)는 십자가의 실존적 개념을 제안한다. 그녀는 인간의 고통의 현실을 진지하게 받아 들인다. 죌레는 『고통』(*Suffering*)에서 십자가를 인간의 고통이라는 렌즈를 통해서가 아니라, "버림"(abandonment)이라는 하나님의 관점에서 논하기 때문에 기독교가 마조히즘적(masochism)이라는 비난을 받게 된다고 주장한다.

그러므로 십자가는 고통당하는 사람이나 죄의 피해 자의 입장에서 논의되어야 한다는 것이다. 죌레는 십자가에 대한 그녀의 실존적 관점에서 고통이 이 세상에서 계속되는 한, 예수님은 우리 눈 앞에서 바로 이곳, 우리 가운데서 계속 죽임을 당하신다며, "예수의 죽음은 아직 끝나지 않았다"(Jesus' death hasn't ended)고 주장한다.[126]

죌레는 하나님은 전능한 구경꾼이나 하늘의 폭군이 아니라 십자가에 달려 고통당하신 분이라고 강조한다. 이 점을 논하기 위해 그녀는 아우슈비츠(Auschwitz) 생존자인 엘리 위젤(Elie Wiesel)이 쓴 *The Night Trilogy: Night, Dawn, the Accident*의 한 장면을 언급한다. 이것은 아우슈비츠의 부속 수용소인 부마에서 일어난 이야기에서 발췌된 것이다.

> 친위대는 수용소에 모인 주민들 앞에서 두 명의 유대인 남자와 한 소년을 교수형에 처했다. 두 남자는 금방 죽었지만, 소년은 반 시간 남짓 죽음과 싸우고 있었다.
>
> 그때, 내 뒤에 있던 한 남자가 "하나님은 어디 계신 거야?
> 그는 어디 있는 거야?"
> 물었다.
> 그 소년이 밧줄에 매여 신음하고 있는 동안 그 남자는 다시 한번 "지금 하나님

---

**126** Sölle, *Suffering*, 140.

은 어디 계신 거야?" 부르짖었다.

그리고 나는 내 안에서 한 목소리가, "그는 여기 있어 … 그는 여기 이 교수대에 매달려 있어…"라고 답하는 소리를 들었다.[127]

쵤레는 이 이야기를 예수님의 수난사와 병행하여 읽는다. 그녀는 각 이야기에서 어떤 결정적인 변화가 일어났는지 관찰한다. 그리고 수난사에서 "겟세마네로 부터 골고다로 가는 길은 [예수의] 자기애적(narcissistic) 희망을 떠나는 길"이며, 엘리 위젤의 『밤』(Elie Wiesel's *The Night Trilogy*)은 "전능한 아버지로부터 고통받는 자들에게 눈을 돌리는 것"이라고 말한다.[128]

쵤레는 위젤이 그의 내면에서 들은 "그는 교수대에 매달려 있지…"라는 목소리는 바로 하나님이 사형 집행자도 하늘에 있는 전능한 구경꾼도 아닌 십자가에 달려 죽어가는 희생자 편에서 함께 고통받고 계신다는 그녀의 신학적 입장을 확증하는 것이라고 해석한다.[129]

그러나 쵤레의 해석은 위젤이 그의 이야기에서 의도한 것과 일치하지 않는다는 것이 문제이다. 그의 이야기에서 위젤이 묘사하려는 것은 교수형에 처한 소년의 죽음으로 인해 하나님에 관한 믿음을 가질 수 있는 가망성도 끝났다는 것이다.

위젤은 실제로 그 아이를 구원하지 못한 이스라엘의 하나님을 신뢰할 수 없었다. 홀로코스트가 신정론을 불가능하게 만들었기 때문에 하나님에게 사형을 선고를 하고 있는 것이다. 위젤은 홀로코스트를 허락하고 결과적으로 섭리와 공의의 하나님에 관한 믿음을 버리게 만든 하나님을 향해 항의하고 있는 것이다.

쵤레는 희망과 미래를 논하는 데 있어 도스토예프스키(Dostoevsky)의 저서 『카라마조프의 형제들』(*The Brothers Karamazov*)에 등장하는 형제들, 이반

---

127 Ibid., 145. Sölle quotes here Wiesel, *Night*, 75.
128 Ibid., 147.
129 Ibid., 148.

(Ivan)과 알리오샤)(Alosha)를 비교한다. 형이상학적 성향을 지닌 이반은 하나님이 세상에 부당한 고통을 가한다고 비난하며 반항한다. 이와 대조적으로, 알리오샤는 은밀하게 고통받는 사람들과 연대한다. 둘 다 고통없는 세상을 갈망하지만 그들의 희망은 오직 고통당하는 자들과 연대하여 함께 고난을 겪는 알리오샤(Alyosha)와 같은 사람들을 통해서만 실현된다. 십자가 해석에 대한 쵤레의 실존적 접근은 부당한 고통 속에서도 정의를 실현하도록 영감을 준다. 사실 그녀는 "하나님은 우리의 손 외에 다른 손이 없다"(God has no other hands than ours)고 주장한다.

쵤레는 십자가를 사랑의 하나님이 개인, 공동체, 제도적 죄로 인해 처형당하시는 "현실의 상징"(a symbol of reality)으로 바라봄으로써 인간의 죄의 심각성을 드러내 준다. 십자가에 대한 그녀의 실존적 이해에서 그녀는 십자가가 실제 고통 가운데 친밀하고 긍휼하며 생명을 주는 하나님의 임재를 확인시켜 주는 한, 신학적 의미가 있다고 본다.

쵤레에게 십자가는 성부 하나님과 성자 하나님의 관계를 나타내는 상징도 아니고 고통을 요구하는 마조히즘적(masochistic) 신의 상징도 아니다. 그것은 알리오샤와 같은 십자가를 진정으로 추종하는 자들을 통해 현실이 어떻게 변화될 수 있는지를 보여주는 상징이다. 그녀는 고난당하는 자들을 대신하여 고난 받으신 그리스도를 본받는 자들을 통해 현실이 바뀔 수 있다고 주장한다.

이런 방법으로 쵤레는 그리스도의 임재를 인간의 개입으로 제한한다. 그녀는 십자가를 삼위일체 사건으로 보지 않기 때문에 본질적으로 죄 많고 이기적인 인간이 성령의 역사로 말미암아 변화하고 고통당하는 자들과 연대하여 그들과 함께 고난을 기꺼이 감당하게 되는지에 관해서는 언급하지 못한다. 그녀의 주장에는 사람들이 고통받는 자들과 연대하여 살도록 변화시키고 동기를 부여하고 힘을 실어주는 성령의 활동에 대한 인식이 존재하지 않는다. 결과적으로 쵤레는 하나님의 구원을 오직 사람의 손에 넘겨주는 격이 된다.

십자가에 대한 이러한 실존적 접근에서 우리는 하나님이 삼위일체라는 살아있는 감각을 놓치고, 따라서 교회 역사의 많은 부분에서 핵심적 역할을 해온 삼위일체 신학을 놓치게 된다. 실존적 접근에서 성령은 쉽게 잊혀진다.

그리고 인간과 사회를 변화시키는 능력은 인간의 주도권에서 나오는 것이 아니다. 여성은 자신이 제한된 피조물임을 인식하고 성령께서 치유의 능력을 주신다는 사실을 인정하는 것이 매우 중요하다. 그러므로 성령이 아버지와 아들 사이의 십자가 사건으로부터 진행하여 불경건한 자들을 의롭게 하고 버림받은 자들을 사랑으로 채우며 심지어 죽은 자들을 살리기까지 한다고 강조하는 몰트만의 십자가 신학은 시사하는 바가 크다. 따라서 십자가의 사건은 삼위일체 사건인 것이다. 몰트만은 다음과 같이 서술한다.

> 아들은 그의 사랑 안에서 죽음으로 아버지께 버림받은 고통을 겪는다. 아버지는 그의 사랑 안에서 아들의 죽음의 슬픔으로 고통을 겪는다. 그런 경우에 아버지와 아들 사이의 사건에서 진행되는 것은 그 무엇이든 아버지와 아들의 복종하는 영, 버림받은 자에 대한 사랑을 창조하는 영, 죽은 자를 살리는 영으로 이해되어야 한다. 그것[성령]은 아버지의 슬픔과 아들의 죽음에서 비롯되어 버림받은 자들 안에 새 생명의 가능성과 힘을 창조하기 위해 그들에게 미치는 무조건적이며 무한한 사랑이다.[130]

전쟁과 불의로 짓밟힌 사람들이 부분적으로나마 치유와 해방을 체험할 때 그것이 분명한 성령의 역사임을 인식해야 한다.[131] 요컨대, 전 세계의 정의와 평화는 십자가 정신에 따라(*imitatio crucis*) 약하고 무력한 사람들과 더불어 살고자 하는 신실한 사람들을 통해 열매를 맺는 성령의 새롭게 하는 능력의 결과임을 인정해야 한다.

---

130     Moltmann, *The Crucified God*, 245.
131     Johnson, *She Who Is*, 135.

## 4) 엘리자베스 존슨의 십자가-부활 변증법의 개념

브로크와 마찬가지로 엘리지베스 존슨도 예수 죽음의 정치적 성격을 강조한다. 그녀는 예수의 죽음을 속죄나 희생으로 이해하기를 거부한다. 오히려 예수의 죽음은 세상의 고통에 대한 소피아-하나님의 참여를 제정하는 비유(the parable that enacts Sophia-God's participation)라고 한다. 존슨은 예수의 죽음에 대해 다음과 같이 서술한다.

> 예수의 죽음은 위협을 받은 인간들(human men)에 의해 초래된 죄, 폭력 행위였으며, 따라서 은혜로우신 하나님의 뜻에 반하는 행위였다. 그것 [예수의 죽음]은 역사적으로 예수님이 아시고 전한 메시지와 행동으로 표현한 심오한 진리에 충실했던 결과로 발생했으며 모든 뒤틀린 관계들은 소피아-하나님의 샬롬과 양립할 수 없음을 드러내 주었다.[132]

존슨에게 십자가 사건은 죄에 대한 형벌로서 예수를 수동적으로 희생시킨 하나님의 선언이 아니었다. 그녀는 "재난과 사랑"(disaster and love)이라는 십자가-부활의 변증법(the cross-resurrection dialectic)이 고통당하며 길을 잃은 모든 사람과 연대하시는 하나님의 헌신을 보여주는 것이라고 설명한다.[133] 그녀가 이 변증법으로 주장하고자 하는 요점은 십자가에 못 박히신 분은 버림받은 것이 아니라 부활했다는 것이다.

그리스도의 부활은 모든 죽은 자와 온 우주 자체를 위한 미래의 약속이 된다. 그리스도의 부활은 또한 지혜이신 하나님을 나타낸다. "샬롬의 승리는 전사(warrior)이신 하나님의 칼에 의해 얻어지는 것이 아니라, 고통받는 이들과 연대함으로써 그리고 그것을 통해 역사하는 자비로운 사랑의 놀라운 능력에 의해 얻어진다."[134]

---

132  Ibid., 158.
133  Ibid., 159.
134  Ibid., 159.

조직신학자인 해롤드 웰즈는 존슨의 주장이 다음과 같은 특정한 측면에서 옳다고 평가한다.[135] 존슨이 예수가 처형당하게 된 정치적 이유를 정확하게 파악하며 그것이 인간 죄의 결과라고 강조한다는 측면에서 옳다고 말한다. 웰즈는 또한 죄인을 용서하기 전에 피의 희생을 요구하는 성난 아버지 또는 재판관으로 하나님을 묘사하는 잘 알려진 속죄설에 대한 이해에 항의하는 존슨의 주장에도 동의한다.

그 이유는 그러한 이론이 아버지와 아들을 갈라놓고 하나됨(unity)을 파괴하며 우리가 예수는 신뢰하되 아버지를 두려워하고 불신하도록 부추기기 때문이라고 한다. 그러나 웰즈는 존슨의 소피아 기독론에 전적으로 동의하지는 않는다. 그는 존슨의 소피아 기독론이 대안적 속죄 교리를 제시해 주지 않는다는 약점을 예리하게 지적한다.[136]

이와 관련하여 우리는 앤 카(Anne Carr)에게 주목할 필요가 있다. 그녀는 페미니스트 신학자들에게 그들의 관점이 신학 전체에 편입되도록 "중심을 되찾으라"(reclaim the center)고 촉구한다.[137] 앤 카는 우리가 "중심을 주장"(claim the center)하고 싶으면 단순히 속죄 신학을 버리고 속죄에 관한 신약성경의 구절들을 무시해 버릴 수 없다는 것이다. 페미니스트 신학자들은 구원이 예수 그리스도의 죽음에 기초한다고 선포하는 신약성경의 변함없이 계속되는 가르침을 단순히 무시해 버릴 수 없다. 사실 신약성경은 예수 그리스도께서 "우리를 위하여"(for us) 오시고 돌아가신 것을 증거하는 구절들로 가득 차 있다.

예를 들어, 성만찬에 관한 공관복음의 말씀에는 속죄 신학이 함축되어 있다. "이것은 내 몸이라 … 이것은 많은 사람을 위해 흘린 내 피로 세운 새 언약이다"(막 4:22, 24; 마 26:26, 28; 눅 22:19, 20). 예수는 그의 생명을 많은 사람의 대속물로 주려고 오셨다(막 10:45). 하나님은 그의 독생자를 보내시고 그를 믿는 모든 자를 구원하신다(요 3:16). 바울서신도 예수의 죽음

---

135 Wells, "Trinitarian feminism: Elizabeth Johnson's Wisdom Christology," 341.
136 Ibid., 341.
137 Carr, "A New Vision of Feminist Theology: Method," 25.

이 속죄를 위함이라고 다음과 같이 증언한다.

예수 그리스도는 십자가에서 흘리신 피로 화평을 이루셨다(골 1:20). 하나님은 우리 모든 사람을 위해 아들을 주셨다(롬 8:32). 우리를 대신하여 그리스도를 죄로 삼으셨다(고후 5:21). 예수께서 우리를 위하여 저주받은 바 되셨다(갈 3:13).

설교자들과 성경 교사들은 신학자로서 계속해서 속죄에 대한 본문들을 해석하고 설교해야 한다. 속죄를 위한 예수의 죽음을 새롭게 전유하기 위해서(to newly appropriate) 우리는 예수의 죽음을 그의 삶 전체와 부활에 비추어 통합적으로 보아야 한다. 예수의 죽음에서 속죄적 측면을 제거한다면, 우리는 쉽게 그리스도의 사역을 그리스도인의 삶에 대한 단순한 도덕적 모범이나 모델로 전락시키게 된다.

또는 예수의 삶과 메시지를 떠나서 예수의 죽음의 속죄의 측면에만 초점을 맞춘다면, 우리는 하나님이 예수의 죽음을 요구하실 만큼 명예를 탐하는 질투하는 하나님으로 제시하게 된다. 그러므로 예수의 죽음을 그의 삶과 부활로부터 분리해서는 안 된다.

칼 라너(Karl Rahner)가 주장한 것처럼, 죽음은 인간의 삶에서 가장 중요한 순간이다. 죽음은 한 사람의 삶을 요약하고 죽음 이전에 일어났던 모든 것들을 결정적으로 만든다.[138] 예수의 죽음은 가난한 자와 소외된 자들과 여성들과 어린이들에게까지 근본적으로 포괄적인 하나님의 사랑을 확장한 그의 삶과 메시지의 절정이다. 그러므로 예수의 부활은 예수가 죽기 전에 행한 모든 일을 하나님이 친히 확증하신 것이다.

오직 예수의 삶에 초점을 두고 십자가에서 속죄의 측면을 삭제하는 일부 여성신학자들의 신학적 도전과 삶과 관계가 없는 것처럼 구속의 죽음만을 중시하는 일부 전통적 신학을 비판하기 위해 일단 속죄론의 중심이 된 안셀름의 속죄론(Anselm's atonement theory)을 재검토하고 비판할 필요가 있다.

일부 페미니스트들이 주장하는 것처럼 과연 안셀름의 속죄론이 여성에

---

138  Rahner, "On the Spirituality of the Easter faith," XVII: 8-15.

게 자기를 희생하며 피해자(self-sacrificing victims)로 살도록 조장하는가?

그렇지 않다면 안셀름의 속죄론이 속죄 측면을 회복하기 위해 페미니스트 신학에 통합되어질 수 있는가?

이런 질문들에 답하기 위해 우선 안셀름의 저서인 『하나님은 왜 사람이 되었는가』(Cur Deus Homo)를 분석하며 비판하도록 한다.

## 3. 하나님은 왜 사람이 되었는가에 나타난 안셀름의 속죄론 재검토

나카시마 브로크(Rita Nakashima Brock), 조앤 칼슨 브라운(Joanne Carlson Brown), 레베카 파커(Rebecca Parker)와 같은 페미니스트 신학자들은 안셀름의 속죄론이 "학대적인" 속죄 신학("abusive" theology of atonement)으로 여겨져 온 것에 대해서는 책임이 있다며 문제점을 제기한다. 그들은 안셀름의 속죄 이론이 여성은 자기희생적인 삶을 살고 고통과 억압을 운명처럼 받아들이도록 장려한다고 주장한다.

예를 들자면, 나카시마 브로크는 전통적인 십자가 신학이 가부장적 의존(paternalistic dependence)을 조장하며 우주적 아동학대의 한 형태(a form of cosmic child abuse)라며 다음과 같이 주장한다.

> 아버지는 그의 유일하고 완전한 아들의 죽음을 허용하거나 죽음을 가하기까지 한다. 아버지의 선함과 능력을 강조하는 한편 자녀의 무가치와 무능을 강조함으로써 아버지의 처벌은 정당하게 되고 자녀는 벌을 받아야 마땅한 존재가 된다.[139]

조앤 칼슨 브라운(Joanne Carlson Brown)과 레베카 파커(Rebecca Parker)도 십자가 신학을 비판하는 가운데 안셀름의 속죄론을 자세히 살핀다. 그들

---

[139] Brock, *Journeys by Heart*, 56.

은 안셀름의 접근 방법을 이런 식으로 비판한다.

"하나님은 세상과 화해할 수 없는 분으로 묘사되었다. 왜냐하면, '그분'(he)은 왕으로서 인간의 죄에 대해 진노하였고 그의 '진노'의 정도는 어느 인간이 무엇을 해도 극복할 수 없을 만큼 큰 것이다."[140]

브라운과 파커는 하나님이 자신의 제도에 구속되신 분이지만 그가 뜻하면 마음대로 할 수 있는 폭군으로 묘사한다. 하나님 아버지가 자기 아들의 고통과 죽음을 요구하고 수행했다. 이런 하나님의 이미지는 "학대 문화를 유지하고 학대 피해자들을 방치하도록 만들었다"고 결론짓는다.[141]

안셀름에 대한 그들의 비판을 염두에 두고 안셀름의 하나님이 아동학대와 압제적이고 자의적인 권력 행사에 대한 유죄인지 검토할 필요가 있다. 따라서 서구교회에서 속죄에 관한 가장 영향력 있는 문서 중의 하나인 안셀름의 『하나님은 왜 사람이 되셨는가』(*Cur Deus Homo*)를 자세히 살펴보아야 한다. 우선 안셀름의 『하나님은 왜 사람이 되셨는가』를 그 시대의 사회-종교적 상황에 비추어 살펴보고 이어서 안셀름에 대한 일부 페미니스트 신학자들의 비판을 재고해 보려한다.

마지막으로 북미에서 목회하며 신학을 가르치는 여성 목회자이자 신학자로서 저자는 여성들의 존엄성과 가치를 증진시키며 다문화 상황 속에서 모든 사람과 호혜적 관계를 이루어가며 살도록 장려하며 영감을 줄 수 있는 십자가 신학을 세우기 위한 과정으로 안셀름에 대한 비판을 제시하고자 한다.

### 1) 안셀름의 논쟁:『하나님은 왜 사람이 되셨는가』

안셀름의 저서 『하나님은 왜 사람이 되셨는가』(*Cur Deus Homo*)는 칸터베리의 안셀름(Anselm of Canterbury)과 그에게 가능한 비판과 대안을 제시해 줌으로써 될 수 있는 한 더욱 팽팽한 논쟁을 진행하도록 박차를 가해주는

---

140  Brown and Parker, "For God So Loved the World?" 8.
141  Ibid., 9.

그의 친구 보소(Boso)사이에 이루어지는 대화 형식으로 작성되었다.¹⁴²

안셀름은 그리스도에 대한 어떤 사전 지식과는 별도로(remoto Christo) 오직 추론만으로 성육신의 필요성을 증명하는 것을 목표로 한다. 『하나님은 왜 사람이 되셨는가』는 짧은 두 개의 책으로 구성되어 있다. 첫 번째 책에는 기독교 신앙이 이성에 어긋난다고 여기기 때문에 기독교 신앙을 경멸하는 불신자들에 대한 반론이 담겨있다. 여기에서 안셀름은 그리스도를 시야에서 제외하고(remoto Christo), 절대적인 이성적 이유만을 들어 어떤 인간도 그리스도 없이는 구원받을 수 없다는 것을 증명한다.¹⁴³ 두 번째 책은 똑같이 평범한 추론과 사실로 인간의 본성은 육체와 영혼 모두 행복한 불멸을 누리도록 정해져 있었으며(ordained) 인간은 이 계획을 위해 창조되었고 인간이 창조된 이 목적이 반드시 성취되어야 했다. 그러나 인간의 죄로 인해 이 목적이 성취될 수 없게 되었다. 따라서 하나님이 이 목적을 위해 인간이 되셔야 했고 우리가 그리스도에 관하여 파악하고 있는 모든 것들이 일어나지 않았으면 성취될 수 없었다는 것을 논증한다.¹⁴⁴

『하나님은 왜 사람이 되셨는가』의 주장을 요약하자면, 하나님은 특정한 목적을 가지고 인간을 창조하셨고 우주에 특정한 질서를 세우셨다. 하나님이 인간을 만드신 목적은 그들이 완전한 복(perfect blessedness) 곧 행복(happiness)을 누리게 하려는 것이었다. 이러한 축복을 누리기 위해서는 우주의 아름다움과 이성적인 조화가 하나님의 뜻에 기초하기 때문에 그들의 의지를 하나님의 뜻에 전적으로 그리고 자발적으로 복종시켜야 한다.

그러나 인간은 불순종으로 말미암아 타락하였다. 안셀름에 따르면, 죄는 하나님께 마땅히 드려야 할 몫을 드리지 않는 것이다(not to render God his due).

"하나님께서 마땅히 받으셔야 할 영광을 하나님께 돌리지 않는 자는 하나님의 것을 도적질하고 욕되게 하는 것이니 바로 이것이 죄"라는 것

---

142　*St. Anselm: Basic Writings*, "*Cur Deus Homo*," 191–302.
143　Ibid., 191.
144　Ibid., 191.

이다."¹⁴⁵

죄의 상태에 빠진 인간은 더 이상 하나님께서 창조하신 대로 살 수 없다. 하나님의 창조에 따라 만물이 존재해야 하는 방식, 즉 하나님의 질서가 파괴되었다. 그 결과 인간은 하나님께 마땅히 드려야 할 것을 드리지 않음으로써 하나님께 빚진 상태에 놓이게 되었고 그로 인해 사형 선고받게 되었다.

인간은 딜레마에 직면하게 된 것이다. 하나님께 빚진 것을 하나님께 갚아야 하는데 그렇게 할 수 없다는 것이다. 안셀름은 하나님의 정의를 주장한다. 정의의 질서는 빚을 갚을 것을 요구한다. 인간의 구속을 위한 제물은 인간에 의해 드려져야 한다. 그러나 인간은 죄를 짓기 전에도 이미 하나님께 모든 것을 빚진 상태에 있었는데, 죄를 지음으로 또 다른 빚을 초래했기 때문에 그 많은 빚을 도저히 해결할 수 없는 상태에 놓인 것이다.

유일한 해결책은 하나님이 그 빚을 직접 탕감해 주시는 것이다. 빚을 갚아야 하는 의무를 해결해 줌으로써 죄인된 인류에게 자비를 베푸시는 것이다. 그러나 안셀름에게 무조건적인 용서는 하나님의 우주에 불규칙을 가져올 것이기 때문에 해결책이 될 수 없다.

이처럼 안셀름의 논쟁의 두 번째 단계는 인간이 빚을 갚을 방법이 없다는 딜레마로부터 출발한다. 인간은 빚을 갚을 수 없으므로 영원히 고통당할 것이며 창조를 위한 하나님의 계획은 늘 망쳐진 상태로 남을 것이다. 그러나 하나님의 질서와 목적은 반드시 이루어져야 하고 인간은 구원받아야 한다. 인간이 빚진 것을 하나님만이 해결하실 수 있다.

그러므로 신-인(the God-man)이신 예수 그리스도께서 인류를 대신하여 파괴된 정의의 질서를 회복하기 위해 성육신하셔야 했다. 이런 점에서, 성육신은 인류를 위하고 무너진 정의의 질서를 바로잡기 위한 하나님의 행위이다.

논쟁을 계속하는 중에 안셀름은 성육신하신 하나님의 아들은 하나님의 명예를 위하여 자신의 죄 없는 생명을 스스로 아낌없이 바친다고 설명한

---

145  Ibid., 216.

다. 아들은 죄가 없으므로 죽을 필요가 없다. 그러나 인간의 빚을 갚으려면 죽음을 당해야 한다. 예수의 죽음은 무한한 가치가 있으므로 인간의 구속을 성취하고 정의의 질서를 바로잡는 데 부족함이 없다.

### 2) 『하나님은 왜 사람이 되셨는가』에 대한 비판

조앤 칼슨 브라운(Joanne Carlson Brown)과 레베카 파커와 같이 일부 페미니스트 신학자들은 안셀름의 하나님을 권력 남용(an abuse of power)으로 비난한다.

그러면 무엇 때문에 그들은 안셀름의 속죄 신학을 "신이 승인한 아동학대"(divinely sanctioned child abuse)라고 비난하게 되었는가?[146]

이에 대한 그들의 의견이 분분하다. 과연 안셀름의 속죄론은 그들이 기독교에서 배양되었다고 주장하는 학대 문화에 기여하였는가?

안셀름의 신학이 전제적이고 독단적인 권력 행사에 대해 책임이 있는지 검진하려면 그가 살았던 시대의 사회적 종교적 맥락에 비추어 보아야 한다. 월터 카스퍼(Walter Kasper)는 안셀름의 만족설(Anselm's satisfaction theory)은 게르만과 초기 중세 봉건 제도를 배경으로 해야만 이해할 수 있다고 설득력 있게 주장한다.[147]

봉건 제도 내에서 우리는 충성에 대한 충성을 약속하는 영주와 봉신(lord and vassal) 사이의 상호 의존성을 발견한다. 영주로부터 봉신은 봉토와 보호를 받고 영주는 그 대가로 봉신에게서 충성과 봉사의 서약 받는다. 카스퍼는 이러한 충성 제도(system of loyalties)는 개인에게 결정된 역할과 권리를 부여할 뿐만 아니라 사회질서와 평화 그리고 정치구조의 통합 및 일관성을 보장한다고 주장한다.[148] 그러므로 이와 같은 충성을 바탕으로 하

---

[146] Brown and Parker, "For God so Loved the World?" 9.

[147] Kasper, *Jesus the Christ*, 220. 이 점에서 Kasper는 Gilbert Gresake에게 빚을 지고 있다. See Gresake, "Redemption and Freedom," 63.

[148] Ibid., 220. See also Gresake, "Redemption and Freedom," 63.

는 봉건 제도는 영주와 봉신 모두에게 주어진 권한과 책임을 규정짓고 설명한다.

안셀름의 만족설을 이해하기 위해서 우리는 그가 살았던 시대의 사회적 종교적 관점에서 그가 주장하는 "신의 명예"(God's honor)에 대한 개념을 이해하여야 한다. 카스퍼는 안셀름이 주장하는 "신의 명예" 개념은 창조 세계에서 확립된 도덕적이고 합리적인 의미에서의 정의와 질서에 관한 것이라고 지적한다. 『하나님은 왜 사람이 되셨는가』에서 안셀름은 하나님의 개인적인 명예는 범할 수 없는 것임을 분명히 한다.

그는 "그 어떤 것도 하나님의 명예에 더하거나 빼지 못할 것이다. 하나님께 속한 이 명예는 결코 손상되거나 변경되지 않는다"고 말한다.[149] 안셀름에 따르면, "인간이 마땅히 해야 할 것을 선택할 때… 그 [하나님]에게 어떤 것을 주어서가 아니라, 자신을 자유롭게 하나님의 뜻과 처분에 맡기고, 우주에서 자신의 위치와 우주 자체의 아름다움을 유지하기 때문에… 하나님은 영광을 받으신다 …"고 한다.[150]

다시 말해서, 인간이 마땅히 원해야 할 것을 원하고 하나님의 인도하심에 복종할 때 그는 하나님을 공경하는 것이며, 인간이 마땅히 해야할 일을 원하지 않을 때 하나님을 욕되게 하는 것이다. 인간이 하나님을 욕되게 한다는 의미는 하나님의 정당한 권위나 하나님의 정당한 명예를 인정하길 거부하는 것이다. 결과적으로 "위반의 대상(the object of offense)은 영주 개인의 명예가 아니라 공공 평화의 보증인으로서 그의 사회적 지위"라고 카스퍼는 단언한다.[151] 헌터 브라운(Hunter Brown)은 카스퍼의 입장에 동의하면서 "*Cur Deus Homo*의 구원론의 초점은 감정이 상한 하나님에 대한 개인적, 법적 회유(the personal, juridical appeasement of an offended God)가 아니라 전 세계에 대한 하나님의 권한에 대한 인간 신탁 참여의 남용(the abuse of human fiduciary participation in divine power over the world)을 시정하는 데 있다"

---

149   *St. Anselm: Basic Writings*, "*Cur Deus Homo*," 222.
150   Ibid., 222–223.
151   Kasper, *Jesus the Christ*, 220.

고 지적한다.¹⁵²

안셀름의 속죄론(Anselm's theory of satisfaction atonement)은 하나님이 죄인 된 인류를 벌하시는 대신 그에 대한 대속물로 예수를 벌하신다는 형벌적 대속 이미지와는 확연히 다르다. 안셀름에 따르면 조화, 질서 및 균형의 회복을 위한 대가가 치러져야 한다. 그는 예수의 죽음은 하나님의 명예를 만족시켜 우주의 균형과 질서를 회복시킨 부채상환(debt payment)으로 이해한다.

이런 의미에서 안셀름의 하나님은 자기 자신에 관한 관심보다는 인간의 죄가 만들어 낸 우주의 무질서와 부조화를 바로잡는 것에 더욱 관심을 보이는 것이다. 즉, 예수의 죽음은 인간이 마땅히 받아야 할 형벌을 예수님이 대신 받도록 한 것이기보다는 우주의 질서와 조화를 회복하는 것이다. 여기에 안셀름의 속죄론(satisfaction atonement)이 루터의 형벌 대속설(penal substitution)과 차이점이 있는 것이다. 안셀름에게 만족은 죄에 대한 형벌(punishment for sin)이 아니라 형벌을 대속한 분(a substitute for punishment)에게 있다.

안셀름과 다르게 루터에게 만족은 형벌 대속의 개념(notion of penal substitution)을 포함한다.¹⁵³ 루터에게 예수님의 죽음은 죄를 벌해야 한다는 신성한 율법의 요구 조건을 충족시켰다. 그가 죽음으로써 실제로 죄인들이 받아야 할 형벌을 직접 받으셨다. 예수님은 우리를 대신하여 벌을 받으셨다. 예수님은 우리를 대신하여서, 형벌의 대속적 죽음을 당하셨다(Jesus substituted himself for us, and died a penal, substitutionary death).

루터는 "우리의 죄악된 본성을 대신하여 자신을 드리신 … 그리스도, 우리가 받을 하나님의 모든 진노를 친히 짊어지신 그리스도 …"라고 고백한다.¹⁵⁴

---

152  Brown, "Anselm's *Cur Deus Homo* Revisited," 194.
153  Tappert, *The Book of Concord*, 414. See also Peters, "The Atonement in Anselm and Luther: Second Thoughts about Gustaf Aulen's *Christus Victor*," 310.
154  *LW*, vol. VII, no. 50 on "Epistle Sermon, New Year's Day."

안셀름의 속죄론(Anselm's satisfaction atonement)과 루터의 형벌 대속설(Luther's penal substitution)은 '왜 예수께서 우리를 위해 죽으셨는지'에 관해 설명한다. 안셀름의 속죄론은 하나님의 명예를 만족시키는 반면, 루터의 형벌 대속설은 하나님의 율법을 만족시킨다. 그러나 그것이 하나님의 명예를 위한 것이든 하나님의 율법을 위한 것이든, 두 이론 모두가 예수의 죽음을 요구한다. 죽음이 없었다면 하나님의 명예에 대한 빚은 여전히 채워지지 않은 채로 남아 있을 것이고, 하나님의 율법이 요구되는 형벌은 지불되지 않은 채로 남아 있을 것이기 때문이다.

위버(Weaver)는 안셀름이 루터의 형벌 대속설과는 다른 언어를 사용하지만, 예수의 죽음을 하나님의 명예에 대한 대가로 설정한 그의 모티프에는 여전히 보복적 폭력과 진노의 회유가 포함되어 있다고 지적한다.[155]

"결국 누가 예수를 죽였습니까?"

이런 질문에 관하여 위버는 안셀름의 속죄론과 루터의 형벌 대속설이 직면하는 딜레마를 다음과 같이 설명한다. 그들의 논리에서 사탄을 제거함으로써 하나님을 진노하게 한 것은 사탄이 아니고 죄를 범한 인간일 수밖에 없다. 죄 많은 인간은 자신의 빚을 갚을 수 없고 자기 스스로의 힘으로 구원할 수 없다.

그러므로 하나님의 명예에 진 빚을 갚기 위해 예수의 죽음을 지휘할 유일하신 분은 하나님뿐이다. 마찬가지로 형벌 대속설에서 하나님은 신성한 율법을 만족시키기 위한 수단으로 예수의 죽음을 예비하신 분이다. 만족 속죄론이나 형벌 대속설의 틀 안에서 우리는 딜레마를 피할 수 없다며 위버는 다음과 같이 설명한다.

> 하나님의 통치에 대항하는 악한 세력이 마귀든, 폭도든 아니면 로마인이든 간에 그것이 하나님의 명예나 하나님의 율법이 요구하는 대가를 치르기 위해 예수를 죽이거나 처벌함으로 하나님의 뜻을 행한 격이 되고 만다. 이것은 예수와 예수를 죽이는 자들이 모두 하나님의 뜻을 수행한다는 묘

---

155  Weaver, "Violence in Christian Theology," 9.

한 인상을 준다.[156]

위버는 속죄의 방정식에서 마귀를 제거하면 하나님 아버지가 다른 사람들의 유익을 위해 자신의 아들 죽음을 직접 지휘한 것이 된다고 지적한다. 이미 언급한 바와 같이 응징의 원칙을 전제로 한 형벌에 대한 대속물로서의 예수라는 모티프(motif)는 특히 일부 페미니스트들이 모욕적으로 여기는 이미지이다. 이 모티프의 예수가 타인을 위해 무고하고 부당한 고통에 수동적으로 복종하는 모델이 된다고 생각하기 때문이다.

이러한 페미니스트의 비판을 염두에 두고 우리는 왜 하나님이 아들을 통해 빚을 갚지 않고 오직 긍휼만으로 죄를 없애면 안 되었는지에 대한 안셀름의 논리를 살펴볼 필요가 있다. 안셀름은 『하나님은 왜 사람이 되셨는가』에서 두 가지 이유를 들어 설명한다.

**첫째**, 그런 대가 없이 주어지는 용서는 "유죄한 자나 무죄한 자나 차이가 없게 만들고 … 불의를 하나님처럼 만들어 버린다. 왜냐하면, 하나님이 법에 지배를 받지 않는 것처럼 불의도 그런 격이 되기 때문이다."[157]

**둘째**, "그러한 용서는 죄로 인한 우주의 질서와 아름다움의 교란을 시정하는데 아무 소용이 없다."

교정되지 않은 사소한 무질서는 하나님의 공의와 그분에 결함이 있음을 입증하는 것이다. 우리가 하나님이 공의와 능력, 이 두 가지 면에서 완전하다고 확신한다면 "빚을 갚지 않고 긍휼만으로" 죄를 없애는 것은 불가능한 것이다.[158]

이 자비와 정의의 문제와 관련하여 테드 피터스(Ted Peters)는 안셀름의 주장 이면에는 신 플라토닉(Neoplatonism) 구조가 존재하며 이것을 이해해

---

156　Ibid., 5.
157　*St. Anselm: Basic Writings*, "*Cur Deus Homo*," 216-218.
158　Ibid., 222-224.

야 한다고 올바르게 지적한다.[159]

그러므로 안셀름에게 하나님은 최종적 실재이며, 합리적이고 도덕적인 존재 구조는 하나님 자신의 본성으로부터 출현한다. 온 우주는 하나님의 고유한 성품과 의지의 표현이다.

따라서 정의는 각 사람에게 부여된 의무를 다하는 것이라는 단순한 개념으로 축소되어서는 안 되며, 그것은 하나님의 최고 선하심에 합당한 일을 하는 것을 의미한다.[160] 이런 배경에서 피터스는 "결국 자비가 정의에 반대되는 개념이라고 볼 수 없다"고 주장한다.[161]

**프로스로기움**(*Proslogium*)에서 안셀름은 자비와 정의가 하나님의 표현이라는 점에서 하나라고 주장한다.[162] 자비는 인간이 영원히 축복받기를 원하고 정의는 죄에 알맞는 응징을 요구한다. 그러므로 속죄(atonement)는 정의가 충족되고 자비가 그 목적을 이루는 지점이 된다. 피터스는 안셀름의 자비와 정의의 관계에 관한 주장을 다음과 같이 간결하게 설명하며 결론을 맺는다.

> 하나님은 사랑으로 사람을 창조하셨고, 사람이 영원한 축복 속에서 충만함을 누리는 것을 목적으로 삼으셨다. 그리고 결국 하나님의 목적은 성취된다. 그의 은혜는 승리한다. 그러나 그런 와중에 안셀름은 우리가 인간의 죄의 심각성과 하나님의 역사적 활동의 궁극적 차원을 진지하게 받아들이기를 원한다. 하나님과 사람 사이의 율법적 관계 구조는 하나님에 관해 말할 마지막 것이 아니다. 그것은 하나님의 자비가 승리로 나타나는 수단이다.[163]

---

159  Peters, "The Atonement in Anselm and Luther," 305.
160  Ibid., 305. See also *St. Anselm: Basic Writings*, "Proslogium," 63.
161  Ibid., 305.
162  *St. Anselm: Basic Writings*, "Proslogium," 60-63.
163  Peters, "The Atonement in Anselm and Luther," 305.

안셀름과 마찬가지로, 루터의 형벌 대속론에서도 율법의 성취와 만족에 대한 요구는 신성한 공의의 체계 아래서 하나님의 은혜로운 사랑을 질식시키지 않는다. 그리스도의 사역은 은혜로우신 하나님을 창조하는 것이 아니라 은혜로우신 하나님을 전제로 한다. 그러므로 루터는 다음과 같이 설교한다.

> 하나님의 독생자가 우리의 고난에 개입하여 스스로 사람이 되셔서 무섭고 영원한 진노의 짐을 짊어지고 자기 몸과 피를 속죄물로 삼으신 것 외에는 구제할 방법이 없었다. 그래서 그 분은 우리를 향한 측량할 수 없는 큰 긍휼과 사랑으로 자신을 버리고 끝없는 진노와 죽음의 선고를 담당하셨다.[164]

그러므로 우리는 하나님의 공의와 사랑이 루터의 "형벌 대속론"(Luther's penal substitution)이나 안셀름의 "속죄론"(Anselm's satisfaction atonement)에서도 서로 상충하지 않는다고 결론지을 수 있다. 오히려 이미 언급된 바와 같이 속죄는 하나님의 공의가 충족되고 하나님의 자비가 그 목적을 이루게 되는 지점이 되는 것이다.

테드 피터스(Ted Peters)가 자비와 정의의 문제라는 관점에서 안셀름의 속죄론을 살펴본다면, 프로라 케슈게기안(Flora A. Keshgegian)은 권력과 책임 사이의 긴장 관계라는 관점에서 안셀름의 속죄론에 묘사된 하나님이 압제적이고 자의적으로 권력을 남용하는지를 살펴본다.[165] 그녀는 먼저 권력과 책임의 관계를 설명한다. 비폭력적이거나 억압적이지 않은 상황에서는 권력과 책임이 항상 결합되지만 억압과 학대의 상황에서는 권력과 책임이 분리된다며 다음과 같이 설명한다.

---

164　Ibid., 311. *LW*, vol. IX, nos. 43-5 on "Epistle Sermon, Twenty-fourth Sunday after Trinity."

165　플로라 A. 케시게안(Flora A. Keshgegian)은 텍사스주 오스틴에 있는 남서부의 성공회 신학대학원에서 조직신학을 가르치는 Clinton S. Quin 조교수이다.

이러한 분리의 역학은 스스로를 강화하고 권력자가 일상적으로 사물의 상태나 심지어 자기의 행위에 대해 책임을 지지 않는 방식으로 제도화된다. 권력의 위계가 형성되고 힘없는 자들과 위계의 "최하층"에 있는 자들은 자신들의 행동뿐만 아니라 사회적 상황에 대해서 책임을 지게 된다. 동시에 그들은 그러한 상황에 변화를 줄 수 있는 권한을 거부 당한다. 그러면 사회적 사고는 오히려 피해자를 비난하고 피해를 당한 자들은 그러한 기준을 내면화한다.[166]

안셀름의 속죄론이 이와 같은 권력과 책임의 분리를 내포하고 있는지 알아보기 위해 케슈게기안은 안셀름이 하나님의 구속이라는 드라마에서 악마를 삭제함으로써 어떻게 인간이 하나님에 대한 직접적인 책임을 지게 했는지 살펴본다. 그녀는 우선 안셀름의 속죄론 이전부터 널리 수용됐던 승리자 그리스도(Christus Victor) 모티프에 대해 논하며 "속전설"(ransom theory)에서 어떻게 인간이 죄에 대해 책임이 적고 무력한 존재로 간주하는지 밝힌다.[167]

승리자 그리스도(*Christus Victor*)의 속전(몸값) 버전에 따르면 인간의 영혼은 마귀에게 사로잡혀 있다. 겉보기에 계약적인 합의로 하나님께서는 포로가 된 영혼의 석방을 확보하기 위한 대속(ransom payment)으로 예수를 사탄에게 넘겨주셨다. 마귀는 악의 세력에 대한 명백한 승리로 알고 예수를 죽였다.

그러나 마귀는 속고 있다. 예수를 죽은 자 가운데서 살리심으로 하나님은 마귀를 이기셨고 영혼들은 마귀의 손아귀에서 해방되었다. 부활을 통한 이 승리는 승리자 그리스도(*Christus Victor*)라는 이름을 제공한다.

승리자 그리스도(*Christus Victor*)의 속전(몸값) 버전과 다르게, 안셀름은 마귀에게 구원의 드라마에서 어떤 권리나 역할을 허락하길 거부한다. 안

---

166 Keshgegian, "The Scandal of the Cross: Revisiting Anselm and His Feminist Critics," 478–479.

167 Ibid., 483. See also Southern, *The Making of the Middle Ages*, 235.

셀름은 인간을 마귀의 포로로 보지 않고 하나님께 직접적으로 책임져야 하는 존재로 본다. 인간은 하나님께 죄를 지었다. 죄는 하나님의 명예를 훼손했고 따라서 우주의 질서를 위협했다. 안셀름에 따르면 구원의 방정식에 마귀를 포함한 것은 권력과 책임의 문제를 왜곡하는 것이다.

창조 질서, 하나님이 의도하시고 맺으신 올바른 관계를 어지럽힌 것은 바로 인간의 죄인 것이다. 하나님이 보속을 요구하지 않고(without requiring satisfaction) 하나님의 능력을 사용하여 임으로 인류를 용서한다면 인간의 책임은 타협될 것이다. 하나님이며 인간(the God-human)이신 예수 그리스도께서는 능력과 책임을 행사하신다. 케슈게기안은 하나님이 우주의 질서를 책임지시고 그 질서를 위해 권력을 행사하신다는 점에서 하나님의 권력은 자의적(arbitrary)이거나 절대적인(absolute) 것이 아니라고 결론 짓는다.

그러나 데니 위버(Denny Weaver)는 그녀의 의견에 동의하지 않는다. 위버에 따르면, 안셀름의 예수 죽음 모티프는 하나님의 명예에 대한 대가를 의미하지만, 형벌 대속물 버전(the penal substitution version of atonement)과 마찬가지로 응보적 폭력을 가정하고 하나님이 예수를 죽이는 것과 동일한 의미를 내포하고 있다. 위버는 다음과 같이 서술한다.

> 속죄 공식 중에 특히 만족 모티프는 보복의 폭력적 이미지를 포함한다. 그리고 누가 보복의 폭력의 작가이며 누가 보복의 폭력을 요구하거나 받는지에 대해 물을 때, 안셀름이 마귀를 삭제함으로써 하나님만이 예수의 죽음을 지시할 수 있는 유일한 분이 되고, 훼손된 명예를 충족시키기 위해 예수의 죽음을 필요로 하는 분도 하나님밖에 없다. 사탄을 구원의 방정식으로부터 제거하고 죄 많은 인간을 하나님께 직접적으로 책임지게 함으로써 하나님이 직접 보복을 준비하고 그렇게 해서 발생된 예수의 죽음을 받는 자도 하나님이라는 방식을 만들어 낸 것이다.[168]

이와 같은 속죄의 논리에서 위버는 하나님이 주된 복수자이며 최고의

---

[168] Weaver, "Violence in Christian Theology," 12.

처벌자 그리고 최악의 경우, 아동 학대자로 비추어진다고 주장한다.[169]

위버는 또한 만족 속죄론(theory of satisfaction atonement)에서 예수가 어떤 점에서 무고한 고통에 대한 자발적인 복종의 모델이 되는지 다음과 같이 입증한다.

> 만약 아버지가 자신의 신적 명예를 충족시키기 위해 예수의 죽음이 필요하다면 예수는 무고한 희생자로서 하나님의 명예를 위해 요구되는 폭력에 자발적으로 동의하는 것이다. 또는 무고한 희생자로서 예수가 하나님의 공의가 요구하는 것을 충족시키기 위해 죄가 많은 인간이 받아야 할 형벌을 대신 받기로 자발적으로 동의 한 것이다. 예수의 죽음이 필요하므로 예수는 다른 사람의 유익을 위해 고통당하는 자발적이고 수동적이며 무고한 희생자의 본보기가 되신다.[170]

위버는 더 나아가 무고하고 수동적인 희생자로서의 예수의 모델이 특별한 우려를 낳는다고 주장한다. 그는 "이 모델은 남편에게 학대받는 여성이나 아버지에게 학대받는 자녀에게 건전하지 못한 모델이며, 남성의 머리됨을 주장하는 위계적 신학과 결부될 때 이중적 위험을 자아낸다"고 강조한다.[171]

위버는 안셀름의 만족 모티프에서 예수는 하나님의 명예에 의해 요구되는 폭력에 자발적으로 복종하기로 동의한 "무고한 희생자"라고 주장한다.[172]

과연 위버의 이러한 주장이 안셀름에게 정당한 것인지 자세히 살펴보며 반박해 보도록 한다. 위버가 내린 "희생자"(victim)의 정의를 보면 "희생자

---

169 Ibid., 13.
170 Ibid., 13.
171 Ibid., 13. See Brown and Parker, "For God So Loved the World?" See also Brock, *Journeys by Heart*, 55–57, and Heyward, *Saving Jesus from those who are right: Rethinking what it means to be Christian*, 151.
172 Ibid., 13.

는 자신을 초월하는 힘과 상황에 의해 통제되는 사람이다."[173] 그는 만족 속죄론과 형벌 대속설 모두에서 예수가 희생을 상징한다고 주장한다.

그러나 위버가 내린 "희생자"의 정의를 따른다면 과연 예수를 "자발적 희생자"라고 보는 것이 옳은가?

우리는 그에게 사디스트(saddist)가 아니면 "자발적 희생자"(voluntary victim)란 게 있느냐"고 반문할 수 있다. 하나님은 절대 권력을 남용하는 폭군이나 잔인한 아버지가 아니다. 위에서 논한 바와 같이 하나님의 능력은 자의적이거나 절대적인 것이 아니다. 왜냐하면, 하나님은 우주의 질서를 책임지고 그 질서를 위해 힘을 쓰시기 때문이다.

여기서 위버가 놓치고 있는 사실은 안셀름이 『하나님은 왜 사람이 되었는가』(Cur Deus Homo)에서 예수의 죽음을 자율권이 주어지지 않은 필수적 행위(a necessary action)로 보지 않는다는 것이다. 예수의 죽음은 안셀름이 보기에 죄로 인한 딜레마에서 벗어날 수 있는 유일한 방법이다. 그러나 예수에게는 자유와 선택권이 주어져 있었다. 그런데도 그는 아버지의 질서와 정의의 요구 사항을 충족시키기 위해 순종하기를 원하셨다. 예수께서 인류의 구원을 위해 죽음을 견디신 것은 자발적인 순종의 행위였다. 아버지는 아들에게 죽음을 강요하지 않으셨고, 심지어 아들이 자기 뜻과 반하여 죽임을 당하도록 허락하지도 않으셨다.[174]

지금까지 우리는 『하나님은 왜 사람이 되었는가』(Cur Deus Homo)에 나타나는 안셀름의 속죄론이 하나님을 무고한 아들의 죽음을 강요하며 학대하는 폭군으로 나타내는지 살펴보았다. 그러나 우리는 안셀름의 하나님은 케슈게기안이 주장한 것 처럼 죄로 인해 무너진 관계와 질서를 회복해야 할 권능뿐 아니라 책임 때문에 행동하고 계신다는 것을 알게 되었다.

안셀름의 하나님은 그의 권능을 함부로 남용하지 않는다. 그러므로 안

---

173   Ibid., 14.
174   3장에서는 예수의 죽음에 대한 Moltmann의 개념을 아들 예수가 십자가에서 죽기까지 자신을 내어준다는 의미에서 *Passio Activa*(적극적인 열정)로 논의할 것이다(갈 2:20). See Moltmann, *The Crucified God*, 243.

셀름의 속죄 신학은 일부 페미니스트들과 그들의 주장에 동의하는 신학자들이 "신이 허락한 아동 학대"(divinely sanctioned child abuse)라고 부르는 것으로 이어지지 않는다.[175]

그러면 과연 안셀름의 속죄론은 오늘날 문화 복합 사회에서 사는 여성들에게 힘을 실어줄 수 있는가?

그리고 어떤 점에서 기여하고 어떤 점에서 제한적이며 부적합한가?

이 질문에 대해 논의하도록 한다.

### 3) 오늘날 다문화적 사회에서 사는 기독 여성의 상황에서 현대 신학적, 교회론적 문제에 관련하여 본 안셀름의 속죄론의 기여와 부적절성

대체로 한국 기독 여성들의 영성은 안셀름의 속죄 신학에 큰 영향을 받았다. 그들은 인간의 어떤 영성훈련으로도 충족될 수 없는 조건들을 충족하기 위해 예수 그리스도께서 자신을 의의 제물로 내어주신 사실에 감사와 찬양으로 응답한다.[176] 안셀름은 십자가 처형을 예수 자신의 내어줌(self-giving)으로 묘사한다.

하나님의 영광을 위해 자신을 죽기까지 복종하신 예수보다 더 온전히 자신을 하나님께 드릴 수 있는 사람은 아무도 없다.[177] 죄 없으신 예수 그리스도는 하나님께 아무 빚도 없으셨지만, 우리를 위하여 자신을 아낌없이 내어주심으로 순수한 자기희생을 실천하셨다. 이러한 안셀름의 십자가 이해는 한국 기독 여성들에게 개인적으로 예수께 진 빚을 갚고자 하는 강한 영적 헌신 의식을 심어준다. 대다수 여성에게 구원은 본질적으로 개인적인 관점에서 정의되고 받아들여졌다. 죄인은 빚을 지고, 빚은 개인적이다.

이러한 개인 구원의 관점 때문에 사회적 요소는 논리적으로 사후적인

---

175  Brown and Parker, "For God So Loved the World?" 9.
176  *St. Anselm: Basic Writings*, "Cur Deus Homo," 239-242.
177  Ibid., 269-274.

것(afterthought)으로, 개인의 죄와 형벌이라는 사전적이며 근본적이고 개인적인 문제를 다룬 후에 고려될 사항이 되었다. 안셀름의 속죄관은 또한 개인의 죄와 은혜만을 강조하여 개인의 영적 삶과 일상의 구체적 조건들을 분리하는 결과를 낳게 하였다.

결과적으로, 안셀름에게 구원은 하나님과 개인의 관계에 대한 것으로 구속받지 못하고 억압적인 위치에서 하나님과의 신비한 교제로 전환하는 것이다. 시몬 마이멜라(Simon S. Maimela)는 개인적 구원에 중점을 둔 그의 구원론은 그 자체로는 옳을 수 있지만 인류학적 한계라는 문제를 가진다고 지적한다. 그에 따르면 안셀름은 남자 [그리고 여자]의 문제를 주로 영적인 관점에서 보고, 남자 [그리고 여자]가 구체적으로 살아가는 억압의 상황에 거의 영향을 미치지 않는 속죄론을 제안한다.[178]

결과적으로 그는 한 개인의 영적 측면과 아울러 육체적 맥락에서도 변화를 목표로 하셨던 그리스도의 사역에 대한 더 넓은 관점을 간과하는 것이다. 또한, 안셀름의 속죄론은 역사 밖에서 거래가 발생하는 것으로 설정하고 오직 예수의 죽음만을 결부시킴으로써 예수의 삶과 사역을 배제함으로써 사회의 무질서와 불의에 도전할 수 있는 신학적 근거를 거의 제공하지 못한다.

안셀름의 구원은 이생 밖에서 또는 이생 너머에서 개인적 신분의 변화가 일어나는 것을 상상하게 한다. 이러한 비-역사적 성향(a-historical orientation)은 신자들에게 윤리적 삶에 민감하지 않은 성향(a-ethical orientation)을 불러일으킬 수 있다. 이러한 성향은 교회가 역사의식을 마비시키고 도덕성에 민감하지 못하게 하는 결과를 초래하기도 한다.

결과적으로 교회는 폭력적인 행사와 노예제도, 인종차별, 계급주의 등과 같은 사회적 불의에 도전하는 대신 오히려 그것들을 수용하는 편에 서기도 했다. 예를 들어, 흑인 신학 운동의 창시자인 제임스 콘(James Cone)은 안셀름의 이론이 그리스도의 사역을 탈역사화하고(de-historicize), 하나

---

178　Maimela, "The Atonement in the Context of Liberation Theology," 48. Simon Maimela는 남아프리카 대학의 신학부에서 가르치고 있다.

님의 자유케 하시는 행위를 역사로 부터 분리하고, 속죄를 권력자에게 유리하고 가난한 자의 관심을 배제하는 방식으로 정의한다고 주장한다.[179]

아울러 콘(Cone)은 추상적이고 비역사적인 특성을 띤 구원론이 백인 노예 소유주가 흑인 노예에게 구원을 설교하는 상황과 같은 아이러니를 일으켰다고 지적한다.

주로 개인 구원에 초점을 맞추는 안셀름의 속죄관은 인간이 당하는 고통의 복잡성을 적절하게 다루지 못할 뿐만 아니라 불의한 상황에서 억압받고 고통당하는 인간과 연대하며 그들에게 관심을 보이시는 하나님의 속성을 담아내지 못한다. 사실상,『하나님은 왜 사람이 되었는가』(Cur Deus Homo)는 왜 성육신이 필요했는지 그 이유를 설명하기 위한 목적으로 쓰였다.

따라서 안셀름에게 예수가 자신의 의지를 자유롭게 행사하고 자신의 생명을 바치기로 선택하셨다는 것 외에 예수의 삶에 관한 역사적 사실은 그리 중요하지 않았다. 실제로 안셀름은『하나님은 왜 사람이 되셨는가』(Cur Deus Homo) 의 서문에서 자신이 "그리스도를 시야에서 가리고"(leaving Christ out of view) "마치 그리스도에 대해 아무것도 알려진 것이 없는 것처럼"(as if nothing were known of Christ) 진행하겠다고 분명하게 밝힌다.[180] 그러므로 예수의 인격과 행동에 관한 이야기가 없는 것은 당연한 결과이다.

안셀름이 속죄론을 펼치는 데 있어 예수의 생애사가 중요하지 않았다 하더라도 그의 속죄론에 예수의 인간적 삶과 인격이 담기지 않았기 때문에 인간의 삶을 바꾸며 힘을 북돋아 주는 능력이 제한된 것은 사실이다. 십자가 위에서의 그리스도의 전체 사역을 죄와 죄책감의 용서로 축소함으로써 억압받는 자, 약한 자, 무력한 자를 대신하여 인간의 고통에 직접 개입하신 하나님의 사랑과 정의의 깊이를 가늠하지 못하게 한다.

이런 점에서, 구원을 단순히 개인 영혼의 구원만이 아니라 육체적 고통으로부터, 사회적 불의와 압제로부터, 인류를 자유롭게 하는 포괄적 구원

---

179  Cone, *God of the Oppressed*, 230–232.
180  *St. Anselm: Basic Writings*, "*Cur Deus Homo*," 191.

관을 구축하기 위해서는 십자가 신학에 예수 그리스도의 인격과 사역을 포함하는 것은 매우 중요하다.

지금까지 논한 바를 정리하자면 저자는 남성 중심적인 하나님 언어와 상징성 그리고 십자가에 대한 하나님의 관계라는 두 가지 중요한 쟁점을 중심으로 일부 페미니스트 신학자들의 신학적 주장을 살펴보며 비판하였다. 하나님에 관한 배타적이고 문자적인 가부장적 언어는 남성 중심적 세계관과 사회적 지배구조를 정당화하는 역할을 해왔다.

따라서 저자는 더욱 포괄적인 방식으로 하나님의 개념을 갱신하기 위해 일부 페미니스트 신학자들이 배타적이고 가부장적인 언어에 대해 취하는 다양한 접근 방식들을 살펴보면서 어떤 하나의 이미지만 지나치게 강조하는 것을 막고 상대화하기 위해 하나님의 풍성하심과 관련하여 남성적, 여성적, 인격적(personal), 비-인격적(impersonal)인 하나님의 이미지를 다양하게 활용하여야 할 필요가 있다고 본다. 그러나 그 어떤 이미지도 초월자를 충분히 담아내지 못한다. 예배와 기도에서 우리는 하나님의 다양한 상징과 이미지를 사용하여 하나님을 표현할 수 있어야 한다.

또한, 보다 포괄적인 방식으로 하나님의 개념을 갱신하기 위한 과정으로, 신학과 전통 내에 존재하는 억압적인 신학 패턴들을 폭로하기 위해 시도한 일부 페미니스트 신학자들의 다양한 접근을 평가하였다. 남성 예수 안에 이루어진 말씀의 성육신, 아버지로 이해되는 하나님, 성부-성자-성령으로 표현되는 삼위일체에서와 같은 범주 안에서 하나님이 남성이라고 오해된 것에 대한 일부 페미니스트 신학자들의 비판을 살펴보았다.

교리상으로 중요한 것은 예수의 남성성이 아니라 고통받는 인류 전체와 연대하는 인간 예수이다. 사실, 존슨이 주장한 것처럼, 예수가 남자로 성육신하신 것은 여인들과 아이들을 무시하는 전 세계의 가부장적 제도에 대한 도전이요, 의도적이고 전복적인 선택이라고 본다. 하나님의 여성 이미지를 사용하고 하나님을 "어머니"로 부르려는 다양한 시도가 있었지만, 이러한 시도는 진정한 변혁보다는 지배 패턴의 역전을 제시할 뿐이다.

또한, 삼위일체 이미지들의 남성성을 우회하기 위해 일부 신학자들은 성령을 여성으로 지정하거나 삼위일체에 대한 "성부-성자-성령"의 이해를 남성도 여성도 아닌 다른 삼인조(triads)로 대체하기도 한다.

그러나 라쿠나와 존슨이 지적한 것처럼 성부와 성자는 남성으로 남겨두고 성령을 여성으로 지칭하는 것도 위험한 시도이다. 종속론적 삼위일체 신학(subordinationist Trinitarian theology)에 의거하면 성령이 삼위일체에서 세 번째 순위에 있다. 그러므로 여성적 이미지를 오직 성령과 연관시키는 것은 교회와 사회에서 여성의 종속(subordination of women)을 강화하는 역효과를 가져올 수도 있다. 가장 설득력 있는 접근으로 여겨지는 것으로 성부-성자-성령을 창조자(creator)-해방자(liberator)-보혜사(advocate)와 같은, 남성도 여성도 아닌 다른 삼인조로 대체하는 경우가 있다.

그러나 이 시도 또한 위험할 수 있다. 이러한 시도는 신성한 위격의 개별성과 분리성 그리고 구속의 여러 측변에 대한 각자의 책임을 강조한다. 그러나 그러한 기능적(functional) 또는 양태론적(modalistic) 언어는 모든 경우에 고유한 인격적 이름(the unique personal name)인 아버지, 아들 그리고 성령과 정확히 일치하지는 않는다. 삼위일체에 전체적으로 접근하기 위해 피오렌자와 존슨은 소피아 전통으로 관심을 돌린다.

존슨은 특히 소피아 삼위일체, 즉 성령-소피아(Spirit-Sophia), 예수-소피아(Jesus-Sophia), 어머니-소피아(Mother-Sophia)의 개념은 삼중 코이노니아(a threefold *koinonia*)로서 상호성(mutuality), 관계(relation), 다양성 속에 공동체(community in diversity)라는 페미니스트적 가치와 공명한다고 믿는다. 그것은 남성 지배와 여성의 비인간화를 뒷받침해 온 전통적인 신 묘사의 약점을 극복하려는 위대한 시도이다.

그러나 삼위일체를 표현하는 언어에 중점을 두기보다는, 관계성을 하나님의 최고의 속성으로 전제한 카파도키아 삼위일체 교리를 연구하는 것이 인간 사이의 평등과 상호성에 대한 신학적 토대를 찾는 데 도움이 될 것이다.

다음으로 일부 페미니스트 신학자들이 십자가를 여성에 대한 폄하(denigration)와 억압(oppression)의 상징으로 보며 거부하는 이유를 살펴보았다. 그들은 안셀름의 속죄 이론을 선택적으로 읽음으로써 그가 언급한 이론에 대해 왜곡된 비판을 한다.

저자는 안셀름의 하나님이 무고한 희생자인 아들의 죽음을 요구하는 학대적인 폭군이라는 일부 페미니스트의 비난을 염두에 두고 『하나님은 왜 사람이 되었는가』에 나타나는 죄론을 다시 검토했다. 그 결과 안셀름의 속죄 신학은 일부 페미니스트들이 "신이 허락한 아동 학대"(divinely sanctioned child abuse)라고 부르는 것으로 이어지지 않음을 확인하였다. 그러나 안셀름의 속죄 신학이 오늘날 여성들에게 힘을 실어주는가에 관해서는 몇 가지 이유로 제한적이고 부적합하다는 것을 확인하였다.

안셀름은 중세 봉건적 패턴과 신플라톤주의적 관계 철학의 세계관으로 십자가와 예수 그리스도의 죽음을 이해했기 때문에 그의 속죄론은 신에 대한 계층적 이해뿐만 아니라 사회적 질서의 계층적 형태를 수반할 수밖에 없다. 창조 질서에 대한 정적이고 위계적인 관점에 근거하는 안셀름의 구속론은 여성이 남성보다 열등하다는 전통적인 관점을 거부하도록 여성들에게 힘을 실어주지 못한다. 다 문화권에서 사는 여성들은 창조 질서에 대한 정적이고 위계적인 관점을 오늘날의 적절한 사회적 관계로 보지 않으며 그러한 관점을 거부하기 때문이다.

안셀름의 속죄론은 또한 개인 구원에 관심을 두기 때문에 사회-정치적인 차원이 빠져 있다. 그뿐만 아니라 그의 속죄론은 예수의 인격이나 행동에 대한 언급이 없으므로 역사적인 면과 윤리적인 면이 빠져 있다.

따라서, 다음 장에서는 보다 포괄적인 십자가 신학을 세우기 위한 과정으로서 다음 장에서는 십자가에 대한 몰트만의 사회적 삼위일체론 이해를 탐구하여 페미니스트 십자가 신학을 위한 자원으로 제시하고 다문화 상황 속에서 살아가는 여성들의 삼위일체적 실천을 준비하도록 할 것이다. 그러기 위해서는 우선 루터의 십자가 신학이란 무엇인지, 루터의 십자가 신학과 몰트만의 십자가 신학의 공통점은 어떤 것이 있는지 그리고 몰트만은 루터의 십자가 신학을 어떻게 극복하려 하였는지에 대해 논의할 것이다.

# 제3장

## 사회적 삼위일체적 십자가 신학을 향하여: 페미니스트 십자가 신학에 기여하는 자원으로서의 몰트만의 사회적 삼위일체적 십자가 신학

페미니스트 신학자들은 다양한 방법으로 예수의 십자가에 접근한다. 일부 페미니스트 신학자들에게 십자가는 아들을 살해하거나 살해되도록 허용하는 아버지 하나님을 반영하는 것이다.[1] 그러나 다른 페미니스트 신학자들은 십자가를 가학피학애증적(sado-masochistic)이라고 보는 비판에서 벗어나 생명을 주고 치유하며 약한 자들과 연대하시는 하나님의 상징으로 본다.[2]

'십자가 신학'은 고난을 함께 지는 연대 의식과 세상을 변화시키는 소명 의식을 불러일으켜야 한다. 아래에서는 이런 관점에서 몰트만의 사회적 삼위일체적 십자가 신학이 오늘날 다문화 사회를 살아가는 여성들에

---

1 Sölle, *Suffering*, 27.
2 예를 들어, 웨일스 대학의 명예 교수인 메리 그레이는 예수 그리스도의 죽음이 죄를 범한 세상에 대한 하나님의 진노로 여겨져서는 안 된다고 주장한다. 오히려 그녀는 그것을 "예수님이 세상과 관계를 맺는 방식의 두드러진 특징인 관계에서 상호성의 역동성을 크게 거부하고 차단한 것의 절정"이라고 해석한다.
See Grey, *Redeeming the Dream: Feminism, Redemption and Christian Tradition*, 125. 앤 카(Anne Carr)는 *Transforming Grace*에서 십자가에 대한 적절한 이해는 필연적으로 하나님이 예수님을 십자가에 보내신 것이 아니라 죄 많은 인류가 보냈다고 결론짓는다고 주장합니다. See Carr, *Transforming Grace*, 188. 엘리자베스 A. 존슨은 또한 예수의 죽음이 신이 요구한 것이라는 가르침을 거부하고 대신에 생명과 사랑의 신의 뜻을 거부한 인류가 요구한 것이라고 본다. See Johnson, "*Redeeming the Name*," 124-125.

게 삼위일체적 삶을 구현하도록 도움을 줄 수 있는지 살펴볼 것이다. 이를 위해 먼저 몰트만은 십자가를 어떻게 이해하고 있는지 알아보아야 할 것이다.

몰트만에 따르면 고통당하시는 하나님의 이미지는 십자가에 못 박힌 예수님을 억압받는 자, 가난한 자, 사회적으로 배척당한 자들과 동일시한다. 십자가를 하나님이 그의 피조물을 위해 고통당하시는 사랑의 상징으로 이해하는 것은 우리가 십자가를 삼위일체 사건으로 볼 때만 가능하다.

이런 관점에서 페리코레틱(perichoretic)공동체인 사회적 삼위일체적 하나님의 개념에 근거하여 페미니스트 십자가 신학자들이 여성과 남성의 관계와 그들 간의 상호성 및 호혜성과 관련된 사회적, 윤리적 문제를 어떻게 다룰 수 있는지 논의하며 그에 대한 가능성을 피력하고자 한다.

몰트만을 포함한 현대 십자가 신학자들은 고통받는 자들과 연대하여 고통당하시는 하나님에 대한 루터의 신학적 이해를 공유한다. 속성의 전달(commucatio idiomatum)에 관한 루터의 이해는 그리스도의 버림받음에서 하나님을 생각하고 십자가에서의 고통과 죽음을 신-인 그리스도(the divine-human person of Christ)에게 돌리는 것을 가능케 했다. 속성의 전달(communication of attributes)을 확증함으로써 루터는 그리스도의 신성과 인성의 상호침투(the interpenetration of the divine and human natures of Christ)를 설명한다.

루터는 페리코레시스(perichoresis)라는 용어를 구체적으로 사용하지 않지만, 그는 그리스도 안에 있는 신적 속성과 인간적 속성의 상호침투를 표현하기 위해 카파도키아 신학자들이 사용한 쇠/불의 이미지(the Cappadocian image of iron/fire)를 기용한다. 루터는 "달구어진 쇠의 열을 만지는 자는 쇠를 만지는 것이요 그리스도의 몸을 만지는 자는 실제로 하나님을 만진 것이다"(Whoever touches the heat in the heated iron touches the iron, and whoever has touched the skin of Christ has actually touched God)라고 설명한다.[3]

몰트만은 루터와 동일한 방식으로는 아니지만, 그의 십자가 신학에서

---

3   *LW* 26, 267.

페리코레시스의 개념을 사용한다. 몰트만은 페리코레시스 개념을 사용하여 삼위일체의 신성한 삼위 간의 상호 내주(reciprocal indwelling)와 역동적인 상호침투(dynamic interpenetration of the three divine persons of the Trinity)를 설명한다. 몰트만은 십자가를 삼위일체적 사건으로 제시함으로써 신-인 그리스도(the God-human being Christ)의 신성과 인성이라는 서로 다른 두 본성에 근거한 루터의 십자가 신학을 극복하고자 한다.

루터의 '십자가 신학'(Luther's *theologia crucis*) 을 먼저 살펴보고 몰트만이 루터의 십자가 신학을 어떻게 극복하려 했는지 살펴보려고 한다.

## 1. 루터의 십자가 신학

십자가 신학이라는 뜻의 라틴어 용어인 '*theologia crucis*'는 루터가 1518년 하이델베르그 논쟁(the Heidelberg Disputation, 1518)에서 처음 사용하였지만, 우리는 사도 바울의 서신 전반에 걸쳐 십자가 신학의 흐름을 볼 수 있다.[4] 우리는 바울의 서신에서 사도 바울이 각기 다른 상황에 따라 십자가의 다른 측면들을 강조하고 있다는 점에 주목할 필요가 있다.

칼빈 뢰쩰(Calvin Roetzel)은 "많은 사람이 주장하듯이 십자가가 바울 신학의 핵심이라고 생각한다면, 십자가에 대한 해석이 상황에 따라 달라지고 그 십자가 해석이 다시 상황으로 돌아가 그 상황을 바꾸고 또다시 십자가 신학을 형성하는 것에 대해 언급하지 않고 단순히 십자가가 기본적이라고 말하는 것은 부적절하다"고 지적한다.[5]

이처럼, 루터의 십자가 신학의 본질을 바로 이해하기 위해서는 당시의

---

4    Dunn, *The Theology of Paul the Apostle*, 212. See also Moltmann, *The Crucified God*, 69.

5    Roetzel, "The Grammar of Election in Four Pauline Letters," 228. See also Madsen, *The Theology of the Cross in Historical Perspective*, 33–63. 매드슨은 바울의 십자가 신학에 대한 철저한 개관을 통해 바울이 어떻게 십자가를 그의 서신을 받는 사람들의 문화적, 종교적 상황에 적합하게 해석했는지 보여준다.

사회적, 신학적 배경을 분석해야 한다. 루터는 그의 결의문(*The Resolutions*)의 테제 58(thesis 58)에서, 특히 면죄부(indulgences)와 성도의 공로와 그리스도의 공로에 관한 긴 토론을 벌이는 문맥에서 "십자가 신학"(*theologia crusis*)이라는 표현을 사용한다.[6] 루터는 테제 58에서 그가 영광의 신학(*theologia gloria*)이라고 밝히는 스콜라 신학자들에 대항하기 위한 논쟁의 도구로서 십자가 신학을 발전시킨다. 영광의 신학자는 십자가에 못 박히신 하나님(the crucified God), 숨으신 하나님(the hidden God)을 인정하지 않는다. 영광의 신학자는 오직 영광스러운 하나님만 보고 안다. 영광의 신학자는 창조세계 안에 어디에나 존재하는 전능한 하나님을 본다.[7] 그와 반대로 십자가 신학자는 십자가에 못 박혀 숨으신 하나님을 안다. 하나님 자신이 십자가에 못 박히셨을 뿐만 아니라 참된 그리스도인들의 모든 십자가와 고난 아래 숨겨져 있기 때문에 하나님이 감추어져 있다.

맥그라스(McGrath)는 루터가 말하는 십자가 신학의 하나님(Luther's God of the *theologia crucis*)은 "인류와 관계하시는 하나님은 누구신가"에 대한 하나의 답이라고 주장한다.[8] 이처럼 놀라운 방법으로 죄 많은 인류를 대하시는 하나님은 십자가에 못 박혀 숨으신 하나님이시며 십자가 신학의 하나님 밖에 없다는 것이다. 결국, 테제58은 루터가 하이델베르그 논쟁(the Heidelberg Disputation)에서 십자가 신학(*theologia crucis*)을 구성하는 기초가 되었다.[9]

## 1) 하이델베르그 논쟁과 루터의 중요한 논문 분석

하이델베르그 논쟁을 통해 루터는 우리에게 그의 심오한 십자가 신학을 제공한다. 따라서 우리는 하이델베르그 논쟁을 구원론적(soteriological), 인

---

6  *LW* 31, 212-228.
7  Loewenich, *Luther's Theology of the Cross*, 23.
8  McGrath, *Luther's Theology of the Cross*, 146-147.
9  Rupp, "Luther's Ninety-five theses and the Theology of the Cross," 76.

식론적(epistemological), 윤리적(ethical) 관점에서 분석해 볼 필요가 있다.

**첫째**, 구원론적 차원에서 볼 때, 하이델베르그 논쟁의 중심에 "오직 믿음과 은혜에 의한 칭의"(justification by faith and grace alone)가 자리 잡고 있음을 발견한다. 처음 두 테제에서 루터는 하나님의 의(iustitia Dei)에 관해 진술한다. 즉, 의는 율법없이, 인간의 행위와 상관없이 나타났다. 테제 3-12에서 루터는 죄인이 자의(self-righteousness)나 자기 정당화(self-justification)에 대한 모든 주장을 포기해야 한다고 주장하면서 인간 이성(human reason)에 대한 공격을 펼친다.

루터는 자유의지(free will)에 의한, 은혜를 위한 모든 개인적 준비 과정을 거부한다. 그는 최소한 자신의 의지로 가능한 것을 "최선을 다함으로써"faciendo quod in se est) 행하는 자들에게 하나님은 은혜로 응답하신다고 가르치는 비엘주의 신학을 버려야한다고 주장한다. 그 이유는 하나님은 인간의 영적 교만(spiritual pride)과 인간의 안전장치(men's security)를 파멸시키는 하나님의 이질적 작업(God's *opus alienum*/alien work)을 통해 인간을 하나님의 은혜로 돌이키시기 때문이다.

루터는 타락 이후에 자유의지는 오직 명목으로만 존재하며 그 이유는 타락한 의지가 포로가 되어 죄에 종속되어 있기 때문이라고 한다. 타락한 의지는 악을 행하는 것 외에는 자유롭지 못하다. 분명히 의지는 존재한다. 그러나 문제는 그 의지가 자유롭지 못하고 묶여있다는 것이다. 포드(Forde)가 지적하듯이 루터는 분명히 결정론(determinism)이나 운명론(fate)을 이야기하는 것이 아니다.[10] 다만 우리의 의지가 포로가 되어 죄에 묶여있다는 것이다.

그러므로 의지는 죄에 묶인 의지가 원하는 대로 의지할 수밖에 없다(The will is bound to will what it wills). 테제 15가 명시한 대로, 의지는 수동적 능력 안에서만 외부로부터 구조되고, 영향이 가해질 때만 "선"(good)을 행할 수 있다. 그러므로 루터에게 칭의(justification)는 자생적인 것이 아니며 반드시 외래적(*aliena*/foreign to us)이어야 하며 그리스도에 관한 믿음에 의해, 하나님 앞

---

10  Forde, *On Being a Theologian of the Cross*, 53.

에서(*coram Deo*), 하나님과의 관계에서 우리에게 전가(imputed)되는 것이다.

루터에 따르면 십자가 신학자는 그리스도 안에서 하나님의 자비에 자신을 던지는 것 외에는 아무것도 할 수 없다는 사실을 안다고 한다. 따라서 테제 16에서 그리스도는 구원과 희망과 부활을 가져오는 분으로 언급된다. 테제 17과 18에서 루터는 은혜에 관해 다룬다. 은혜는 "우리 안에 있는 것을 행함"으로나 "최선을 다함"으로 얻어지는 것이 아니라 "율법과 진노 가운데 하나님의 이질적 작업(God's alien work in law and wrath)으로 인해 완전히 낮춰지고, 죄의 덫에 물려있는 우리가 유일한 희망이신 그리스도께로 돌아갈 때" 얻어지는 것이다.[11]

우리는 "자기 능력에 대한 완전한 절망"(By the "utter despair of our own ability")에 의해 그리스도의 은혜를 받을 준비가 된다.

**둘째**, 인식론적 차원에서 하이델베르그 논쟁을 파악하기 위해 테제 19-21에 초점을 맞추어 신학자들이 어떤 방법으로 논리를 펴는지 알아볼 필요가 있다. 루터는 이 부분에서 십자가 신학자들(theologians of *crucis*)과 영광의 신학자들(theologians of *gloriae*)을 대조한다. 영광의 신학자들은 창조와 역사를 통해 "하나님께 속한 보이지 않는 것들"(invisible things of God)을 볼 수 있다는 전제 위에 논리를 편다.

그들은 직접적으로는 아니지만 적어도 유추를 통해 창조 세계가 "덕(virtue), 경건(godliness), 지혜(wisdom), 공의(justice), 선하심"(goodness) 등과 같은 하나님의 보이지 않는 속성에 대한 실마리를 제공한다고 가정한다.[12] 루터는 로마서 1:20을 인용하면서 창조 세계에 보이는 것에 대한 통찰을 통해 "하나님의 보이지 않는 것들"(the invisible things of God)을 보려고 하는 사람은 신학자라고 불릴 자격이 없다고 주장한다.[13] 루터는 또한 이런 식으로 얻은 하나님에 관한 지식은 인간의 추측에서 나온 것이기 때문에 진정한 지식이 아니라고 한다.

---

11    Ibid., 61.
12    *LW* 31, 52.
13    *LW* 31, 40. See also Madsen, *The Theology of the Cross in Historical Perspective*, 76.

테제 20은 십자가의 역설적 본질(the paradoxical nature of the cross)을 계시의 실재로 제시한다. 루터는 테제 21에서 참된 신학자는 십자가에 못 박히신 그리스도 안에서 하나님을 인식한다는 점을 더욱 강조한다.[14] 반대로 영광의 신학자는 하나님이 영광과 위엄과 권세로 나타나시기를 기대하고 하나님이 그리스도의 십자가에 임재하실 수 없다고 추론한다. 루터는 영광의 신학자가 사물을 있는 그대로 부르려고 하지 않는 "십자가의 원수"(enemy of the cross)라고 명명한다. 그에 반하여 십자가의 신학자는 사물을 있는 그대로 부른다(A theologian of the cross calls a thing what it is). 그는 인류의 구원을 위해 십자가에서 죽기까지 고통당하신 분이 바로 성육신하신 하나님이라고 선포한다. 십자가의 수치와 겸손 안에서만 우리는 참되고 은혜로우신 하나님을 발견할 수 있다.

그러므로 "십자가만이 우리의 신학"(Crux sola est nostra theologia)이다.[15] 이성으로 얻은 하나님에 대한 사색적인 지식과는 다르게 십자가 신학(theologia crucis)에서, 하나님에 대한 참된 지식은 십자가에서 보이신 하나님의 고통과 약함을 믿음으로써 가능하게 된다.

**셋째**, 윤리적인 차원에서 하이델베르그 논쟁을 살펴보면, 루터는 하나님에 관한 인식론이 "실제적 고난"(practical suffering)으로 구체화되어야 한다고 주장한다. 테제 20에서 루터는 예수 십자가의 겸손과 수치 가운데 계신 하나님을 알아보지 못하고 영광과 위엄 가운데 계신 하나님만 알아보는 것은 누구에게도 충분하지 못한 지식이며 아무 소용이 없는 것이라고 말한다.[16] 많은 십자가 신학자는 루터를 따라 "하나님의 고통은 그들의 신학의 근본"이라고 단언한다. 예를 들자면, 본회퍼(Bonheoffer)는 "오직 고통당하는 하나님만이 도울 수 있다"(Only Suffering God can help)라고 말한다.[17] 캐나다의 대표적인 십자가 신학자 더글라스 홀(Douglas Hall)은 "버림

---

14　*LW* 31, 52–53.

15　McGrath, *Luther's Theology*, 149–51. See also Loewenich, *Luther's Theology*, 20.

16　*LW* 31, 52–53.

17　Bonheoffer, *Letters and Papers from Prison*, 360.

받음과 절망과 부조리를 '떨림'으로 견뎌내신 분은 바로 우리 시대의 신학적 진정성에 대한 테스트"라고 단언한다.[18]

몰트만은 하나님이 구체적으로 십자가에 못 박히신 예수를 통해 억압받는 자, 가난한 자, 사회적으로 버림받은 자들과 동일시하신다고 강조하며, 하나님은 세상에서 고통받는 자들과 함께, 지금도 계속해서 아파하신다고 주장한다. 이처럼, 고통당하시는 하나님은 오늘날 일종의 신학적 조건이 되었다.

하이델베르그 논쟁의 마지막 부분인 테제 25-28에서 루터는 십자가 신학자는 행위로 죄인이 의롭게 되는 것이 아니라, 의가 행위를 만들어 내는 것으로 이해한다고 주장한다. 테제 27에서 루터는 기독교인들이 하나님을 본받는 자로 사는 것은 의를 얻기 위한 조건이기 때문이 아니라 이 세상에서 사랑하도록 "역사하는 능력"(operative power)에 의해 동기 부여되기 때문이라고 주장한다.

위에서 설명한 바와 같이 루터는 그의 신학을 통해 하나님이 중세 기독교 왕국의 권력자들과 함께하시기보다는 인간 실존의 고통 속에서 십자가에 달려 계심을 분명하게 표현하고 있다. 그러나 몰트만은 농민전쟁에서 보여준 루터의 입장을 비판하며, 그 원인을 그의 십자가 신학에서 찾는다. 루터의 십자가 신학은 주로 십자가와 죄에 대한 용서에 초점을 맞추고 있어서 십자가의 정치적 의미를 잊고 있다고 주장한다.[19]

몰트만의 비판이 루터에게 정당한가?

이 질문에 답하기 위해 우리는 루터가 하이델베르그 논쟁 이후에도 십자가 신학에 충실했는지 알아보아야 할 것이다. 이 목적을 위해 그가 하이델베르그 논쟁 후 저술한 중요한 논문들을 검토해 보아야 한다.

**첫째**, 논문 <기독교 귀족에 대한 호소>(*Appeal to the Christian Nobility*)에서 루터는 영광의 신학자로 교황을 지목하며 이에 관한 자신의 실질적 입장

---

18　Hall, *Lighten Our Darkness*, 211.

19　Moltmann, *The Crucified God*, 72.

을 강조한다. 그는 교황이 하늘에 계신 그리스도의 대리자가 아니라, 이 땅에 오셔서 걸으며 일하고 설교하고 고난 당하시고 죽으신 그리스도의 종이라고 주장한다.[20] 그리고 면죄부, 고백서 및 금고를 채우는 기타 계략을 팔아 도둑질하고 약탈하는 "이 탐욕스러운 양의 탈을 쓴 늑대들"(these rapacious wolves in sheep's clothing)로부터 독일 국민을 보호할 것을 제후들에게 호소한다.

**둘째**, <교회의 바빌로니아 포로>(*Babylonian Captivity of the Church*)에서 루터는 전제군주적인 교회의 권력을 해체하려고 시도한다. 십자가 신학자로서 루터는 그리스도인들이 제사장의 역할을 받아들이고 그리스도의 삶과 죽음과 부활에 확신을 두고 그에 합당한 모습으로 살도록 격려한다.[21]

**셋째**, 종교개혁 논문인 <기독교인의 자유에 관하여>(*On the Freedom of the Christian*)에서 루터는 다음과 같이 역설적인 주장을 한다.

"기독교인은 아무에게도 예속되지 않은, 완전히 자유로운 모두의 주인이다. 동시에 모든 사람에게 예속된, 완전히 충실한 모두의 종이다"[22](A Christian is perfectly free lord of all, subject to none. A Christian is a perfectly dutiful servant of all, subject to all). 우리는 하나님 앞에(*Coram Deo*) 서 있는 존재이다. 하나님 앞에서 우리의 "속사람"(inner person)이 믿음으로 그리스도의 기쁨의 교환을 통해 의롭다고 함을 입고 하나님을 위해 살도록 자유를 얻었다. 그러나 "하나님 앞에서"(*coram Deo*) 그리스도인이 받은 자유는 현세의 권위에 대한 불복종을 의미하지 않는다. 그리스도인들은 통치자들에게만 복종할 것이 아니라 "보상을 바라지 않고 기쁨과 사랑으로 가장 자유롭게 봉사하는" 모든 사람에게도 복종해야 한다.[23]

---

20   *LW*, 44, 165.
21   Thompson, *Crossing the Divide*, 41.
22   *LW* 31, 344.
23   *LW* 31, 365.

위의 세 논문을 통해 우리는 루터가 하이델베르그 논쟁에서 밝힌 십자가 신학에 충실했음을 알 수 있다. 그러나 농민전쟁(the Peasants' War)에 대한 루터의 입장이 과연 그의 십자가 신학과 양립할 수 있는지에 관한 논쟁은 계속된다. 루터는 1523년에 출판한 논문 <세속적 권위에 대하여>(*On Temporal Authority*)에서 두 왕국과 두 정부의 신학(the theology of the two kingdoms and two governments)을 발전시켰다. 이 논문에서 그는 로마서 13:1의 말씀을 많이 인용한다.

> 각 사람은 위에 있는 권세들에게 복종하라 권세는 하나님으로부터 나지 않은 것이 없나니 모든 권세는 다 하나님께서 정하는 바라(롬 13:1).[24]

루터는 현재 존재하는 권세는 하나님이 세우신 것이라고 믿는다. 루터에 따르면 두 왕국은 그리스도인이 존재하는 두 중첩된 영역, 즉 하나님 앞에서 그리스도인의 삶과 사회에서 그리스도인의 삶을 가리킨다. 반면, 두 정부(The two governments)는 하나님이 세상을 다스리는 두 가지의 방법을 가리킨다.[25] 하나님은 모든 형태의 강압(all modes of coercion)이 배제되는 복음을 통해 교회를 통치하시는 동시에 율법과 강압으로 세상을 통치하신다. 하나님은 교회와 세상 모두의 통치자로 서 계신다.

그러므로 루터에 따르면 하나님의 범위(purview)를 벗어난 삶의 영역은 없다.[26] 하나님은 하나님의 이질적 작업(God's alien work)을 의미하는 왼손으로 지상 영역을 다스린다. 지상 영역이 하나님의 통치 아래 있으므로, 그리스도인들은 십자가를 통해 주어진 하나님의 자비와 용서에 대해 응답하며 자유롭게 살아갈 수 있다.

그런데도 루터의 두 왕국 교리는 종종 정치적 수동성을 초래한다는 비판을 받아왔다. 사실 루터는 그의 "평화에 대한 권고: 수와비아 농민의 12

---

24   *LW* 45, 85–129.
25   Steinmetz, *Luther in Context*, 114.
26   Thompson, *Crossing the Divide*, 50.

조항에 대한 답변"(Admonition to Peace: A Reply to the Twelve Articles of the Peasants in Swabia)에서 농민들에게 당국이 그들에게 가하는 고통과 불의를 수동적으로 견디라고 간청한다.[27]

또한, 1520년 늦봄에 쓴 소책자 『농민의 약탈과 학살에 대하여』(Against the Robbing and Murdering Hordes of Peasants)에서 루터는 농민들이 수동적으로 십자가에 못 박히신 그리스도의 모습을 닮아야한다고 주장한다. 그는 농민들이 그리스도의 이름으로 폭력을 저질렀기 때문에 하나님을 모독(blaspheming God)한 것이라고 비난한다. 루터는 또한 "경건한 기독교인은 농민의 대의에 일말의 동의를 표하기보다는 오히려 백번의 죽임을 당해야 한다"(A pious Christian ought to suffer a hundred deaths rather than give a hairsbreadth of consent to the peasants' cause)라고 말한다.[28] 설상가상으로 루터는 통치자들에게 농민전쟁에 대한 징벌로 필요할 때 칼을 들라고 권유한다.

농민전쟁(the Peasants' War)에 관해 쓴 글에서 비치는 루터는 고통받는 농민 대신 당국의 편에 서 있는 것 같다. 농민전쟁에 대한 루터의 이러한 입장은 그의 십자가 신학에 충실한 것인가?

몰트만은 루터가 믿음의 개혁에서 삶의 개혁이 필연적으로 뒤따른다고 믿었다고 지적한다. 다시 말해서, 루터는 지상 영역에서 "기독교인이 하나님의 소명을 인식"(recognition of divine vocation for every Christian)하는 것에서 사회개혁이 아주 자연스럽게 뒤따를 것이라고 믿었다는 것이다.[29]

캐나다의 대표적 신학자인 헤롤드 웰즈(Harold Wells)는 몰트만과 다른 이해를 보여준다. 그는 21세기의 민주-사회주의적(democratic socialist) 관점에서 루터를 읽으면 안 된다고 현명하게 경고한다. 우리는 루터의 상황을 고려하고 "그의 원래 동기는 면죄부 관행에 도전하는 것이었다"는 점을 기억해야 한다.

---

27　*LW* 46, 17-43.
28　*LW* 46, 54.
29　Moltmann, "Reformation and Revolution," 186. See also Thompson, *Crossing the Divide*, 57.

그러므로 면죄부 관행에 관한 도전에 관련하여, 죄와 은혜에 관한 전반적인 그의 신학은 대체로 교회의 억압에 속고 사기를 당한 가난한 사람들을 변호하는 것이었음을 기억해야 한다.[30] 웰즈는 중세에 종교계는 사회 정치적 세계와 너무 밀접하게 연결되어 있어서 종교개혁을 사회 정치적 개혁과 분리하여 생각할 수 없으며 그 반대의 경우도 마찬가지라고 주장한다.[31]

톰슨(Thompson)은 우리에게 아우크스부르크 제국의회(Diet of Augsburg, 1548)의 여파로 제국 당국에 대한 루터의 태도가 바뀌었음을 상기시킨다. 아우크스부르크 제국의회에서 루터의 친구 멜란히톤을 중심으로 작성된 루터파의 신앙 고백서(*Confessio Augustana*)가 황제 칼 5세(Emperor Charles V)와 영주들이 모인 제국의회 앞에서 낭독되었다. 하지만 황제나 다수를 차지하는 가톨릭파는 이 신앙 고백서를 거부하였고, 황제는 독일의 가톨릭 신학자 요한 에크(Johann Eck)에게 반박문을 작성하도록 승인하였다.

또한, 황제는 프로테스탄트들에게 그들의 주장이 반박되었다는 사실을 인정하라고 요구할 뿐만 아니라 제후들에게도 루터주의에서 빠져나와 가톨릭교회와 연합하라고 명령했다. 그러나 제후들은 루터주의에 대한 확신 때문에 절대로 물러서지 않았다. 이런 소용돌이 속에서 루터는 복음을 옹호하기 위해 어떤 권력과도 타협하지 않는 정신을 분명히 보여주었다.[32]

이때 루터는 적극적이고 전복적인(subversive) 불복종으로 제국 당국에 대항할 것을 강력히 촉구한다. 교회의 학대에 굴복하지 않겠다는 루터의 일관적인 거부행위는 궁극적으로 제국주의의 학대까지도 같은 모양으로 나타나게 되었다고 톰슨은 주장한다. 루터에 따르면, 복음이 위험에 놓일 때, 믿는 사람은 복음 선포를 방해하는 어떤 시도에도 적극적으로 저항해야 한다는 것이다.

---

30   Wells, "The Theology of the Cross and the Theologies of Liberation," 152.
31   Ibid., 152.
32   Thompson, *Crossing the Divide*, 74-78. 아우크스부르크 국회(The Diet of Augsburg)는 분열된 독일 종교 집단들 사이에서 타협을 이루기 위해 1530년에 카를 5세 황제에 의해 소집되었다.

루터는 모든 독일 사람은 복음을 수호하고 복음이 억압당할 때 저항해야 할 의무가 있다고 선언한다. 저항이 비록 협박하는 위협적인 제국 당국에 대한 무장 시위를 승인하는 것을 의미할지라도 저항하여 싸워야 한다고 선언한다.[33]

그러므로 루터의 십자가 신학은 단순히 개인의 영원한 구원을 위한 것만이 아니라 가난한 사람들에게서 사회적, 정치적, 종교적 권리를 박탈한 중세의 정치제도와 교회제도에 대한 심오한 도전이기도 하다. 그러나 루터의 십자가 신학이 과연 현대 상황 속에서 기여하는 자원이 될 수 있을까?

그렇다면 루터의 십자가 신학이 어떤 점에서 현대적 상황에 기여할 수 있는지 논의할 필요가 있다.

### 2) 루터의 십자가 신학이 현대적 상황에 기여한 것

루터의 십자가 신학이 현대적 상황에 기여할 수 있는 특징이 있다면 제일 먼저 하나님의 연대하심(divine solidarity)에 관한 개념을 꼽을 수 있다. 루터에게 "가장 기쁨이 되는 교리"(the most joyous of all doctrines)는 다름 아닌, 그리스도 안에서 하나님이 죄 많은 인류에게 손을 내밀어 인간의 죄의 결과를 스스로 취하셔서 정죄가 그들에게 내려지지 않도록 하셨다는 것이다.[34]

성육신하신 하나님은 그가 사랑하시는 자들의 고통을 함께 아파하신다. 루터의 십자가 신학은 강력한 교회 당국자들에 의해 억압받는 가난하고 소외된 사람들을 대신하여 분개한 데서 비롯되었다. 독특하게 루터의 하나님은 고통당하시는 하나님(a suffering God)이시다. 루터 신학의 전문가인 니엔(Ngien)은 "루터의 십자가 신학(Luther's *theologia crucis*)이 십자가에

---

33  *LW* 47, 35.
34  *LW* 26, 280. See also Wells, "The Theology of the Cross and the Theologies of Liberation," 151.

서 그리스도의 신성은 아무런 영향을 받지 않고 오직 그리스도의 인성만이 고통을 받는다는 신학적 이해에 대해 공격할 수 있는 여지를 만들어 주었다"고 주장한다.[35]

하나님은 전능하시고 불변하시고 외부로부터 영향을 받지 않는다고 이해하는 기독교 전통과는 대조적으로, 루터는 신성과 인성이라는 두 본성이 예수 그리스도의 단일(the unity of Jesus Christ in his two natures as divine and human)을 이룬다면 우리는 "… 이 인격적 연합 때문에 인간 예수에게 일어나는 모든 것은 그의 신성에 돌려야 하며 그와 반대로 그의 신성에 일어나는 모든 것은 그의 인성에 돌려야 한다"고 주장한다.[36]

우리는 루터가 그리스도의 고난을 어떤 방식으로 하나님의 고난으로 돌렸는지 이해하기 위해 두-본성 기독론(the two-nature Christology)과 그가 사용했던 "속성의 교환"(communicatio idiomatum)이라는 교리를 이해해야 한다. 루터에 따르면, 어떤 사람의 한 측면에 예속된다는 것은 그 사람 전체에 예속되는 것이다. 십자가에서 예수의 인성만이 고통을 받고 그의 신성은 고통에 참여하지 않는다는 것이 사실이라면, 그의 죽음은 단지 한 인간의 죽음이기 때문에 다른 어떤 성인의 죽음보다 더 유익한 것이 되지 못할 것이며, 그리스도의 희생은 신실한 자들의 본보기, 올바른 그리스도인의

---

[35] Ngien, *The Suffering of God*, 71. 루터는 칼케도니아의 정설에 따라 하나님의 초월성을 확보하려는 시도에서, 하나님의 아들은 고난을 당하거나 죽지 않으며 인간 그리스도만이 고난을 받고 죽으실 뿐이라고 주장하는 쯔빙글리를 부인하면서 그리스도의 위격의 단일성을 강조한다.
See *LW* 23, 101-3. 루터는 또한 그리스도의 인성이 고난을 당할 때 속성의 교환(communicatio idiomatum)을 통해 그분의 신성도 인성과 함께 고난을 당한다고 주장한다. 루터는 그의 저서 『On the Councils and the Church』(1599)에서 속성의 전달에 대한 Nestorius의 이해를 반박했다. 루터는 "네스토리우스의 오류는 그가 그리스도를 순수한 사람으로 믿었거나 그를 두 인격으로 만든 것이 아니다"라고 주장한다. 네스토리우스는 한 위격 안에 신성과 인성의 두 본성을 고백하지만 두 본성 사이의 속성의 전달은 허용하지 않는다. See *LW* 41, 100.

[36] *LW* 37, 210. See also Wells, "The Theology of the Cross and the Theologies of Liberation," 150.

합당한 미덕의 모델로만 작용할 수 있을 것이다.

루터에게 있어 그리스도는 그의 신성에 따라서도 고통에 의해 영향을 받아야 한다는 것이 자명한 신학적 이치(a theological axiom)이다.**37** 그리스도의 인성이 고통당할 때 그의 신성도 인성과 함께 "속성의 교환"을 통해(*via communicatio idiomatum*) 고통을 받는다.

루터는 신성에서 인성으로 뿐만 아니라 인성에서 신성으로 움직이는 진정한 소통의 개념을 주장함으로써 알렉산드리아의 기독론(Alexandrian Christology)을 초월한다.**38** 그리스도 안에 있는 신적 속성과 인적 속성의 상호침투(the mutual penetration of the divine and human properties in Christ)는 루터가 사용하는 "쇠와 불"의 카파도키아인의 이미지(the Cappadocian image of iron and fire)에 의해 잘 표현되어 있다.

---

37　Ngien, *The Suffering of God*, 75.

38　Ibid., 68-86. 알렉산드리아(Alexandrians) 신학자들(Cyril, John of Damascus)은 주로 한 방향, 즉 인간 본성에 관한 신적 본성의 작용 측면에서만 전달을 생각했다. 알렉산드리아의 감독인 키릴루스(Cyril)는 로고스인 그리스도가 성육신을 통해 인간의 육체를 취했지만 인성은 수동적인 것에 불과하고, 연합 후 그분은 하나의 본성 즉 신성만을 지닌다고 주장한다. 반면에 안디옥(Antiochians) 출신으로 콘스탄티노플의 감독인 네스토리우스는 그리스도는 성육신을 통해 신성과 인성, 두 본성을 지닌다고 주장했다. 키릴루스가 예수 그리스도 안에서 속성의 교류를 통한 신성과 인성의 통일을 강조했다면, 네스토리우스는 신성과 인성의 구별을 강조했다. 그 후 칼케돈 신조(451)는 그리스도의 두 본성이 "혼합 없이(unconfusedly), 변함 없이(unchangeably), 분할 없이(indivisibly), 분리 없이(inseparably) 존재한다"고 선언했다. 안디옥파와 알렉산드리아파는 이 네 단어를 서로에게 유리한 대로 해석했다. 안티옥학파는 '혼합 없이, 변함 없이'라는 것은 신성과 인성이 그리스도 안에서 구별되며 섞일 수 없음을 천명한 것이기 때문에 자신들의 승리라고 주장했고, 알렉산드리아학파는 '분할 없이, 분리 없이'라는 표현을 부각하면서 그리스도의 한 본성과 한 위격에 대한 강조라고 주장했다. 이렇듯 칼케돈 신조는 사실상 알렉산드리아학파와 안티오키아학파의 주장을 세심하게 절충한 타협안이었다.

그러나 루터는 속성의 전달을 본성에서 인간 예수로 전달하는 것에서 한층 더 나아간다. 루터는 그리스도의 인격 안에서 두 본성 사이의 속성의 진정한 소통이라는 개념을 생각한다.

루터는 "속성의 교환"(*via communicatio idiomatum*) 개념을 이처럼 설명한다. "달궈진 쇠의 열을 만지는 사람은 누구나 쇠를 만지는 것이고, 그리스도의 피부를 만지는 사람은 실제로 하나님을 만진 것이다."[39] 니엔은 루터가 "속성의 교환"(*communicatio idiomatum*) 교리를 사용함으로써 "신성의 무감각"(divine *apatheia*)이라는 헬레니즘 교리와 결별한다고 지적한다. 루터에게 그리스도 인격의 절대적 연합(the absolute unity of Christ's person)은 그가 당한 고통과 사역 모두가 신성과 인성을 포함한 그리스도의 인격(the entire person) 전체에 영향을 미친다는 것을 의미한다.[40]

영광의 신학(*Theologia gloriae*)은 하나님께서 십자가에 못 박히신 그리스도와 동일시하는 관점에서 하나님의 본성을 정의하는 데 실패했다. 영광의 신학은 십자가를 신성한 무관심(divine apathy)이라는 선입견을 품은 형이상학적 개념에 종속시킨다. 따라서 루터는 영광의 신학(*theologia gloriae*)을 거부한다. 루터에 따르면 하나님이 고통을 당할 수 없는 분이라면 십자가는 하나님의 계시가 될 수 없다. 예수, 즉 십자가에 못 박히신 분이 하나님의 실제 내용이요, 하나님의 참 정체성을 계시하신 것이기 때문이다. 그러므로 기독교 신앙은 성육신하신 하나님, 인간으로 오신 하나님, 십자가에 못 박히신 하나님 외에 다른 어떤 하나님도 말하지 말아야 한다. 예수 그리스도 안에 존재하는 신성과 인성, 두 본성의 구체적인 연합은 하나님이 고통을 느낄 수 있어야 한다(the passibility of God)는 조건을 요구한다.

성육신 안에서 하나님은 아들의 인성(the humanity of the Son)에서뿐 아니라 영원한 성자 하나님(God the Eternal Son)으로서 고통을 당하신다. 왜냐하

---

[39] *LW* 26, 266. On the origin of this image, see the note 95 in *LW* 23, 123–124: "From its source in Origen and in Basil this analogy of the glowing iron came into John of Damascus(Origen과 Basil의 출처에서 빛나는 철의 비유가 다마스쿠스의 요한에게 왔다). See "Exposition of the Orthodox Faith," Book III, chapter 17(Concerning the Deification of the Nature of our Lord's Flesh and of His Will) in *The Nicene and Post-Nicene Fathers* 9, Second series(New York: Charles Scribner's Brothers, Oxford and London: Parker & Company, 1899), 65–66.

[40] *LW* 28, 267.

면, "하나님의 아들(God's Son)과 마리아의 아들(Mary's Son)은 서로 다른 인격체가 아닌 오직 "한 인격체"(one Person) 또는 "한 아들"(one Son)이기 때문이다."⁴¹ 그러므로 루터는 고통을 존재론적으로 하나님의 존재 또는 하나님의 영원한 아들에게 "필연적인 구성 요소"로 보는 것이다.⁴²

위에서 논의한 바와 같이, 루터는 "속성의 교환론"(the doctrine of the *communicatio idiomatum*)을 통해 그리스도의 고통이 하나님의 존재 전체/신-인 전체(in the totality of God's being/ God-man *in toto*) 안에서 하나님 자신의 고통임을 확립하였다. 따라서 루터는 아파테이아 개념(the conception of apatheia)을 폐기한다. 루터에게 그리스도는 그의 존재 전체에서 고통당하셨고, 성자 하나님은 성부 하나님과 동질적인 존재이다(*homoousios* with the Father). 아버지가 아들로서 죽음의 고통을 겪은 것은 아니지만, 아들과의 신성한 연합을 통해 고통을 당하신 것이다.⁴³

루터는 그의 십자가에 못 박힌 하나님에 대한 기독론을 속성의 교환론을 통해 확실하게 발전시켰다. 그러나 몰트만은 루터의 기독론이 삼위일체의 교리로 발전하지 못했다며, 루터의 기독론에서 발견되는 약점을 다음과 같이 지적한다.

> 루터는 "하나님"이라는 이름을 일반적(generically)이고 무분별하게(promiscuously) 사용하는 경향이 있다. 그는 일반적으로 "하나님"을 하나님의 본성(the nature of God), 하나님의 아들의 인격(the person of the Son of God), 또는 아버지와 성령의 인격(the persons of the Father and the Holy Spirit)을 뜻하는 의미로 사용한다…. 루터는 … 십자가에 못 박으신 하나님(the God who crucifies)과 못 박히신 하나님(the crucified God), 죽으신 그러나 죽지 않으신 하나님(the God who is dead and yet is not dead); 그리스도 안에 나타나신 하나님과 그리스도 위에 계시고 그 너머에 숨으신 하나님(the manifest God in Christ and

---

41   *LW* 24, 97. See also *LW* 15, 341.
42   Ngien, *The Suffering of God*, 86.
43   *LW* 24, 98.

the hidden God) 사이의 역설적 구분(paradoxical distinctions)이라는 문제에 봉착하게 된다.[44]

이러한 루터의 문제점을 몰트만은 어떻게 극복하려했는지, 그의 십자가 신학을 자세히 살펴보며 분석하도록 한다.

## 2. 몰트만의 십자가 신학

모든 신학은 우리의 삶의 장(Sitz im leben)으로부터 시작된다. 몰트만의 십자가 신학도 그가 겪은 다양한 역사적 사건들을 통해 시작되고 발전되었음을 알 수 있다. 특히, 몰트만은 10대 시절 그의 고향인 함부르크가 연합군의 "고모라 작전"에 의해 폭파될 때(1943) 함께 있던 그의 친구는 죽고 본인만 살아남게 되는 경험을 한다. 그뿐만 아니라 제2차 세계대전이 발발한 후, 3년간(1944-6) 전쟁포로가 되어 많은 고통을 치르는 중에 하나님을 만나게 된다. 이러한 체험들은 그의 신학에 지대한 영향을 미쳤다.

몰트만은 그의 두 번째 저서인 『십자가에 죽으신 하나님』(*The Crucified God*)에서 "그때부터 나에게 하나님에 관한 물음은 정의를 바라는 희생자들의 외침과 죽음의 길에서 벗어나고자 하는 가해자들의 목마름과 동일한 것이었다"[45]라고 증언한다.

그러나 몰트만의 신학에 영향을 준 것은 전쟁 경험만이 아니다. 전쟁 후 발생한 많은 역사적 사건이 몰트만의 신학 발전에 지대한 영향을 끼쳤음을 알 수 있다. 몰트만은 2000년도에 펴낸 그의 저서 『신학에서의 경험: 기독교 신학의 방식과 형식』(*Experiences in Theology: Ways and Forms of Christian Theology*)에서 다음과 같이 기록한다.

---

44  Moltmann, *The Crucified God*, 235.

45  Jürgen Moltmann, *The Crucified God*, xi.

나의 신학적 방법은 … 신학적 사고의 대상에 관한 인식을 하게 되면서 발전하게 되었다. 내가 걷기 시작하자 길이 눈앞에 출현했다. 그리고 그 길을 걸으려는 나의 시도는 물론 나의 개인의 삶과 내가 사는 정치적 상황과 역사적 카이로스(하나님의 때)에 의해 결정된 것이다.[46]

몰트만은 그의 신학에 사회적 시대적 변화를 반영하기 위해 시대적 상황에 항상 귀를 기울인다고 말한다. 몰트만은 시대적 고통을 인지하지 않고 오히려 거부하는 사회의 그릇된 낙관주의(the false optimism of his society)에 대한 비판(critique)으로서 십자가 신학에 눈을 돌렸다고 한다.[47] 그는 그리스도인의 희망과 사랑이 오직 고통당하는 이들과 연대하는 십자가에 못 박히고 부활한 예수에 의해서만 지속 가능하다고 주장한다.

몰트만은 고통 속에 있는 세상을 볼 때 초연한 행복 속에서 하늘 보좌에 앉아 있는 신은 받아들일 수 없다고 주장한다.[48] 따라서 우리는 그리스도의 고난의 진정한 의미가 무엇인지, 그리고 그리스도가 아버지에 의해 버림당하셨다(Christ's forsakenness by God)는 관점에서 하나님의 존재를 어떻게 이해해야 하는지를 반드시 질문해야 한다.

이러한 질문에 답하려면 몰트만은 우리가 세상의 고통을 보기 전에 그리스도의 고통에 관한 문제를 먼저 보아야 한다고 주장한다. 왜냐하면, 우리가 십자가에서 하나님의 아들 예수와 하나님 아버지 사이에 어떤 일이 있었는지를 분명히 알게 되면 비로소 하나님이 우리의 존재와 삶을 위하신 분이라는 것이 분명해지기 때문이다.[49]

---

46  Jürgen Moltmann, *Experiences in Theology: Ways and Forms of Christian Theology*(Minneapolis: Fortress Press, 2000), xv.
47  Ibid., 13-14.
48  Jürgen Moltmann, *The Crucified God*, 274.
49  Ibid., 235 ff. 몰트만은 바울과 마가에 따라 그리스도와 그가 그의 아버지라고 부른 하나님 사이에 그리스도의 십자가에서 일어난 일을 자세히 설명한다. 예수님 자신도 그의 아버지이신 하나님께 버림받고 하나님에 의해 버림받았다는 부르짖음과 함께 죽으셨다. 그리스도와 그가 아버지라고 부르신 하나님 사이에 십자가

이처럼 몰트만에게 십자가는 신학과 교회의 중심에 자리 잡고 있다. 신학의 기초이자 기준이 되는 십자가에 관한 몰트만의 신학적 이해를 살펴보도록 한다.

### 1) 신학의 기초와 비판으로서 십자가

몰트만에게 십자가는 "모든 신학의 내적 기준"(inner criterion of all theology)이자 "모든 신학의 핵심 서명"( key signature of all Christian theology)이다.[50] 그는 "오늘날 교회가 처한 위기는 다름 아닌 십자가에 못 박히신 그리스도의 교회로서의 존재 자체의 위기"라고 주장한다.[51] 그러므로 우리는 십자가에 못 박히신 예수 그리스도야말로 "모든 교회, 신학자, 신앙 형식(forms of belief)에 대한 진리의 기준이 됨을 잊어서는 안 된다."[52]

그리스도인이라면 우리를 가장 신랄하게 심판하시고 거짓과 허영심에서, 권력투쟁과 두려움에서 근본적으로 해방해 주시는 그 한 분께 호소해야 할 것이다.[53] 감히 십자가에 못 박히신 그리스도의 이름으로 지칭하는 우리의 신앙, 교회, 신학은 우리가 십자가에 못 박힌 그리스도에 대해 진정으로 믿는 것과 우리의 믿음에서 끌어내고자 하는 실제적인 결과들을 보여주어야 한다.[54]

『십자가에 달리신 하나님』(The Crucified God)에서 몰트만은 이와 같은 근본적인 질문, 즉 "어떤 십자가 신학이 본디오 빌라도의 치하에서 십자가형을 받으신 나사렛 예수에게 정당한 것이며 오늘날에 유효한 것인가"에

---

에서 일어난 일을 설명하기 위해 그는 "파라디도나이"(paradidonai)라는 단어가 마가와 바울 서신에서 어떻게 사용되었는지 살펴본다. See also, Moltmann, *The Way of Jesus Christ: Christology in Messianic Dimensions*, 172–178.

50 Jürgen Moltmann, *The Crucified God*, 2, 72.
51 Ibid., 2.
52 Ibid., 2.
53 Ibid., 2.
54 Ibid., 3.

관해 고민한다. 이 문제에 답하기 위해 우리는 예수의 역사와 십자가로 돌아가야 한다.

몰트만은 "고립된 십자가에서가 아니라 예수의 생애와 부활이라는 맥락에서 이해되는 십자가에서 예수는 또 다른 유죄 판결을 받은 범죄자나 무고한 희생자가 아니라 사랑 안에서 우리 모두의 형제가 된 분으로 인식될 수 있다"고 강조한다.[55] 역사적으로 볼 때 경건하지 않은 자들(the godless)을 위한 하나님의 의롭다고 하시는 은혜에 관한 예수의 메시지와 그분이 나누신 죄인들과의 교제의 삶은 세상이 그에게서 등돌리게 했다.

그러므로 예수님의 죽음은 경건하지 않은 자(the godless)의 편에 서신 하나님을 선포한 결과였다. 몰트만의 십자가 신학에서 강조하는 것 중 하나는 다름 아닌 "예수의 삶과 죽음은 반드시 그의 부활에 비추어서 보아야 한다"는 것이다. 그 이유는 "부활하심에 비추어서 볼 때에만 예수님의 죽음이 하나님의 아들 그리스도의 죽음으로 이해되며 특별하고 독특한 구원의 의미를 갖게 되기 때문"이다."[56]

몰트만의 변증법적 기독론(The dialectical Christology of Moltmann)은 부활하신 예수의 죽음(the death of the resurrected Jesus)과 십자가에 못 박히신 그리스도의 부활을(the resurrection of the crucified Christ) 대비한다. 십자가에 못 박히신 예수는 그의 죽음에서 불경건(godlessness), 버려짐(godforsakenness), 덧없음(transitoriness)과 같은 현실의 모든 부정적 요소들과 동일시된다. 바로 이 동일한 예수가 버려진 현실을 새로 창조하시겠다고 하신 하나님의 약속을 확증하기 위해 죽음에서 부활하신 것이다.

오실 하나님의 영광으로 부활하신 예수님은 바로 십자가에서 불경건하고 버림받은 자들과 동일시하여 그들에게 부활의 새 생명을 주시기 위해 성육신하신 하나님이다.

십자가에 못 박히신 그리스도의 부활은 새로운 미래에 대한 하나님의

---

55　Ibid., 51.
56　Ibid., 182.

약속이자 희망을 불러일으키는 것이다.⁵⁷ 십자가에 못 박히신 그리스도를 살리신 하나님은 역사 속에서 미래의 하나님 나라를 기대하게 하고 변화(transformation)를 향한 희망의 근원이 되신다. 진정한 기독교적 희망은 사람들을 악에 저항하고 세상을 구하기 위해 힘쓰도록 선교사역으로 부른다.⁵⁸

그의 변증법적 기독론에서 몰트만은 십자가에서 하나님이 계시하신 측면을 강조한다. 즉, 십자가에서 하나님은 율법, 정치 종교, 유신론적 종교의 거짓 신들과 반대되는 것으로 자신을 계시하신다.⁵⁹

몰트만은 다음과 같이 설명한다.

> 십자가의 죽음으로 몰아간 예수의 역사는 그 자체가 신학적 역사이다. 그리고 그 역사는 하나님과 우상들 간의 갈등이 지배적이다. 그 갈등은 예수님이 자신의 아버지라고 선포한 하나님과 율법 수호자들이 이해한 율법의 하나님 사이, 그리고 로마 점령국의 정치적 우상들 사이의 갈등이다.⁶⁰

십자가에 못 박히신 그리스도는 인류를 율법, 정치, 종교의 우상과 유신론적 종교들의 노예 상태에서 해방한다.

**첫째**, 예수님은 율법 수호자들에 의해 율법을 모독한 죄인으로 십자가에 못 박히셨다. 에른스트 케제만(Ernst Käsemann)과 같이, 몰트만은 자신을 모세와 토라의 권위 위에 두는 경향이 특징인 예수의 가르침을 본다.⁶¹ 예수님은 사역하실 당시에 팽배했던 율법에 관한 이해의 한계를 넘어서는 주권적 권위를 자신에게 두시고, 율법 없는 자와 율법을 범한 자에게 죄

---

57 Jürgen Moltmann, *Theology of Hope: On the Ground and the Implications of a Christian Eschatology*(London: SCM Press, 1965), 30.
58 Ibid., 22.
59 Jürgen Moltmann, *The Crucified God*, 68-69.
60 Ibid., 127.
61 E. Käsemann, *Essays on New Testament Themes*(London: SM Press, 1964), 37.

사함을 베푸심으로 그들을 향한 하나님의 종말론적인 은혜의 법을 몸소 증명해 보이셨다.

그렇게 함으로써 예수님은 종교인과 세속인, 의인과 불의한 자, 경건한 자와 죄인 사이의 율법적 차등을 폐지하는 새로운 의의 기초를 도입하심으로써 자신을 율법과 대치 관계에 두셨다. 예수님은 또한 심판으로 임박한 하나님의 나라가 아니라 은혜로 죄인을 의롭다하는 복음을 전파하셨다.

예수님에게 하나님 나라는 잃어버린 자들을 찾고 불의한 자들을 받아들이는 하나님의 무조건적이고 거저 주어지는 은혜로 임하는 것이다. 이러한 관점에서 볼 때, 예수의 생애와 사역은 율법에 대한 당대의 지배적인 이해와 신학적 충돌을 일으켰음을 알 수 있다. 이것이 바로 누가복음에서 예수님이 율법에 따라 불법자와 동류로 여김을 받아 죽으신 것으로 묘사되는 이유이다(눅 22:37).

사도 바울 역시 율법과 관련해 십자가에 못 박히신 예수님의 죽음을 해석하고 있는 것을 볼 수 있다. 로마서 10:4에서 사도 바울은 "율법으로 말미암아 예수가 십자가에 죽으셨으므로 부활하시고 높임을 받으신 예수는 율법의 마침이 되시므로 믿는 자마다 의롭다 함을 얻게하셨다"라고 기록한다. 그러므로 십자가에 못 박히신 하나님은 우리를 율법주의의 우상들로부터 해방한다.

여기에서 몰트만은 루터와 동일한 주장을 펴며, 행위로 의롭다고 함을 얻으려고 하는 자는 자신의 업적들을 우상화하고 그 우상의 노예가 된다고 강조한다.[62]

**둘째**, 예수님의 십자가형은 또한 하나님과 로마 점령국의 정치적 우상들 사이의 갈등에 의해 야기되었다. 몰트만에 따르면, 예수는 단순히 예루살렘의 평화와 질서라는 당면한 정치적 이유뿐만 아니라 팍스 로마나(*Pax Rommana*)를 보장하는 로마 제국의 우상들의 영광을 위해 로마인에 의해

---

62  Jürgen Moltmann, *The Crucified God*, 128-135.

십자가형을 당하신 것이다.⁶³ 이는 초대교회의 기독교인들이 공개적으로 황제 숭배를 거부하며 종교적이면서도 정치적인 행위인 순교를 자처했던 사실에서 증명된다.

몰트만은 예수가 정치범으로서 십자가에 못 박혔다는 사실로부터 십자가 신학에 정치적 차원을 더한다. 예수는 어떤 면에서 팍스 로마나를 위협했던 정치범으로 십자가에 못 박혔지만, 하나님께서 그를 일으키시고 그의 정당함을 입증해 주셨다. 따라서 십자가 신학은 현대의 비정치적 의미(non-political sense)나 사적인 종교(private religion) 차원에서의 "순수 신학"(pure theology)이 아니다.⁶⁴

십자가 신학은 국가, 제국, 인종, 계급의 정치적 종교에 맞서 그리스도의 자유와 은혜의 법에 대한 공개적인 증거를 담고 있다. 종교가 기존의 정치 및 사회 체계를 신성화하는 데 도움을 줄 때마다 정치 종교들이 출현하게 된다. 다시 말해서, 종교가 통치자들과 통치체계를 절대화하여 결과적으로 지배와 노예화의 패턴을 낳을 때 일종의 정치적 우상숭배로 전락하게 되는 것이다.⁶⁵

하나님은 가난한 자, 억눌린 자와 모욕당하는 자들의 하나님이라는 차원에서만 정치적 의미가 있다.⁶⁶ 따라서, 정치적 이유로 십자가에 못 박힌 그리스도의 통치는 남성[여성]을 노예화하거나 비인간적으로 만드는 모든 통치 형태와 그들에게 안정을 주는 정치적 종교들로부터의 해방을 통해서만 확장될 수 있다."⁶⁷

**셋째**, 몰트만은 그리스도의 십자가는 유신론적 거짓 우상을 부정하고 인간을 그것으로부터 해방한다고 주장한다. 몰트만은 인간의 유한성에 반하여 하나님의 무한성을 정의하는 전통적인 형이상학적 하나님 개념의 차원에서 유신론(theism)이란 말을 사용한다. 유신론에 따르면 인간은 유한

---

63 Ibid., 136.
64 Ibid., 144-145.
65 Ibid., 328.
66 Ibid., 328.
67 Ibid., 329.

하고, 죽을 수밖에 없고, 약하고, 고통당하는 존재지만 하나님은 불가분하고, 불변하며, 고통받지 않고, 불멸하며, 전능한 분이다.

그러므로 인간은 고통과 죽음으로부터 완전히 자유로운 신적 존재 안에서 자신이 당하고 있는 고통과 죽음의 허무로부터 해결 받기를 추구한다.[68]

몰트만에 따르면 십자가에 못 박힌 하나님은 유신론적 종교의 거짓 신과 다르다. 유신론의 우상숭배는 고통당하거나 죽을 수 없는 어떤 신에게 "권위적인 보호를 받기 위해 유치한 인간적 욕구를 투사"함으로써 고통과 죽음으로부터 자유롭기를 추구한다. 반면에, 십자가에 못 박힌 하나님은 사랑의 연대를 통해 고통과 죽음에서의 해방을 선포하신다.[69]

### 2) 무신론과 유신론의 맥락에서 보는 그리스도의 십자가

몰트만은 하나님이 십자가를 통해 고통받는 하나님으로 계시된다고 주장하면서 무신론과 유신론의 맥락에서 예수 십자가에 관한 논의를 설정한다.[70] 그리스도의 십자가는 자연신학, 특히 하나님의 존재에 대한 우주론적 논증에 기초한 전통적인 유신론(theism)에 반박한다.

몰트만은 하나님의 존재를 자연계에서 명백히 발견할 수 있다거나 하나님의 존재가 연역될 수 있다고 주장하는 모든 종류의 자연신학을 거부한다. 그는 악과 고통으로 가득 찬 세상의 현재 상태가 하나님을 증명하지 못할 뿐만 아니라 오히려 하나님을 부정할 수 있는 근거들을 제공한다고 주장한다.

몰트만에게 유신론의 근본적인 문제는 "전능하고 상처받을 수 없는(invulnerable) 창조주이자 세상의 통치자이신 하나님이 고통으로 가득한 이 세상에서 어떻게 정당화될 수 있습니까?" 라는 신정론의 문제이다.

---

68  Ibid., 214.
69  Ibid., 216-219.
70  Ibid., 207-227.

이러한 신정론의 문제를 논의하기 위해 몰트만은 도스토예프스키의 명작인 『카라마죠프의 형제들』에서 나오는 한 장면을 소개한다. 이반은 항의적 무신론(protest atheism), 즉 세상의 불의에 대한 투쟁으로부터 출현한 무신론을 대표한다. 이반은 자신이 왜 하나님을 부인하는지, 그 이유를 밝힌다. 이반은 그의 동생 알로이샤와 논쟁하는 중에 "미래에 하나님의 어떤 종말론적 목적을 성취하기 위해 지급해야 할 대가라며 고통을 정당화하는 모든 종말론적 신정론(eschatological theodicy)에 나는 반대한다"고 말한다.[71]

그의 논지를 설명하기 위해 이반은 실수로 지주가 가장 좋아하는 개를 다치게한 여덟 살짜리 농노 소년에게 일어난 이야기를 들려준다. 지주는 그 소년을 마치 짐승처럼 사냥하게 하여 어머니의 눈앞에서 주인의 사냥개들에 의해 갈기갈기 찢겨 죽게 하였다. 이 이야기를 통해 이반은 이런 종류의 부당하고 무의미한 고통을 세상에 대한 궁극적인 하나님의 목적의 일부로 정당화하려고 시도하거나 정당화하는 것은 이해할 수 없을 뿐만 아니라 도덕적으로도 용납될 수 없다고 주장한다.

마지막 때(at the *eschaton*)에 이해가 된다고 하더라도 이반은 무고한 자의 고통 위에 세워진 영원한 조화(eternal harmony)를 결코 받아들이지 않을 것이라고 말한다. 따라서, 이반은 신의 개념이 도덕적으로 용납될 수 없다(morally unacceptable)고 결론을 내린다. 그리고 무고한 자의 고통을 정당화함으로써 신이 정당화될 수 있다는 생각을 거부한다.

항의하는 무신론의 문제를 논의하면서 몰트만은 십자가에서 못 박힌 그리스도는 항의하는 하나님이라고 주장한다. 이에 동의하며 몰트만의 신학 전문가인 보컴(Bauckham)은 신정론의 중요한 원리를 가르친다. 무고하고 무의미한 고통(the innocent and senseless suffering)을 하나님의 목적에 필요한 것으로 정당화하거나 더 높은 목적을 위해 꼭 필요한 것으로 받아들여

---

71   Ibid., 220. Moltmann cites Fyodor Dostoevsky, *The Brothers Karamazov*(New York: Bantam Books, 1981), in the Book V(Pro and Contra), chapter 4(Rebellion), 292.

도 안 된다.⁷²

이러한 정당화는 악에 대해 일어나는 도덕적 분노(moral outrage)를 억누름으로써 고통을 덜어주고 극복하려는 동기를 제거한다. 최악의 경우, 그러한 정당화는 신권적(theocratic) 또는 무신론적(atheistic) 전체주의 정권(totalitarian regimes)이 무고한 고통을 가하는 것도 정당화한다. 그러므로 보컴은 고통의 문제에 대한 적절한 신학적 대응은 반드시 고통을 극복하기 위한 주도권을 포함해야 한다고 단언한다.

적절한 신학적 응답은 고통에 대한 항의를 유지하고, 고통을 극복하기 위한 동기로 전환하는 데 도움이 되어야 한다는 것이다.⁷³ 이 시점에서 우리는 어떻게 하면 무고하고 무의미한 고통에 대한 항의를 유지하면서도 혁명 정권이 폭정(tyranny of the revolutionary regime)으로 전락해 버리는 것을 피할 수 있을까 질문하게 된다. 신에게 항의함으로써 인류는 인간의 운명에 대한 통제권을 주장해 왔다. 그러나 정의로운 세계를 구축한다는 구실로 혁명 엘리트들은 무고한 고통을 가하고 필요한 수단을 동원해서 반란을 효과적으로 진압했다. 이러한 방식으로 현대는 종말론적 신정론(eschatological theodicy)과 마찬가지로 고통을 정당화하는 종말론적 인정론(eschatological anthropodicy)으로 대체하였다.⁷⁴

몰트만은 항의적 유신론을 진지하게 받아들이면서 고통에 대한 어떤 정당화도 거부한다.⁷⁵ 죌레(Dorothee Soelle)는 아우슈비츠(Auschwitz) 생존자인 엘리 위젤(Eli Wiesel)의 자서전적 비망록인 『밤』(Night)에 관해 자세히 논의하면서, 우리가 전능하신 하나님으로부터 눈을 돌려 실존적으로 아래로부터 십자가를 인식해야 한다고 주장한다.

반면에 몰트만은 죌레와 같이 위젤의 『밤』에 나오는 한 장면을 발췌하여 기독교의 하나님은 불의로 가득한 인간의 역사 아래 고통당하고 항의

---

72 Richard Bauckham, *The Theology of Jürgen Moltmann* (Edinburgh: T &T Clark, 1995), 81-82.
73 Ibid., 81-82.
74 Ibid., 76.
75 Jürgen Moltmann, *The Crucified God*, 165, 278.

하는 하나님이라고 주장한다.[76] 이 장면은 아우슈비츠(Auschwitz) 가까이 있는 뷰마(Buma)라고 불리는 캠프에서 일어난 것이다.

나치 친위대(SS 또는 Schutzstaffel)가 캠프 앞에 유대인 어른 두 명과 소년 한 명을 목매달았다. 두 어른은 곧 죽었지만, 어린아이는 몸이 가벼워서 아직 살아 있었다. 엘리 위젤은 그 장면을 이렇게 기록한다.

> 반 시간쯤 흘렀으나 그 아이는 우리 눈앞에서 아직도 삶과 죽음 사이에 괴로워 하며 서서히 죽어가고 있었다. 내가 그의 앞으로 지나가고 있을 때 그 아이는 아직 살아 있었다. 그의 혀는 아직도 붉고 그의 눈은 아직 흐려지지 않은 상태 였다. 내 등 뒤에서 어떤 사람이 "지금 하나님은 어디에 계신 거야"라고 묻는 소리가 들렸다. 그때 내 안에서 한목소리가 답하고 있었다.
> "그가 어디 계시냐고?
> 여기에 있지. 바로 여기에 …. 신은 여기 바로 이 교수대 위에 매달려 있지 ….”[77]

이미 제2장에서 죌레의 실존적 십자가 이해와 관련하여 언급한 것처럼, 이 이야기는 위젤이 하나님에 관한 신앙을 잃게 되는 마지막 결정적인 단계를 보여준다. 위젤에게 하나님에 관한 믿음의 가능성은 이 죽어가는 아이와 함께 죽어간다.[78] 위젤은 이반 카라마조프와 마찬가지로 아우슈비츠를 허락한 바로 그 하나님께 항의하는 것이다. 그는 섭리적 정의의 하나님 (the god of providential justice)에 관한 믿음을 상실한다.[79]

---

76　Elie Wiesel, *The Night Trilogy: Night, Dawn, the Accident*(New York: Hill Wang, 1987).
77　Ibid., 72-73.
78　Richard Bauckham, *Theology of Jürgen Moltmann*, 78.
79　Ibid., 80. 그러나 단순한 생존을 위한 투쟁 중에 Wiesel은 극심한 고통의 비인간 화하는 힘을 경험하며 랍비 Eliahou의 아들이 한 것처럼 자신의 아버지를 저버리 지 않도록 힘을 달라고 기도하는 자신을 발견한다. Bauckham은 여기에서 Wiesel 이 고통의 문제에 대한 변증법적 관계에서 신의 개념을 인식한다고 지적한다. 하

그러나 몰트만은 이 이야기를 되새기며 "지금 하나님은 어디에 계시는 것이야?"라는 질문에 위젤과는 다른 의미를 찾는다. 위젤처럼 몰트만도 교수대 위에서 죽어가는 아이와 함께 죽어가는 하나님을 본다. 위젤은 하나님이 신정론의 질문에 더 이상 답을 줄 수 없으므로 교수대에서 죽어가는 소년을 지켜보면서 자신의 믿음에 종결을 선고하였다. 그러나 몰트만은 지금 교수대 위에서 죽어가는 아이와 함께 고통당하시는 하나님을 본다. 몰트만은 다음과 같이 설명한다.

> 이 고통에 관한 질문에 대해 우리는 어떤 다른 기독교적 해답도 줄 수 없다. 여기서 고통당할 수 없는 하나님에 관해 말하는 것은 하나님을 악마로 만드는 것이다. 여기서 절대적 하나님에 관해 말하는 것은 하나님을 소멸시키는 무(an annihilating nothingness)로 만드는 것이다.[80]

몰트만에게 하나님은 항의하는 하나님이다(God is a protesting God). 성육신하신 하나님은 사랑하시는 자들의 고통을 당신의 고통으로 느끼시고 함께 고통을 지신다. 하나님은 무고하고 무의미한 고통에 대한 그들의 항의를 받아들이고 표현하신다.

몰트만은 "나의 하나님 나의 하나님 어찌하여 나를 버리셨나이까?"(*Eloi, Eloi, Lama Sabachthani?*)라는 예수님의 외침에서 십자가에 못 박히신 그리스도가 무고하게 고통당하는 자들을 대신하여 항의하신다고 본다. 예수님의 외침은 고통을 숙명적으로 받아들이는 외침이 아니라 불경건한 자들(the godless)과 버림받은 자들(the god-forsaken)과 동일시하시는 자의적 사랑의 외침인 것이다. 따라서 고통에 대한 저항은 십자가에 의해 억제되는 것이 아니라 오히려 유지되며, 예수님을 따르는 사람들이 사랑의 연대를 실

---

나님은 반역자가 고발하는 역사에 대한 권위자일 뿐만 아니라 그는 또한 용납할 수 없는 고통에 직면하여 인간을 인간답게 유지하는 인간의 가치를 대표하고 유지한다. 하나님은 반역자가 허무주의에 빠지는 것을 막는 인간의 존엄성과 인간의 연대에 대한 확신 안에 살아 계신다.

80  Jürgen Moltmann, *The Crucified God*, 274.

천하는 데 필수적인 요소가 된다.

지금까지 많은 것을 말했지만 우리에게는 아직도 중요한 질문이 남아 있다.

하나님께서 우리와 함께 고통당하시며 우리가 괴로워할 때 깊이 관여하신다고 하더라도 고통을 극복하기 위해 할 수 있는 모든 것을 다 하시지 않는다면, 그 하나님이 과연 좋으신 하나님이라고 말할 수 있는가?

몰트만은 이 질문에 관해 "십자가에 못 박힌 하나님은 고통당하는 자들과 연대하심으로 고통을 폐지하는 것이 아니라 고통 속의 고통인 사랑의 결핍을 극복한다"고 주장한다. 이에 관해 그는 좀 더 자세히 다음과 같이 서술한다.

> 고통 중 고통은 사랑의 결핍이고, 상처 중 상처는 버림받음이며, 아픔 가운데 무력함은 불신앙이다. 그러므로 버림받음의 고통은 병들고 추한 것을 두려워하지 않고 오히려 그것을 받아들이고 치유하기 위해 그것을 스스로 취하는 사랑의 고통으로 극복된다.[81]

몰트만의 이러한 주장 중에 발견되는 중요한 사실은 이 세상에서 고통과 사랑은 본질적으로 연결(the intrinsic connection)되어 있다는 것이다. 고통받을 수 없는 사람은 사랑할 수도 없다. 하나님은 하나님의 자기 부족(any deficiency in God's being) 때문에 고통당하는 것이 아니고 사랑하기 때문에 고통당하신다.[82] 고통당할 수 없는 유신론의 하나님은 사랑할 수 없으며 사랑하기 때문에 고통받는 남녀를 포함한 모든 인간보다 더 초라한 존재이다.[83]

그러므로 몰트만에게 십자가는 세상을 품는 하나님의 고통스러운 사랑의 사건(the event of God's suffering love)이다. 몰트만은 십자가에서 예수와 그

---

[81] Ibid., 46.
[82] Ibid., 230.
[83] Ibid., 222-223, 253.

의 아버지 사이에 어떤 일이 일어났는가에 관한 문제가 분명해질 때, 십자가의 구원론적 의미와 정치적 차원이 실질적으로 전개된다고 주장한다.

따라서 몰트만은 십자가 위에서 "하나님 나를 왜 버리셨니이까?"라고 외치는 이 버려짐에 대한 예수님의 외침(막 15:34)을 강조하며, "모든 기독교 신학과 기독교인의 삶은 기본적으로 예수가 죽으면서 물었던 이 질문에 대한 답"이라고 주장한다.[84]

완전히 "하나님에게 버림받은"(utterly godforsaken) 이분은 누구인가? 십자가에서 예수님과 그의 아버지 사이에 무슨 일이 일어났는가?

이러한 질문들에 답하기 위해 몰트만은 우선 십자가 위에서 "나의 하나님, 나의 하나님, 왜 나를 버리셨나이까?"하며 부르짖는 예수님의 외침(막 15:34)과 시편 22편의 한 경건한 유대인의 외침을 비교 분석하며 예수님의 죽음과 경건한 유대인의 죽음을 구별한다.

몰트만은 "이 두 사람이 같은 단어들을 사용하지만, 같은 의미는 아니다"라고 주장한다.[85]

본래 시편 22편 기자의 외침은 이스라엘과 언약을 맺으신 언약의 하나님께 그분의 신실하심을 보여달라고 하는 외침이다. 그러나 예수님의 입술로부터 나오는 외침은 예수께서 "나의 아버지"라고 부르시는 은혜의 하나님께 부르짖는 외침이다.[86] 시편 기자는 이스라엘 하나님께서 그의 언약에 대해 신실하심을 보여 달라고 간청하는 반면, 예수님은 아들에 대한 아버지의 신실하심에 호소하는 것이다. 몰트만은 예수님의 외침에서 고뇌에 찬 예수 자신뿐만 아니라 그를 위하여 살고 증거한 아버지 하나님을 본다.[87]

그래서 몰트만은 "나의 하나님, 어찌하여 나를 버리셨나이까?"라고 한

---

84　Ibid., 4.
85　Ibid., 150.
86　Ibid., 150.
87　Jürgen Moltmann, *The Crucified God*, 152.

예수의 외침을 "나의 하나님 어찌하여 당신 자신을 저버리십니까?"라는 질문으로 바꿀 수 있다고 주장한다."[88]

따라서, 시편 22편을 인용하신 예수님의 외침은 그의 의심의 표현이라든지 언약의 하나님께 신실하심을 보여달라는 그의 애원으로 이해되어서는 안 된다. 만약 예수님의 외침이 그렇게 이해된다면 그의 죽음은 단지 한 순교자의 죽음으로 전락하고 말 것이다.

그러나 예수님은 그가 아버지와의 특별한 관계 속에 있는 아들이시며, 몰트만에게 예수님의 죽음은 단순히 한 순교자의 죽음이 아니라 하나님의 고통받는 사랑의 사건이다. 예수의 죽음을 예수와 그의 아버지 사이에 일어난 신성한 사건으로 제시함으로써 몰트만은 신의 무감동성(IMPASSIBILITY)이라는 개념을 산산조각 낼 정도로 유신론적 신의 전통적 개념에 도전한다.

### 3) 하나님의 감동성으로서의 그리스도 십자가

십자가를 삼위일체 하나님의 사건으로 보는 몰트만의 이해는 변하거나 고통당할 수 없는 무감각한(apathetic) 무감동적(impassible) 하나님을 주장하는 전통적 유신론의 개념에 대해 어떤 도전을 주는가?

십자가의 사건은 진정으로 십자가에서 아들과 함께하시는 하나님 아버지의 속성에 대해 어떻게 말해주고 있는가?

이러한 질문에 답하기 위해 몰트만은 고대 그리스의 "무감성 신학"(apathetic theology)과 구약성서와 유대 민족의 현재 고난 속에 있는 하나님의 역사에 대한 새로운 유대적 주해(exegesis)에서 파생된 후기 유대 종교 철학의 "감성 신학"(pathetic theology)을 비교 분석한다.[89]

전통적인 기독교 신학은 하나님의 무감동성(divine impassibility)을 강조한다. 그러나 오늘날의 많은 신학자는 하나님의 감동성(divine possibility)을 주

---

[88] Ibid., 151.

[89] Jürgen Moltmann, *The Crucified God*, 267.

장한다. 폴 피데(Paul Fiddes)는 현대신학의 이러한 변화를 설명하는 네 가지 요인을 제시한다.[90]

**첫째**, 하나님의 사랑은 하나님이 상처받을 수 있는 연약함(vulnerability)을 포함한다. 사랑은 일반적으로 우리가 타인에 의해 영향을 받을 수 있다는 것을 의미한다.

**둘째**, 루터의 십자가 신학이 새롭게 조명되기 시작하면서 하나님의 고통에 대한 관심이 많이 생기게 되었다.

**셋째**, 하나님의 고통은 고통당하고 있는 사람들에게 위로를 준다. 폴 테는 "가장 기본적인 수준에서 하나님도 고통 당하시고 그들의 사정을 깊은 내부로부터 이해하고 계시다는 것을 아는 것은, 고통당하는 사람들에게 위로가 된다"고 말한다.[91]

**넷째**, 우리는 지금 이 세상을 기계적 또는 계층적 모델이 아닌 현실의 모든 부분의 상호 의존성을 강조하는 유기적 모델로 보는 경향이 있다.

이러한 요소들이 몰트만의 십자가 신학에도 잘 반영되어 있다. 몰트만은 특별히 하나님의 고통당하심을 볼 수 있게 해 준 루터의 기독론을 분석한다. 루터는 "속성 간의 교류"(communicatio idiomatum)라는 개념을 통해 그리스도의 버려짐 속에서 하나님을 이해하는 것을 가능하게 했을 뿐만 아니라 십자가의 고통과 죽음을 그리스도의 신-인성에 돌리는 것을 가능하게 했다고 단언한다.[92] 그리고 루터에게 그리스도의 인격의 절대적인 연합은 "어떤 고통도, 어떤 일도 그 분의 전인격(his entire person)에 영향을 미

---

90　Paul S. Fiddes, *The Creative Suffering of God*(Oxford: Clarendon, 1988), 16-45. For a shorter statement, see Paul S. Fiddes, "Suffering Divine" in Alister E. McGrath ed., *The Blackwell Encyclopedia of Modern Christian Thought*(Cambridge: Blackwell, 1993), 634.
91　Ibid., 31.
92　Jürgen Moltmann, *The Crucified God*, 234-235.

친다고 말하지 않고는 그리스도에게 적용할 수 없다"는 것을 뜻한다.[93]

이런 식으로 루터는 헬레니즘적 개념인 하나님의 무감성(*apatheia*)과 결별한다. 그러므로 루터의 "속성 간의 교류"(*communicatio idiomatum*)라는 개념은 그리스도의 신성과 인성 사이에 완전한 상호 관계와 속성의 상호 공유를 가능하게 해 주었다. 예수는 완전한 하나님이자 완전한 인간(the God-man *in toto*)이라는 인격적 정체성의 통일성(the unity of the personal identity)은 예수님의 고통이 곧 하나님의 고통이라는 사실을 가능케 해 주었다. 그리스도는 그의 존재 전체로 고통을 당하시고, 하나님 아들로서의 위격(*hypostasis*)은 아버지와 동일한 본질을 공유한다(of one being with the Father, *homoousios* with the Father).[94]

그러나 몰트만은 루터가 초기 교회의 두 본성(two nature) 교리의 틀 안에 머물러 있어서 발전된 삼위일체 기독론에 이르지 못했다고 지적한다.[95] 그러므로 몰트만은 루터와 달리 십자가에서 예수님과 그의 아버지 사이에 일어난 일을 이해하려면 예수의 십자가 죽음과 고통을 삼위일체적 사건으로 보아야 한다고 제안한다.

몰트만은 전통적인 기독교 신학이 하나님의 자족하심과 완전하심(self-sufficiency and perfection)을 보호하기 위해 강조했던 하나님의 무감동성(divine impassibility) 개념에 대해 비판적이다.[96] 플라톤과 아리스토텔레스 이후로 하나님의 형이상학적, 윤리적 차원의 완전성은 무감(*apatheia*)으로 묘사됐다. 아파테이아(*apatheia*)라는 용어는 하나님의 형이상학적, 윤리적 완전성과 결핍과 욕망으로 특징짓는 유한한 삶의 불균형으로부터의 자유를 가리키는 데 사용되었다. 따라서 지혜자로 원하는 도덕적 이상은 신과 닮아 아파테이아(*apatheia*) 상태에서 번뇌와 두려움, 분노와 사랑으로부터 자유로운 삶을 영위하는 것이다.

---

93　*LW* 28, 264-267.
94　*LW* 24, 98.
95　Jürgen Moltmann, *The Crucified God*, 234-235.
96　Ibid., 228-229.

초기 기독교에서 아파테이아(*apatheia*)라는 개념은 고통에 대한 하나님의 본질적인 무능력을 가리키는 데 사용되었다. 이 개념은 고통과 무상함(transience)과 죽음을 피할 수 없는 모든 피조물과 인간을 하나님으로부터 구별했다.[97] 결과적으로 구원은 불멸성, 영구성, 외부로부터 영향을 받지 않는 무감동성(impassibility)을 부여한다. 대조적으로 몰트만은 하나님이 본질적으로 고통을 겪을 능력이 없는 분이라든지 숙명적으로 고통당하게 되어있는 분으로 인식하는 것은 고통을 동반하는 하나님의 열정적 사랑에 대한 개념이 없는 것이라고 주장한다.

그에 따르면 하나님은 인간이 고통받는 것과 똑같은 방식으로 고통을 겪지 않는다. 하나님은 그분 안에 어떤 결핍이 있어서 고통당하는 것이 아니라 사랑 때문에 고통당하시는 것이다.[98] 하나님은 당신이 창조하신 피조물들과 인간들에게 관심을 가지고 계시기 때문에, 그들을 위해 고난을 향해 가실 수 있고 받아 주실 수 있다. 그러므로 사랑의 하나님은 인간의 행동과 고통에 의해 영향을 받으신다.[99]

근래에 유대적 사상과 기독교적 사상에서 이미 인식되어 온 하나님의 감성(pathos)에 관한 이해가 새롭게 조명되고 있다. 헬라적 유대인 철학자인 알렉산드리아의 필로(a Hellenistic Jewish philosopher, Philo of Alexandria, born in 25 BC)에 의해 영향을 받은 유대 종교철학은 열정이 없는 하나님은 기쁨이나 슬픔과 같은 감정으로 움직이지 않는다고 굳게 믿었다. 이에 반해 감성 신학(pathetic theology)이라는 분야를 개척한 아브라함 헤셀은[100] 구약성서의 예언자들의 신앙이 하나님의 감성(pathos)으로 특징지어졌다는 성경적 증거를 짚어내며 주장한다.[101]

---

97  Jürgen Moltmann, *The Trinity and the Kingdom: The Doctrine of God*(San Francisco: Harper Collins, 1991), 23.
98  Jürgen Moltmann, *The Crucified God*, 230.
99  Ibid., 270.
100  Abraham Heschel은 1907년에 태어난 폴란드 태생의 20세기 미국 랍비이다.
101  Jürgen Moltmann, *The Crucified God*, 270. Also see, Abraham J. Heschel, *The Prophets*, Vol.2(Massachusetts: Prince Press, 2003), 4.

헤셸은 우리가 하나님의 감성(the pathos of God)으로부터 신학적 사고를 시작한다면 절대적이고 관계치 않으시는 하나님을 생각할 수 없고, 언약의 역사와 관련된 하나님의 열정과 관심을 이해하게 된다고 주장한다.[102] 유대교의 감성 신학은 하나님께서 그의 백성들과 맺은 언약에서 시작된다. 하나님은 언약 안에서 그의 마음을 열어주셨지만, 백성들의 불순종으로 인해 상처 입고 아파하신다. 이런 점에서 구약에 나오는 하나님의 진노는 신성한 파토스의 결과라고 볼 수 있다.

몰트만은 헤셸이 말하는 선지자의 감성 신학과 본인의 십자가 신학이 어떻게 다른지 구별한다. 선지자의 감성 신학은 하나님의 언약 안에서 하나님의 감성(pathos)과 백성들의 동감(sympathy) 사이의 양극선을 따라 진행되는 반면, 기독교의 감성 신학은 모든 사람에게 하나님과 관계를 활짝 열어 준 십자가에 달리신 그리스도로부터 출발한다.[103]

다시 말해서, "이스라엘에 언약 안에 하나님의 직접성(the immediacy of God)이 존재하는 반면, 그리스도인들에게는 하나님의 아버지 되심(fatherhood)과 성령의 능력을 중재하는 그리스도가 계신다."[104] 십자가에 못 박히신 분을 통해 하나님은 불경한 자(the godless)와 버림받은 자(the god-forsaken)를 위한 새 언약을 세우신다.

### 4) 삼위일체 사건으로서 그리스도의 십자가

예수의 십자가가 예수와 그의 아버지 하나님 사이에 일어난 신성한 사건으로 이해된다면, 몰트만은 십자가를 "아들과 아버지와 성령의 삼위일체적 관점에서 말할 필요가 있다"고 주장한다.[105] 그에 따르면, 예수님의 버림받음(the abandonment of Jesus)은 버림받음으로 고통 속에서 하나님

---

102 Abraham J. Heschel, *The Prophets*, Vol. 2, 2-10.
103 Jürgen Moltmann, *The Crucified God*, 275.
104 Jürgen Moltmann, *Experiment Hope*, 78.
105 Jürgen Moltmann, *The Crucified God*, 246.

께 부르짖는 모든 사람과 연대하시는 하나님의 신성한 행위(God's divine act of solidarity)이다. 하나님의 아들인 예수만 고통당하는 것이 아니라, 하나님 아버지도 아들의 아버지로서 고통당하신다.

몰트만은 "내어 준다"(deliver up)를 의미하는 헬라어 "*paradidonai*"의 용법을 살펴봄으로써 성부와 성자 사이의 상호 복종(mutual act of surrendering between the Father and the Son) 행위를 설명한다. 이 과정에서 그는 또한 십자가에서 하나님으로부터 버림받음(God-forsakenness on the cross)이 어떻게 하나님을 사랑하는 아들의 능동적 고난(*passio active*)이 되는지 논의한다.[106]

**첫째**, 몰트만은 복음서의 예수 수난사들을 보면 "내어주다"(*paradidonai*)라는 단어가 "건네다"(hand over), "포기하다"(give up), "넘겨주다"(deliver), "배반하다"(betray), "쫓아내다"(cast out), "죽이다"(kill)라는 부정적인 의미로 사용되었음을 지적한다. 그것은 또한 바울신학에서 인류의 타락한 상태에 대한 하나님의 진노와 심판의 표현으로 나타난다. 로마서 1장에서 사도 바울은 인간들의 경건치 않음(godlessness)에 대한 하나님의 진노를 표현하기 위해 이 단어를 사용한다. 하나님은 이방인을 그들의 불의(롬 1:23, 25, 28)와 우상숭배에, 유대인을 그들의 율법주의에 버려두시며, 따라서 모든 사람을 죽음으로 몰아가는 자기 의지의 충동에 버려두신다.[107]

그러나 그리스도의 부활에 비추어서 사도 바울은 *paradidonai*라는 단어의 차원을 완전히 바꾸어 어떻게 "아버지가 아들을 버리신 행위"가 "우리를 위한 것"(for us)인지 보여준다. 예수님을 죽은 자 가운데서 살리신 하나님은 바로 십자가의 죽음으로 그를 "내어주신" 동일한 하나님이다. 예수님이 "왜?"를 외치게 한 "십자가에서의 버림받으심" 속에서 사도 바울은 이미 그 외침에 대한 답을 발견한다.

---

**106** Jürgen Moltmann, *The Way of Jesus Christ: Christology in Messianic Dimensions*(Minneapolis: Fortress Press, 1989), 173.

**107** Ibid., 172-178.

자기 아들을 아끼지 아니하시고 우리 모든 사람을 위하여 내어주신 이가 어찌 그 아들과 함께 모든 것을 우리에게 주시지 아니하겠느냐?(롬 8:32).

몰트만은 아버지께서 아들을 내어주심은 그를 통하여 하나님이 "버려진 자들"(given up)의 아버지가 되기 위함이었다고(롬 1:18 이하) 주장한다.[108] 하나님은 친히 자기 아들을 악한 사람들과 멸망의 심연에 내어주셨다. 아들은 정죄를 받고(고후 5:21) 저주를 받은(갈 3:13) 모든 사람의 형제요 구주가 되기 위해 죽음에 내어준 바 되었다(고후 5:21).[109]

십자가의 역사적 사건에서 사도 바울은 종말론적으로 불경건하고 버림받은 자들을 위해 아버지에 의해 내어준 바 된 아들을 본 것이다. 몰트만은 하나님이 내어준 분이 바로 하나님의 자기 아들(God's own Son)이고, 아들을 아끼지 아니한 아버지의 이와 같은 행위가 아버지에게도 영향을 미친 행위라고 강조한다. 아버지가 아들을 버리실 때 아버지도 자신을 버리신 것이다. 아버지께서 아들을 희생할 때 아버지도 자신을 희생하신 것이다.

그런데도 몰트만은 이러한 행위는 결코 성부수난설(patripassionism)과 부합하는 것이 아님을 강조한다.[110] 왜냐하면, 십자가에 달리시고 죽고 장사된 분은 하나님 아버지가 아니기 때문이다. 하나님 아버지의 고통은 아들이 겪은 고통과 다른 것이었다. 예수님은 버림받아 죽는 것이 어떤 것인지 몸소 경험하지만, 아버지는 사랑의 무한한 고통 안에서 아들의 죽음을 경험한다. 아버지께서 아들을 아끼지 않고 내어주었다면 아버지는 자신과 아들의 분리됨을 아픔으로 겪어야 한 것이다"라고 몰트만은 주장한다.

그는 성부수난설(patripassionism)을 분명하게 부정한 다음, 또한 아버지의 고통은 하나님의 죽음(theopaschitic)의 의미로도 사용되어서는 안 된다고 경고한다. 십자가는 하나님의 죽음이 아니다. 하나님은 죽지 않으셨다. 하나

---

108　Ibid., 173.
109　Ibid., 173.
110　Ibid., 243.

님은 존재하기를 그치거나 기능을 그치지 않으셨다.

그러므로 우리는 하나님의 죽음을 삼위일체적 의미로 이해하고 표현하여야 한다. "아들은 자기의 죽음 고통을 감당하였고 아버지께서는 아들의 죽음 고통을 감당하셨다 … 아들의 아버지 없음(the Fatherlessness of the Son)은 아버지의 아들 없음(the Sonlessness of the Father)과 떼어 생각할 수 없다."[111]

비록 방식은 다르지만, 삼위일체의 각 위격(Each person of the trinity)은 십자가의 고통에 참여하였다. 몰트만은 버려짐에서 각 위격은 가장 심오한 분리 상태를 경험하였지만, 상호복종함에 있어 내부적으로는 가장 하나됨을 경험하였다고 주장한다.

**둘째**, 예수의 십자가의 고난과 죽음은 적극적인 고난(passio activa)이다. 빌립보서 2장의 "비움"(kenosis) 구절에서 우리는 예수께서 의도적으로 고난의 길을 택하시고 십자가에서 죽으심으로 아버지를 향한 그의 사랑을 확증하셨음을 알 수 있다.

갈라디아 2장 20절에서 우리는 "넘겨주다"의 공식(paradoken formula)을 다시 발견하게 되는데 여기에서는 그리스도가 주어로 사용된다. 즉, "나를 사랑하사 나를 위하여 자기 자신을 버리신 하나님의 아들"이라고 소개된다. 하나님의 아들이 나를 사랑하셔서 나를 위하여 자기 자신을 버리셨다는 것이다.

그러므로 우리는 아버지께서 아들을 버리셨을 뿐만 아니라 아들도 자신을 내어주었다는 사실을 알 수 있다. 사도 바울의 이와 같은 증거는 예수께서 갈보리를 향해 수난의 길을 의식적으로 기꺼이 걸어가시는 모습을 기록한 복음서의 수난 기사들과 일치한다.[112]

아버지와 아들 사이의 서로 복종하는 행위에서 성령의 역할은 무엇인가?

그의 저서 『십자가에 달리신 하나님』(The Crucified God)에서 몰트만은 아

---

111  Ibid., 243.
112  Ibid., 173.

들의 고통과 죽음은 우리를 위한 영원한 성령을 통한 "능동적 고난"(*passio activa*)이라고 주장한다(롬 9:14). "아들을 주심"은 성령을 통해 일어났으며, 성령은 십자가에서 그들의 분리됨 속에 아버지와 아들 사이를 하나로 연결하는 연결고리 역할을 한다.[113] 몰트만은 또한 성령을 "창조적 사랑"으로 묘사한다. 즉, 성령은 하나님을 스스로 떠나 고통당하는 자들(the godless)을 의롭게 하고 고통당하는 무고한 희생자들(the godforsaken)을 구해주고 죽은 자들을 살리기 위한 아버지의 고통과 아들의 자기 복종으로부터 비롯되는 창조적인 사랑(creative love)인 것이다.[114]

삼위일체론의 측면에서 몰트만의 십자가 신학에 대한 많은 비판이 있었다. 그가 받는 비판을 세 부류로 나누어 볼 수 있다.

**첫째**, 몰트만의 십자가 신학은 성령론이 부족하다. 그러므로 이위일체론적이다.[115]

**둘째**, 몰트만의 십자가 신학은 죄론이 약하다.[116]

---

113 Jürgen Moltmann, *The Trinity and the Kingdom*, 82.
114 Jürgen Moltmann, *The Crucified God*, 244.
115 Carl E. Braaten, "A Trinitarian Theology of the Cross," *Journal of Religion* 56.1(1976), 118. Braaten은 여기에서 "아버지와 아들 사이의 관계가 십자가의 사건에서 설명되는 반면 성령은 무임승차 한다. 하나님에 관한 이위일체론적 개념도 통하지 않을까요?"라고 말한다.
Also, Dennis W. Jowers, "The Theology of the Cross as Theology of the Trinity: A Critique of Jürgen Moltmann's Staurocentric Trinitarianism," *Tyndale Bulletin* 52.2(2001), 263. Moltmann이 *The Trinity and the Kingdom*을 출판한 후에 이 논문을 썼음에도 불구하고 Jowers는 "Moltmann은 별개의 주체적 행위를 요구하는 십자가/부활 사건에서 성령의 역할을 주지 않는다"라고 잘못 서술한다.
116 David Kelsey, "Whatever Happened to the Doctrine of Sin?" *Theology Today* 50, no. 2(1993): 169-178. Kelsey는 Moltmann의 신학에서 죄의 교리에 대한 비판적 논의를 제시한다. 그는 몰트만을 "부당한 사회적 자기모순"(p.173)의 억압에 대한 분석으로서 해방주의 패러다임 하에서 죄에 대한 현대 신학의 유형론에 포함시킨다. 그는 『십자가에 달리신 하나님』(*The Crucified God*)의 죄에 대한 몰트만의 해석이나 『생명의 영』(*The Spirit of Life*)에서 몰트만이 죄에 대한 그의 이해

**셋째**, 몰트만은 사도 마조히즘적(sado-masochistic theologian of the cross) 십자가 신학자이다.[117]

이러한 비판은 얼마나 사실적인가?
이러한 비판이 간과한 것은 무엇인가?
그들이 보지 못하고 비판한 것이 있다면 어떤 것이 있는지 알아보아야 할 것이다.

제일 먼저, 뉴랜즈(G.M. Newlands)와 브라텐(Carl E. Braaten)은 몰트만의 『십자가에 달리신 하나님』에서 십자가가 아버지와 아들 사이의 사건으로서 어떻게 이위일체적 사건(binitarian)으로만 나타나는지를 비판한다.[118]

몰트만은 『십자가에 달리신 하나님』에서 성령의 사역을 언급하기는 하지만 성령을 단지 십자가에서 아버지와 아들을 결합하는 사랑으로 정의한다.[119] 이와 같은 몰트만의 정의는 성령을 "아버지와 아들 사이에 사랑의 결합"(a bond of love)으로 본 어거스틴과 바르트의 견해를 염두에 두고 한 것임을 제시한다.[120] 그러나 몰트만은 『십자가에 달리신 하나님』보다 후기 저작인 『삼위일체와 하나님의 나라』(The Trinity and the Kingdom)에서 성령이 삼위일체의 한 위격으로 확실히 구별된 존재임을 주장한다.

몰트만은 『삼위일체와 하나님의 나라』에서 그가 이전에 주장했던 성령론에 지대한 영향을 미쳤던 바르트의 성령론에 나타나는 문제점을 다음과 같이 지적한다.

[바르트에게 있어] 성령은 단순히 아버지와 아들을 이어주는 사랑의 공통된 결

---

를 어떻게 발전시키는지 고려하지 않는다.
117 Dennis W. Jowers, "The Theology of the Cross as Theology of the Trinity: A Critique of Jürgen Moltmann's Staurocentric Trinitarianism," 246ff.
118 Carl E. Braaten, "A Trinitarian Theology of the Cross," 118.
119 Jürgen Moltmann, *The Crucified God*, 245.
120 Karl Barth, *CD* I/1, 488.

속(the common bond of love linking the Father with the Son)이다 … 성령은 아버지와 아들을 하나 되게 하는 힘(the power that joins the Father and the Son)이다. 그러나 이 결속(bond)은 아버지와 사랑하시는 아들과의 관계 속에 이미 존재한다. 아버지와 아들은 이미 영원한 생성(eternal generation)의 관계와 영원한 자기-기부의 상호관계 속에서 하나이다…. 그들의 상호관계를 사랑으로 생각하려면 삼위일체에 제 3위격(third person)이 필요 없다.

만약 성령이 분리된 것의 통일성(the unity of what is separated)이라고만 이해한다면 그는 모든 활동의 중심을 잃게 된다. 이런 이해 속에 성령은 한 위격이 아닌 에너지에 불과하고, 한 주체 아닌 어떤 관계성으로 전락한다…. 그러므로 바르트는 성부와 성자와 함께 공통된 "예배의 대상"(proskynesis)으로만 형식적으로 성령의 신성한 위격을 확보한다.[121]

어거스틴 이래로 성령은 종종 성부와 성자 사이의 사랑의 결속(*vinculum amoris*: bond of love)으로 불렸다. 이와 같은 관점에서 보는 "세 번째 존재 양식"(the third 'mode of being')은 계시자(the Revealer)와 그의 계시(his Revelation)에 특별하고 개인적인 어떤 것도 추가하지 않는다.

몰트만에 따르면 이러한 접근 방식은 삼위일체 안에 한 위격으로서 성령의 구별된 존재에 대한 정당성을 제공하지 못한다. 그의 저서인 『삼위일체와 하나님의 나라』(*The Trinity and the Kingdom*)에서 몰트만은 성령을 성부가 성자를 영원히 낳게 하고 아들이 아버지를 영원히 순종하게 하는 "사랑"(love in which the Father eternally generates the Son and the Son eternally obeys the Father)으로 이해하는 것은 성령을 단순히 다른 두 위격의 상관관계(a correlation of the two other persons)로 보지 않고 삼위일체의 셋째 위격(the third person of the Trinity)으로 인정하는 전통적 신학과 모순된다고 주장한다.[122]

몰트만은 그의 저서들, 『창조 안에 계신 하나님』(*God in Creation*)과 『예수

---

[121] Jürgen Moltmann, *The Trinity and the Kingdom*, 142-143. Cf. Barth CD I/I, 332 480.

[122] Ibid., 143.

그리스도의 길』(*In the Way of Jesus*)을 통해 성령을 "불경건한 자"(the godless: 하나님을 떠나 고통당하는 자들)와 함께하시며 "버림받은 자"(the god-forsaken: 고통당하는 무고한 희생자)를 사랑으로 채우며, 죽은 자를 살리는 "생명의 영"(the Spirit of life)으로 묘사한다.[123]

마지막으로 『생명의 영』(*The Spirit of Life: A Universal Affirmation*)에서 몰트만은 그의 성령론을 완전히 발전시켜 생명을 주고(life-giving) 생명을 긍정(life-affirming)하는 하나님의 영은 우주적으로 역사하시며 생명을 살리고 생명의 파괴에 저항하는 모든 것에서 인식될 수 있다고 주장한다.

"성령의 역사하는 힘"(efficacy of the Spirit)은 "그리스도의 역사하는 힘"(Christ's efficacy)을 대체하는 것이 아니라, 그것을 우주적으로 관련되게(universally relevant) 한다.[124] 위에서 언급한 바와 같이, 『십자가에 달리신 하나님』(*The Crucified God*)에서 십자가의 사건이 마치 이위일체 사건(a binitarian event)인 것처럼 보였지만, 후에 발간된 저서들을 통해 몰트만은 성령론을 충분히 발전시켜 왔다.

또한, 몰트만은 죄에 관한 확고한 교리(a robust doctrine of sin)가 부족하다는 비판을 받아왔다. 엑카르트(Eckardt)는 "몰트만은 속죄의 언어(the language of atonement)를 거부하고 예수의 죽음을 주로 예수가 하나님에게 버림받은 사건으로 생각하는 것을 선호한다"고 언급한다.[125] 몰트만은 우리가 어떻게 대속제물(ideas of expiatory sacrifice)의 개념을 넘어서야 하는지를 강조하지만, 그리스도의 죽음이 "우리의 죄를 위해 죽으셨다"라는 점에서 "우리를 위해" 대신 받으신 고통(representative suffering for us)임을 분명히 인식하고 있다.[126]

몰트만은 또한 "우리 죄를 위하여 죽으셨다"(died for our sins)라는 구절은 그의 고통의 원인은 우리의 죄이고, 그의 고통의 목적은 우리를 위한 속

---

123  Jürgen Moltmann, *God in Creation*, 98-103. Also, *The Way of Jesus*, 73-111.

124  Jürgen Moltmann, *The Spirit of Life*, xi.

125  Burnell F. Eckardt, "Luther and Moltmann: The Theology of the Cross," *Concordia Theological Quarterly* 49(Jan. 1985), 22.

126  Jürgen Moltmann, *The Crucified God*, 183.

죄이며, 그의 고통의 근거는 우리에 대한 하나님의 사랑이다"고 서술한다.[127] 그러나 몰트만은 속죄제의 개념(the idea of expiatory offerings)이 소급적(retrospective) 성격을 띠고 있으며, 그것의 미래에 관한 관심이 "새 생명의 시작"(the beginning of new life)이 아니고 "원래 상태로의 회복"(retitutio in integrum)에 있다고 우려한다.[128] 그런데도 몰트만은 다음 세 가지 이유로 속죄의 개념이 중요하다고 단언한다.

**첫째**, 불의한 사람이 자신의 의를 스스로 이루는 것은 불가능하고, 최소한 자신을 부인하는 선한 의도를 통해서라도 죄의식을 받아들이고 그것으로부터 해방되지 않고서는 그에게 새로운 미래가 있을 수 없다는 것이다.

**둘째**, 그리스도로서 예수님은 스스로 도울 수 없는 사람들의 대리인으로 그들을 대신하여 죽으심으로, 그렇지 않았더라면 하나님 앞에 감히 설 수도, 살아남을 수도 없는 자들을 하나님과 교제 안으로 들어갈 수 있게 하셨다.

**셋째**, 그리스도의 죽음 안에서 하나님은 친히 인류에게 은혜를 베푸셨다는 것이다.[129]

몰트만은 예수님께서 십자가에 달리셨을 때 취하신 모든 과정의 "유일하고 반복될 수 없는 특성"(the unique and unrepeatable nature)을 인정한다.[130] 그는 또한 십자가의 영원한 의미, 즉 하나님과 사람과의 관계, 사람과 하나님과의 관계를 회복한 그리스도의 자기희생의 신성한 가치를 인정한다.[131]

몰트만은 그리스도의 죽음이 "세상의 죄를 위한 속죄"(atonement for the sins of the world)로 이해되려면 우리는 "그리스도 안에서" 하나님을 보아야

---

127　Ibid., 183.
128　Ibid., 183.
129　Ibid., 183.
130　Ibid., 63.
131　Ibid., 43.

한다(We must see God in Christ)라고 주장한다.¹³² 몰트만에 따르면, 속죄하시는 그리스도는 긍휼하신 하나님의 계시이다(the revelation of the compassionate God). 속죄하시는 그리스도에 의해 계시된 하나님의 본성은 사랑이다. 아버지는 아들을 통해 "사랑이 본질이신 삼위일체의 동일한 사랑"으로 세상을 사랑하신다. 따라서 "하나님이 세상을 이처럼 사랑하사 독생자를 주셨으니…"(요 3:16)라고 말하는 것은 "하나님은 사랑이시라"(요일 4:16)는 것을 전제로 한다.¹³³

이러한 의미에서 몰트만은 "보복의"(revenge) 하나님 또는 형사재판소를 주재하는 "신성한 재판관"(divine judge)과 같은 개념은 "예수 그리스도의 아버지"(the Father of Jesus Christ)에게는 "생소하다"고 주장한다.¹³⁴ 몰트만에게 그리스도의 십자가는 긍휼하신 하나님을 드러낸 계시이며, "십자가 위에서 당하신 그리스도의 고통은 인간의 죄를 대속하는 하나님의 고통이다."¹³⁵

시도 비울의 증거에 근거하여 몰트만은 십자가에서 아들은 하나님으로부터 버려짐(the God-forsakenness)을 체험하였고 죄인들을 위한 신성한 사랑의 고통을 스스로 짊어지셨다고 주장한다. 사도 바울은 고린도후서 5:21에서 "하나님이 죄를 알지도 못하신 이 [예수]를 우리를 대신하여 죄로 삼으신 것은 우리가 그 [예수] 안에서 하나님의 의가 되게 하려 하심이라"고 증거한다. 그리고 갈라디아 3:13에서는 "그리스도께서 우리를 위하여 저주받은 바 되사 율법의 저주에서 우리를 속량하셨다"고 증거한다.

위에서 언급한 바와 같이 몰트만은 그리스도의 죽음은 저주받은 자들과

---

132　Jürgen Moltmann, *The Spirit of Life*, 135.
133　Ibid., 137.
134　Ibid., 135. See also, *Sun of Righteousness, Arise!*, 133-4. 여기에서 몰트만은 입에 쌍날칼을 물고 상과 벌로 인간에게 응보적 정의를 행하는 응보하는 재판관은 산상 설교자, 병자를 고치는 나사렛 예수, 죄를 용서하는 자와 아무 관련이 없다고 하면서 이 보응하는 심판관은 우리를 위해 십자가에 못 박히시고 우리보다 앞서 부활하신 그리스도가 될 수 없다고 주장한다.
135　Ibid., 136.

연대하는 것 그 이상이었음을 보여주었다. 몰트만은 그리스도의 죽음 안에는 "지상의 불의와 폭력으로 인한 죄에 대한 하나님의 속죄가 있다"고 말함으로써 예수의 죽음에서 속죄의 측면을 강조한다. 하나님의 속죄는 하나님의 고통을 드러낸다. 그러나 하나님의 고통은 그가 창조하신 피조물에 대한 하나님의 신실하심과 그를 대적하는 세상을 참아주고 극복하시는 하나님의 파괴될 수 없는 사랑을 드러낸다.[136]

십자가의 속죄에 관한 측면을 이렇게 이해한다면, 하나님이 자기 아들을 잔혹하게 그리고 강압적으로 십자가에 못 박았다고 추정하는 것은 분명히 잘못된 것이다. 그러나 데니스 조워스(Dennis W. Jowers)는 그의 에세이 "몰트만의 십자가 중심적 삼위일체론"(Moltmann's staurocentric Trinitarianism)을 통해 몰트만이 아버지를 "신성한 집행자"(divine executioner)로 제시한다고 보는 일부 여성신학자들과 의견을 같이 한다.[137] 조워스는 어떻게 아버지가 아들의 죽음을 아파했든 간에, 그가 아들을 죽음에 내어준 사실이 그를 아들의 죽음에 관해 유죄로 만든다고 주장한다. 폴 피데(Paul Fiddes)도 몰트만의 십자가 신학에 관해 "몰트만이 아버지가 아들로 하여금 십자가에서 죽게 하여 자신의 슬픔을 자처한 것처럼 묘사한다"고 비판한다.[138]

---

136 Ibid., 136. See also, Nik Ansell, *The Annihilation of Hell*, ch.4, section 2. Also, Nik Ansell, "Annihilation of Hell and the Perfection of Freedom: Universal Salvation in the Theology of Jürgen Moltmann"(1926- ) in Gregory MacDonald ed., *All Shall Be Well*(Eugene, Oregon: Cascade Books, 2011), 436-438. 이 에세이에서 Nik Ansell은 보편적 구원에 대한 Moltmann의 개념에서 아들의 중심성에 관해 논의한다. Ansell은 Moltmann에게 죄인의 칭의는 "단순한 죄의 용서 이상"이라고 지적한다. 왜냐하면, Moltmann의 이해에서 십자가는 죄를 가능하게 하는 조건들을 다루고 극복하기 때문이다. Ansell은 창조의 종말론적 완성에서 어떻게 가능성의 조건들이 변형되고 죄가 더 이상 "선택 사항"(option)이 되지 않을 것인지에 대해 좋은 토론을 한다.

137 Dennis W. Jowers, "The Theology of the Cross as Theology of the Trinity: A Critique of Jürgen Moltmann's Staurocentric Trinitarianism," 246ff.

138 Paul S. Fiddes, *Past and Present Salvation: The Christian Idea of Atonement*(London: Darton, Longman and Todd, 1989), 193.

조워스와 피데는 아들을 기꺼이 내어주고 내버려두신 아버지에게만 초점을 두어 몰트만이 보여주려고 했던 중요한 사실을 놓치고 있음을 알 수 있다. 그들은 몰트만이 아버지의 "내어주는 행위" 속에 아들과 아버지가 하나됨을 인식하고 있고 또 강조하고 있다는 사실을 경시한다. 그들은 몰트만이 아들의 십자가 죽음을 능동적 수난(passio activa)으로 강조한 사실을 간과하고 있다. 이는 아들도 자신을 십자가에서 죽음에 내어준다는 의미이다.

몰트만의 부인이며 신학자인 엘리자베스 몰트만-웬델(Elisabeth Moltmann-Wendel)은 그녀의 『자서전』에서 일부 페미니스트 신학자들 간에 몰트만의 십자가 신학에 대한 혐오가 생기게 된 계기를 밝힌다. 그녀는 이러한 오해가 죌레(Soelle)로부터 발단되었다고 주장한다. 몰트만-웬델은 죌레가 그녀의 저서인 『고통』(Suffering)에서 폽케스(Popkes)를 인용하는데 그 인용문을 마치 몰트만의 고유한 진술인 것처럼 다루었고, 인용문의 끝에 "저자는 그의 하나님의 잔인함에 매료되었다"라고 토를 달았다고 한다.[139]

몰트만-웬델은 남편을 변호하면서 "[죌레가 가리키는] 이 작가는 사실 폽케스(Popkes)여야 하지만 [일부 페미니스트 신학자들은] 이제 그녀가 몰트만을 의미한 것이라고 추정했고 … 이렇게 잘못된 추정은 사실인 것처럼 확산되어 더 많은 오해를 불러일으켰다"[140]고 말한다. 폽케스의 진술에서 하나님은 행동하시는 분, 즉 "그의 아들을 멸망의 권세"로 내어 쫓는 분(cast out his Son)이다.[141]

몰트만-웬델은 몰트만이 동사 *paradidonai*를 "넘겨주다(had over), 배신하다(betray), 버리다"(abandon)와 같은 의미로 사용했다고 주장한다. 그러나 죌레의 경우, 이 동사들은 또 다른 강조점을 가지며 "내어주다(deliver up), 내던지다(toss out), 부인하다(disown), 살해하다"(slay)를 의미하게 되었고,

---

139 Soelle, *Suffering*, 27.
140 Moltmann-Wendel, *Autography*, 178.
141 Soelle, *Suffering*, 27, citing Popkes, *Christus Traditus*, 286. Cf. Moltmann, *The Crucified God*, 241.

십자가 신학의 하나님은 마치 새디스트(sadist)의 역할을 하는 것처럼 보여진다고 주장한다.[142] 몰트만-웬델은 "'넘겨주다'(*paradinonai*)에 내포된 '고통스러운 하나님의 숨기워짐'(tormenting hiddenness of God)은 단순히 해체되고, 그 자리에 새도-마조히즘적(sado-masochistic) 십자가 신학자의 적대적인 이미지가 만들어진다"고 주장한다.[143]

요컨대, 죌레는 폽케스의 진술에 기초하여 몰트만이 "삼위일체의 위격 중 한 위격이 고통당하고 있을 때 다른 위격은 바로 그 고통을 야기한다"라는 신학을 발전시켰다고 비난한다.[144] 죌레는 더 나아가 "아브라함의 이야기도 이 정도로 잔인하지 않았다. 처음으로 고의적인 의도로 아들을 죽인 분은 예수 그리스도의 아버지이다"라고 주장한다.[145]

그러나 몰트만에 의해 논의된 바와 같이, 십자가 사건에서 아버지는 능동적 주체이고 아들은 수동적 대상인 것이 아니다. 대속론(the substitutionary theory of atonement)을 반박하면서, 몰트만은 십자가에서 "예수님의 내어줌"(surrender of Jesus on the cross)이 아버지의 진노를 달래기 위한 희생으로 이해되어서는 안 된다고 말한다. 왜냐하면, "아들의 내어드림"(surrender of the Son)에서 똑같은 방법으로는 아니지만 아버지 또한 그 자신을 내어주셨기 때문이다. 아들을 버리고(abandons) 그를 넘겨주는(delivers up) 아버지는 무한한 사랑의 슬픔으로 아들의 죽음을 아파하신다. 그러므로 아버지는 "독재하는 전능하신 아버지"(dominating almighty Father), 또는 "고통을 스스로 느끼지 못하고 고통을 일으키는 하나님"으로서 예수님과 대결구도에 계신 분이 아니다.[146] 몰트만은 또한 겟세마네 내러티브에서도 기록된 것처럼 십자가 사건에서 아버지의 뜻과 아들의 뜻 사이에 "깊은 일치"(deep conformity)가 이루어졌음을 언급한다.[147] 결과적으로 그는 아버지가 그리

---

142 Soelle, *Suffering*, 27.
143 Moltmann-Wendel, *Autography*, 178.
144 Soelle, *Suffering*, 27.
145 Ibid., 27. See Moltmann, *The Crucified God*, 191.
146 Moltmann, *The Way of Jesus Christ*, 176.
147 Moltmann, *Crucified God*, 243.

스도의 십자가 처형의 능동적 주체이자 가해자가 아닌 것처럼 아들도 가해의 수동적 대상나 희생자가 아니라는 것을 분명하게 밝힌다.

몰트만은 그의 최근 저서 『희망의 윤리』(*Ethics of Hope*)에서도 잠재적으로 문제가 있는 "버려짐"(abandonment)이라는 단어가 가지는 의미를 더욱 심도있게 파악한다. 몰트만은 이 책에서 "예수님이 가시는 곳마다 하나님이 가신다면 그(예수)는 하나님을 희생자들에게 데려가신다 … 그 [예수] 자신이 하나님을 버림받은 자들(god-forsaken)에게로 데려오기 위해 십자가 위에서 친히 버림받음(god-forsakenness)을 자처하셨다"**148**고 서술한다.

신학자 안셀(Ansell)은 몰트만의 이해에 따르면 아들이 십자가로 자유로이 가면서 실제로 삼위일체 안에서 주도권을 잡고 아버지를 창조 이전에 하나님 안에 열린 하나님의 버림받은(godforsaken) 공간으로 인도한다고 설명한다. 이것은 하나님이 모든 것 안에 모든 것이 되게 하기 위함이다. 아들이 신적 임재의(창조 후/십자가 이전) 한계를 자유롭게 넘어 가신 사실은 그 이면에 아버지가 아들을 내어주셨다(surrendering)거나 양보하셨다(yielding up)는 의미가 숨어있다.

다시 말해서, 아들을 가도록 놓아주신 것은 아버지를 넘어서는 아들의 자유로운 행보에 대한 요구가 아니라 수용이며, 또한 아버지 자신이 스스로 고통을 포용하겠다는 의지를 보여주신 것이며 아들의 지도력/자유함을 수용하는 것이다. 이것은 아버지와 아들이 저마다 다른 방법으로 품으신 고통이며 그로 인해 고통을 자아내는 모든 조건들과 한계를 포함한 모든 고통이 극복되게 한 것이다.**149**

다시 말해, 예수님이 아버지의 뜻을 단순히 스스로 수용했다기보다는 아버지를 "무"(nihil)로 이끄셨으며 아버지가 아들을 따랐다고 안셀은 주장한다. 이런 맥락에서 그는 죌레가 몰트만의 『십자가에 달리신 하나님』(*Crucified God*)에서 아들이 아버지를 자유로이 인도한 측면을 보지 않고 아버지가 아들을 가도록 놓아주신, 또는 버려두신(letting go of the Son/ aban-

---

148   Moltmann, *Ethics of Hope*, 181.
149   Ansell, *The Annihilation of Hell*, 152 n38.

donment) 측면만 보았기 때문에 다른 일부 페미니스트 신학자들과 마찬가지로 아버지의 하신 일을 아들을 향한 학대(abuse)로 보게 된 것이가고 설명한다.

지금까지 몰트만의 십자가 신학에 대한 비판을 살펴보며 그의 십자가 신학에 성령이 결여된 이원론자가 아님을 주장하였다. 또한, 몰트만의 십자가 신학이 죄에 관한 확고한 교리가 부족하다는 비판과 새도-마소히스틱하다는 비판을 살펴보며 어떤 점에서 그러한 비판들이 부적합한지에 대해 논의하였다.

이제 몰트만의 사회적 삼위일체론을 논하면서 우선 몰트만은 어떻게 삼위일체의 단일성(the unity of the Trinity)을 설명하는지 알아보도록 하겠다. 몰트만은 삼위일체 하나님의 단일성을 본질의 동질성(homogeneity of substance, *una substantia*)에 두지 않고 삼위일체의 신적 위격들을 하나로 묶는 사랑의 페리코레틱 관계(the loving perichoretic relationship which binds the divine persons of the Trinity )에 둔다.[150]

## 3. 몰트만의 사회적 삼위일체론

몰트만의 고유한 강조 사항들 중에 하나가 바로 그의 사회적 삼위일체론(social doctrine of the Trinity)이다.[151] 어거스틴은 하나님의 단일성을 강조하며 심리적 유추를 통해 삼위일체를 증명하려고 시도하였다. 대조적으로 몰트만은 성경이 한 개체가 아닌 세 개체가 일하고 계심을 계시한다는

---

[150] LaCugna는 또한 "위격 간의 진정한 친교"를 강조함으로써, 페리코레시스 개념이 라틴 교부들이 그랬던 것처럼, 신성한 실체(divine substance) 안에 신성한 통일성(the divine unity)을 위치시키는 함정을 피한다고 지적한다. See, LaCugna, *God for Us: The Trinity and Christina Life*(New York: HarperSanFranciso, 1993), 271.

[151] For good introduction to this trend, see John L. Gresham Jr., "The Social Model of the Trinity and Its Critics," *SJT* 46(1993): 325-343.

사실에 주목한다. 그러므로 삼위일체에 관한 이해는 의식 활동의 세 중심(three centers of conscious activity)으로 이해되는 복수의 위격들의 교제(the fellowship of a plurality of persons understood as three centers of conscious activity)에서 시작되어야 하며, 그 다음에 그들의 단일성에 대한 질문으로 진행되어야 한다고 말한다.[152]

몰트만에 따르면 삼위일체는 하나님의 신성한 생명 안에서 하나님께서 십자가 사건을 통해 경험하시는 "단일성 안에서의 분리"(the separation-in-unity)에 그 기초를 둔다. 좀 더 자세히 설명하자면, "십자가 위에서 일어난 사건은 하나님과 하나님 사이의 사건이다. 그것은 하나님이 하나님을 버리셨고 자신을 부인하는 "하나님 자신 안에서의 깊은 분열"(a deep division in God himself)이었으며, 동시에 하나님이 하나님과 하나되어 자신과 일치하는 "하나님 안에서의 연합"(a unity in God)이었다.[153]

몰트만에게 신성한 삼위-일체의 단일성(The unity of the divine tri-unity)은 단일 주제의 정체성(the identity of a single subject)에 있는 것이 아니라 삼위일체의 신성한 위격의 교제(the fellowship of the divine persons of the Trinity)에 있다. 그는 요한복음 10:30을 주석하며 요점을 논증한다. 예수님께서는 "나와 아버지는 하나"(*en*)라고 말씀하시고 계신다. 그는 "나와 아버지는 하나(*en*)이고 동일한 분"(*eis*)이라고 말씀하시지 않았다.[154] 그러므로 몰트만은 "성자 예수와 성부 하나님의 하나됨(unity)은 그들의 분리된 성격을 보존하고(preserves their separate character) 실제로 그것을 조건 짓는 하나됨"이라고 주장한다.[155]

이에 반해 바르트는 하나님 안에서의 단일성(oneness in God)을 확보하기 위해 교부들이 *homoousion*을 통해 고백한 성부, 성자, 성령의 본질의 일치를 강조한다. 바르트는 "성경에 따라 자신을 계시하시는 하나님은 상호

---

152 Jürgen Moltmann, *The Trinity and the Kingdom*, 16-20, 150, 174-176.
153 Jürgen Moltmann, *The Crucified God*, 244.
154 Jürgen Moltmann, *The Trinity and the Kingdom*, 95.
155 Ibid., 95.

관계 속에서 세 가지의 독특한 존재 양태, 즉 성부, 성자, 성령으로 존재하시는 한 분이시다"라고 서술한다.[156] 바르트는 또한 "삼위"(The Trinitarian persons)는 "그들 자신의 뚜렷한 고유의 특성을 지닌 주체"(their own distinct subjects of inherence)가 아니라 "하나의 공통된 신성한 주체의 세 가지 존재 양태"(modes of existence of one common divine subject)라고 주장한다. 그러므로 삼위는 동일한 본질(of one substance)을 공유하며 동일한 주체(of one subject)에 속한다고 주장한다.[157]

바르트는 신학적 이유 때문에 *persona*(인격체)를 존재의 양태(modes of being)로 표현한다. 그는 인간의 개성(human personhood) 또는 인격(personality)에 대한 현대적 개념에 적합한 용어로 *hypostasis*(그리스어: 근원의 실체), *prosopon*(그리스어: 외적 인격) 또는 *persona*(라틴어: 외적 인격)를 표현하는 것은 "근본적인 범주 오류"(a fundamental category mistake)를 범하는 것이라고 주장한다. 이것은 교부들이 "동일한 본질(one *ousia*)과 세 위격"(인격)(three *hypostases, personae*)이라는 공식에서 의도했던 바가 전혀 아니라고 한다.

바르트는 교부들이 사용한 *hypostasis*(위격)의 의미는 오늘날 우리가 "personality"(인격)라고 부르는 것과 거의 관련이 없다고 주장한다. 그는 *hypostasis* 라는 용어가 철학 전통에서 구체적인 세부 사항의 전달 불가능한 측면들(the incommunicable aspects of a concrete particular)을 지정하는 데 사용되었다고 설명한다. 반면에 *prosopon*은 관계성의 의미(the overtone of relationality), 즉 타자들을 바라보고 타자들에게 보여지는 것의 역할을 함축한다. 이 두 용어는 기독교 신학에서 융합을 이루었고, 그 융합은 우리가 "관계에서 소통할 수 없는 존재론적 주체"(the incommunicable ontological subject in relation)라고 기술할 수 있는 개념을 만들어냈다.

그러나 여기에서 이 주체는 의식(consciousness)이나 마음(mind)의 의미가

---

[156] Barth, *Church Dogmatics* 1.1(Edinburgh, 1975), 348.

[157] Trevor Hart, "Person & Prerogative in Perichoretic Perspective: an ongoing dispute in Trinitarian ontology observed," *Irish Theological Quarterly*(1992), vol. 58.1, 48. Hart는 Rahner가 또한 세 의식이 존재하는 것이 아니라 하나의 의식이 삼중방식으로 존재하는 것이라고 주장한다고 설명한다.

아니라 엄격하게 문법적 의미로만 사용된다. 이를 바탕으로 바르트는 삼위일체 신학에서 삼위(three persons)에 대해 말할 때 삼위(three persons)를 세 분의 합리적 행위자(three rational agents) 또는 세개의 의식 중심(three centers of consciousness) 이라는 뜻으로 바로 전환하여 생각하는 신학적 입장에 도전한다.[158]

그의 신학적 도전에서 바르트는 하나님의 세 가지의 관계(아버지, 아들, 성령)에 대해 말할 준비가 되어 있지만, 반면에 교부들의 삼위(three hypostases)에 대한 고백이 수반하는 것, 즉 동일한 본질(one *ousia*)과 구체적인 실재 안에 "세 고유한 전달 불가능한 존재론적 주체들"(the presence of three unique incommunicable ontological subjects in one *ousia*, one concrete reality)을 용인할 준비가 되지 않았음을 볼 수 있다.[159]

따라서 바르트는 "인격"(person)이라는 용어를 "존재 양식"(mode of being)으로 대체한다. 왜냐하면, "인격"(person)이라는 말의 현대적 개념(the modern notion of person)은 "지식과 자유함에 있어 다른 것들과 현저하게 다른 독립적이고(independent), 자유롭고(free), 스스로 처분하는 행동 중심"(self-disposing center of action)을 의미하기 때문이다."[160] 바르트는 하나님 안에 그러한 세 위격(three persons)의 존재를 받아들이지 않는다. 그는 우리가 "하나님 안에 세 분의 구별된 자아"(three distinct selves in God)나 "세 분의 분리된 자아 의식의 행위자"(three separate self-conscious agents)를 받아들일 필요가 없다고 단언한다.[161] 오히려 삼위일체를 피조세계와 하나님 자신과의 관계에서 "세 가지 다른 방식"(three distinct ways) 또는 "양태"(modes)로 존재하는 "하나의 신적 주체"(one divine subject)로 접근해야 한다고 주장한다.[162]

---

158　Trevor Hart, "Person & Prerogative in Perichoretic Perspective," 58.
159　Ibid., 50.
160　Jürgen Moltmann, *The Trinity and the Kingdom of God*, 145.
161　Barth, *CD* I.1(Edinburgh, 1975), 351.
162　Rahner도 "세 가지 의식이 있는 것이 아니라 하나의 의식이 삼중 방식으로 존재한다… 위격 간의 구별성은 의식적 주관성의 구별성에 의해 구성되지 않으며 후자를 포함하지도 않는다"라고 주장함으로써 바르트와 동의한다. *Trinity*, 107

그러나 이러한 바르트의 입장은 신학적 논쟁을 불러일으켰다. 첫째, 바르트는 암묵적인 사벨 양태론(a tacit Sabellian modalism)에 빠졌다는 비난을 받았다. 하르트(Hart)는 바르트가 실제로 암묵적 사벨 양태론에 빠져들지 않으려고 하나님 안에서 존재하는 세 가지 동시적(simultaneous)이며 연속적이지 않은(not consecutive) 양태(modes) 또는 양식(ways)을 주장한다고 지적한다.[163]

그러나 하르트(Hart)에 따르면 "바르트가 신성한 삼위(threeness)를 존재 양태의 수준(level of modes of being)으로 축소시킴"으로써 삼위일체(trinity)를 "성부, 성자, 성령 중 어느 분과도 엄밀히 말해서 동일하지 않은 신성한 자아(a divine self) 또는 주체(subject)라고 반복해서 언급하지 않을 수 없게 되었다. 바르트에게 성부, 성자, 성령은 신성한 "자아"(I)가 하나님으로 존재하는 상대적인 방식들(relative ways)이기 때문이다.[164]

삼위일체를 존재 양식으로 보고 복수의 주체(Barth's denial of multiple subjects)를 부정함으로써 바르트는 다른 문제를 야기시켰다. "예를 들어, 성부 성자 성령 사이의 인격적 교제(inter-personal communion)와 사랑, 또는 성부에 대한 성자의 순종(the obedience of the Son to the Father)과 같은 전통적 언어를 진지하게 받아들이기 어렵게 만든다.[165] 따라서 하르트(Hart)가 주장하는 바와 같이 아버지와 아들 사이의 사랑은 자기 사랑으로, 아버지에 대한 아들의 순종은 자기 순종으로 축소된다. 이런 식으로 타자에 대한 사랑과 타자에 대한 순종은 "한 신성한 주체의 외적 관계를 제외하고는"(in the relations of the one divine subject *ad extra*) 존재하지 않는다.[166] 결과적으로, 삼위일체의 위격을(Trinitarian persons) 단순히 존재 양태로 보는 것은 신성한 "나"(the divine "I")인 주체가 암묵적으로 성부와 동일시되는가 하면 동시에 성자와 성령에게서 "진정한 인격"(genuine personhood)을 앗아가기 때문에

---

163 Trevor Hart, "Person & Prerogative in Perichoretic Perspective," 48.
164 Ibid., 48.
165 Ibid., 50.
166 Ibid., 50.

위험하다.

성부, 성자, 성령의 상호관계 속에서 존속하는 세 가지 독특한 양태로 나타나는 한 분인 하나님(God as "One in three distinctive modes of being subsisting in their mutual relations: Father, Son and Holy Spirit)을 말하는 바르트의 이해와 다르게, 몰트만은 "위격"(person) 개념을 "관계"(relation)의 개념으로 축소시키는 것을 거부하며 성부, 성자, 성령의 절대적 위격적 다양성(the absolute hypostatic diversity of the Father, Son, and Spirit)을 강조한다. 몰트만은 하나님 안에 독특하며 축소될 수 없는 세 주체가 있다고 주장한다.

이런 점에서 하르트(Hart)가 지적한 것처럼 몰트만은 "궁극적으로 성부, 성자, 성령으로 존재하는 한 주체(one subject)를 전제하는(내재적이며 경륜적인) 신성의 모든 고유 특권을 보기 보다는 위격적 고유 특권의 다양성"(the diversity of hypostatic prerogatives)을 강조한다.[167] 성부, 성자, 성령은 궁극적으로 그의 피조물과의 관계에서나 하나님의 영원한 생명 안에서의 상호 관계에서도 뚜렷하게 구별된다.

삼위일체 안에서 구별되고 독특한 세 위격(three distinct and unique persons in the Trinity)을 인식할 때, 우리는 어떤 의미에서 세 위격 사이의 진정한 단일성을 말할 수 있는지에 대한 문제에 직면하게 된다. 몰트만은 이 질문이 삼위일체의 경륜(the economy of the Trinity) 그 자체에 의해 제기된다고 주장한다. 그에 따르면 삼위일체의 단일성(the unity of the Trinity)은 "본질의 동질성"(homogeneity of substance)에 근거하지 않는다. 오히려 삼위일체의 단일성은 위격들이 서로 안에 "내주하는"(indwell) 페리코레틱 차원

---

167  Ibid., 52. Hart는 여기에서 Moltmann이 아버지, 아들, 성령의 절대적인 실체적 다양성(hypostatic diversity)을 강조하는 동방의 전통을 따르는 Lossky와 다른 사람들을 따른다고 지적한다. Lossky는 "관계들은 셋의 위격적 다양성을 표현하는 역할을 할 뿐이며, 그들은 그것(위격적 다양성)의 기초가 아니다. 서로에 대한 서로 다른 관계를 결정하는 것은 세 가지 위격의 절대적인 다양성이지 그 반대가 아닙니다"라고 서술한다. See, V. Lossky, *In the Image and Likeness of God*(St Vladimir's Seminary Press, 1974), 79.

의(*perichoretic*) 단일성이다.¹⁶⁸ 하르트(Hart)가 긍정하듯이 "페리코레틱 단일성"(perichoretic unity)은 절대적인 위격적 다양성(absolute hypostatic diversity)과 충돌하기보다는 그것을 전제하는 단일성이다."¹⁶⁹

왜냐하면, 상호 교제 안에서 하나가 될 수 있으려면 위격의 독특한 특징이 인정되어야 하기 때문이다. 페리코레틱(Perichoretic) 단일성은 각 구별된 위격의 특징들(the distinctive personal prerogatives)이 타협되거나 상대화되지 않고 실제로 충족되는 단일성이다. 몰트만은 "성부와 성자와 성령은 정확히 서로 구별되는 인격적 특성을 통해 서로 안에 거하며 서로에게 영원한 생명을 나눈다"고 말한다.¹⁷⁰

다음 섹션에서는 몰트만이 어떻게 "삼위일체적 단일성"(the Trinitarian unity)을 설명하는지, 구체적으로 세 위격의 구별되고 고유한 주체가 어떻게 진정으로 하나인가 살펴볼 것이다. 몰트만은 동방교회 교부들로부터 고대의 "페리코레시스"(*perichoresis*) 이미지를 차용하는데, 이는 우리에게 사벨 양태론(Sabellian modalism)과 삼신론(tritheism) 모두를 피할 수 있는 귀중한 도구가 된다. 이러한 페리코레시스(*perichoresis*)의 이미지는 절대적인 위격적 다양성(an absolute hypostatic diversity)을 전제로 하는 진정한 단일성(genuine unity)을 가리킨다. 따라서 몰트만에게 하나님의 단일성은 페리코레시스(*perichoresis*)라는 개념을 통해 표현된다.

### 1) 페리코레시스

인도네시아의 자카르타신학대학원에서 조직신학을 가르치는 조아스 아디프라세티야(Joas Adiprasetya)의 연구 내용을 통해 페리코레시스라는 용어가 나지안주스의 그레고리(Gregory of Nazianzus, 329-390 CE)에 의해 처음

---

168  Jürgen Moltmann, *The Trinity and the Kingdom*, 150.
169  Trevor Hart, "Person and Prerogative in Perichoretic Perspective," 53.
170  Jürgen Moltmann, *The Trinity and the Kingdom*, 175.

으로 소개된 이래 어떻게 사용되어 왔는지 알 수 있다.[171] 나지안주스의 그레고리는 그리스도의 인성과 신성 사이의 관계를 설명하기 위해 『서신』(*Epistle*)에서 처음으로 그리스도의 신성과 인성의 상호침투(interpenetration of Christ's divine and human natures)라는 의미에서 페리코레시스라는 용어를 사용하였다.[172] 알렉산드리아의 슈도-키릴(Pseudo-Cyril of Alexandria)은 어떻게 그리스도의 신성과 인성이 위격적으로(hypostatically) 결합되고 하나의 합성체(one composite nature)로 변하지 않는지를 설명하기 위해 페리코레시스 개념을 사용한다. <삼위일체에 대해>(*De Sacrosancta Trinitate*) 24절에서 슈도-키릴(Pseudo-Cyril)은 그리스도의 신성과 인성의 침투가 어떻게 상호 간에 발생하지 않고, 인과 관계로(in a causal relation) 발생하는지에관해 다음과 같이 설명한다.

> 이 침투는 육체로부터가 아니고 신성으로부터 일어난다. 왜냐하면 육체 (the flesh)가 신성을 관통(penetrate through, διά)하는 것이 불가능하기 때문이다. 여전히 신성은 일단 육신을 관통한 후 육신에 그 자체와의(πρός) 형언할 수 없는 침투, 특히 우리가 결합(union)이라고 부르는 것을 부여한다.[173]

아디프라세티야(Joas Adiprasetya)는 슈도-키릴(Pseudo-Cyril)이 페리코레시스 개념을 기독론적으로는 사용할 때는 아무런 새로운 차원을 더하거나 발전시키지 않았지만, 이 개념을 삼위일체 담론에 사용함으로써 지대

---

171 Joas Adiprasetya, "Toward a Perchorietic Theology of Religions"(Th. D. Dissertation, Boston University, 2008). 154.

172 Verna E. F. Harrison, "*Perichoresis* in the Greek Father," *St Vladimir's Theological Quarterly* 35, no. 1(January, 1991), 55 quoting Gregory of Nazianzus, *Epistle*, 101. 5.

173 Wolfson, *The Philosophy of the Church Fathers*, 423 quoting Pseudo-Cyril, *De Sacrosancta Trinitate*, 24.

한 공헌을 했다고 주장한다.[174] 슈도-키릴에 따르면, 삼위일체의 세 위격 (the three persons of the Trinity)은 혼동이나 분할 없이(without confusion or division) 서로 간에 상호 내재성을 갖는다.[175] 그러므로 나지안주스의 그레고리(Gregory of Nazianzus)가 그리스도의 인성과 신성, 두 본성 안에서 일어나는 상호침투를 설명하기위해 사용했던 페리코레시스 개념을 슈도-키릴 (Pseudo-Cyril)은 삼위일체 위격의 상호 내주(the mutual indwelling of the Triune person)를 언급하기 위해 사용하였다.

그후 다마스커스의 요한(John of Damascus, 676-749 CE)은 페리코레시스에 대한 이와 같은 슈도-키릴의 이해를 더욱 발전시켰다. 그는 『전통신앙』(De Fide Orthodoxa)에서 다음과 같이 서술한다.

> 실체들은(substances)은 서로 안에 거하며 확고하게 자리잡는다. 그들은 불리될 수 없고(inseparable) 서로 헤어질 수 없으며(cannot part from one another) 합치거나(coalescing) 섞이지 않고(mingling) 서로 결합하여(cleaving to each other) 서로 안에서 각자의 분리된 경로(their separate courses)를 유지하기 때문이다. 성자는 성부와 성령 안에, 성령은 성부와 성자 안에, 성부는 성자와 성령 안에 계시지만 합체(coalescence)나 섞임(commingling)이나 혼동(confusion)이 없다. 그리고 유일하고 동일한 움직임(motion)이 있다. 세 분의 생존(the three subsistences)에는 어떤 피조물에서도 관찰되지 않는 하나의 충동(one impulse)과 하나의 움직임(one motion)이 있기 때문이다.[176]

---

174　Joas Adiprasetya, *Toward a Perichoretic Theology of Religions*(Th. D. Dissertation, Boston University, 2008), 154.

175　Verna E. F. Harrison, "*Perichoresis* in the Greek Father," *St Vladimir's Theological Quarterly* 35, no. 1(January, 1991), 59 quoting Pseudo-Cyril, *De Sacrosancta Trinitate*, 10.

176　Joas Adiprasetya, "Toward a Perichoretic Theology of Religions"(Th.D. Dissertation, Boston, MA: Boston University of Theology, 2008), 158 quoting John of Damascus, *De fide Orthodoxa*, 1.14.

다마스커스의 요한(John of Damascus)의 이와 같은 진술에서 우리는 삼위일체가 별개의 세 위격으로 존재하지만, 성부와 성자와 성령이 서로 내주하며 하나의 단일체(one unity)로 역사한다는 페리코레시스의 기본적인 개념을 이끌어낼 수 있다. 여기서 페리코레시스(perichoresis) 라는 용어는 복수성(plurality)이 지워지지 않고 보존되는 단일성을 의미한다. 이 용어는 각 위격(every divine person)에 다른 두 위격이 내주함과 동시에 모든 위격이 서로 상호침투하는 것을 제시한다. 삼위일체의 세 위격의 상호침투는 그들이 서로 구별됨을 전제로 한다.

왜냐하면, 상호침투 작용이란 어떻게 상호침투의 주체가 본질적으로 그 대상의 내부에 있지 않은지를 증명해주기 때문이다. 각 신성한 위격(every divine person)은 그 자체로 존재하고 활동하지만 동시에 다른 두 위격은 그 위격 안에서 현존하고 활동한다.

위에서 관찰한 바와 같이 페리코레시스(perichoresis) 라는 용어는 먼저 그리스도의 신성과 인성 간의 상호침투를 설명하기 위해 사용되었고, 그 다음 서로 다른 세 위격의 상호 대등한 내주와 상호침투를 설명하기 위해 사용되었다. 몰트만은 동질적 실체(una substantia)라는 개념 대신에 페리코레시스(perichoresis) 라는 개념을 통해 삼위일체적 하나님의 단일성을 설명한다. 몰트만에게 삼위일체의 단일성은 본질적 단일성(a substantial unity)이 아니라 관계적 단일성(a relational unity)이다. 신성한 위격의 단일성은 서로의 상호 충만한 내주(mutual fullness of their indwelling of each other)에서 발견된다. 모든 위격을 하나로 묶는 것은 서로를 사랑하는 페리코레틱(perichoretic) 관계인 것이다. 몰트만은 이 개념을 다음과 같이 설명한다.

> 이 개념 [perichoresis]은 영원한 하나님의 생명의 순환적 특성을 파악한다. 영원한 생명의 과정(An eternal life process)은 에너지의 교환을 통해 삼위일체 하나님 안에서 일어난다. 성부가 성자 안에 계시고 성자가 성부 안에 계시며 성령이 성부와 성자 안에 계시듯이 성부와 성자 두 분도 성령 안에 계신다. 영원한 사랑의 힘으로 그렇게 서로 안에 살며 그렇게 서로

안에 내주함으로써 삼위는 하나이다.<sup>177</sup>

몰트만에 따르면 페리코레시스(*perichoresis*) 개념은 삼위일체의 셋됨을 단일성으로 축약하거나(without reducing the threeness to the unity) 단일성을 셋됨으로 분해하지 않고(dissolving the unity into the threeness) 삼위일체의 셋됨(the threeness)과 단일성(the unity of the Trinity)을 함께 연결한다. 페리코레시스(*perichoresis*)개념은 양태론적 해석이 제시하는 것처럼 삼위일체적 위격을 존재의 세가지 양태 또는 한 분이신 하나님의 세 가지 반복으로(three repetitions of the One God) 이해하지 않는다. 삼위일체의 단일성은 하나님의 유일한 주재권(the one lordship of God)에 있는 것이 아니라 신성한 생명의 순환(through the circulation of the divine life)을 통해 그들 고유의 단일성을 형성하는 삼위일체 위격들의 영원한 페리코레시스(eternal *perichoresis* of the Trinitarian persons)에서 발견되어야 한다.<sup>178</sup>

그러므로 몰트만에 따르면 페리코레시스의 개념은 삼위일체의 세 위격이 서로에게 축소될 수 없기 때문에 양태론으로 빠지는 위험을(the danger of modalism) 피하게 한다. 이 개념은 또한 그들이 공유된 본성을 떠나서는 완전히 위격이 될 수 없기 때문에 삼신론(tritheism)의 위험을 피하게 한다.

몰트만은 페리코레시스(*perichoresis*)의 두 가지 다른 라틴어 번역, 즉 *circumincessio*(from *circum-incedere*, to move around, 운행하다)와 *circuminsessio*(from *circum-insedere*, to sit around, 좌정하다)를 설명한다. 이 두 라틴어 단어 *circumincessio*(운행하다)와 *circuminsessio*(좌정하다)는 삼위일체의 단일성의 중복된 의미, 즉 운행과 좌정을 표현한다(a double sense of the Trinitarian unity: movement and rest). 몰트만은 *circumincessio*(운행하다)라는 단어가 "삼위일체의 삼위가 그들의 영원한 생명력을 전개할 수 있는 움직임(movement)을 위한 공간을 서로가 서로에게 제공한다. 그들은 서로 함께, 서로 주위를, 서로 안에서 그리고 그 어떤 일시적인 것을 뒤에 남기지 않고 '영광에서 영광으

---

177  Jürgen Moltmann, *The Trinity and the Kingdom*, 175.
178  Ibid., 174-175.

로' 변화한다"[179]는 의미로 이해된다고 설명한다. 몰트만은 그들의 영원한 유동성에서(in their eternal mobility, *circumincessio*), "삼위일체의 위격은 인격체인 동시에 공간"이라고 주장한다."[180] 몰트만은 또한 삼위일체의 세 위격과 그들이 상호 존재하는 삼위일체적 세 공간 모두의 관점에서 좌정하다(*circuminsessio*)의 의미를 설명한다. 그는 "페리코레시스에서 각 위격은 자신을 다른 두 위격이 '거주 할 수 있도록' 그들을 위해 넓은 공간과 주거를 준비한다"고 말한다.[181]

삼위 – 일체(tri-unity)를 동등한 삼위 간의 공동체(community)와 교제(fellowship)로 묘사하는 이 개념, 페리코레시스(*perichoresis*)는 필연적으로 상호성(mutuality)과 호혜성(reciprocity)을 특징으로 하는 하나님의 교리(doctrine of God)로 이어진다. 그러므로 몰트만은 페리코레틱(*perichoretic*) 삼위일체적 공동체(Trinitarian community)는 신적 공동체(divine community)를 기술할(describe) 뿐만 아니라 인간 공동체의 진정한 본질을 규정한다(prescribe)고 주장한다.

몰트만은 성부, 성자, 성령의 관계를 일종의 교제(*koinonia*)로 그리며 이를 "열린 삼위일체"(open Trinity)라고 설명한다.[182] 성부와 성자의 연합은 폐쇄적인 연합이 아니다. 그것은 예수님의 대제사장적 기도(요 17:21)에 표현된 것처럼 개방적인 연합이다. 제자들이 하나님과 그리고 하나님 안에서 서로 교제한다는 것은 "삼위 – 일체가 개방적이므로 온 피조물이 삼위 – 일체와 하나가 되고 그 안에서 하나가 될 수 있다"는 것을 전제로 한다.[183] 하나님은 하나님의 피조물이 삼위일체의 교제 안으로 들어오도록 초청하신다. 그러므로 몰트만은 "삼위일체의 단일성은 단지 신학적인 용어가 아

---

179　Jürgen Moltmann, *Sun of Righteousness Arise!*, 155.
180　Ibid.
181　Ibid.
182　Jürgen Moltmann, *God in Creation*, 242. Also, *The Crucified God*, 255, and *The Trinity and the Kingdom*, 96.
183　Jürgen Moltmann, *The Trinity and the Kingdom*, 96. Also see, Moltmann, *Experiences in theology*, 322ff.

니라 그 중심에 구원론적인 의미를 담고 있다"¹⁸⁴고 주장한다. 다시 말해, 삼위일체 하나님은 하늘에 계신 완전한 존재들의 "폐쇄된 집단"(a closed circle)이 아니다. 오히려 삼위일체 하나님은 인간을 향하여, 세상을 향하여 그리고 시간에 대해 "열려있는 하나님"이시다.¹⁸⁵ 우리는 사랑하고 기도하고 소망함으로 능동적 또는 피동적으로 하나님의 고난과 기쁨에 참여함으로써 하나님 역사의 삼위일체적 과정에 참여하도록 부름 받았다.¹⁸⁶

이와 같이 몰트만은 페리코레시스(perichoresis)의 개념을 통해 하나님과 세상의 관계에서 하나님이 추구하시는 것은 주권(lordship)이 아니라 사랑의 교제이며, 동시에 하나님의 나라에서 삼위일체적 삶을 가장 적절하게 반영하고 참여하는 자유로운 우정의 관계 라고 주장한다.¹⁸⁷

몰트만은 『신학에 있어서 경험들』(Experiences in Theology)에서 그의 삼위일체 신학을 위해 페리코레시스(perichoresis)의 역할을 강조한다.¹⁸⁸ 이 책에서 우리는 하나님의 생명에 참여하도록 초청된다. 이상적으로 성부, 성자, 성령의 교제는 그리스도인의 공동체에 반영되야 할 것이다.¹⁸⁹ 몰트만은 "삼위일체 내의 공동체(community)는 사회적 프로그램(a social program)이 될 수 있다"고 주장한다.¹⁹⁰

과연 인간이 죄와 악으로 얼룩진 이 세상에서 삼위일체의 내적 삶에서 일어나는 일을 반영하고 적용하는 것이 가능할까?

다음 장에서 이 질문에 대해 논의하고 다문화, 다원화 사회를 살아가는 여성들이 어떻게 사회적 삼위일체적 삶을 실천할 수 있을까에 대해 심도

---

184　Ibid., 96.
185　Jürgen Moltmann, *The Crucified God*, 255. Also see, *God in Creation*, 242.
186　Ibid., 255.
187　Richard Bauckham, *The Theology of Jürgen Moltmann*(London: T & T Clark, 1995), 17.
188　Jürgen Moltmann, *Experiences in Theology*, 84-87.
189　Ibid., 328.
190　Ibid., 332-333. 이에 관해서는 4장에서 그리스도인의 삶에서의 사회적 삼위일체적 실천에 대해 자세히 논의할 것이다.

있게 논의하기 위해 **페리코레시스**(*perichoresis*) 개념을 다시 언급하고자 한다. 성부, 성자, 성령이 상호성(mutuality), 호혜성(reciprocity), 동등성(equality)으로 상호 관련되어 있다는 점을 지적하기 위해, 몰트만은 다른 두 가지 전통적인 삼위일체적 문제인 경륜적 삼위일체(the economic Trinity)와 내재적 삼위일체(the immanent Trinity)의 관계와 필리오케 논쟁(the *filioque* controversy)에 주목한다.

### 2) "경륜적 삼위일체는 내재적 삼위일체이다. 그리고 내재적 삼위일체는 경륜적 삼위일체이다"

칼 라너(Karl Rahner)는 초대교회가 예수 그리스도의 구원 역사와 성령의 생생한 능력을 구체적으로 성찰함으로써 하나님을 삼위-일체로 이해했다고 설명한다. 그러나 이런 삼위일체에 대한 사색(speculation)이 플라톤적 그리고 신플라톤적 사변으로 모험을 감행하면서 삼위일체론 전체가 구원 역사에서 계시된 세 위격을 언급하지 않고 발전되었다고 주장한다. 이러한 사색은 영원하신 하나님(god-in-eternity)과 구원 역사의 분리를 가져왔고, 결과적으로 역사 안에서 인간에게 나타나시고 진정으로 소통하신 하나님에 대한 사실을 제거하였다.[191]

곧 이어 그는 "경륜적 삼위일체가 내재적 삼위일체이고, 내재적 삼위일체가 경륜적 삼위일체"라고 제시한다.[192] 라너는 구원의 경륜 안에서 하나님이 제시되는 방식 외에 그 어떤 방식으로도 하나님이 알려질 수 없다고 주장한다. 그는 하나님이 자신 안에서 영원히 존재하신다는 것은 무엇이며 하나님이 어떻게 세상에서 자신 밖에서 역사하시는지 사이의 전통적

---

[191] Karl Rahner, *The Trinity*, trans. Joseph Donceel(New York: Herder and Herder, 1970), 99-101. 경륜적인 삼위일체는 구원의 역사와 관련이 있으며, 구원을 위한 보냄과 선교적 사명에 있어서 성부, 성자, 성령을 논한다. 내재적 삼위일체는 행위자 안에 행해지는 행동과 관련이 있다. 내재적 삼위일체는 삼위일체의 영원하고 본질적이며 존재론적인 측면에 대한 논의가 될 것이다.

[192] Karl Rahner, *The Trinity*, 22. Also see, Jürgen Moltmann, *The Crucified God*, 240.

구분을 신학에서 버려야 한다고 제안한다.[193]

몰트만은 라너의 주장에 동의하면서, 십자가를 하나님이 고통당하신 사건으로 인식한다면 우리는 당연히 세상에 관한 하나님의 경험에 관해 말할 수밖에 없다. 그리고 십자가를 삼위일체의 신성한 위격들 사이의 고통의 사건으로 인식한다면 우리는 하나님이 세상을 경험한 행위에서 하나님 자신을 경험하는 삼위일체적 경험에 대해 말해야 한다고 주장한다. 다시 말해서, 하나님이 우리를 위하시는 것은 또한 하나님의 삼위일체적 자기 관계 안에서 하나님 자신을 위하시는 것이다.

몰트만은 신약성경을 세 신성한 위격의 활동과 구원의 경륜 안에서 서로를 향해 끊임없이 변화하는 관계에 관한 이야기로 간주한다. 그는 "경륜적 삼위일체는 내재적 삼위일체이다. 그리고 내재적 삼위일체는 경륜적 삼위일체이다"라고 하는 공리(axiom)를 통해 경륜적 삼위일체와 내재적 삼위일체 사이의 인식론적 연결(the epistemological link)을 주장한 라너에 동의하면서 예수 그리스도가 "삼위일체의 계시자"(the revealer of the Trinity)라고 주장한다.[194]

라쿠나(LaCugna)는 라너의 원리(Rahner's axiom)에 대한 몇 가지 오해를 해명한다. 어떤 신학자들은 내재적 삼위일체와 경륜적 삼위일체 사이에 엄격한 동일성이 있을 수 없다고 이의를 제기했다. 그녀는 라너의 원리(axiom)가 존재론적 통찰력이 아니라 방법론적 통찰력을 제공하는 것으로 보아야한다고 설명함으로써 그들을 수정한다. 라쿠나(LaCugna)는 신학적 지식의 질서는 그리스도와 성령 안에서 이루어지는 하나님의 자기 소통(God's self-communication in Christ and Spirit)의 역사적 형식을 고수해야 한다. 그리고 하나님을 아는 지식이 하나님의 역사하심의 순서에 따라 그리스도와 성령을 통해 생긴다고 주장한다.[195]

---

[193] Jürgen Moltmann, *The Crucified God*, 239-240.
[194] Karl Rahner, *The Trinity*, 72.
[195] Catherine M. LaCugna, *God for Us*(San Francisco: Harper Collins Publishing, 1991), xv.

몰트만은 자신이 라너의 주장을 긍정하고 채택한 이유를 다음과 같이 설명한다.

> 삼위일체에 관한 우리 지식의 중심적 기초가 아버지가 성령을 통해 우리를 위해 아들을 내어주신 십자가라면, 십자가와 자기-드림(self-giving)이 부재한 초월적 원초적 근거에서 본질적 삼위일체를 생각하는 것은 불가능하다. …경륜적 삼위일체는 외적으로는 하나님께 단일성(unity)을, 내적으로는 "삼위"(threeness)를 하나님께 돌린다. 그러나 "외적인" 사건("outward" event)인 십자가 사건은 삼위일체적 관점, 즉 분할(divided, *divisa*)되고 차별화된(differentiated) 삼위일체적 관점으로만 이해될 수 있다. 아들이 우리를 위해 십자가에서 복종하심은 아버지에게 역으로 소급 효과가 있어 무한한 고통을 일으킨다. 십자가에서 하나님은 외적으로 그의 모든 피조물을 위하여 구원을 이루셨고 동시에 내적으로는 온 세상의 재난을 겪으신다. 창세 이래 삼위일체의 외적 역사(the *opera trinitatis ad extra*)는 삼위일체의 내적 열(The *passiones trinitatis ad intra*)과 일치한다. 그렇지 않으면 사랑이신 하나님을 전혀 이해할 수 없을 것이다.[196]

몰트만은 삼위일체(the Trinitarian persons)와 세상의 사랑하는 관계와 신성한 생명의 본질 사이의 동일성을 강조함으로써 라너의 원리를 재구성한다. 그는 "구원의 역사는 영원토록 살아계신 삼위일체 하나님의 역사이며, 그분은 우리를 모든 충만한 관계와 함께 영원한 삼위일체 생명 안으로 이끄시고 포함시킨다 … 하나님께서는 자신 안에 있는 바로 그 사랑으로 세상을 사랑하신다"고 단언한다.[197] 그는 또한 성부, 성자, 성령의 관계에서 무한한 자기-기부(the infinite self-giving)가 예수 그리스도의 성육신에서 생생하게 나타나고 십자가 사건에서 그 깊이에 이르며 영원한 삼위일체의

---

[196] Jürgen Moltmann, *The Trinity and the Kingdom*, 160.
[197] Ibid., 157.

생명 안에서 모든 피조물의 영광으로 절정에 이른다고 주장한다.[198]

### 3) 필리오케 논쟁

몰트만에 따르면 사회적 삼위일체 교리는 성부, 성자, 성령 사이의 비-위계적 관계(non-hierarchical relationship)를 유지해야 한다. 따라서 삼위일체의 비-위계적 관계를 유지하기 위해서는 필리오케(filioque)가 암시하는 성령의 종속성을 폐지해야 한다.[199] "아들로부터"(from the Son)라는 의미를 가진 이 라틴어 용어 필리오케(filioque)가 주후 589년에 톨레도(Toledo)에서 개최된 지역의회에서 주후 381년에 완성된 니케노-콘스탄티노폴리스 신조의 서방 버전(the Western version of the Niceno-Constantinopolitan creed of 381)[200]에 추가되었다. 원문은 "성령은 아버지로부터 진행한다"고 말했지만, 필리오케(filioque)가 추가되어 "성령이 아버지와 아들로부터 진행한다"고 명시되어 있다. 필리오케(Filioque)는 서방교회에서 받아들여졌으며 주후 1014년 미사에서(the Mass in 1014) 공식적으로 승인되었다.[201] 일반적으로 동방교회에서 비난한 필리오케(filioque)는 1054년에 동방과 서방교회의 분열을 초래한 주요 교리 문제가 되었다.

---

198 Ibid., 61-96.

199 Warren McWilliams, "Why All the Fuss about *Filioque*? Karl Barth and Jürgen Moltmann on the Procession of the Spirit," *PRSt* 22(1995): 167-181.

200 Niceno-Constantinopolitan Creed의 원문에는 *filioque*에 대한 표시가 없다. 성령에 관련하여, Niceno-Constantinopolitan Creed는 "그리고 우리는 주님이시며 생명을 주시는 성령을 믿습니다. 그분은 성부에게서 나오시고, 성부와 성자와 함께 경배와 영광을 받으시며 예언자들을 통하여 말씀하셨습니다"라고 서술한다. Cf. Heron, who gives an excellent summing up of the dogmatic history and makes a good dogmatic suggestion in "Who Proceedth from the Father and the Son: The Problem of the *Filioque*," 149-166.

201 For a fuller history, see Dietrich Ritschl, "Historical Development and Implications of the *Filioque* Controversy," in Lukas Vischer ed., *Spirit of God, Spirit of Christ: Ecumenical Reflections on the Filioque Controversy*(London: SPCK, 1981), 46-65.

바르트와 몰트만은 모두 개혁 전통(the Reformed tradition)에서 왔지만 필리오케(*filioque*)의 정통성(legitimacy of *filioque*)에 대해서는 상반된 입장을 취한다. 칼 바르트(Karl Bart)는 내재적 삼위일체와 경륜적 삼위일체에 대한 그의 이해를 통해 필리오케의 정통성을 주장한다.[202] 바르트는 동방신학자들(Eastern theologians)이 성자와 성령의 관계를 밝히 가리키는 다른 본문들을 간과하고 오직 요한복음 15:26과 같은 본문을 고립적으로 취한다고 주장한다. 그는 성경적 증거들이 필리오케를 지지하기 때문에 필리오케는 내재적 삼위일체(the immanent trinity)에 대해 사실이어야 한다고 주장한다.

필리오케가 내재적 삼위일체에서 확인될 때, 하나님과 인류의 관계는 영원한 기반을 갖게 된다고 한다. 바르트는 "필리오케는 성부와 성자 간의 교통하심을 인정하는 표현이다 … 그리고 이 교통하심(communion)을 인정하는 것은 성령이 계시한 신성하고 영원한 진리로서 하나님과 인간 사이의 교통하심의 기초임을 인정하고 확증하는 것"이라고 한다.[203] 그는 성령이 아버지와 아들로부터 나온다고 하는 성령의 이중 진행(double procession of the Spirit)을 지지하면서, 그리스도인의 경험에서 성령의 임재는 항상 살아계신 그리스도의 임재와 연결되어 있다고 주장한다. 바르트에게 필리오케를 거부하는 것은 예수 안에 있는 특별계시와 별개로 하나님과 의미있는 관계를 가질 수 있다는 가능성을 열어주는 격이 되는 것이다.

대조적으로 몰트만은 필리오케가 불필요할(superfluous) 뿐만 아니라 삼위일체 교리에 해롭기까지(pernicious)하다고 주장한다. 그는 주후 381년의 니케아-콘스탄티노폴리스 신조(Niceno-Constantinopolitan Creed)의 원본으로 돌아가서 신조의 원래 통찰력을 회복하는 한 가지 방법은 "성령이 아들의 아버지로 부터 나온다"라고 말하는 것이라고 제안한다.[204] 신조의

---

202  Jürgen Moltmann, *The Spirit of Life*, 305.

203  Karl Barth, *Church Dogmatics*, trans. G.W. Bromiley(Edinburgh: T&T. Clark, 1975) I.1, 480.

204  Moltmann, *The Trinity and the Kingdom*, 182-185.

원본은 우리에게 성령이 "아버지로부터 진행한다"고 말한다. 몰트만은 삼위일체의 제1위격이 아버지이다. 그러나 그것은 아들과 관련하여, 즉 아들의 영원한 생성(in the eternal generation of the Son)에서만 가능하다. 그러므로 신조의 원래 통찰력을 회복하는 방법으로 "성령은 아들의 아버지로 부터 진행한다"고 말해야한다고 주장한다.[205]

몰트만에 따르면 그러한 구성은 성부가 그의 아들과의 관계 때문에 아버지라는 사실을 상기시켜 준다. 삼위일체의 제1위격이 성부인 것은 성부가 만물이 의존하는 "유일한 원인"(sole cause)이기 때문이 아니라 아들과의 관계 때문이다. 하나님은 영원한 아들의 영원한 생성 안에서 오직 아버지로서 하나님 자신을 보여 주신다. 아버지는 영원토록 오직 아들의 아버지다. 그는 성령의 아버지가 아니다. 그러므로 아버지로부터 나오는 성령의 진행은 영원에서 아버지를 통한 아들의 생성을 전제로 한다. 왜냐하면, 아버지가 자신을 아버지로 나타내시는 것은 오직 이 관계 안에서 뿐이기 때문이다.[206]

그러므로 몰트만은 아들의 아버지로부터 나오는 성령의 진행(the procession of the Spirit)이 첫째로 아들의 생성, 둘째로 아들의 존재, 셋째로 아버지와 아들의 상호 관계를 전제로 한다고 결론을 내린다. 아들은 아버지로부터 나오는 성령의 진행을 위한 논리적 전제이자 실제 조건이다. 그러나 아들은 아버지처럼 성령의 근원이 아니다. 아버지만 성령의 근원이다. 그러므로 아버지로 부터 나오는 성령의 진행은 아버지를 통한 아들의 생성과 본질적으로 구별되어야 한다. 그러면서도 그 진행은 아들의 생성과 관계적으로 연결되어 있어야 한다. 아들은 영원히 아버지와 함께 계시며 아버지 안에 계신다. 아버지는 결코 아들 없이 존재하지 않으며 어느 곳에서도 아들없이 행하시지 않는 것처럼, 결코 성령 없이 계시지 않고 결코 행하지 않으신다.[207]

---

205　Ibid., 185.
206　Ibid., 183-184.
207　Ibid., 184. 그의 후기 저서 *The Spirit of Life*에서 Moltmann은 필리오케 문제로

위에서 논한 바와 같이, 몰트만은 필리오케에 관해 신학적 반론을 제기한다. 왜냐하면, 그가 필리오케를 인정하면 성령을 성자에게 종속시켜 아들과 성령 사이의 평등한 상호 관계를 부정할 것이기 때문이다. 따라서 몰트만은 성부, 성자, 성령의 하나됨과 상호관계가 사회적 삼위일체를 통해 가장 잘 표현된다고 제안한다. 그에 따르면 삼위일체 하나님의 본질적 성질(essential nature)은 "공동체"(community)이다. 하나님의 단일성(The unity of God)은 서로 함께, 서로를 위하여, 서로 안에 존재하는 세 위(the three Persons)의 "공동체"(community)로 나타난다.

결론적으로 사회적 삼위일체 신학은 하나님의 본질(the very essence of God)이 관계(relation), 상호성(mutuality), 다양성 안에 공동체(community)에 있음을 밝힌다. 십자가에 관한 사회적 삼위일체적 접근은 예수님의 탄생부터 부활까지 예수님의 열정을 포괄하며, 하나님을 소외된 자들(the marginalized)과 희생자들(the victims)과 비인간화된 자들(the dehumanized)과 연대하여 고통당하시는 열정적 사랑의 하나님으로 드러낸다. 그러므로 십자가에 관한 사회적 삼위일체적 접근은 남성과 여성 사이의 이분법적 대립을 승인해 온 전통적인 하나님에 대한 묘사를 무효화하고 그들 사이의 상호성(mutuality)과 호혜성(reciprocity)을 강조하며 증진시킨다.

십자가 신학에 관한 이러한 사회적 삼위일체적 접근은 다문화, 다인종 상황에서 사는 여성들에게 어떤 도전을 주는가?

다음 장에서 다문화적 상황에서의 사회적 삼위일체적 실천(praxis)이란 무엇인지에 관해 논의할 것이다.

**첫째**, 사회적 삼위일체론적 실천(the social Trinitarian praxis)이 비판받고 있는 점이 있지만 그럼에도 불구하고 여성들의 개인적, 사회적 관계에 어

---

돌아간다. 여기서 다시 그는 필리오케의 확언이 성자에 대한 성령의 종속을 의미하며 성령의 교리를 기독론적 성령론으로 제한한다고 주장한다. For details, read *The Spirit of Life*, 289-308.

떻게 적용할 수 있는지 탐구할 것이다.

**둘째**, 십자가에 관한 사회적 삼위일체적 관점이 어떻게 성별(gender)과 관련하여 교회의 구조와 리더십에 변화를 가져올 수 있는지 논의할 것이다.

**셋째**, 사회적 삼위일체론적 관점이 어떻게 여성들에게 선교에 대한 새로운 이해를 갖도록 도전하는지 보여 줄 것이다.

**넷째**, 기독교 여성들이 서로 다른 신앙과 문화를 가진 사람들과 조화를 이루며 살아가려면 요구되는 태도에 관해 사회적 삼위일체론적 관점에서 논하고자 한다.

## 제4장

# 다문화, 다인종, 다원주의 상황에서 여성을 위한 십자가에 대한 사회적 삼위일체적 이해와 실천

제3장에서 우리는 동방 신학자들의 페리코레스(perichoresis) 개념에 관해 논의하였다.[1] 페리코레시스 개념을 통해 성부, 성자, 성령의 상호침투(inter-penetration)와 상호내주(indwelling)가 삼위 간의 영원한 사랑의 자기-기부(eternal self-donation) 행위에서 발생한다는 사실을 설명하였다. 그리고 이 삼위일체 하나님은 어떤 폐쇄된 집단(a closed circle)이 아니라 하나님 자기 피조물과 교제를 갈망하는 "개방된 삼위일체"(open Trinity)임을 논하였다.[2]

하나님의 형상(imago Dei)으로서의 인간은 타인들과의 관계에서 삼위일체의 페리코레틱(perichoretic) 사랑을 본받아 삼위일체적 교제에 참여하도록 부름을 받았다. 그러므로 삼위일체적 교제(trinitarian fellowship)의 관점에서 십자가에 관한 사회적 삼위일체적 이해가 어떻게 개인적 차원과 사회적 차원에서 구체적으로 실천될 수 있는지 논의할 것이다.

사회적 삼위일체적 실천은 표용적 접근으로서 성별, 민족, 인종과 관계없이 상호연결됨(interconnectedness)을 인식하고 동시에 상호의존(inter-dependence)의 필요성을 강조한다.

또한, 삼위일체 하나님 안에서는 계층구조(hierarchy)가 조금도 없고 다만 상호성(mutuality)과 호혜성(reciprocity)이 있으므로 여성들의 존엄성(dig-

---

[1] McDougall, "The Return of Trinitarian Praxis?" 186. See also Moltmann, *The Spirit of Life*, 217-221.

[2] Moltmann, *The Crucified God*, 255. See also Moltmann, *God in Creation*, 242.

nity)과 자기 가치(self-worth)를 증진한다. 이러한 하나님에 관해 이해하고 여성들이 하나님의 형상(imago Dei)으로서 삼위일체의 페리코레틱 사랑을 섬김과 참된 교제를 통해 실천할 때 그들의 자존심(self-respect)과 자존감(self-worth)이 회복될 것이다.

또한, 그들은 성차별, 계급주의 또는 인종 차별과 같은 불의의 형태로 나타나는 다름에 대한 편협과 억압에 항거할 힘을 얻게 될 것이다. 사회적 삼위일체적 실천(the social trinitarian praxis)은 사랑과 봉사의 상호성 안에 존재하는 삼위일체의 신성한 교제(the divine communion of the Trinity)를 반영하는 인간 사회를 건설하도록 소명감을 일깨운다.

## 1. 삼위일체적 교제를 진정한 인간공동체의 본질에 대한 처방으로 본 몰트만의 주장은 비판받고 있다

몰트만은 페리코레틱 삼위일체적 교제가 신적 공동체를 묘사할(describe) 뿐만 아니라 참된 인간공동체의 본질을 규정한다고(prescribe) 주장한다. 그는 "진정한 인간의 교제는 삼위일체 하나님에게 부합하고 지상에서 하나님의 형상(imago Dei)이 되는 것이며 삼위일체 하나님의 내적 삶에 참여하는 것"이라고 한다.[3]

요한 지지울러스(John Zizioulas), 미로슬라브 볼프(Miroslav Volf), 레오나르도 보프(Leonardo Boff) 그리고 캐서린 라쿠나(Catherine LaCugna)와 같은 신학자들도 사회적 삼위일체론을 특정한 인간공동체, 즉 평등주의적(egalitarian), 상호적(reciprocal), 포용적인(inclusive) 공동체의 모델로 제안한다.[4]

---

3   Moltmann, *History and the Triune God*, 60. See also Moltmann, *God in Creation*, 242-243.

4   존 지지울러스(John Zizioulas)는 정통 신학자(orthodox theologian)이자 현저하게 영향력 있는 *Being as Communion: Studies in Personhood and the Church*의 저자이다. Boff, *Trinity and Society*; Volf, *After Our Likeness: The Church as the Image of the Trinity*; LaCugna, *God for Us*; Moltmann, *The Trinity and the Kingdom*.

그러나 삼위일체적 교제가 "진정한 인간공동체의 본질을 규정한다"고 하는 몰트만의 주장은 여지없이 비판을 받아왔다. 따라서 우리는 십자가의 사회적 삼위일체 신학이 지향하는 실천 방안에 관해 논의하기 전에 우선 이와 같은 몰트만의 주장에 대한 두 가지 주요 비판을 살펴보고자 한다.

**첫째**, 미국의 여성 조직신학자인 캐런 킬비(Karen Kilby)는 몰트만의 사회적 삼위일체론을 프로젝션니즘(projectionism), 즉 투사주의라고 비판한다.[5] 그녀는 몰트만이 자신의 선호하는 정치적 이상과 인간 사회에 대한 윤리적 가치를 하나님께 투사한다고 비난한다.[6]

**둘째**, 몰트만이 직면한 또 하나의 비판은 그가 주장하는 사회적 삼위체론의 실용성과 관련이 있다.[7] 그를 비판하는 사람들은 "아버지와 아들과 성령의 관계가 인간 사회의 청사진 같은 역할을 할 수 있느냐"고 반문한다.[8]

이러한 비판에 대하여는 먼저 킬비가 주장하듯이 몰트만이 자신이 선호하는 사회적, 정치적 의제를 내재적 삼위일체의 삶(immanent Trinitarian life)에 투사한 것인지를 논의할 것이다. 그런 다음, 적절한 인간관계에 대한 더 나은 이론적 근거로 사회적 삼위일체론 대신 기독론(Christology)을 제안하는 캐스린 태너(Kathryn Tanner)의 논리를 검토할 것이다.[9]

마지막으로 저자는 하나님의 형상(Imago Dei)을 관계의 유비(analogia relationis)로 보는 몰트만의 이해에 관해 논의하고, 사회적 삼위일체적 십자가 신학

---

5  Kilby, "*Perichoresis* and Projection," 432–445.
6  Ibid., 432–445.
7  Cunningham, *These Three Are One*, 42–43. Cunningham criticizes the "high level of abstraction" of Moltmann's social Trinitarian program. In his view, its practical recommendations are too unspecific to engage the challenging issues facing Christian communities today. Cunningham은 Moltmann의 사회적 삼위일체 프로그램이 "너무 추상적"이라고 비판한다. 그의 견해로는 오늘날 기독교 공동체가 직면한 도전적인 문제를 다루기에는 실용적인 권고 사항이 너무 구체적이지 않다.
8  Chapman, "The Social Doctrines of the Trinity: Some Problems," 239–254.
9  Tanner, *Christ the Key*, 207–246.

이 오늘날 여성들에게 삼위일체적 실천으로 이어질 수 있도록 지침을 제시하려고 한다. 죄와 악으로 물들고 훼손된 세상에서 삼위일체의 페리코레틱 사랑(the *perichoretic* love of the Trinity)을 실천하기란 결코 쉬운 일이 아니다.

그런데도 사회적 삼위일체적 십자가 신학은 여성들이 다문화적 상황 속에서 상호적이고 호혜적이며 생명을 주는 관계를 맺고 살도록 사명과 비전을 준다. 그뿐만 아니라 교회의 지도력과 구조에 대한 교회 개혁(ecclesial reform)과 선교와 종교 간의 대화에 대한 새로운 접근 방식을 구상하도록 동기를 부여한다.

### 1) 몰트만의 사회적 삼위일체 신학은 자신의 사회적 가치들과 정치적 이상을 투사한 것인가?

그의 에세이 『사회적 삼위일체론』(*The Social Doctrine of the Trinity*)에서 몰트만은 삼위일체에 대한 그의 이해를 교회와 사회 모두의 모델로 제시하며 다음과 같이 요약한다.

> 아버지와 아들과 성령은 … 서로 더불어 존재하기보다는(not with each other) 오히려 사랑의 미덕으로 서로 비워주고 서로 안에 내주한다 … 교회가 그러한 "삼위일체의 아이콘"(an icon of the Trinity)이 될 때 교회는 특정인들만 특권을 누리는 사회가 아니라, 가난과 궁핍이 없는 자유롭고 평등한 사람들의 사회인 "인간 사회의 생명 원리"(a life-principle of human society)가 될 수 있다. 그러면 삼위일체는 우리의 "사회적 강령"(social programme), "사회적 인격주의"(social personalism) 또는 "개인적 사회주의의 강령"(the programme of personal socialism)이 될 것이다. [그럴 때] 우리는 서구의 소유적 개인주의(the possessive individualism of the West)와 동양의 비인격화를 초래하는 집단주의(the depersonalizing collectivism of the East)를 극복할 것이다.
> 우리는 삼위일체적 교제 안에서 인간의 "나눔의 문화"(culture of sharing)를 통해

자연과 공생적인 교제를 나누며 함께 복을 누릴 수 있게 될 것이다.[10]

몰트만은 이처럼 삼위일체가 우리의 "사회적 프로그램"(social programme)이라고 주장함으로써 삼위일체와 교회와 사회를 연결한다. 정치적으로 진보적인 성향을 보이는 삼위일체 신학자 레오나르도 보프(Leonardo Boff)는 또한 삼위일체가 다음 생에서 신성한 생명으로 들어가는 것 이상을 의미할 뿐만 아니라 이생에서 일반적으로 사회, 특히 우리 교회를 위한 모델을 의미한다고 주장한다.[11] 보프는 사랑의 상호성 안에 존재하는 삼위일체의 신성한 친교가 사회 구조와 관계에 영감을 준다고 주장한다.

그것은 참여, 포용, 평등, 호혜 및 각자 다름에 대한 존중으로 특징지어지는 구조에 동기를 부여하고 실제로 그러한 구조를 요구한다.[12] 따라서 삼위일체는 우리의 현재 삶에서 성취해야 할 사회적 프로젝트를 효과적으로 구성하고 구현할 수 있게 한다. 삼위일체의 사회적, 대인적(interpersonal), 비위계적(non-hierarchical) 모델은 사회와 교회에 대한 보프(Boff)의 비판을 뒷받침한다. 따라서 그에게 "삼위일체는 우리의 사회적 프로그램이다."[13]

캐런 킬비(Karen Kilby)는 삼위일체에 관한 이러한 사회적 이해를 비판한다. 그녀는 "이런 형태의 사고는 특히 몰트만의 저서 『삼위일체와 하나님의 나라』(The Trinity and the Kingdom)가 출판된 이후로 추진력을 얻었고 지금은 … 새로운 정통(new orthodoxy)이 되었다"라고 말한다.[14]

---

10   Moltmann, "The Social Doctrine of the Trinity," 110-111.
11   레오나르도 보프(Leonardo Boff)는 전 프란치스코회 신부로 고향인 브라질과 독일 뮌헨에서 교육을 받았다. 브라질 페트로폴리스의 신학 교수인 Boff는 브라질 주교 회의와 라틴 아메리카 종교 회의의 고문으로도 봉사했다.
12   Boff, "Trinity," 78.
13   Volf는 이 표현을 처음 공식화한 사람이 'Leo Tolstoy, Vladimir Solovyov, Fyodor Dostoyevsky와 같은 위대한 러시아 지식인의 학식 있는 친구인 Nicholas Fedorov라고 지적한다. See Volf, "The Trinity is Our Social Program," 403.
14   Kilby, "*Perichoresis* and Projection: Problems with Social Doctrines of the Trinity," 433.

그녀는 몰트만이 상호관계, 사랑, 공감(empathy), 상호일치(mutual accord), 상호기부(mutual giving) 등과 같은 열정으로 가득 찬 용어로 내재적 삼위일체의 생을 설명함으로써 인식론적 한계(epistemological limits)를 넘어섰다고 공격한다.[15]

킬비에 따르면 이러한 용어는 몰트만이 선호하는 사회적 및 정치적 의제를 투사한 것이다. 따라서 그녀는 그러한 투사가 인간관계를 안내하기 위해 규범적으로 사용될 수 있는지 의문을 제기한다. 킬비는 자신의 주장을 이렇게 요약한다.

> **첫째**, 페리코레시스라는 개념은 이해되지 않는 것, 즉 삼위를 하나로 만드는 것이 무엇이든 그것을 명명하는 데 사용된다.
> **둘째**, 그 개념은 우리 자신의 관계와 관련성에 대한 경험에서 차용한 개념들로 다소 암시적으로 채워진다. 그리고 마지막으로 그것은 기독교 신학이 관계와 관련성에 대한 성찰에서 더 넓은 세상에 제공해야 하는 흥미로운 자원으로 제시된다.[16]

킬비는 여기에서 몰트만과 다른 사회적 삼위일체 신학자들이 신의 생명에 관한 사회적 유비를 만들고 그런 다음 이러한 유비의 방향을 뒤집어 인간관계에 대한 규범으로 제안하기 위해 고도로 의인화된 언어(anthropomorphic language)를 사용한다고 주장한다.

그녀는 또한 몰트만이 인간관계를 규범화하기 위해 내재적 삼위일체만을 지칭하는 페리코레시스(*perichoresis*)라는 용어를 사용한다고 비판한다. 따라서 그녀는 페리코레시스 개념이 신에 대한 통찰력을 제공한다는 생각을 포기할 것을 신학자들에게 요청한다.[17]

그녀는 또한 삼위일체를 "사회적 프로그램"(social programme)으로 제안

---

15  Ibid., 432-442.
16  Ibid., 442.
17  Ibid., 442.

하는 대신에 단순히 성경 이야기를 읽는 방법, 기도 체험에 관해 생각하고 말하는 방법, 그리고 기독교 담론을 적절하게 구성하는 방법에 대한 문법적 규칙(a grammatical rule)으로 받아들여야 한다고 주장한다.[18]

킬비의 비판에 관해 우리는 다음과 같은 질문을 제기할 것이다.

몰트만은 그녀가 주장하는 것처럼 과연 자신이 선호하는 사회적 정치적 아젠다를 내재적 삼위일체의 삶에 투사하는가?

아니면 성경을 읽으면서 내재적 삼위일체의 속성을 수집하고 성경의 증거로부터 그의 사회적 삼위일체 신학을 발전시키는가?

몰트만이 자신의 이상을 신의 본성에 투사하지 않는다면, 그의 주장이 종종 투사주의(projectionism)로 공격을 받게 되는 이유는 무엇인가?

몰트만은 자신의 교리적 재구성과 삼위일체론이 신약성경에 대해 참되고 필요한 해석(true and necessary interpretations of the New Testament)이라고 주장하지만 종종 투사주의로 비판을 받아왔다. 그러므로 우리는 킬비의 비판이 타당한지 조사하기 전에 몰트만이 투사주의로 비난받게 되는 이유를 먼저 논의할 것이다.

죠이 앤 맥두걸(Joy Ann McDougall)은 이 문제에 관심을 가지고 그 이유를 파악해 나간다. 그녀는 몰트만이 아무런 설명 없이 신성과 인간의 삶에 대한 용어들을 일의적(univocal)으로 사용하면서 오해를 불러일으킨다고 주장한다.[19] 맥두걸은 "몰트만이 용어의 문자적(literal) 사용과 비유적(figurative) 또는 은유적(metaphorical) 사용을 구별하는 데 도움이 되는 "신성한 술어에 관한 이론"(a theory of divine predication)을 발전시키지도 않는다.

그러한 이미지(imagery)가 어떻게 하나님께 적용되는지에 도움이 되는

---

18  Ibid., 443.
19  McDougall, "The Return of Trinitarian Praxis?" 189. Cf. Kilby, "Perichoresis and Projection: Problems with Social Doctrines of the Trinity," 435–437. For similar criticisms, see Otto, "The Use and Abuse of *Perichoresis* in Recent Theology," 366–384.

부정적 서술(apophatic: *via negativia*, 예: 하나님은 그렇지 않다고 하는 부정적 서술을 통해 인간과 차별된 하나님의 초월성을 강조) 또는 긍정적 서술(cataphatic: 긍정적인 서술을 통한 신성 묘사. 예: 하나님은 사랑이다, 아름다움이다)과 같은 차이점들(distinctions)을 소개하지도 않는다고 지적한다.[20]

예를 들자면, 맥두걸은 몰트만이 페리코레시스라는 용어를 사용할 때 그것이 어떻게 일차적인 의미에서는 신적 삶에 그리고 오직 은유적으로만 우리의 삶에 적용된다고 설명하지 않는다고 주장한다.[21] 이 용어를 신적 삶과 인간의 삶에 무분별하게 적용하여 사용함으로써 킬비와 그와 유사한 사고를 하는 사람들에게 쉽게 투사주의라는 비난을 받을 수밖에 없다고 한다.[22]

그런데도 페리코레시스라는 용어가 오직 내재적 삼위일체만을 가리키는 것이라며 인간관계를 규범화하는 데 사용해서는 안 된다는 킬비의 주장은 문제가 있다.[23]

우리는 아디프라세티야(Adiprasetya)의 페리코레시스 개념에 관한 연구를 통해 페리코레시스 개념이 시대적 상황에서 발생하는 새로운 도전에 대응하여 다양한 방식으로 사용되었음을 알 수 있다.[24] 예를 들어, 페리코레시스라는 용어는 나지안주스의 그레고리우스(Gregory of Nazianzus, 329-390 AD)가 그리스도의 인성과 신성 사이의 관계를 설명하기 위해 처음으로 개발하였다.

참회자 맥시머스(Maximus the Confessor, 580-662 AD)는 기독론적으로 이해되었던 이 용어를 믿는 자들과 그리스도의 구원론적 상호침투를 표현하기 위해 사용하였다. 여기에서 상호침투의 개념은 테오시스(*theosis*, 신화 과정)의 관점에서 인간과 그리스도의 합일(unification)에 적용되었다.

---

20  McDougall, "The Return of Trinitarian Praxis?" 189.
21  Ibid., 189.
22  Kilby, "*Perichoresis* and Projection: Problems with Social Doctrines of the Trinity," 435-7. See also McDougall, "The Return of Trinitarian Praxis?" 189.
23  Ibid., 433.
24  Adiprasetya, "Toward a Perichoretic Theology of Religions," 158.

그 다음에 슈도-키릴(Pseudo-Cyril)은 그의 저술에서 특히 6세기에 삼신론적 하나님 이해(tritheistic understanding of God)에 반대하여 삼위일체의 내적 관계를 설명하기 위해 페리코레시스 개념을 더욱 발전시켰다.[25]

다마스커스의 요한(John of Damascus, 676-754 AD)은 슈도-키릴(Seudo-Cyril)에게 이 삼위일체적 페리코레시스 개념을 빌려 서로 안에 내주하는 삼위(divine persons)의 단일성(unity)은 전체적(totality)이고 완전(fullness)하지만, 이 페리코레시스의 전체성은 결코 각 위격(person)의 완전 무결성(integrity)을 방해하지 않는다는 점을 강조하기 위해 사용했다.[26]

몰트만은 다마스커스의 요한(John of Damascus)의 이러한 페리코레시스(perichoresis) 개념을 채택하여 삼위일체의 내적 삶과 인간관계에 대한 그의 이상을 설명하는 데 사용한다. 페리코레시스(perichoresis)라는 용어가 이렇게 다양한 방식으로 사용된 것은 신학적 언어가 근본적으로 유비적이고(analogical) 은유적인(metaphorical) 성질을 가지고 있음을 보여준다.

또한, "세상 속의 존재들"(beings-in-the-world)로서의 신학자들은 역사적 실존 때문에 영향을 받으며, 그들이 처하는 상황에서 발생하는 새로운 도전에 대응하기 위해 신학적 개념을 다양한 방식으로 사용할 수밖에 없다는 사실을 보여준다.[27]

그렇다면 우리가 반드시 논의해야 할 문제는 몰트만이 상호 관계(inter-relatedness), 사랑(love), 공감(empathy), 그리고 상호기부(mutual giving) 등과 같은 의인화된(anthropomorphic) 용어를 성경적 증거에서 끌어냈는지 아니면 단순히 자신이 선호하는 사회적 정치적 아젠다를 삼위일체 하나님에게 투사하는지에 대한 것이다.

맥두걸에 따르면 킬비의 비판은 몰트만이 그의 방법론적 의도에 충실하다는 사실을 간과한 것이라고 지적한다. 맥두걸은 몰트만에게 성경

---

25 Harrison, "*Perichoresis* in the Greek Fathers," 59 quoting Pseudo-Cyril, *De Sacrosancta Trinitate*, 10.

26 Adiprasetya, "Toward a Perichoretic Theology of Religions," 158.

27 Gadamer, *Truth and Method*, 276-277.

의 증거가 그의 교리적 재구성을 위한 지배적 근원이자 표준 규범(*norma normans*, standardizing norm)이며 삼위일체는 신약성경의 증거에 대한 참되며 필연적인 해석이라고 단언한다.²⁸

그러나 그녀는 이 점에 관해 심도있게 다루지 않는다. 그러므로 저자는 몰트만이 『삼위일체와 하나님 나라』에서 삼위일체적 해석학(trinitarian hermeneutics)을 자세히 다루고 있음을 발견하고 이 주제를 좀더 깊게 연구하였다. 몰트만은 삼위일체론의 발단이 이미 신약성경에서 발견된다고 주장한다.²⁹ 그는 자신과 다른 해석학적 견해에 관해 자세히 논한다. 몰트만은 먼저 하르낙(Harnack)의 입장을 비판한다. 하르낙은 예수를 "하나님의 아들"(the Son of God)로 인지하는 것은 사도 바울과 그를 경배한 예수의 제자들에 의해 나중에 신격화 된(*apotheosis*: 신의 위치로 높여짐) 이유 때문이라고 주장한다.³⁰

몰트만은 하르낙의 이와 같은 주장을 비판하며 그의 주장은 매우 의심스러운 "예비 해석학적 결정"(preliminary hermeneutical decision)에서 비롯된 것으로 주장한다. 하르낙에 따르면, 사도 바울은 예수를 그리스도로 선포했으며 예수의 제자들은 예수의 실천적 가르침(orthopraxy)을 왜곡시켜 그리스도를 믿는 신앙의 정설(orthodoxy)로 바꿔놓았다.³¹

몰트만은 하르낙의 예비 해석학적 결정(preliminary hermeneutical decision)이 "역사는 인류 역사를 의미하고 인류 역사는 도덕의 영역"이라고 지적한다.³² 몰트만은 다음과 같이 하르낙의 입장을 정리한다.

> 하르낙에게 예수는 인간으로 이해되며 우리 자신의 도덕적 행위의 패턴이 될 수 있는 범위에서 인간으로만 권위가 있다. 그러므로 기독교 신앙이 하나님에 관해 만들어낸 모든 신학적 진술들은 기독교의 도덕적 존재의 표

---

28  McDougall, "The Return of Trinitarian Praxis?" 189.
29  Moltmann, *The Trinity and the Kingdom*, 60–65.
30  Ibid., 62. See also Harnack, *What is Christianity?* 124–144.
31  Ibid., 62.
32  Ibid., 62.

현으로 이해되고 해석되어야 한다. 그것들이 도덕적 존재의 표현으로 이해될 수 없다면 우리는 그것들을 교리적이라고(dogmatic) 거부해야 한다.<sup>33</sup>

몰트만은 칸트(Kant)와 슐라이어마허(Schleiermacher)가 예수에 관한 이러한 도덕적 이해에 영향을 미쳤다고 지적한다. 칸트 이래로 사람들은 "삼위일체 교리에서 실용적 목적을 위해 얻을 수 있는 것은 아무것도 없다"라는 입장을 취해 왔다.<sup>34</sup> 한편 슐라이어마허 이후로 사람들은 "삼위일체 교리는 경건한 개인의식의 직접적인 진술(the direct statement of the devout personal consciousness)로 간주할 수 없다"는 말을 들어왔다.<sup>35</sup>

따라서 삼위일체 교리는 사변적이고(speculative) 믿음에 불필요한(superfluous for faith) 것으로 심지어 도덕에도 해롭다는(harmful for morals) 비판을 받아왔다. 몰트만은 이 입장이 "믿음은 도덕적으로 진정한 의미에서 사람됨"(Faith means being man in the true sense morally)을 의미한다는 성경의 도덕적 해석(moral interpretation of the Bible)으로 이어진 예비 해석학적 결정으로 거슬러 올라갈 수 있다고 단언한다.<sup>36</sup>

그러면 몰트만의 삼위일체적 해석학이란 무엇인가?

몰트만은 "삼위일체는 신약성경의 증거에 대해 참되고 필연적인 해석"(The Trinity is a true and necessary interpretation of the New Testament witness)이라는 주장을 변호하기 위해 바르트(Barth)의 해석학적 지시를 따른다. 그러나 그는 삼위일체 교리에 대한 바르트의 일신론적 개념(monotheistic conception of the doctrine of the Trinity)에서 벗어난다.<sup>37</sup>

제3장에서 이미 논의된 바와 같이, 바르트는 하나님이 성부, 성자, 성령의 상호관계 안에 존재하는 독특한 존재 양식으로 하나님 자신을 주(Lord)

---

33　Ibid., 62.
34　Ibid., 62. Cf. Kant, *Der Streit der Fakultäten*, A 50, 57.
35　Ibid., 62. Cf. Schleiermacher, *The Christian Faith*, section 170, ET of 2nd ed..
36　Ibid., 62.
37　Ibid., 63–65.

로 계시한다고 주장하였다. 바르트는 하나님이 세 가지 존재 양식으로 존재하시는 유일하신 분(God is one in three modes of being)이라고 서술함으로써 그는 이러한 삼위일체 교리를 통해 하나님의 주권(God's sovereignty)을 확보한다.[38]

바르트에게 삼위일체의 "위격"(persons) 또는 "존재 방식"(Seinsweisen)은 세 개의 개별적인 자의식적 행위자(self-conscious agents)가 아니라 하나의 공통된 신적 주체의 세 가지 존재 양식들(modes of existence)인 것이다.[39] 몰트만은 이와 같은 바르트의 입장에는 항상 위험이 따른다고 주장한다.[40] 우리가 삼위일체의 "위격"(trinitarian "persons")을 "하나의 공통된 신적 주체의 존재 양식들"(modes of existence of one common divine subject)로 본다면 우리는 아들과 성령에게서 하나님으로서의 진정한 인격(genuine personhood as God)을 빼앗는 것이다. 또한, 그것은 아버지와 아들 사이의 친교나 사랑, 또는 아버지에 대한 아들의 순종이라는 전통적인 언어를 진지하게 받아들이기 어렵게 만든다.

따라서 몰트만은 세 가지 다른 양태로 존재하는 "하나의 실체"(one substance)에서 하나님의 단일성(the unity of God)을 보지 않고 독특하고 신성한 세 위격의 페리코레시스 자체에서(the *perichoresis* itself) 하나님의 단일성

---

38  Barth, *CD* I/I: 295.
39  Barth는 하나님 안의 "셋"(삼위)을 가리키기 위해 "위격"(person)이라는 전통적인 용어 대신에 Seinsweisen(존재 방식)이라는 용어를 선택한다. Catherine LaCugna는 Barth의 Seinsweisen 개념이 그를 양태론의 한 형태로 이끈다고 주장하지만, "이 양태론이 Sabellian인지 여부는 논쟁의 여지가 있다"고 조심스럽게 말한다. See LaCugna, *God for Us*, 252. Moltmann은 Barth가 Seinsweisen을 사용한 것을 초기 교회가 비난했던 Sabellian 양태론에 대한 후기 승리로 간주합니다. See Moltmann, *The Trinity and the Kingdom*, 139.
40  Barth와 Rahner에 따르면 삼위일체적 "인격" 또는 Seinsweisen(존재방식)은 하나의 공통된 신성한 주체의 존재 방식이다. 라너는 "세 개의 의식이 있는 것이 아니다. 오히려 하나의 의식은 3중 방식으로 존재한다 … 위격 간의 구별성은 의식적인 주체들의 구별성에 의해 구성되지 않으며 후자를 포함하지도 않는다"라고 서술한다. See Rahner, *The Trinity*, 107.

을 발견한다.[41] 몰트만의 페리코레시스에 관한 이해에 따라 트레보 하르트(Trevor Hart)는 "하나님은 영원한 페리코레틱 교제 안에서 아버지, 아들, 성령이시다"(To be God is to be Father, Son, and Holy Spirit in eternal perichoretic *koinonia*)라고 간단하게 서술한다.[42]

몰트만은 또한 삼위일체 교리에 대한 바르트의 일신론적 개념(Barth's monotheistic conception of the doctrine of the Trinity)이 그 자체로 의심할 여지가 있는 예비 해석학적 결정(a preliminary hermeneutical decision)에서 비롯되었으며, 따라서 신약성경의 증거를 중심으로 검증될 필요가 있다고 주장한다.[43] 그는 신약의 증거에 따르면 하나님 자신을 계시하는 분은 하나님이 아니다. 오히려 아버지를 계시하는 분은 아들이고(마 11:27), 아들을 계시하는 분은 아버지라고 밝힌다(갈 1:16).

더구나 바르트의 기독교적 일신론(Christian monotheism)은 "하나님이 자신을 내어주신 것"(God's giving of himself)에 관해 이야기한다. 그러나 몰트만은 신약성경이 "하나님께서 우리를 위하여 하나님 자기 아들을 내어주셨고"(롬 8:32) "아들이 나를 위해 자신을 주셨다"(갈 2:22)라고 증언한다고 말한다. 따라서 몰트만은 그리스도의 역사를 일신론적 의미로 축소하여 해석하는 기독교적 일신론은 그리스도의 역사를 정당하게 다루지 못한다고 결론내린다.[44]

이러한 방식으로 몰트만은 교리의 성경적 뿌리를 신성한 주권으로 해석하는 바르트와 자신을 구별한다.[45] 그는 성자 예수가 "삼위일체의 계시자"(the revealer of the Trinity)라고 주장하며, 신약성경은 구원의 경륜(economy of salvation) 안에서 세 신성한 위격의 활동과 서로에 대한 끊임없이 변화하는 관계에 관한 기사로 간주한다. 따라서 신약성경은 성부, 성자, 성령의

---

41  Moltmann, *The Trinity and the Kingdom*, 150.
42  Hart, "Person & Prerogative in Perichoretic Perspective," 54.
43  Moltmann, *The Trinity and the Kingdom*, 63.
44  Ibid., 63–64.
45  Ibid., 63–64.

삼위일체적 역사로서 구원의 역사(salvation history)를 서술한다.[46] 그는 좀 더 구체적으로 다음과 같이 말한다.

> 구원의 역사는 영원토록 살아계신 삼위일체 하나님의 역사로서 우리를 그 관계의 모든 충만함과 함께 영원한 삼위일체의 생명으로 이끄시고 포함한다 … 하나님은 자신 안에 있는 바로 그 동일한 사랑으로 세상을 사랑하신다.[47]

성자는 "삼위일체의 계시자"(the revealer of the Trinity)이기 때문에 사회적 삼위일체를 파악하기 위해서는 반드시 성자 예수의 역사를 들여다봐야 한다고 몰트만은 주장한다.

그에 따르면, 예수의 탄생, 삶, 죽음, 부활을 통한 예수의 역사는 독특하고 결정적인 방식으로 신성한 위격들(the divine persons) 사이의 역동적인 관계와 무한한 자기-기부(self-giving)와 상호 간의 희생적 사랑(reciprocal sacrifice of love)으로 특징지어지는 신성한 위격들의 교제를 드러낸다. 몰트만은 아들을 보내신 사건을(the sending of the Son) 삼위일체의 세 위격 모두가 관련된 자유로운 자기-기부의 사건(an event of free self-giving that involves all three persons of the Trinity)으로 묘사한다.[48] 이 삼위일체의 자기-기부는 세상을 향한 외향적인 움직임과 신성한 관계 사이의 상호적인 내향적 움직임이다.

맥두걸은 삼위가 관련한 역동적인 구원의 역사를 다음과 같이 명확하게 요약한다.

> 피조물의 측면에서, 아버지가 아들을 친히 내어 주신 것은(the Father's self-giving of the Son) 아버지의 영원한 본질(eternal essence), 그의 무한한 선하

---

46 Moltmann, "The Inviting Unity of the Triune God," 83.
47 Moltmann, *The Trinity and the Kingdom*, 157.
48 Ibid., 75.

심(infinite goodness)을 세상에 전하신 것이다. 성령의 능력을 통해, 아버지는 아들과 나누는 독점적인 교제를 모든 인간에게 열어주신다. 신성의 측면에서, 이 외적 움직임은 "아들을 보내실 때 하나님이…자신을 내어주신" 신성한 위격들 사이의 내적 자기-기부를 포함한다. 여기에서 아들은 세상에서 그의 사명을 감당함으로써 아버지가 자신을 내어주신 것에 응답한다. 성령은 아버지와 아들의 교제를 중재하는 자로서(as the mediator of their fellowship) 아버지와 아들의 상호적인 자기-기부에 동등하게 참여한다. 성령의 자기-기부는 예수의 선포에 영감을 주고, 그분의 사역에 능력을 주며, 그분과 함께 십자가까지 동행한다.[49]

삼위일체 안에서의 이러한 신적 자기-기부(This divine self-giving in the Trinity)는 십자가 사건에서 절정에 이른다. 몰트만에 따르면 십자가 사건은 삼위의 관계 사이의 상호적인 내적 움직임뿐만 아니라 인류를 위한 삼위일체적 자기-기부의 무한한 깊이를 드러낸다. 십자가에서 우리는 하나님의 무한한 자비, 즉 "잃어버린 남녀 모두를 위하여 모든 것을 행하고, 모든 것을 주고, 모든 고통을 당하시는 사랑"을 발견한다.[50]

지금까지 몰트만의 삼위일체적 해석학을 논의한 바에 따르면 "삼위일체의 계시자이신 예수"는 세상을 향한 삼위일체적 자기-기부의 역사(the history of the trinitarian self-giving toward the world)에 뿌리를 두고 있으며, 동시에 성경에 계시된 신성한 관계들 사이의 상호적, 내향적 움직임(a reciprocal inward movement among the divine relations)을 포함한다. 예수 그리스도의 탄생, 삶, 죽음, 부활의 사건을 통해 삼위일체 하나님은 무한히 자신을 내어주는 사랑과 관대함과 같은 신적 본성(divine nature)을 입증하신다.

따라서 상호 연관성, 사랑, 공감, 상호기부(mutual giving)와 같은 용어들은 예수 그리스도의 사건을 통해 계시되고, 성경적 증거에서 비롯된 신성을 묘사하는 용어들이라고 할 수 있다. 이런 점에서 삼위일체 하나님의 본

---

49  McDougall, "The Return of Trinitarian Praxis?" 184.
50  Moltmann, *The Trinity and the Kingdom*, 83.

성을 묘사하기 위해 몰트만이 사용한 용어들은 킬비의 주장처럼 그가 선호하는 이상들을 투사한 것으로 간주해서는 안 된다. 오히려 맥두걸이 주장한 바와 같이 성경 전체에서 목격되는 신적 삶에 대한 의인화된 묘사(anthropomorphic descriptions)로 간주해야 할 것이다.[51]

킬비와 다른 방법으로 캐스린 태너(Kathryn Tanner)는 기독론의 입장에서 몰트만의 사회적 삼위일체론을 비판한다. 태너에 따르면 삼위일체론에 기초하여 인간 사회가 어떻게 조직되어야 하는지를 확립하려는 시도는 삼위일체론의 복잡한 성격과 삼위일체의 다른 이론들이 기여할 수 있는 다양한 정치적 목적 때문에 비판받는다.

그녀는 "삼위일체에 관해 실제로 이해하는 사람이 거의 없는 상황에서 인간 사회에 대한 삼위일체의 의미를 어떻게 구체적으로 끌어낼 수 있겠습니까?"

이런 비판적인 질문을 던진다.[52] 그녀는 또한 삼위일체에 관해 말하는 많은 부분이 인간의 본질적인 유한성(essential finitude) 때문에 단순히 인간에게 직접 적용될 수 없다는 문제를 지적한다.

결과적으로 태너는 삼위일체의 사회-정치적 교훈(the socio-political lessons of the Trinity)을 알아내는 것을 "어려운 일"(a fraught task)로 간주한다. 그러므로 그녀는 삼위일체적 관계에서 우리의 관심을 돌리고 그녀가 제시하는 "더 나은 이론적 근거"(a better rationale)가 되는 기독론으로 전환하려고 한다.[53] 그녀는 삼위일체적 관계 대신에 예수가 타인과 가졌던 관계의 특성에 기초하여 적절한 인간관계는 어떤 것인지 판단할 필요가 있다고 주장한다.

즉, 우리의 사회적 관계에 방향을 제시하는 분은 삼위일체라기보다는 예수님이라는 것이다. 태너는 삼위일체에 따라 인간관계를 '모형화'하고자 하는 개념을 예수님과 연합하여 삼위일체의 생명을 '나누는' 개념으로

---

51  McDougall, "The Return of Trinitarian Praxis?" 188.
52  Tanner, *Christ the Key*, 224.
53  Ibid., 208.

대체한다면, 우리는 삼위일체로부터 인간공동체에 대한 추론을 끌어내기 위해 삼위일체를 더 완전하게 파악하고 이해할 필요가 없어진다고 주장한다. 그녀는 인간의 삶에 대한 의미를 더 직접적으로 이해하기 위해 예수의 인간관계의 특성을 살펴보는 것이 훨씬 "더 나은 방법"이라고 제시한다.

태너에 따르면, 그리스도는 우리에게 주신 선물이자 우리를 위한 본보기로써 우리를 아버지와의 관계에서 하나 되게 하시는 분이다. 인간은 예수님의 본을 따라 아버지를 예배하고 성령의 충만함과 능력을 받아 아버지의 뜻을 행하며 다른 사람들의 행복을 위해 섬겨야 한다. 그리스도와의 연합을 통해 우리는 생명을 주시는 그리스도의 영을 중재하며(mediating the life-giving Spirit of Christ) 세상을 향한 아버지의 사명에 참여해야 한다.

위에서 관찰한 바와 같이 태너는 삼위일체의 사회정치적 교훈을 파악하려는 신학적 시도에 따르는 두 가지 주요 문제점을 지적한다.

**첫째**, 삼위일체에 관한 논의가 매우 복잡하고 이해하기 어렵다는 점이다.

**둘째**, 인간 존재의 본질적인 유한성이 삼위일체의 특성을 그들의 관계에 적용하는 것을 불가능하게 만든다는 것이다.[54]

몰트만의 제자인 볼프(Volf)도 『우리의 형상을 따라』(*After Our Likeness*)에서 이와 비슷한 문제를 지적한다. 그에 따르면, 인간 수준에서 삼위일체의 신적 위격의 내면적 특성과 상응하는 것은 어떤 것도 존재하지 않으며, 존재적(ontic) 수준과 지능적(noetic) 수준 모두에서 인간은 본질적으로 유한한 존재이기 때문에 오직 피조물의 방법(a creaturely way)으로만 창조자 하나님을 대할 수 있다.[55]

이렇게 태너와 볼프 모두 삼위일체가 인간공동체의 모델로 작용할 수

---

54  Ibid., 224.
55  Volf, *After Our likeness*, 198–200. See also Volf, "The Trinity is our Social Program," 405.

있는가에 관한 질문에 서로 다른 접근 방식을 취하여 문제점을 드러낸다. 태너는 우리 삶에 대한 삼위일체의 의미를 찾기 위해 예수의 삶에서 일어나는 일을 살펴본다. 그녀는 "삼위일체가 인간관계를 위해 무엇을 의미하는가를 인간 스스로 알아내도록 방치되어 있지 않다. 대신에 삼위일체 자체가 그리스도 안에서 세상에 들어오셔서 우리가 인간관계가 어떻게 삼위일체의 이미지로 개혁되어야 하는지 보여주신다"고 주장한다.[56]

태너에 따르면 경륜 안에서의 삼위일체(The Trinity in the economy)는 성육신(incarnation)을 통하여 인간을 자기 삶에 통합함으로써 인간과 하나님 사이의 격차를 좁히신다. 성육신을 통하여 우리가 삼위일체에 참여하는 삶을 살 수 있게 하셨다고 한다.

태너는 우리 삶에 대한 삼위일체의 의미를 찾기 위해 예수의 삶을 바라보지만, 볼프는 삼위일체 하나님이 아픔으로 세상과 관계하시는 예수의 십자가를 바라본다. 결과적으로 볼프에게 십자가를 본받는 것은(*imitatio crucis*) 우리 인간관계에서 행해야 할 정통적 실천(orthopraxy)이다.

볼프는 인간의 삶에 대한 삼위일체의 의미를 도출하려는 신학적 노력을 무시하지 않고 인간공동체가 삼위일체를 모델로 삼아야 한다고 주장한다. 그러므로 우리가 "하나님을 모방하느냐"(copy God), "하나님을 전혀 모방하지 않느냐"는 인간의 책임 문제이다. 그에게 문제는 우리가 어느 정도까지 모방할 수 있는가" 이다.

저자는 예수의 성육신과 삶에 초점을 맞춤으로써 "삼위일체에 대한 참여"를 돌출해 내려는 태너의 기독론적 접근을 높이 평가한다. 그러나 십자가 신학을 하는 입장에서 저자는 예수의 십자가에 초점을 맞춘 볼프의 접근법을 선택하여 성부, 성자, 성령의 관계에 대한 그림이 어떻게 인간 사회의 모델 역할을 할 수 있을지에 관해 논의하려고 한다.

---

56　Ibid., 234

## 2) 아버지, 아들, 성령의 관계에 대한 그림이 인간 사회의 '모델 역할'을 할 수 있는가?

볼프는 <삼위일체는 우리의 사회적 프로그램이다>(The Trinity is Our Social Program)에서 "우리는 하나님을 모방할 수 있는가?"(Can we copy God?)라는 질문을 던지며 이에 관해 논한다.[57] 그는 "하나님만이 하나님이시고 피조물인 우리는 모든 면에서 하나님을 모방할 수 없다"고 하는 테드 피터스(Ted Peters)의 주장에 반대한다.[58] 볼프는 몇 가지 수사학적 질문을 제기하면서 삼위일체가 교회공동체의 모델이 되어야 한다고 다음과 같이 주장한다.

> 그리고 삼위일체 하나님과 교제를 위해 창조되었고 믿음과 삼위일체의 이름으로 세례를 받음으로 "하나님의 형상에 따라"(엡 4:24) 새롭게 된 인간이 상호관계에서 하나님과 같이 되려고 노력해서는 안 된다고 주장한다면 참으로 이상하지 않은가?
> 하나님을 닮으려고 당연히 노력해야 하지 않을까?
> [이미지는 실체를 반영하는 것인데] 어떤 실체를 반영하지 않는 이미지에 대해 생각하는 것이 이상하게 느껴지지 않는다면, 예수님이 그의 산상수훈에서 하시는 말씀을 생각해보자. 그 말씀이 우리를 바로잡을 수 있을 것이다. 예수님은 그의 제자들에게 "하늘 아버지가 온전한 것 같이 너희도 온전하라"라고 명령하신다(마 5:48; cf. 벧전 1:16). [이 명령은] 지상의 자녀들은 하늘 아버지를 닮아야 하며(45절), 하나님의 성품이 예배하는 모든 사람의 성품과 행동을 형성해야 한다는 것을 암시한다.[59]

그러나 볼프는 인간 수준에서 삼위일체의 신성한 위격의 내면적 특성과

---

57  Volf, "The Trinity is Our Social Program," 403–423.
58  Peters, *God as Trinity*, 186.
59  Volf, "The Trinity is our Social Program," 404.

상응하는 것이 있을 수 없음을 인정한다. 『우리의 형상에 따라』(After Our Likeness)에서 볼프는 존재적(ontic) 수준과 지성(noetic) 수준 모두에서 인간의 본질적인 한계 때문에 인간은 오직 피조물의 방(creaturely way)으로만 창조되지 않은 하나님(uncreated God)을 대할 수 있다고 주장한다.[60] 존재론적으로 인간은 신적 존재가 아니고, 인지론적으로 삼위일체 하나님에 대한 인간의 이해는 삼위일체 하나님의 본질과 정확하게 일치하지 않는다.

그렇기 때문에, "인격"(person), "관계"(relation) 또는 페리코레시스(perichoresis)와 같은 삼위일체적 개념들(the trinitarian concepts)은 인간 존재와 공동체에 대한 우리의 이해에 일의적인(univocal) 의미가 아니라 엄격하게 유추적인(strictly analogical) 의미로만 적용될 수 있다.[61] 인간관계는 죄와 악과 덧없음으로 얼룩져 있으며(사 40:6 이하; 벧전 1:24), 인간 사회는 고통과 갈등과 긴장으로 가득 차 있다. 그러므로 볼프는 역사의 조건 내에서 인간은 오직 피조물의 방식(creaturely way)으로만 삼위일체의 평화롭고 완전한 사랑의 상호성을 전유할 수 있다고 결론을 내린다.[62]

볼프는 삼위일체와 죄가 크고 유한한 인간 사이에는 넘을 수 없는 격차가 있다고 지적한다. 이 점을 비추어 볼 때 한 가지 질문이 생긴다.

> 그러므로 하늘에 계신 너희 아버지의 온전하심과 같이 너희도 온전하라(마 5:48).

예수 그리스도의 명령을 어떻게 이해해야 하는가?

볼프에 따르면, 깨진 관계와 적대감으로 가득 찬 이 세상에서 우리는 사랑의 자유와 신뢰 안에서 주고받는 삼위일체의 내적 상호적 사랑을 쉽게 모방할 수 없다. 우리가 사랑하는 사람들이 반드시 사랑과 신뢰로 우

---

60   Volf, *After Our likeness*, 198–200. See also Volf, "The Trinity is our Social Program," 405.
61   Ibid., 199.
62   Ibid., 200.

리에게 응답하는 것은 아니기 때문이다. 따라서 우리가 본받아야 할 사랑은 기대와 어긋난 결과를 가져올 수도 있는 고통이 따르는 사랑(suffering love)이다.

예수님은 제자들에게 하나님의 사랑을 행하라고 명령하셨다.

> 너희 원수를 사랑하며 너희를 박해하는 자를 위하여 기도하라(마 5:44).

> 이같이 한즉 하늘에 계신 너희 아버지의 아들이 되리니 이는 하나님이 그 해를 악인과 선인에게 비추시며 비를 의로운 자와 불의한 자에게 내려주심이라 (마 5:45).

이를 따라 행하라고 말씀하신다. 예수님의 제자들인 우리는 고통받으시는 하나님의 사랑을 본받아야 한다. 고통받는 사랑은 죄로 깊게 물든 흠 많은 이 세상을 변화시키는 일에 관여하시는 삼위일체의 내적 사랑이다. 이 사랑이 죄악의 세계와 맞물려 복잡하고 어려운 변화의 과정을 수반한다.

즉, "성령의 능력으로 하나님이 보내신 말씀(logos)이 세상 죄를 지고 가는 하나님의 어린양이 되었다(요 1:29). 죄를 담당하는 수고의 역사에서 사랑의 기쁨은 사랑의 고통으로…그래서 그리스도의 십자가로 바뀌었다."[63] 십자가는 불의하고 속이고 포악한 이 세상의 왕국들을 의롭고 진실하고 평화로운 "우리 주와 그의 메시아의 나라"(계 11:16)로 변화하기 위해 세상에 관여하시며 아픔을 감내하시는(painstaking) 삼위일체 하나님의 사랑이다.

볼프는 우리의 사회적 비전과 실천은 "무자비의 올무에 걸려 불의와 속임수와 폭력에 미혹된 인간"[64]을 취하여 서로 자신을 주고 받는 사랑의 완전한 삼위일체적 교제로 인도하기 위해 "자기를 비우는 열정으로(self-

---

63  Volf, "The Trinity is our Social Program," 414.
64  Ibid., 415.

emptying passion) 내려오신 삼위일체 하나님을 이미지화한다고 단언한다.[65] 이런 점에서 그는 그리스도인들이 사회적 지식뿐만 아니라 사회적 실천에 관해서도 진정한 "십자가의 모방"(imitatio crucis)을 견지해야 한다고 강조한다.

따라서 정통적 실천(orthopraxy)으로서의 십자가의 모방(imitatio crucis)은 인간의 관계에서 실행되기 때문에 관계의 유비(analogia relationis)로 하나님의 형상(imago Dei)을 이해하는 몰트만의 이론에 주목할 필요가 있다. 삼위일체적 교제에 대한 몰트만의 이해를 알아본 후에 그것을 통해 다문화와 다원주의 사회를 살아가는 여성들이 삶의 현장에서 어떻게 사회적 삼위일체의 의미를 실천할 수 있을까에 대한 문제를 논의할 것이다.

### 3) 관계의 유비로서의 하나님 형상에 대한 몰트만의 이해

오늘날 다문화 사회를 살아가는 여성들의 삶의 현장에 삼위일체의 교제에 대한 몰트만의 이해를 적용하기 전에, 우선 하나님의 형상(imago Dei)을 관계의 유비(analogia relationis)로 보는 몰트만의 개념에 관해 알아보도록 한다. 몰트만은 하나님의 형상(imago Dei)을 이성적인 영혼이나 의지와 같이 인간 안에 내재된 하나의 속성에 초점을 맞추는 "본질의 유비"(analogy of substance)의 관점에서 보지 않는다.

또한, 하나님의 형상을 인간의 특유한 직립 자세(peculiar upright posture)에 초점을 두는 "형태의 유비"(analogy of form)로도 보지 않는다. 몰트만은 하나님의 형상을 세상을 다스리는 하나님의 일반적 주권(general lordship over the earth) 대신에 삼위일체적 삶을 반영하는 관계라는 측면에서 "관계의 유비"(analogia relationis)로 정의한다.[66]

---

65 Ibid., 419.
66 Moltmann, *God in Creation*, 219–20. See also, Bonhoeffer's earlier discussion of this analogy of relation in Bonhoeffer, *Creation and Fall: A Theological Interpretation of Genesis 1–3*, 36–37.

하나님의 형상으로서 인간은 하나님의 사랑의 친교라는 선물에 응답할 수 있을 뿐만 아니라 서로를 향한 황홀하고 열정적인 친교를 표현할 수 있는 축복을 받은 존재들이다. 몰트만에 따르면 거듭난 사람들(The regenerated)은 그들의 마음에 하나님의 사랑을 부어주는 성령을 통해 하나님의 상호적인 페리코레시스(the reciprocal *perichoresis* of God)를 경험한다.[67]

결과적으로 그들은 모든 생명체들을 향한 하나님의 무조건적인 사랑에 참여할 수 있고 "생명에 대한 열정"(a passion for life)과 "하나님의 기쁨 안에서 사는 새로운 환희"(a new delight in living in the joy of God)를 발견할 수 있다.[68]

몰트만에 따르면 하나님의 형상(*imago Dei*)은 인간의 타고난 능력(an innate capacity of human beings)이 아니라 하나님이 거저 주시는 은혜의 선물(a gift of grace)이기 때문에 인간은 그것을 감사함으로 늘 새롭게 받는다. 하나님에 대한 인간의 관계는 인간에 대한 하나님의 관계에 뒤따른다. 하나님이 먼저 우리에게 오시고 우리를 그의 자녀 삼으신 것이다. 따라서 삼위일체적 교제에 대한 어떤 유사성이나 대응이 인간 안에 나타나고 또는 인간 사이에서 나타나는 것은 하나님이 먼저 자신을 내어주심으로써 그들과 관계를 맺으신 것에 대한 응답으로 온 것이다.[69]

인간에 관한 하나님의 관계는 하나님 자신에 의해서가 아니면 결코 폐지되거나 철회될 수 없다. 그것은 인간의 죄가 분명히 하나님에 관한 인간의 관계(human beings' relationship to God)를 왜곡시킬 수 있지만, 인간에 대한 하나님의 관계(God's relationship to human beings)를 왜곡시킬 수 없다는 것을 의미한다.[70]

따라서 인간은 하나님의 형상인 동시에 죄인이다.[71] 주관적으로 말하자면 인간은 전적으로 죄인이고 불신자이지만, 동시에 하나님이 그들에게

---

67　Moltmann, *The Spirit of Life*, 195.
68　Ibid., 178.
69　Moltmann, *God in Creation*, 220.
70　Ibid., 233.
71　Ibid., 233.

신실하시므로 그들은 온전히 전적으로 하나님의 형상으로 남아있는 것이다. 따라서 하나님에 관한 인간의 관계(the human being's relationship to God)는 죄로 인해 왜곡될 수 있지만 절대로 상실되지는 않는다. 그것은 인간이 결코 "형상"(imago)인 것을 그치지 않는다는 것을 의미한다. 그러나 하나님의 형상(imago Dei)에서 사탄의 형상(imago satanae) 또는 물신의 형상(imago mammonis)으로 변할 수 있다는 것을 의미한다.[72]

몰트만은 하나님의 형상(imago Dei)을 관계의 유비(analogia relationis)로 이해하면서 하나님의 형상으로서의 인간은 관계에서 삼위일체적 삶(Trinitarian life)을 반영하는 사회적 존재임을 강조한다. 신성한 위격이 서로 자신을 내어주는 친교의 신비한 관계 안에서 그리고 관계를 통해서만 존재하는 것과 마찬가지로, 인간도 타인들과의 교제 안에서 그리고 교제를 통해서만 그들이 마땅히 감당해야 할 소명을 사는 존재가 된다.[73] 몰트만은 다음과 같이 주장한다.

> 처음부터 인간은 사회적 존재이다. 그들은 인간 사회에 맞춰져 있으며 본질적으로 도움을 필요로 한다(창 2:18). 인간은 사회적 존재이며 다른 사람들과의 교제안에서 그들의 인격을 발전시킨다. 결과적으로, 그들은 다른 사람들이 그들과 관계를 맺는 경우에만, 그리고 그 범위 안에서만 그들 자신과 관계를 맺을 수 있다. 고립된 개인(isolated individual)과 고독한 주체(the solitary subject)는 하나님의 형상(likeness to God)을 닮지 못한, 결핍 있는 인간 존재의 모습이다.[74]

삼위의 구별이 일체보다 앞서지 않는 것처럼, 개인이 공동체보다 우선하지 않는다. 마찬가지로 삼위일체의 일치가 삼위의 구별보다 우선하지 않는 것처럼, 하나님의 모습(likeness of God)에 따라 형성된 인간공동체도

---

72　Ibid., 234.
73　McDougall, "The Return of Trinitarian Praxis?" 192.
74　Moltmann, *God in Creation*, 223.

그 구성원 개개인보다 우선하지 않는다. 사람과 공동체는 동일한 삶의 과정의 양면이다.

따라서, 삼위일체적 교제는 개인적 차이를 없애는 동질적인 인간공동체를 권유하지 않는다. 오히려 삼위일체적 교제는 개인의 잠재력이 실현되고 다름(differences)이 인정되는 "일치 속의 다양성"(diversity in unity)이 존재하는 인간 교제를 추구한다.[75]

맥두걸은 "하나님의 형상에 대한 몰트만의 이해에 따르면, 사회성과 이웃과 올바른 관계는 인간이 무엇인지에 대한 본질에 속한 것이다"라고 단언한다.[76]

위에서 논한 바와 같이 몰트만은 하나님의 형상을 "관계의 유비"(analogia relationis)로 개념화함으로써 중요한 점을 지적한다. 즉, 인간은 사회적 삼위일체적 교제를 반영하여 타인과의 교제 안에서 그리고 교제를 통해 살아가야 하는 사회적 존재라는 것이다. 우리는 "관계의 유비"로 본 하나님의 형상(imago Dei as analogia relationis)의 이러한 측면을 다음 단계로 발전시켜 다음과 같은 질문을 제기하려고 한다.

오늘날 다문화 사회를 살아가는 여성들이 그들의 상황에서 사회적 삼위일체적 교제를 반영하는 하나님의 형상(imago Dei)으로 산다는 것은 무엇을 의미하는가?

---

75  McDougall, "The Return of Trinitarian Praxis?" 196. See also Moltmann, *The Spirit of Life*, 219–220.

76  Ibid., 192.

## 2. 오늘날의 다문화, 다인종, 다원주의 상황에서 살아가는 여성을 위한 사회적 삼위일체적 실천

몰트만에 따르면 진정한 인간 교제는 삼위일체적 교제의 본질에 기초하며, 그것은 "서로에 대한 개방성(openness to one another), 서로와의 공유(sharing with one another), 서로에 대한 존중(respect for one another)이 포함된다. 진정한 인간 교제는 자신이 소유한 모든것과 자신의 존재를 상호 간에 소통하는 것이다."[77]

몰트만은 이러한 인간 교제를 "열린 우정"(open friendship)이라고 부른다. 인간은 "열린 우정"을 통해 그리스도인의 삶에서 삼위일체적 교제의 원리를 구현한다. 공리주의적 목적이나 쾌락을 위한 또는 유사한 사람들 사이의 배타적인 우정(exclusive friendship)과는 대조적으로, 몰트만은 복음서에 나오는 그리스도의 자신을 내어주는 사랑에서 배타적인 우정의 정반대 그림을 찾는다.

예를 들자면, 누가복음에서 예수님은 "죄인들과 세리들의 친구"라고 불린다(눅 7:34).[78] 요한복음 15:13-15는 그리스도의 우정이 열린 우정이라는 기독교적 개념을 형성한다는 것을 분명하게 밝힌다. 즉, "죽음으로 자신을 내어주는 예수님의 행위는 그의 친구들을 위한 사랑이다 …예수의 공동체에서 남녀 제자들은 더 이상 하나님의 종이 아니다. 그들은 하나님의 친구이다."[79]

몰트만은 나중에 그리스도의 공동체가 예수의 "열린 우정"으로부터 "그리스도가 너희를 영접한 것 같이 너희도 하나님의 영광을 위하여 서로를 영접하라"(롬 15:7)는 그들의 기본 원칙을 끌어냈다고 주장한다. "열린 우정"에서 "타자"를 위해 자신을 내어주는 사랑은 자비로운 교제(compas-

---

77  Moltmann, "The Fellowship of the Holy Spirit: On Pneumatology," 57. See also Moltmann, *The Spirit of Life*, 219.
78  Moltmann, *The Spirit of Life*, 257-258.
79  Ibid., 258.

sionate fellowship), 소외된 사람들과의 연대(solidarity with those who are in the margins), 용서(forgiveness), 다양성 속에서 다른 이들을 수용하(acceptance of others in their diversity) 형태로 표현된다.

복음서에서 주목할 만한 것은 초기 기독교공동체가 예수께서 가난한 자들, 어린이들, 여자들, 이방인에 대한 사회적 편견을 보인 바리세인과 율법 선생들을 자주 꾸짖고 도전하셨던 것을 기억한다는 점이다. 바리세인이나 율법학자들과 대조적으로, 예수는 생명을 주는 그의 끝없는 사랑으로 인종, 문화, 지위, 성별에 관계없이 모든 사람을 삼위일체의 교제 안으로 환영하셨다. 그러므로 그리스도인들은 세상에서 삼위일체적 교제의 원리인 열린 우정을 구현해야 할 책임이 있다.

이 열린 우정은 우리에게 세상에서 삼위일체적 교제를 반영하는 공동체를 구축하도록 비전을 제시한다. 오늘날 세상은 성차별주의(sexism), 인종차별주의(racism), 계급주의(classism), 종교적 박해(religious persecution)와 같은 불의의 형태로 나타나는 불관용(intolerance)과 억압(oppression)으로 얼룩져 있다.

그런 세상에서 기독 여성들이 이러한 비전을 향하여 사적, 사회적 영역에서 어떻게 삼위일체적 교제를 모방하며 살 수 있을까?

오늘날 다문화와 다원주의 사회를 살아가는 여성들에게 삼위일체적 실천이란 어떤 것인가?

이러한 문제에 관해 논의하기 전에, 우선 앤드류 성 박(Andrew Sung Park)의 "한" 신학(han theology)과 몰트만의 죄론을 비교 분석하며 각각의 죄론이 어떤 면에서 관계 유비의 정신(the spirit of analogia relationis)을 반영하지 못하는지 살펴보도록 한다.

## 1) 사회적 삼위일체적 십자가 신학의 실천적 관련성: 앤드류 성 박의 "한" 신학과 몰트만의 죄 개념에 대한 비판

70년대까지만 해도 한국은 정치적으로 국가 안정을 위해 그리고 산업화를 통한 경제 성장을 위해 고군분투하고 있었다. 그 당시 여성들은 일반적으로 자신의 목표와 관심사를 희생하는 삶을 살아야 하는 경우가 많았다. 가족 환경에서 딸과 아내는 종종 가족의 공동 복지를 위해 많은 것을 양보하도록 강요당했다. 사회적 환경에서 여성은 종종 자기 계발과 성공의 기회를 남성에게 양보해야 했다. 중앙의 소수 집단은 약하고 소외된 사람들을 이용하여 번성하고 성공했다.

남성 중심적(androcentric)이고 집단적인(collective) 사회적 정치적 상황은 무기력한 피해자들이 "한"을 품게 했다. "한"은 "무력감과 절망감이 누적되어 갖게 되는 감정"(the accumulated feeling of powerlessness and despair)으로 정의된다.[80] 이런 상황에서 한국 신학자들은 "민중신학"이라고 불리는 한국의 독특한 신학을 발전시켰다.[81]

그러나 이미 제1장에서 살펴본 바와 같이 한국의 정치적 사회적 상황은 급격하게 변화하였다.[82] 오늘날 한국 여성의 대다수는 자신을 "한에 사무친"(han-ridden) 사람으로 여기지 않는다. 그뿐만 아니라 한국에서 이러한 사회적 정치적 환경의 변화를 경험한 여성이든 교육받은 젊은 여성이든 관계없이 모두를 문화적, 종교적, 정치적, 경제적 차이를 감안하지 않은 채 일률적으로 피해자 단일 집단(a monolithic group of victimized people)인

---

80 Nam-Dong Suh, "Towards a Theology of *Han*," 58.
81 민중은 정치적으로 억압받고, 사회적으로 소외되고, 경제적으로 착취당하고 문화와 지적 문제에서 교육받지 못한 사람들을 가리킨다. See H.S. Moon, "A Korean *Minjung* Perspective: The Hebrews and the Exodus," 241.
82 2012년 12월, 박근혜(1961년부터 1979년까지 18년간 대통령직을 지낸 박정희 전 대통령의 장녀)가 대한민국 대통령에 당선되었다. 2013년 2월 25일 대한민국 대통령으로 취임하였다. 대한민국 최초의 여성 대통령이라는 점에서 역사에 길이 남을 사건이다. 한국 국민이 여성 대통령을 선출한 것은 젠더에 대한 인식의 변화를 반영한다.

것처럼 취급하는 것은 부당한 처사이다.

한국의 급변하는 사회적 정치적 상황 속에서 여성들의 사회적 지위와 삶의 변화를 비추어 볼 때 영어권에서 두루 읽히며 한국의 신학적 상황을 대변하는 것으로 알려진 앤드류 성 박의 "한" 신학(han theology)을 재고하며 비판할 필요가 있다고 생각한다. 앤드류 성 박의 저서『상처받은 하나님의 마음』(The Wounded Heart of God)이 출판된 시기인 1993년의 사회적 정치적 상황과 그 후 삼십 년이 지난 오늘날의 상황은 많은 차이가 있으며 여성의 사회적 지위와 삶의 질도 많이 향상되었다.

따라서 오늘날의 신학자들은 억압받는 사람(한에 사무친, han-ridden)과 억압하는 사람(죄인들, sinners)으로 구분하는 단순한 이분법(simplistic dichotomy) 접근법을 사용한 "한" 신학(a theology of han)의 방법론에 머물러서는 안 된다. 이제는 총체적이고(holistic) 포괄적인(inclusive) 접근법을 사용해야 한다. 오늘날 신학을 하는 사람들은 모든 사람이 하나님의 영광을 위해 함께 번성할 수 있도록 그들의 상호 연결성(interconnectedness)을 인식하고 다른 사람들과 함께 서로 도우며 유익한 삶을 살도록 소명 의식을 불러일으키는 신학을 구상하여야 한다.

앤드류 성 박은『상처받은 하나님의 마음』(The Wounded Heart of God)에서 혁신적으로 "한"의 관점에서 죄에 대한 교리를 구축한다. 그는 "한"과 죄를 구분하며 "한"은 억압받는 자(han for the oppressed)에게, "죄"는 억압하는 자에게 해당한다고 주장한다(sin for the oppressor). 죄는 압제자의 회개로 용서받을 수 있는 반면에 "한"은 압제자와 피억압자가 서로 화해함으로써 피억압자가 치유되면서 해결된다고 한다.[83] 피해자의 용서가 없다면(Without the forgiveness of the wronged) 가해자와 피해자 사이의 화해는 완전하지 못하다.[84]

더 나아가 앤드류 성 박은 몰트만이 십자가를 "죄인을 위한 하나님의 열정"(the divine passion for sinners)으로 보는 것은 일방적인 해석이라고 비판

---

[83] Park, *The Wounded Heart of God*, 78.

[84] Ibid., 85.

한다. 그는 "십자가에서 일어난 일은 하나님과 하나님의 아들 사이의 사건으로 이해되어야 한다 … 하나님은 자신 안에서 죄인들에게 생명과 자유를 열어주기 위해 이러한 고통과 죽음을 자신 안에서 행하시고 계신다"[85] 고 하는 몰트만의 주장을 인용하며 몰트만이 죄인들에 의한 희생자들의 고통, 즉 "한"을 대언해 주는 십자가의 다른 측면을 간과한다고 비판한다.

여기서 앤드류 성 박은 몰트만이 "죄인"(sinner)이라는 개념을 얼마나 포괄적으로 사용하고 있는지 모르고 있음이 분명하다. 사실, 몰트만의 "죄인"이라는 개념은 압제자뿐만 아니라 피억압자까지 포함한다. 몰트만에게 예수의 십자가 죽음은 하나님을 외면한 자들(the godless), 즉 스스로 하나님을 떠나 고통당하는 죄인들과 하나님으로부터 버림받은 자들(the god-forsaken), 즉 무의미한 고통의 무고한 희생자들 모두를 위한 것이다.

몰트만에 따르면 예수의 부활은 하나님을 외면한 자들과 무고한 희생자들 모두를 위한 구원을 뜻한다. 왜냐하면, 예수는 그들 모두를 위해 죽으셨고 하나님의 부재로 인한 그들의 고통을 스스로 지셨기 때문이다.

흥미롭게도 몰트만은 앤드류 성 박의 저서 『상처받은 하나님의 마음』이 출판되기 일년 전, 1992년에 출판된 그의 저서 『생명의 영』(*Spirit of Life*)에서 자신의 죄론(harmatology)을 한층 더 발전시켜 가해자(perpetrator)와 피해자(victim)을 구분한다. 몰트만은 여기서 죄(sin)를 "사람이 다른 사람에게, 그리고 인간이 약한 피조물에 저지르는 폭력과 생명에 대한 범죄"라고 정의하며 포괄적으로 이해한다.[86] 이렇게 몰트만은 폭력에는 항상 가해자(perpetrator)와 피해자(victim)라는 양면이 있음을 인식한다. 폭력 행위는 양측의 삶을 파괴한다.

가해자는 저지른 악을 통해 그리고 피해자는 고통을 통해 파괴된다. 몰트만은 구조적 죄(structural sins)에 관해 이야기할 때 "우리 인간은 가해자인 동시에 피해자"라고 인식한다.[87] 구조적 죄로 인해서 빈곤, 인종적, 문

---

85 Ibid., 120. Park here quotes Moltmann, *The Crucified God*, 192.
86 Moltmann, *The Spirit of Life*, 132.
87 Ibid., 139. See also Moltmann, *Sun of Righteousness, Arise!*, 138.

화적 소외, 점진적인 환경파괴의 악순환이 존재하고, "인간들은 이러한 악순환과 치명적인 상승효과의 가해자이자 희생자이다…."[88] 『생명의 영』보다 후에 출판된 『의의 태양이여, 떠오르라!』(*Sun of Righteousness, Arise!*)에서 몰트만은 훨씬 발전된 죄에 관한 이해를 보여주고 있다. 그는 『의의 태양이여, 떠오르라!』에서 "피해자도 가해자가 될 수 있고, 많은 사람에게 가해자 측과 피해자 측은 불가분의 관계로 얽혀있다"고 언급한다.[89]

그런데도, 몰트만은 앤드류 성 박의 "한" 신학의 경우처럼 사람들을 가해자와 피해자로 나누는 정치-사회적 틀 안에만 머물면서 각 개인이 대인 관계뿐만 아니라 사회적 관계 속에서 잠재적으로 가해자인 동시에 피해자가 될 수 있다는 통찰을 충분히 발휘하지 못하고 있다. 사실, 억압당하는 사람들은 다른 사람에 의해 해를 당하지만 동시에 잠재적으로 또 다른 사람에게 악을 행하기도 한다. 압제자들도 "한"에 얽매인(*han*-ridden) 자인 경우가 많다.

그리고 한에 얽매인 자들도 다른 사람을 억압하는 경우가 많다. 더 나아가 억압받는 자들의 "한"(*han* for the oppressed)과 압제자의 "죄"(sin for the oppressor)라는 이분법(dichotomy)을 유지한다면 인간은 자신을 피해자 또는 억압받는 자로 분류하고 죄, 악, 불의에 대해 책임있게 대하지 않는 경향이 있다.

죄는 단순히 도덕적 또는 사회적 규범을 위반하는 것이 아니다. 죄는 가장 심오한 차원에서 사회적 삼위일체적 교제의 관점에서 정의될 필요가 있다. 이런 의미에서 죄는 "삼위일체 하나님과 교제가 단절된 것"(the breaking of fellowship with the triune God)이라고 정의해야 한다. 죄는 "삼위일체 하나님과 교제가 단절된 것"으로서 다양한 단절된 관계의 형태로 표현된다면 우리는 "한"을 죄의 한 형태로 볼 수 있다. 왜냐하면, "한"은 하나님과의 단절된 관계와 다른 사람들과의 단절된 관계에 의해 생겨나고 지속되기 때문이다.

---

88　Ibid., 139.
89　Ibid., 138.

"한"은 죄의 한 형태로서 종종 다른 사람에 대한 원망, 증오, 폭력, 적대감으로 표출되기 때문에 용서와 치유가 필요하다. 이런 점에서 죄는 "삼위일체적 교제의 개인적 또는 조직적 왜곡"으로 정의될 필요가 있다. 맥두걸은 우리가 죄를 "삼위일체적 교제의 개인적 또는 조직적 왜곡"으로 정의한다면 인간 사이에 나타나는 죄성의 이질적 발현들(disparate manifestations of sinfulness)을 설명할 수 있는 암시적인 은유(suggestive metaphor)를 제공할 것이라고 단언한다.[90]

예를 들어, 사회적 삼위일체의 입장에서 본 "단절된 교제"(broken fellowship)로서의 죄의 개념은 어거스틴의 고전적 죄의 개념인 "교만"(pride)뿐만 아니라 현대 페미니스트의 죄에 대한 재해석으로 "자기 상실"(self-loss) 또는 "자존감 부족"(lack of self-esteem) 등 그 모두를 포함할 수 있다.[91] 죄를 "삼위일체적 교제의 개인적 또는 조직적 왜곡"(a personal or systemic distortion of trinitarian fellowship)으로 정의함으로써, 우리는 하나님과 관계와 인간과의 관계의 화해라는 측면에서 죄의 치유 방법에 관해 이야기할 수 있다. 화해는 고백, 회개, 용서 베풂(forgiving), 용서됨과 치유됨(being forgiven and healed)의 행위를 통해 가능해진다.

그런데 우리는 흥미롭게도 몰트만의 저서들 속에서 하나님의 적극적인 용서와 사람들의 회개에 대한 강조가 미미한 것을 발견한다. 몰트만의 성육신과 "넘치고도 남는 은혜"(surplus of grace) 개념에서 그 이유를 찾을 수 있다. 그는 독특하게 성육신의 이론적 근거(rationale)가 인간의 죄에 있지 않고 하나님의 창조에 있음을 주장한다. 그는 성육신이 세상을 위한 삼위일체 하나님의 완성된 자기-소통(the perfected self-communication)이며 창조

---

90  McDougall, "The Return of Trinitarian Praxis," 202-203. 사실, Moltmann은 그의 책 *God in Creation*에서 죄는 하나님과의 왜곡된 관계라고 간단히 언급한 적이 있다. Moltmann, *God in Creation*, 233-234.
91  Ibid., 201. McDougall은 그녀의 저서, *Pilgrimage of Love: Moltmann on the Trinity and Christian Life*, 236-7 에서 삼위일체적 친교의 틀 내에서 구체적으로 "un-faith, un-hope, and un-love" 형태로 죄의 교리를 발전시킨다.

를 완성하기 위해 취하신 "한 단계"라고 주장한다.[92]

몰트만에 따르면 아들의 성육신은 세상 죄로 인한 비상사태에 대처하기 위해 취하신 하나님의 "긴급 조치"(emergency measure on God's part)가 아니다. 성육신은 그 이상의 것이다.[93] 몰트만은 "궁극적으로 하나님의 사랑은 단순히 죄를 극복하는 것으로 만족할 만큼이 아니라 인간이 필요한 수준을 훨씬 초월하는 것이다. 하나님의 사랑은 죄를 가능하게 하는 모든 조건을 극복했을 때 비로소 사랑의 목표에 도달한다"고 주장한다.[94]

따라서 하나님의 아들은 단순히 남자와 여자의 죄 때문에 사람이 되신 것이 아니라 창조의 완성을 위해(for the sake of perfecting creation) 사람이 되셨다. 성육신의 원인은 피조물에 대한 삼위일체 하나님의 내적 열정과 관심이다.[95] 우리가 성육신을 삼위일체 하나님께서 피조물을 완성하시기 위해 취하신 단계로 이해할 때, 아들의 성육신은 그 자체로 의미가 있는 것이다. 즉, 아담이 죄를 짓지 않았다 하더라도 하나님의 아들은 여전히 성육신하셨을 것이다. 결과적으로, 몰트만은 아들의 성육신이 죄로 인해 요구된 속죄 희생을 위한 기능적 전제라고 단정하는 신학적 입장을 일축하는 것이다.

용서와 회개가 몰트만의 신학적 저서에서 강조되지 않는 또 하나의 이유는 그의 "넘치고도 남는 은혜"(surplus of grace) 개념에 있다고 본다. 몰트만에게 죄인의 칭의(justification of sinners)는 단순히 죄의 용서 그 이상이다. 그리스도는 그의 부활을 통해 "새로운 의(new righteousness), 새 생명(new life), 새 피조물"(new creature)을 가져오셨다(롬 4:25).[96]

---

92  Moltmann, *The Trinity and the Kingdom*, 116.
93  Ibid., 114.
94  Ibid., 116.
95  Ibid., 115-6. 몰트만은 창세기 1장 26-27절의 "하나님의 형상"을 약속이자 하나님의 뜻으로 보고, 인간이 "보이지 않는 하나님의 형상"이 될 것이라는 약속이 그리스도 안에서 성취되었다고 주장한다. 이것으로부터 그리스도는 "참 사람"이시며 신자들은 "참 사람"과 교제하면서 인간 실존의 진리를 발견하게 된다.
96  Ibid., 116.

몰트만은 십자가 처형의 개념을 칭의 "이상"(more than)으로 확장하여 죄인에 대한 용서와 화해를 능가하는 "넘치고도 남는 은혜"(surplus of grace)에 관해 이야기한다. 새 창조의 능력을 나타내는 "넘치고도 남는 은혜"(surplus of grace)는 태초의 창조를(creation-in-the-beginning) 완성한다(consummate). 바로 이 "넘치고도 남는 은혜"(surplus of grace)로 말미암아 "인간이 마침내 진실로 자유로워질 것"이며 "선택의 고통"(torment of choice) 없이 선하기 때문에 선을 택하고 행하게 되는 종말론적 비전(the eschatological vision)이 궁극적으로 성취될 것이다.[97]

니크 안셀(Nik Ansell)은 완전한 자유에 대한 이 종말론적 비전이 몰트만에게 어떻게 가능하게 되었는지 설명한다. 안셀은 죄를 가능하게 하는 조건들이 "nihil"의 소멸(*annihilatio nihil*: the annihilation of hell)과 함께 변하게 된다며 다음과 같이 설명한다.

> "Nihil" [무 또는 어둠과 혼돈]의 소멸과 함께(*annihilatio nihil*: objective genitive 목적격 소유격), [설명하자면, 어둠과 혼돈의 세력을 소멸함으로] "nihil"의 소멸이 끝난다(subjective genitive, 주격 소유격)[어둠과 혼돈의 세력이 소멸된다]. 즉 몰트만에게 있어 하나님께서 세상이 존재할 공간을 내어 주셨을 때, 창조 이전에 이미 시작된 "nihil"(어둠과 혼돈의 세력)이 소멸됨(목적격 소유격)으로 죄안에서 우리 자신을 소멸하는 우리의 현재 경향을 포함하여 그안에서 표현하게 되는 "nihil"의 소멸(주격 소유격) [소멸하는 어둠과 혼돈의 세력]이 끝난다.[98]

다시 말해, "Nihil의 소멸"(*annihilatio nihil*)로 인해 하나님과 피조물 사이에 존재하는 위험한 공간, 거리, 구별이 닫히고 상호내주(mutual indwelling)가 피조물 간의 관계뿐만 아니라 하나님과 피조물 간의 관계를 특징짓게

---

97  Ansell, "The Annihilation of Hell and the Perfection of Freedom," 437–438. See also Moltmann, *God in Creation*, 88.

98  Ibid., 437. See also Moltmann, *Sun of Righteousness, Arise!*, 141.

될 것이다.[99]

이처럼 몰트만은 하나님 본성인 은총에 대한 종말론적 비전을 바탕으로 희망의 신학(a theology of hope)을 제시한 것이다.[100] 위에서 언급한 바와 같이 몰트만은 하나님의 아들이 단순히 여자와 남자의 죄 때문에 사람이 되신 것이 아니라 "창조의 완성"(perfecting creation)을 위하여 사람이 되셨다고 주장한다.

이러한 성육신의 개념에 비추어 몰트만은 죄 사함과 화해의 관점에서 죄인의 칭의 이상을 나타내는 "넘치고도 남는 은혜" 또는 "은혜의 잉여"(surplus of grace)에 관해 이야기한다. 그것은 태초의 창조를 완성하는 새 창조의 능력을 나타낸다. 이 "넘치고도 남는 은혜"는 결국 "인간이 진정으로 마침내 [죄로부터 완전히] 자유로워질 것"이라는 종말론적 비전을 성취할 것이다.[101] 따라서 하나님의 "우주적 영광"(universal glorification of God)을 초래하는 것은 하나님의 "넘치고도 남는 은혜"이다.

하나님의 영광이 우주에 충만하게 될 종말론적 비전은 온전히 하나님의 넘치는 은총으로 인해 이루어질 것이라는 희망의 신학은 우리가 현실에서 체험하는 죄의 세력과 그에 대한 대처를 약화할 수 있다는 우려가 없지 않다.

우리는 아직도 하나님의 영광으로 가득할 종말(the eschaton)을 향한 "도중에"(on the way) 있다는 사실을 잊어서는 안 된다. 그때까지 하나님과 인간 사이에, 인간과 인간 사이에, 인간과 피조물 사이에 삼위일체적 교제를 회복하기 위해 끊임없이 노력해야 한다.

그러므로 자신의 죄를 회개하고 하나님의 용서를 구하는 것이 얼마나 중요한지 아무리 강조해도 지나치지 않다. 맥두걸이 주장한 것처럼 "삼위일체적 실천의 귀환"(the return of trinitarian praxis)을 촉구하며 하나님의 용서

---

99 Ibid., 437.
100 Ibid., 438.
101 Moltmann, *God in Creation*, 88.

와 화해를 구하는 죄의 고백과 회개를 끊임없이 진행해야 할 것이다.[102]

지금까지 본 장에서는 앤드류 성 박의 "한" 신학과 몰트만의 "죄"에 대한 이해를 비판함으로써 억압당하는 자(한) 와 억압하는 자(죄) 의 이분법적 구조(the dichotomous structure)에 반대하며 성별, 세대, 민족이나 인종을 초월한 상호 연계를 인식하고 상호 의존의 필요성을 포용하는 포괄적이고 (inclusive) 전체적인(holistic) 접근 방식이 요구된다고 주장하였다.

또한, 죄를 "삼위일체적 교제의 개인적 또는 조직적 왜곡"으로 정의하면서, 하나님의 영광이 이 세상에 가득하게 될, 그리고 하나님이 만유의 주가 될 마지막 때를 향해 가는 "도중에"(on the way to eschaton) 우리는 하나님과 그리고 다른 사람들과의 관계에서 회개, 용서, 화해의 중요성을 끊임없이 강조하며 실천해야 한다고 주장했다.

이어서 십자가에서 완전하게 계시가 되는 삼위일체의 페리코레시스(*perichoresis*) 개념이 다민족, 다원주의 사회를 살아가는 현대 여성의 개인적 삶과 교회와 사회에 어떻게 적용될 수 있는지에 관해 논의할 것이다. 페리코레시스(*perichoresis*) 개념은 세상이 죄에 영향을 받기 때문에 일의적인 의미(univocal sense)가 아니라 오직 유추적(analogous)으로만 인간 사회에 적용될 수 있다고 이미 주장한 바가 있다. 다시 말해서, 삼위일체의 온전히 사랑하는 상호성은 역사의 조건 내에서 피조물의 방식(in a creaturely way)으로만, 좀 더 구체적으로 말하자면, 아픔이 따르는 사랑의 상징인 "십자가의 모방"(*imitatio crucis*)을 통해서만 전유 될 수 있는 것이다.

하나님의 이미지(*imago Dei*)로서 현시대를 사는 여성들은 오직 십자가를 모방(*imitatio crucis*)하고 삼위일체적 관계를 모방함(*imitatio relationis*)으로써 그들이 처한 곳에서 페리코레시스로 특징지어지는 삼위일체의 삶을 반영할 수 있게 될 것이다.

---

102    McDougall, "The Return of Trinitarian Praxis?" 203.

## 2) 사회적 삼위일체적 십자가 신학의 실천적 관련성: 그리스도인의 사적, 사회적 영역에서의 페리코레틱 삶

페리코레시스 개념을 사용함으로써 몰트만은 우리에게 인간 관계에 대한 사회적 삼위일체 모델을 제공한다. 그것은 성부와 성자와 성령이 자유 안에서 상호 간에 서로 자기를 주고받는 사랑(reciprocal self-giving love)으로 이루어지는 "사회적 화합"(social unity)을 의미한다.[103]

따라서 삼위일체의 신성한 위격이 페리코레틱 교제를 행사하는 자유(freedom)는 다른 사람을 잠재적으로 지배할 수 있는 자율성(autonomy)으로서의 자유, 즉 계몽주의의 이상(the enlightenment ideal of freedom)이었던 자유와 대조되는 것이다. "자신의 생명과 재산에 대한 개인의 독립적인 처분권"으로서의 자유 개념은 사회를 외롭고 서로 경쟁하는 개인들의 집합체(a collection of solitary and competing individuals)로 원자화한다.[104]

맥두걸은 "인간 자유의 그러한 모델은 최악의 경우 지배자에 의해 약자가 정복되고 공동체의 모든 진정한 유대가 해체되는 결과로 이어진다"고 지적한다.[105] 다른 사람에 대한 지배(domination) 또는 주권(lordship)으로서의 자유는 다른 사람이 희생해야만 가능한 것이다. 이 인간 자유의 모델은 약자를 의도적으로 짓밟는 잠재적 가능성이 있다. 다른 사람을 언제든지 잠재적으로 지배할 수 있는 자율성(autonomy)으로서의 자유와는 대조적으로 사회적 삼위일체의 교제를 모델로 하는 그리스도인의 교제는 상호 간에 주고받으며 서로를 인정하고 수용하는 자유를 촉진한다.

몰트만에 따르면 이러한 "소통하는 자유"(communicative freedom)는 "다른 사람을 위한 그리고 다른 사람과 함께하는 자유"(a freedom for and with another person)를 촉진한다. "소통하는 자유"를 설명하기 위해 몰트만은 특별

---

103 Moltmann, "Creation, Covenant and Glory," 125–42. See also Moltmann, *The Trinity and the Kingdom*, 129–150.
104 Moltmann, *The Spirit of Life*, 115.
105 Moltmann, *God for a Secular Society*, 156. Cf. McDougall, "The Return of Trinitarian Praxis?" 198.

히 종교 개혁자 루터의 논문 <기독교인의 자유에 관하여>(Luther's treatise, *On the Freedom of a Christian*, 1521)를 인용한다. 믿음은 사람들을 "누구에게도 종속되지 않은 모든 것들의 자유로운 주인"(free lords of all things and subject to no one)으로 만드는 반면에, 사랑은 "모든 자들에게 종속된 모든 자들의 온전히 신실한 종"(perfectly dutiful servants of all, subject to all)으로 만든다.[106]

따라서, 사회적 삼위일체적 모델을 반영하는 인간 사회는 개인의 잠재력과 차이가 억압되는 집단 사회(a collective society)가 아니다. 동시에 자신의 이익을 위해 다른 사람을 정복하고 그 위에 군림하려고 개인들 사이에 치열한 경쟁이 일어나는 개인주의 사회도 아니다. 오히려 개인이 사랑과 신뢰 속에서 다양한 은사를 사용하여 자기 잠재력을 자유롭게 실현하고 서로 봉사하는 관계적 사회이다.

이러한 사회를 비전으로 가지며, 현대 사회에 살아가는 여성들이 십자가를 통해 구체적으로 드러난 삼위일체적 교제를 어떤 방법으로 구현할 수 있을지에 관해 논의하려고 한다. 삼위일체적 관계의 십자가에 대한 이러한 비전은 십자가가 여성의 자기-비하(self-abnegation)를 의미한다고 우려하는 일부 페미니스트 신학자들의 입장과 대조적이다. 다문화, 다원주의 사회를 살아가는 현대 여성들은 십자가를 믿음으로 바라보며 십자가를 본받아(*imitatio crucis*) 삼위일체적 관계를 구현하며(*imitatio relationis*) 살아갈 때 오히려 그들의 자존감과 자존심을 회복 받고 자유로운 삶을 살게 될 것이라고 본다.

제2장에서 우리는 나카시마 브로크(Nakashima Brock)와 들로레스 윌리암스(Delores Williams)와 같은 일부 여성 신학자들이 어떻게 십자가를 힘없는 자들에 대한 폭력의 상징으로 비판하고 그들의 기독론에서 십자가를 제거하고자 하였는지 논의하였다. 그러나 십자가를 무력한 아들의 희생으로 간주하는 일부 페미니스트 신학자들과 대조적으로 저자는 몰트만의 관점에 따라 그리스도의 십자가는 삼위일체적 사건(a trinitarian event)으로서 버림받음 속에서 하나님께 부르짖는 모든 이들과 연대하는 신성한 사랑의

---

[106] *LW*, 31, 364. Moltmann quotes it in *The Spirit of Life*, 115.

행위(the divine act of love in solidarity)를 의미한다고 강조한다.

일부 페미니스트 신학자들은 십자가 신학이 "사랑의 이타심"(selflessness of love)을 강조함으로써 여성들이 건전한 자기 차별화(self-differentiation)와 자기 관심(self-concern)에 대한 의식과 충동을 억누르게 될 것을 두려워한다. 그리고 그들은 여성의 죄를 자기 저개발(underdevelopment) 또는 자아 부정(negation of the self)으로 정의함으로써 어떻게 하면 여성에게 힘을 실어줄 수 있는지에 관심을 둔다.

그들은 또한 여성도 잠재적으로 사회악에 대한 책임이 있다는 사실을 간과하는 경향이 있다. 그러나 저자는 여성이기 때문에 다양한 형태로 나타나는 억압에 대한 책임에서 제외되지 않다는 사실을 주장한다. 여성들도 여러 차원에서 억압자로 약한 자에 해를 가할 때가 없지 않기 때문이다. 예수의 십자가 죽음은 남성과 그들의 죄만이 아니라 죄 가운데 있는 남성과 여성 모두를 포함하는 죽음이다. 따라서 예수의 십자가는 남성과 여성 모두에게 그들의 죄를 회개할 것을(metanoia) 촉구한다.

다문화, 다원주의 현대 사회를 살아가는 여성들은 믿음으로 십자가를 바라보며 다른 사람들의 연계를 인식하고 고통받는 사람들과 연대하며 십자가의 모범을 생활 속에 구현할 때 능력을 힘 입게(empowerment) 될 것이다. 그러나 건강한 자아의식(healthy sense of self)이 없는 여성이 어떻게 다른 사람을 도울 수 있겠느냐고 묻는 사람이 있다.

밸러리 세이빙(Valerie Saiving), 쥬디스 프라스코우(Judith Plaskow), 다프니 햄프슨(Daphne Hampson)과 같은 페미니스트 신학자들은 여성이 먼저 자신의 자율성을 되찾고 자신의 뚜렷한 욕구와 필요를 인식하는 법을 배워야 한다고 주장한다. 여성이 관계를 맺으며 다른 사람을 섬기기 위해서는 우선 건전한 자아의식(a healthy sense of self)을 가질 필요가 있다고 주장한다. 그러나 위에서 언급된 페미니스트 신학자들은 중요한 한 가지 사실을 간과하고 있다. 즉, 여성들이 어떻게 건전한 자아의식을 갖게 되느냐의 문제이다. 자기 능력을 기르는 것도 중요하지만 그보다도 현재 위치에서 이미 주어진 은사를 가지고 다른 사람들을 사랑으로 섬길 때 자기 가치(self-worth)와 자기 존중(self-respect)을 회복 받게 된다는 것이다.

한때 수녀였다가 나중에 설교학 교수가 된 패트리샤 윌슨-카스트너(Patricia Wilson-Kastner)는 그의 저서인 『믿음과 페미니즘 그리고 그리스도』(Faith, Feminism and the Christ)에서 사회적 삼위일체에 기초하여 여성이 다른 사람에게 더 많이 다가가고 관계를 이루어가면 갈수록 자신을 더 많이 의식하고 소유하게 될 것이라고 주장한다. 그녀는 "삼위일체의 신성한 위격은 자기 인식과 사랑 안에서 이루어지는 자기-기부의 세 중심이다. 각 위격은 자아를 소유하면서도 영원한 삼위일체의 상호 연계 속에서 자아를 자유롭게 초월한다"고 말한다.[107] 삼위일체 안에서 위격의 "자아 중심적, 자아 의식적 차원"(the self-focused, the self-conscious dimension)과 "자기 초월적(self-transcending), 타인 지향적(other-directed), 외향적(outward oriented) 차원"은 서로에게 영양을 공급하며 힘이 되어준다고 설명한다.[108]

대한민국 목포에 자리하고 있는 다아코니아 자매회(The Diakonia Sisterhood in Korea) "언님들"[109]은 겸손하게 자신을 내어 주는 사랑(self-giving love in humility)이 어떻게 자신들에게 뿐만 아니라 그들의 주변에 있는 약자들에게도 능력이 되는지에 대한 훌륭한 본보기이다. 언님들은 자기의 권리를 주장하며 권력을 쌓으려 하지 않는다. 다만 십자가를 따르며(imitatio crucis) 삼위일체의 관계를 구현하는(imitatio relationis) 삶을 통해 오히려 힘을 얻고 더 큰 능력을 발휘하게 되는 진리를 확증해 준다.

한국의 디아코니아 자매회는 개신교 수도원 공동체로서 1978년도에 민중 신학자인 안병무의 지도로 가난하고 병들고 교육받지 못한 소외된 사람들을 돕기 위해 설립되었다. 디아코니아 자매회의 창립회원 중 한 사람인 한은숙 언임은 2012년도에 캐나다 장로교단(Presbyterian Church of Canada)이 수여하는 E.H. Johnson 상을 받았다.[110]

---

107 Patricia Wilson-Kastner, *Faith, Feminism and the Christ*, 126.
108 Ibid., 126.
109 "어진님"의 준말이다. 자매회에 속한 프로테스탄트 종신 수녀들을 일컫는 존칭으로 쓰인다.
110 한은숙 언님은 1974년 한신대를 졸업하고 서울의 빈민가에 도시 선교에 헌신했다. 당시 철거민들을 위해 신용조합을 세워 집을 마련할 수 있도록 도와주고

그녀는 삶의 여정과 사역에서 겸손과 자신을 내어 주는 십자가의 정신을 몸소 실천해 보여준다. 수도원 스타일의 삶과 자신을 내어주는 사랑으로 언님들은 주변 지역의 수많은 젊은이와 노인들에게 의식주와 의료봉사와 교육을 제공해 왔다. 십자가를 본받고(imitatio crucis) 삼위일체의 관계를 본받아(imitatio relationis) 자발적으로 자신을 내어주는 삶(voluntary self-giving life )은 하나님으로 부터 받은 내면의 힘과 그들의 영적 훈련에서 비롯된 것이다. 이러한 자발적인 희생적 삶은 선택의 여지없이 남성 중심적 사회 속에서 무조건적으로 희생당했던 과거의 한국 여성들의 한스러운 희생과는 대조적인 것이다.

디아코니아 자매회의 언님들은 영적으로 자유롭게 다른 사람들을 섬기고, 고통받는 사람들과 연대하며 살기를 추구하는 가운데 개인적으로도 힘을 얻는 강한 자아 의식의 소유자들이다. 단순하고 헌신적이며 공동체적인 삶을 살아가는 언님들은 오늘날 개인주의적, 물질주의적 세상 풍조에 도전을 주며, 기독교 신앙을 개인의 안위와 성공의 수단으로 타락시킨 번영신학으로 인해 본질을 잃어버린 한국 교회들에게 십자가의 본을 보여줌으로써 회개(metanoia)를 촉구한다.

역사적으로, 기독교 신앙을 개인 종교(cultus private)로 여기면서 사회 문

---

젊은 엄마들이 일할 수 있도록 아기들을 위한 탁아소를 운영하였다. 그녀는 또한 여성들을 위한 교회를 개척하고 야학당을 운영하여 그들에게 기본적인 공부를 가르치기도 했다. 수년 간의 도시 선교 끝에 1980년 안병무 교수(민중 신학자)의 지도하에 같은 뜻을 가진 자매들과 함께 평생 개신교 여성 수도공동체인 한국 디아코니아 자매회(최초의 개신교 여성 수도원 공동체)를 설립하여 더욱 효과적으로 사회사업을 펼치게 되었다. 평생 결핵 환자들을 치료하며 의료활동을 해오던 여성숙 의사 선생님이 목포 삼향읍에 자리한 결핵 요양원을 헌납하면서 그곳에 디아코니아 본부가 세워지고 그 본부를 중심으로 장학사업, 의료사업, 빈민구제사업, 요양원 운영 등 많은 사회사업을 펼쳐나갔다. 그러한 평생 간 그녀가 보여준 헌신과 봉사를 치하하며 캐나다 장로교단(Presbyterian Church of Canada)은 2012년 캐나다 온타리오주 듀람(Durham, Ontario in Canada)에서 열린 캐나다 장로교회 연례총회에서 세계 선교에 앞장선 사람들에게 수상하는 영예로운 E.H. Johnson 상을 받았다.

제에 대한 관심을 갖지 않아도 되는 것처럼 만들었고, 연대 정신으로 소외된 사람들에게 다가가는 대신 오히려 그들 위에 군림하고 지배하려는 마음을 부추기는 승리주의(triumphalism)를 조장하였다.

십자가의 정신과 삼위일체의 관계를 따라 살도록 장려하는 사회적 삼위일체적 십자가 신학은 물질적 부와 세상적 권력을 추구하는 자들의 동기 자체에 의문을 제기한다.

우리는 과연 남을 지배하고 통제하기 위한 권력과 번영을 목표로 삼는 번영주의 신학을 추구하는가, 아니면 자신을 내어주는 삼위일체적 사랑에 참여하기 위해 십자와 삼위일체의 관계를 추구하는 십자가 신학을 추구하는가?

몰트만은 "성취 능력(capacity for fulfillment)으로서의 힘 자체(power itself)는 죄가 아니다. 그러나 그 힘을 남용(misuse of power)하여 다른 사람 위에 군림하는 것(dominion over others)이 죄"라고 주장한다.[111] 권력이 주어졌을 때, 그 권력을 소외되고 약한 자들을 지배하는데 사용할 것이 아니라 십자가의 정신(imitatio crucis)과 삼위일체의 관계를 본받아 그들과 연대하여 그들을 섬기는데 사용해야 하는 것이다.

저자가 오늘날 여성들에게 제안하고자 하는 사회적 삼위일체적 인간 교제의 모델은 고통받는 사람들만을 또는 가진 자들만을 포용하는 것이 아니다. 힘과 부를 가진 자들과 없는 자 모두를 포용하며 그들 모두가 함께 번성하는 것이다. 어떤 상황에 처해 있든지 인간은 도움을 줄 수도 있고 받아야 할 때도 있다. 특권층의 사람들은 그들보다 처지가 좋지 못한 사람들을 섬기도록 부름 받았다. 그러나 처지가 덜 좋은 사람들도 그들의 도움이 필요한 다른 사람들에게 봉사할 수 있어야 한다. 어떤 상황에 놓여 있든지 십자가 정신(imitatio crucis)과 삼위일체의 관계를 닮은(imitatio relationis) 삶을 살아가는 사람은 오히려 일부 페미니스트 신학자들이 우려하는 자존감과 자긍심을 회복받게 된다.

---

111  G. Clarke Chapman, Jr., "Hope and the Ethics of Formation: Moltmann as an Interpreter of Bonheoffer," 456.

곧이어 삼위일체 교제를 모델로 하는 교회공동체를 이루기 위해 여성들이 어떻게 참여할 수 있는지에 관해 논의할 것이다. 사회적 삼위일체적 실천(the social trinitarian praxis)은 교회 안에서만 아니라 교회의 경계를 넘어서도 적용된다. 그러나 사회적 삼위일체적 실천에 관해 논의하는 데 교회론(ecclesiology)이나 선교학(missiology)을 본질적으로 접근하기보다는 교회공동체 안으로 범위를 설정하고 실천적으로 접근하여 교회공동체에 대한 여성들의 참여에 관해 구체적으로 논의하려고 한다.

또한, 사회적 삼위일체의 사회적, 윤리적, 도덕적 의미가 교회 구조(church structure)와 지도력(leadership), 기독교 선교(Christian mission)와 종교 간의 대화(interfaith dialogue)와 같은 영역에서 어떻게 적용될 수 있는지 살펴보도록 한다.

### 3) 공공의 차원에서 삼위일체적 교제의 실천: 교회의 지도력과 구조

우리는 교회가 구조와 지도력이 있어야 하는 독특한 형태의 인간공동체라는 것을 부인할 수 없다. 지도력과 구조 면에서 삼위일체적 교제를 반영할 때 교회는 어떤 모습일까?

이와 관련하여 몰트만은 삼위일체에 관한 그의 평등주의 모델(egalitarian model of the Trinity)을 반영하는 비계층적(non-hierarchical) 교회 구조에 대한 개념을 제시한다.[112] 삼위일체적 교제의 이러한 측면은 교회가 지배(domination)와 예속(subjugation)의 구조로부터 자유로워야 하며 오직 상호적인 우정과 사랑과 자유의 정신만이 교회를 다스려야 함을 의미한다.

몰트만의 영향을 많이 받은 볼프는 "비계층적 삼위일체 교리를 바탕으로 비계층적이면서도 진정으로 공동체적인 교회론"(truly communal ecclesi-

---

112  Moltmann, *The Trinity and the Kingdom*, 70. 몰트만은 여기에서 삼위일체 왕국에서 하나님은 주님(the Lord)이라기보다는 자비로운 아버지(the merciful Father)시며, 이 왕국에는 종이 없고 오직 하나님의 자유로운 자녀들만 있다. 그리고 이 나라에서 요구되는 것은 순종과 복종이 아니라 사랑과 자유참여임을 강조한다.

ology)을 발전시킨다.¹¹³ 그는 삼위일체의 단일성에 대한 서로 다른 견해가 교회 구조에도 영향을 미친다고 주장하며 다음과 같이 서술한다.

> 삼위일체 관계의 구조는 [라칭거Ratzinger 가 말하는] 한 분의 피라미드적 지배나 [지지울러스 Zizioulas가 말하는] 한 분과 다수 사이의 위계적 양극성(a hierarchical bipolarity between the one and the many)으로 특징지어지지 않으며, 다만 다수의 다심적이고 대칭적인 상호성에 의해 특징지어진다 …. 삼위일체 관계의 대칭적 상호성은(the symmetrical reciprocity) 모든 구성원이 주님을 본받아 아버지의 능력을 통해 성령의 특별한 은사들을 가지고 서로 봉사하는 교회에서 그와 일치하는 이미지를 찾을 수 있다. 신성한 위격들처럼 그들 모두는 상호 주고받는 관계 안에 존재한다.¹¹⁴

볼프는 하나님의 단일 본질의 지배에(the dominance of one substance of God) 기초한 라칭거의 위격의 삼위일체적 단일성(trinitarian unity of the persons) 과 아버지의 군주제에 기초한 지지울라스의 하나님 단일성을 모두 거부한다.¹¹⁵ 그는 페리코레시스 개념에 따라 "삼위일체 하나님의 단일성은 삼위의 서로를 향하는 상호 내적 존재(their mutually interior being)에 근거한다"고 주장한다.¹¹⁶

볼프는 교회의 일치에 대한 그의 제안을 인간의 상호 페리코레시스에 의거하지 않고 교회를 삼위일체에 상응하는 친교(communion)로 만드는 모든 사람에게 공통적으로 내주하시는 성령에 의거한다.¹¹⁷ 그는 "인간 수준에서 신성한 위격의 내면성(the interiority of the divine persons)에 상응하는 것은 존재하지 않는다"고 말함으로써 그 이유를 설명한다.¹¹⁸

---

113 Volf, After Our Likeness, 4.
114 Ibid., 217, 219.
115 Ibid., 201.
116 Ibid., 210.
117 Ibid., 213.
118 Ibid., 210.

신성한 위격의 내면성은 엄격하게 상호 호혜적(strictly reciprocal)이지만 인간과 하나님 사이의 관계에서는 그럴 수 없다. 그는 요한복음 17:21에 기록된 예수님의 기도를 바탕으로 인간의 페리코레틱 일치가(human perichoretic unity) 신성의 페리코레틱 일치와(divine perichoretic unity) 동일한 것이 아니라고 단언한다. 예수님은 "아버지 당신이 내 안에 계시고 내가 당신 안에 있는 것과 같이 그들도 하나가 되게 하소서"라고 기도하신다. 볼프는 이 기도를 해석하면서 다음과 같이 주장한다.

> 무엇 무엇과 같이할 때 이 "같이"(as: καθώς)는 동일성(identity)이라는 의미로 해석되기보다는 유사성(similarity)의 의미로 해석되어야 한다 ….[119] "아버지 당신이 내 안에 계시고 내가 당신 안에 있는 것 같이"라는 구절은 "그들도 서로 안에 있게 하소서"(may they also be *in one another*)로 이어지지 않고 오히려 "그들도 우리 안에 있게 하소서"(may they also be *in us*)로 이어진다. 인간은 아들이 그들 안에 계시는 한 삼위일체 하나님 안에 있을 수 있다(요 17:23; 14:20). 아들이 그들 안에 있으면 아버지께서 아들을 사랑하시는 그 사랑도 그들 안에 계신다(요 17:26).[120]

볼프는 "아들이 성령을 통하여 인간 안에 거하시기 때문에 교회의 일치는 성령의 내재성(interiority of the Spirit)에 근거하며, 또한 성령과 함께 그리스도인들 안에 있는 다른 위격들의 내재성에 근거한다"고 결론짓는다.[121] 따라서 인간의 페리코레틱 통합이 반드시 하나님의 페리코레틱 통합에서 나오는 것은 아니다. 오히려 교인들 안에 내주하시는 성령을 통해서 그들은 성령의 특별한 은사로 서로 봉사하기 위해 연합하는 것이다.[122]

이런 식으로 볼프는 성령을 중심으로 일치가 이루어지는 교회의 이상적

---

119 Ibid., 212.
120 Ibid., 213.
121 Ibid., 213.
122 Ibid., 217, 219.

인 모델을 제시한다. 교회는 "하나님의 새 창조를 기대하며 서로에게 그리고 세상에 봉사하도록 하나님의 영이 특정한 방식으로 부여한 여성과 남성의 공동체"이다.[123]

그러나 실제로 교회는 용서받은 죄인들의 공동체로서 깨진 관계에서 그들 자신이 야기한 내적 갈등 때문에 종종 고통받는 것을 목격할 수 있다. 오늘날 많은 교회는 내적으로 그들의 파괴된 관계를 회복하고 갈등을 해소하며 필요를 충족하기 위해 엄청난 양의 에너지를 소비한다. 결과적으로 그들은 침체하고 무기력해져서 하나님의 새 창조를 기대하며 세상에 다가갈 수 없게 된다. 특별히 수십 년 간의 이민 목회를 통해 인간은 죄의 영향을 받고, 하나님 형상으로(*imago Dei*) 온전히 회복 받는 것은 종말론적 현실(an eschatological reality)이라는 점을 실감한다.

교회는 종말론적 현실을 향해 나아가는 도중(on its way)에 있다. 진정한 십자가 공동체는 십자가를 본받아(*imitatio crucis*) 다른 사람들과 지속해서 교류하도록 성령의 도우심과 인도하심을 받고 따르는 공동체이다. 타인과의 관계에서 끊임없는 사랑의 애씀(painstaking engagement of endless love)이 없으면 우리는 그들에게 어떠한 변화 no changes)도 어떠한 변혁도(no transformation)기대할 수 없다.

그러면 삼위일체적 교제가 남성과 여성의 섬김과 리더십에 있어서 창조적인 상호 파트너쉽으로 표현되는 그런 교회를 우리는 어떻게 세워나갈 수 있을까?

**첫째**, 사회적 삼위일체적 관점에서 기독교 리더십을 이해할 필요가 있다. 가부장적 구조에서 "리더십"이라는 용어는 종종 공동체 위에 군림하는 권위로 이해되었다. 반면에 구원의 경륜을 통해 보여지는 삼위일체적 교제를 모델로 삼는 리더십은 공동체 위에 군림하는 권위가 아니라 공동체를 위한, 공동체 내에서 행사되는 권위이다. 복음서에서 예수님은 주어진 종교적, 정치적 리더십을 지배력으로 알고 행사하는 사람들과 그런 체

---

123　Ibid., 231.

제를 전복시키려는 분으로 제시된다.

예수님은 그의 생애와 사역을 통해 고통당하는 자들과 공감하며 그들을 품으신다. 십자가의 죽음을 통해 그분은 인간 역사에 행해지는 불의에 대해 항의한다. 열린 식탁 교제(open table fellowship)를 통해 예수님은 세리, 창녀, 여자, 어린이, 이방인과 같은 지배 세력으로부터 배제된 사람들을 삼위일체적 교제로 초대하신다. 사역하시는 중, 예수님은 가장자리로 밀려난 소외 계층의 사람들을 지도자가 되도록 부르시고 권한을 부여하셨다.

예수님은 그의 리더십에서 권력은 몇몇 윗사람에게 소유된 것이 아니라 주변에 있는 사람들과 나눔으로써 그들과 함께 배가 되는 것임을 보여주셨다. 따라서 가부장적 리더십은 약자와 무력한 자들을 지배하지만, 사회적 삼위일체적 관점에서 정의된 십자가의 리더십은 힘없는 자들이 다른 사람들을 돕고 섬기는 지도자가 될 수 있도록 힘을 실어주고자 애쓴다.

삼위일체적 교제를 모델로 한 지도력의 관점에서, 한국과 북미에 있는 한인교회 지도력 구조 안에 존재하는 지배와 종속의 패턴을 살펴보려고 한다. 그렇게 함에 있어 우선 엘리자베스 피오렌자(Elisabeth Fiorenza)에 의해 재구성된 초기 교회의 여성 제자들의 삶과 사역을 검토하고 이어서 라쿠나(lacuna)의 패미니즘 신학에 대한 사회적 삼위일체적 관점을 검토하면서 어떤 점에서 교회의 리더십 구조가 개혁되어야 할 것인지 논의하려고 한다.

제1장에서 우리는 로마 세계의 초기 기독교 교회와[124] 한국의 초기 기독교 교회 사이의 아주 유사한 상황에 관해 논의하였다. 한국에서 제일 먼저 복음을 받아들인 사회계층은 약한 자들, 즉 여인들과 어린이들이었다. 한국 기독교 초기에 여성들은 교회 봉사뿐만 아니라 설교와 가르침에서도 지도력을 발휘하였다. 그러나 지적인 상류층 남성들이 교회에 들어오기 시작하면서 자연스럽게 여성에서 남성으로, 하층 남성에서 지적인 상류층 남성들로 지도력의 이동이 일어났다. 따라서 가부장적 교회 구조가 생겨났으며, 이 구조는 유교의 가부장적 가르침과 현저하게 유사한 성경의 가부장적 명

---

124　Fiorenza, *In Memory of Her*. 251–284.

령에 따라 강화되었다(엡 5:21-33; 골 3:18-4:1; 딤전 2:10-15; 딛 2:3-5).

피오렌자에 의해 재구성된 기독교 초기 교회의 여성 제자들의 삶과 사역을 통해, 우리는 기독교공동체에 가부장적 구조가 내재적이지 않다는 사실을 알게 되었다. 여성들도 예수님에 의해 동등한 제자(a discipleship of equals)로 부름을 받고 환영받았다.[125] 그러나 이미 제1장에서 논한 바와 같이, 바울 서신과 바울 후기 서신(post-Pauline epistles)의 가정 법규(the household codes)가 주변의 문화적 규범(surrounding cultural norms)에 대한 가부장적 반응으로 생겼으며, 결국 교회에는 종속의 질서(an order of subordination)가 확립되었다.[126]

흥미롭게 라쿠나는 사회적 삼위일체를 바탕으로 한 교회 리더십과 구조를 제안한다.[127] 몰트만 및 볼프와 마찬가지로 라쿠나는 내부적 삼위일체의 종속관계(inner-trinitarian subordination)와 아버지의 군주제(the monarchy of the Father)를 말하는 모든 형태의 이론을 거부한다. 그녀는 사회적 삼위일체의 관점을 통해 상보주의 신학(complementarian theologies)의 모든 남성중심적인 편견(androcentric biases)을 폭로한다.[128]

그녀에 따르면 삼위일체 하나님으로서의 예수의 아버지는 성별, 사회적 지위, 민족에 따라 차별하지 않는 관계적이며 인격적인 하나님이다.[129] 하나님께서는 예수님의 인격 안에서 "막힌 담"을 허시고(엡 2:11-22; 골 1:19-

---

125　Letty M. Russell, *Church in the Round*, 61. 러셀은 바울 서신을 통해 사도 바울이 여성을 자신의 선교 동역자로 확실하게 언급하고 있음을 밝힌다. 예를 들어, 동역자로서의 브리스가, 사도로서의 유니아, 자매로서의 압비아(롬 16:3,7)가 있다. 특히, 로마서 16장 1절에서 뵈뵈는 *diakonos*(목사, 선교사, 종에게 붙는)뿐만 아니라 *prostatis*(후견인)(지도자, 대통령, 총독, 감독관에 붙는)이라고도 불리운다. 러셀은 후기 교회의 집사 사역과 비교할 때 그들의 사역이 여성 사역이나 특정 역할이나 기능에 국한되지 않았다고 단언한다.

126　Fiorenza, *In Memory of Her*, 285-334.

127　LaCugna, *God for Us*, 267-70. See also LaCugna, "God in Communion with Us: The Trinity," 83-108.

128　Ibid., 267-270.

129　LaCugna, "God in Communion with Us: The Trinity," 85-91.

20), 남자와 여자, 유대인과 이방인, 노예와 자유인이 예수 안에서 하나가 되어 하나님의 새 가정에서 조화롭게 함께 살도록 부르셨다. 라쿠나에게 삼위일체 하나님에 관한 이러한 견해는 남성과 여성 교인들 간에 더 이상 구조적 차별이 없는 교회의 구조를 형성하기 위한 분명한 동기를 부여하는 것이다.

그녀는 교인들이 분리나 종속이나 분열 없이 서로 주고받으며 자기를 내어 주는 사랑의 관계를 이루며 살아갈 때 페리코레틱(perichoretic) 삼위일체의 아이콘(an icon of the Trinity)이 된다고 말한다.[130] 인간공동체는 "동등한 세 위격의 신성한 공동체"(divine community of three coequal Persons)를 반영해야 한다.[131] 따라서 동등한 상호성 안에서 신성한 사회성(the divine sociality)을 반영하는 평등주의적 교회에서는 여성들이 설교하고 성례식, 즉 세례와 성만찬을 집례하는 "그리스도의 대행자"(persona Christi)로서의 역할에서 제외되지 않는다.

국내 교회들과 북미의 한인교회들은 여성 안수에 관해 이전보다 훨씬 더 수용적으로 변했다. 그러나 일부 보수 교단은 여전히 보완주의 신학(the theology of complementarity)과 이러한 신학적 관점을 강화한 유교의 남성 우월주의 사상에 기초하여 여성 안수를 거부하고 있다.[132] 이 보완주의 신학은 해석학을 거부하고 상황에 따라 성경 본문이 문화적으로 영향을 받았다는 사실을 인정하지 않는 보수적인 목회자들에 의해 수용되고 선포된다.

이 보완주의 신학의 대부로 알려진 베르너 노이어(Werner Neuer)에 따르면, 여성은 완전한 하나님의 형상을 소유하고 있지만, 남성에게 복종하도록 창조되었다고 주장한다. 노이어는 남자가 여자의 말을 듣고 여자가 하라는 대로 복종한 결과로 인간 타락이 발생했다고 가르친다. 그는 또한 아

---

130  LaCugna, *God for Us*, 402.
131  Ibid., 278.
132  Neuer, *Man and Woman in Christian Perspective*, 34–41. See also LaCugna, "God in communion with us: The Trinity," 94–99. Cf. Maryanne Cline Horowitz, "Aristotle and Women," 183–213. See also Ruether, "Misogyny and Virginal Feminism in the Fathers of the Church," 150–183.

담이 그 여자의 이름을 "이브"라고 지었다는 사실이 이브보다 아담의 우월함을 증명한다고 주장한다(창 2:23).

노이어는 바울 서신의 몇몇 구절(예, 고전 2:3; 엡 5:12; 골 3:18; 디도 2:5)을 선택적으로 읽으며 아버지에 관한 아들의 관계와 비교하여 남성에 대한 여성의 종속을 강조한다.[133]

이 보완주의 신학에 대응하며 라쿠나는 타락의 결과로 여성이 남성에게 종속 된 것은 하나님께서 정하신 계획(God's divinely decreed plan)이 아님을 다음과 같이 정당하게 주장한다.

> 구속(Redemption)이란 남자와 여자, 유대인과 이방인, 자유인과 노예가 하나 되어 하나님의 새 가정을 이루며 함께 살게 하려는 하나님의 섭리적 계획이 그리스도 안에서 열매 맺고 완성되는 것을 의미한다. 교회는 여성, 노예나 어린이들 위에 군림하는 그릇된 가부장의 통치(the false rule of the pater)를 포함하여 세상의 모든 거짓 통치자가 폭로되고 전복되는 하나님 통치에 대한 가시적인 표징이자 증인이 되어야 한다.[134]

삼위일체의 교리에 관련하여 라쿠나는 또한 보완주의를 주장하는 신학자들이 역사적으로 교회가 성부와 성자 사이의 종속을 가르쳤던 아리우스의 핵심적 이단설을 근절하고 극복하려고 얼마나 애썼는지 모르기에 그런 주장을 할 수있다고 지적한다.[135] 그녀는 "삼위일체 교리는 남성과 여성의 완전한 평등을 지지할 뿐만 아니라 남자가 성부와 연계되고 여자가 성자와 연계되어야 한다는 본질적인 이유를 제공하지 않는다"고 결론을 내린다.

위에서 논한 바와 같이, 피오렌자가 말하는 "예수의 동등한 제자

---

133 Ibid., 112.
134 LaCugna, "God in Communion with Us: The Trinity," 98.
135 Arianism(아리우스파)에 반대하여 Athanasius(아다나시우스)와 Cappadocians(카파도키안들)은 아버지와 아들 사이의 모든 종속을 근절하기 위해 엄청난 투쟁을 해야했다.

도"(Jesus' discipleship of equals)와 라쿠나의 사회적 삼위일체 교리는 교회의 모든 조직과 활동에서 여성의 동등권을 당연시한다. 그러므로 여성 안수를 거부하는 보수 교단들은 더 이상 성경적으로나 신학적으로나 논쟁할 수 있는 근거를 잃게 된다. 그들에게는 여성에 관한 전통적 또는 문화적 관점만 남게 된다. 그러나 그것조차도 사회적 변화로 인해 중심점이 흔들리고 있다.

사회정치적 변화와 함께 평등과 협력이 강조되는 오늘날의 상황은 그들이 여성에 대해 가지고 있는 편견과 확실하게 상충한다. 그러므로 교회 리더십은 교인 간에 평등과 상호 호혜를 중시하는 사회적 삼위일체적 리더십 모델을 본받아 형성하는 것이 마땅하다.

이 모델에 따르면, 교회 리더십과 구조에서 지배와 종속의 패턴은 본래 기독교공동체에 내재한 것이 아니다. 예수님의 동등한 제자도(discipleship of equals)와 사회적 삼위일체 교리는 설교와 교회 의식과 의례를 포함하여 모든 사역에서 그리스도의 대행자 임무를 수행할 수 있는 여성의 동등권을 당연시한다.

또한, 모든 여성 신자도 각기 받은 은사대로 공동체를 세우기 위해 주어진 사명을 자유롭게 감당할 수 있음을 확인한다. 모든 여성에게도 그리스도의 대행자로서 봉사할 수 있다는 이 개념은 자연히 다음 주제로 이어진다.

어떻게 하면 교회가 하나님의 "생명-나눔"의 구체적인 표현으로써 이 세상에서 삼위일체적 교제를 실천하며 하나님의 자유롭게 하는 도구의 역할을 감당할 수 있을 것인가?

### 4) 공공의 차원에서 삼위일체적 교제의 실천: 선교

세 신성한 위격(the three divine persons)의 페리코레틱 관계는 교회의 선교가 어떠해야 하는지 그에 대한 기초가 된다. 페리코레시스 개념은 성부, 성자, 성령의 상호적인 자기-내어줌(self-giving)의 사랑으로 이루어지는 삼위일체적 교제를 의미한다. 그러나 삼위일체는 삼위끼리 만의 폐쇄적 집단(closed circle)이 아니다. 피조물과 자신을 자유롭게 나누길 원하시는 "개방적이고 환대하는"(open and inviting) 친교(communion)이다.[136]

칼 라너에 따르면, 예수 그리스도를 통해 계시된 신성한 세 위격의 독특한 관계(경륜적 삼위일체)는 하나님의 신성한 내적 삶(immanent Trinity: 내재적 삼위일체)의 모습을 계시해 준다.[137] 몰트만은 라너와 동의하며 "예수의 보고 알 수 있는 가시적인 역사와 그가 '나의 아버지'라고 부르신 하나님 사이의 관계는 영원 안에 성부와 성자의 관계와 일치하는 것"이라고 말한다.[138]

다시 말해서, 몰트만은 "외부로의 미션"(missio ad extra)은 "내부로의 미션"(missio ad intra)을 계시하며 내부로의 미션(the missio ad intra)은 외부로의 미션(the missio ad extra)을 위한 기초가 된다고 한다.[139]

이와 같은 몰트만의 주장을 받아들인 선교학자 펜샴은(Charles Fensham) "경륜적 삼위일체, 즉 세상을 향한 하나님의 사랑하시는 선교(the economic Trinity: God's loving mission to the world)가 우리에게 내재적 삼위일체, 즉 하나님 자신 안에 계시는 하나님(the immanent Trinity: God is in God-self)을 계시한다면 피조물에 관한 하나님의 관계 본질은 선교적이며(missional) 모든 사람을 사랑하는 다양한 공동체로 이끄는 것을 목표로 한다"고 주장한다.[140]

삼위일체 하나님이 피조물과 맺으신 선교적 관계에서 교회는 존재 이유를 찾는다. 교회는 세상에 생명을 주는 하나님의 도구(God's life-giving instrument)로 존재한다. 펜샴은 "교회는 하나님의 선교 전부(whole mission of God)가 아니라 피조 세계를 위해 생명을 주고(life-giving) 해방하는(liberating) 하나님의 선교에 동참하는 역할을 한다"고 주장한다.[141]

---

136  Moltmann, "The Inviting Unity of the Triune God," 87. See also Moltmann, *The Trinity in the Power of the Spirit*, 56.
137  Rahner, *Theological Investigations* IV, 87. See also Moltmann, *The Crucified God*, 240.
138  Moltmann, *The Church in the Power of the Spirit*, 54.
139  Ibid., 54.
140  Fensham, *Emerging from the Dark Age Ahead*, 17–18.
141  Ibid., 18.

그렇다면 선교는 창조 세계를 위한 삼위일체 하나님 자기 일이며 교회는 자유케 하시는 하나님의 선교(missio Dei)에 참여하는 특권을 누리는 것이다. 더 나아가 몰트만은 "교회는 이 세상에서 구원의 선교를 이루어야 할 주체가 아니다. 오히려 아버지를 통한 아들과 성령의 선교가 교회를 포함한다"고 단언한다.[142] 이런 점에서 교회는 선교의 주관자(the author of mission)로 간주될 수 없다. 선교의 주관자는 삼위일체 하나님이시다.

교회는 하나님 자신의 창조 세계를 다루시는 하나님의 역사에 참여하도록 부름을 받았다. 그러므로 선교적 교회가 되기 위해 우리는 하나님의 부름을 행사할 방법을 알아야 할 것이다. 몰트만은 우리에게 그의 저서인 『성령의 능력 안에 있는 교회』(The Church in the Power of the Spirit)에서 하나님의 교회가 하나님의 선교에 동참하는 방식을 보여준다.[143]

사랑의 교제(fellowship of love)로서 선교적 교회는 인류의 연합, 사회와 자연의 연합, 피조물과 하나님의 연합을 이루는 일에 참여한다. "십자가 아래 있는 교회"(the church under the cross)로서 교회는 하나님의 고난 역사에 참여한다.[144] 동시에 선교적 교회는 "하나님의 기쁨의 역사"(the history of the divine joy)에 참여한다. 즉, 교회는 회심하고 자유롭게 된 자들의 친교이기 때문에 회심과 해방이 일어날 때마다 하나님과 함께 기뻐한다.

이러한 선교적 교회의 특징 중에 저자는 특별히 "십자가 아래에 있는 교회"(the church under the cross)에 주목하여 이를 통해 여성들에게 선교에 관해 새롭게 인식하도록 도전하려고 한다. 한국 교회에는 선교를 "타 종교들을 이기는 기독교"(triumphing over the others)로 생각하는 승리주의(triumphalism)가 만연해 왔다."[145]

그러나 신약성경에서 교회는 종종 섬김으로 사명을 감당하는(마 20:28) 십자가의 공동체(롬 5:1-2; 고후 4:5-11)로 정의된다. 따라서 진정한 기독교

---

142 Moltmann, *The Church in the Power of the Spirit*, 64.
143 Ibid., 65.
144 Ibid., 65.
145 Fensham, *Emerging from the Dark Age Ahead*, 58.

선교의 뚜렷한 특징은 승리주의가 아니라 섬김, 겸손, 타인에 대한 존중이다. 십자가 신학의 대부로 알려진 캐나다의 신학자 더글라스 홀(Douglas Hall)은 참된 교회의 가장 현저한 특징은 고통받는 본성으로서 세상에서 십자가에 못 박힌 예수의 고통에 참여하는 것이라고 주장한다.[146]

펜샴(Fensham)은 오늘날 교회의 사도적 소명을 논의하면서 루터의 십자가 신학(Martin Luther's theology)을 적절하게 연관시킨다. 하이델베르크 논쟁에서(Heidelberg Disputation) 십자가의 신학을 말하는 루터는 하나님은 십자가의 아픔과 고통에서 계시가 된다고 주장한다. 이와는 대조적으로 "영광의 신학"(the theology of glory)은 인간의 성취와 능력을 바탕으로 하나님을 분별하고 의롭게 된다고 주장한다.

펜샴은 "하나님을 아는 지식에 관한 이 역설적인 특징은 고통과 겸손 속에서 가장 진실하게 존재하는 교회에 관한 이해로 확장될 수 있다"고 주장한다.[147] 이러한 선교적 교회의 특징을 감안할 때, 오늘날 권력과 특권을 추구하는 교회에 회개가 촉구된다. 더글라스 홀(Douglas Hall)은 예언자적 목소리로서 최초의 기독교 왕국(the first Christendom)에서 발생한 실존적 문제들을 오늘날의 교회에 접목하여 다음과 같이 질문한다.

> 십자군 정신을 따르는 기독교 보수주의자들이 오랫동안 갈망해온 승리를 이룰 미래가 아직도 기독교에 남아 있다고 생각하며 위로받는다면, 그들은 서구(북부)가 경험한 기독교 승리주의의 실제 역사를 재고해 볼 필요가 있다.
>
> 그들은 과연 기독교가 편협하고 권위주의적이며 폭력적인 종교가 되길 원하는가?
>
> 이라크뿐만 아니라 이슬람교와 이제 더 이상 특정 영토에 국한될 수 없는 다른 많은 종교와 언제든지 전쟁을 일으킬 준비가 되어있는 폭력적 종교가 되길 원하는가?
>
> 그들은 기본적으로 역사 및 언어 연구 때문에 정보를 얻지 않고 진화론과 같

---

146　Hall, *The Cross in Our Context*, 140.
147　Fensham, *Emerging from the Dark Age Ahead*, 64.

은 복잡한 현대 과학이론뿐만 아니라 현재 우리 일상생활의 기반이 되는 일반 과학도 무시하는 성서 문자주의(Biblicism)만을 고집하는 종교이길 정말로 원하는가?

그들은 게이와 레즈비언뿐만 아니라 이혼한 사람들을 지옥 불에 가두고 정신적으로 병든 사람들은 귀신 들린 자로 간주하는 그러한 도덕적 기풍을(moral ethos) 환영하려는가?[148]

홀은 다음과 같이 강력히 주장하며 결론을 짓는다.

한때 강력했지만, 지금은 축소된 서구교회는 우리 자신의 독특한 과거와 현재와 관련하여 우리의 미래를 개척해야 하며 더 이상 과거의 종교적 사고방식이나 교회와 사회의 형태로 되돌아가서는 안 된다.[149]

이와 같은 홀의 주장에 비추어 오늘날 교회들은 기독교 왕국(Christendom)이 보여주었던 권력과 명성을 추구하고 있는지 아니면 "십자가를 본받는"(imitatio crucis) 신실한 삶과 미션을 추구하고 있는지 자신에게 물어야 할 것이다. 승리주의가 만연한 오늘날의 교회는 십자가의 고난에 겸손히 참여함으로써만 가능해지는 회심과 구원의 역사를 추구하기보다 교인 숫자의 많음과 교회 건물의 웅장함에 더 큰 의미를 두고 그것을 자랑하는 세상의 가치관에 물들어 있지는 않은가 돌아보아야 할 것이다.

겸허한 섬김이 아닌 왕국을 이루려는 승리주의에 관한 열망은 종종 교회 간에 경쟁심과 라이벌 의식을 불러일으킨다. 더 좋은 시설과 다양한 프로그램을 갖춘 대형교회(mega-churches)는 더 많은 교인을 수용하기 위한 경쟁에서 항상 승리하게 마련이다. 그러한 경쟁과 라이벌 의식으로 인해 교회는 항상 분쟁 가운데 서로 협조하지 않는다는 세간으로부터의 평판과 비판을 받고 있다.

---

148　Hall, *The Cross in Our Context*, 164.
149　Ibid., 165.

교회의 승리주의는 또한 작은 교회들이 단순한 생존을 위해 고군분투하고 큰 고통을 겪게 하는 실정을 만들어냈다. 이런 상황 속에서 오늘날 교회는 구원의 역사에서 구체적으로 드러난 자기를 온전히 비우고 자기를 온전히 내어주는 삼위일체 하나님의 속성을 진지하게 받아들이고 실천에 옮겨야 할 것이다. 그렇게 함으로써 사도적 교회로서 십자가를 본받아 회심과 해방의 역사를 일으키며 많은 사람을 삼위일체적 교제로 인도하는 하나님의 선교(missio Dei)를 적극적으로 수행하게 될 것이다.

"십자가 아래 있는" 선교적 교회는 또한 모든 사람에게 "열린 교제"(open fellowship)를 특징으로 보여준다. 예수 그리스도는 그의 사역과 십자가 죽음에서 자기를 내어 주는 무한한 사랑을 통하여 삼위일체적 친교의 본질을 보여주셨다.

몰트만에 따르면, 예수 그리스도의 자기를 내어 주는 무한한 사랑은 "열린 우정"(open friendship)에서 가시적 형태를 취한다. 긍휼과 연대 속에서 예수님은 모든 사람에게 "열린 우정"을 베푸셨다. 특히, 사회의 끝자락으로 밀려난 사람들, 다시 말해, 죄인, 가난한 자, 소외된 자들에게 "열린 우정"을 베푸셨다.[150] 예수님은 그들에게 인간으로서 존엄성을 인정하시고 그들이 당하는 사회적 편견으로부터 해방해 주셨다. 이 "열린 우정"은 특히 복음서에서 보여주는 것처럼 사마리아 사람들을 향한 예수님의 태도에서 잘 드러난다.

그 당시 유대인이 사마리아인들에 대해 만연되어 있던 부정적인 태도와는 대조적으로(요 4; 요 8:48; 눅 17:11-19; 눅 17:11-19; 눅 10:29-37), 예수님은 "열린 우정"을 넓혀 나가는 방법으로 그들을 메시아 은혜의 향연으로 초대하시고 환영하신다. 사도 바울도 예수님의 본을 받아 그리스도의 새 공동체 안에는 유대인과 이방인의 차별이 없다고 강조한다(갈 3:26-29).

그는 그리스도께서 자기 삶과 사역과 죽음을 통해 유대인과 이방인 사이의 적대심이라는 분단의 벽을 허무셨다고 설명한다(엡 2:11-22). 그러므로 이방인과 유대인은 모두가 근본적으로 "타자"(other)를 향해 열려있고

---

**150**   Moltmann, *The Spirit of Life*, 256-258.

영접하시는 그리스도를 통해 동일한 하나님을 예배할 수 있어야 한다고 주장한다.

신약성경를 통해 우리는 예수님과 그를 따르는 사람들이 문화적 동질성을 특징으로 하는 일반적 공동체를 세우려고 하지 않고 오히려 서로의 차이점을 존중하고 상호 의존함으로써 모든 사람을 환대하는 "열린 우정"의 공동체를 세우려고 했다는 것을 알 수 있다.

저자는 오랜 이민 목회를 통해서 "열린 우정"이라는 개념이 이민자들의 신앙 태도에 큰 도전을 준다고 생각한다. 그러나 서로의 다름을 존중하고 수용하는 "열린 우정"이라는 이 개념은 이민자들에게만 아니라 오늘날 국내의 기독교인들에게도 많은 도전이 되는 개념이다. 우선적으로, 이민자로서 살다 보면 언어적 문화적 소외로 인해 무의식적으로 그들 안에 "우리 끼리만"(us) 이라는 사고방식(mentality)이 형성됨을 경험한다.

또한, 국내에서는 외국인들을 향한 또는 나와 다른 배경을 가진 사람들을 향한 배타적인 사고와 자세를 가지고 사는 사람들이 있다. 우선 "우리 끼리만"의 사고방식("us" mentality)은 이민자의 대다수가 언어 장벽으로 인해 다른 문화와 언어권에 속한 사람들에게 다가가지 못하는 데서 발생한다. 따라서 그들은 함께하기에 편한 동류끼리만 연합하고 믿음을 행사하는 경향이 많다. 그들의 우정의 한계가 오직 사회적 지위, 성별, 민족, 종교적으로 그들과 유사한 사람들에게 국한되는 것이다.

반면에 국내에서는 많은 외국인이 유입되고 있다. 이런 상황에서 그들을 향한 배타적인 태도는 북미에 정착하여 사는 이민자들이 가지는 "우리 끼리만"의 사고방식과 다르다. 국내의 경우, 외국인을 향한 또는 나와 다른 사람들을 향한 배타적인 태도는 주로 가진 자로서 또는 누리는 자가 그렇지 못한 자들을 향한 차별 또는 멸시에서 오는 것이다.

"열린 우정"은 모든 사람이 하나님의 피조물로서 사랑받아야 하는 존재이며, 인간은 홀로 살 수 없고 상호-관계 속에서 다른 사람들과 더불어 살도록 창조되었다는 진리를 온전히 인식하게 한다. "열린 우정"을 실천하기 위해서, 기독교인들은 그들이 처한 상황과 사회적 문화적 배경을 막론하고 오늘날 인류가 함께 당면한 세계 평화의 부재, 생태 문제, 빈곤, 공중보건, 인종차별주의, 성차별주의와 같은 다양한 지구상의 문제들을 더욱 새롭게 인식하고 대처하는 데 적극적이어야 할 것이다.

또한, 인류와 피조세계를 위한 환경 문제를 해결하기 위해서 민족, 문화, 종교적 차이를 초월하여 함께 연합하고 능동적으로 협력하는 태도로 변해야 할 것이다.

일반적으로 선교(mission)에 관해 이야기할 때 우리는 마태복음 28장 19절의 대강령에 따라 모든 나라들과 백성을 복음화하는 공간적 의미로 이해한다. 그러나, 선교를 사회적 삼위일체의 관점에서 이해하면 선교에 대한 스펙트럼이 훨씬 더 확장된다.

사회적 삼위일체의 관점에서 이해하는 선교는 문화 간(inter-cultural) 그리고 인종 간(inter-racial) 차원을 포함할 뿐만 아니라 세대 간(inter-generational) 차원도 포함한다. 이미 언급한 것처럼, 몰트만은 삼위일체를 하나님이 모든 피조물과 자유롭게 나누고자 하는 "개방적이며 환대하는"(open and inviting) 친교라고 정의하였다.[151]

하나님의 창조는 모든 나라와 민족들 그리고 동식물 모두를 포함할 뿐만 아니라 시간적으로 다음 세대(the generations to come)도 포함해야 한다. 그러므로 삼위일체 하나님은 다음 세대와 교제하기를 갈망하신다는 점을 부각할 필요가 있다. 페리코레틱 교제의 온전한 회복을 기다리는 종말론적 비전은 다음 세대를 포용하는 것이다. 이 비전을 구현하기 위해 우리는 공간적 차원에서 다른 민족들과 나라들에 파송되었을 뿐만 아니라 시간적 차원에서 우리의 가까운 미래인 다음 세대에게 파송되었음을 알아야 한다.[152]

---

151 Moltmann, "The Inviting Unity of the Triune God," 87.

152 차영지 운동이라 불리는 Spiritual Leaders for the Next Generation movement(차세대 영적 지도자 운동)은 2003년도에 캐나다 토론토에 자리한 토론토 말씀의 교회를 개척하고 지금까지 담임 목회를 하고 있는 허천회 목사가 시작한 이래로 한국과 북미와 세계로 뻗어나가고 있다. 그는 이 운동이 점점 기독교가 침체되어가고 있는 현시대에 지역 교회가 영적으로 각성하고 미래를 위해 다음 세대를 영적 지도자로 양성하는 일에 헌신하게 하는 운동이다. 그뿐만 아니라 풍요로움

다음 세대를 향한 선교는 모든 하나님의 창조와 더불어 페리코레틱 교제를 회복하려는 하나님의 갈망에 기초한다. 페리코레틱 교제의 회복은 부모와 자녀가 함께 한 마음으로 하나님을 섬기는 것에서 나타난다(말 4:5-6). 사도행전 2장을 통해 우리는 성령께서 어떻게 유대인과 이방인을 그리고 젊은이와 늙은이를 하나님 안에서 한 가족 되게 하셨는지 알 수 있다. 사도 베드로는 이 사건을 요엘 선지자의 예언, 즉 하나님이 성령을 "만민" 위에 부어주시고 그들의 아들들과 딸들이 예언할 것이라는 말씀이 성취된 것이라고 해석한다(욜 2:28-32).

북미의 이민 교회뿐만 아니라 국내의 교회들은 복음을 듣지 못한 종족들과 나라들을 향한 공간적 선교를 강조해 왔지만, 다음 세대의 복음화를 위한 시간적 선교는 경시해 온 경향이 있다. 예를 들자면, 북미의 한인 이민 교회들은 한인 해외 선교 운동(the Korean overseas missionary movement)에 열심히 관여해 왔다.[153]

이 운동은 영어를 구사하는 한-북미 2세들을 중심으로 해마다 "지킴" 축제(GKYM: Global Korean Young Adult Mission festival)를 개최하는데 이천여 명의 젊은이가 참석한다. 많은 2세 젊은이가 전문가가 되어 아프리카나 아시아의 개발도상 국가에 가서 복음을 전파할 뿐만 아니라 그들의 전문 지식과 기술을 가지고 돕겠다는 희망과 의지를 다짐한다.

한인 이민 교회 내에서 2세 젊은이들은 종종 이방인에게 보내진 최초의 선교사인 사도 바울과 비교된다. 사도 바울은 로마 시민권 소유자이고 그

---

속에 화려함과 웅장함만을 추구하며 기독교의 본질인 십자가 정신을 잃어버린 대형교회에게 그리고 패배의식으로 복음의 능력을 잃어버린 작은 교회에게 예수 그리스도의 삶과 십자가와 부활 사건으로 작게 시작하여 사도들에 의해 전파된 복음의 능력을 회복하고 다시금 미래를 향해 헌신하도록 하는 운동이기도 하다. 여기에서 저자는 다음 세대를 포용하는 차원의 삼위일체적 페리코레틱 친교를 바탕으로 새로운 관점에서 차영지 운동의 신학적 기초를 제안하는 것이다.

[153] GKYM(Global Korean Young Adult Mission) 페스티벌은 북미 한인 청년 2세들이 "세계의 미전도 종족에게 다가가기 위한 선교적 과업을 완수"하도록 격려하는 영어권 선교 운동입니다.
See *International Bulletin of Missionary Research*, 36.3(July 2012), 142.

리스어를 구사할 수 있었기 때문에 헬라권 선교를 할 수 있었다. 마찬가지로, 북미의 한인 청년들은 캐나다 혹은 미국 시민으로서 해외 선교에 적극적으로 참여할 수 있는 유리한 여건이 주어진다.

그러나 북미 상황에서 오랫동안 목회해 온 저자는 다음 세대를 품지 못하면서 공간적인 선교에 모든 에너지를 사용하는 현실에 고민하지 않을 수 없다. 왜냐하면, 우리에게 가장 절실한 선교적 과제는 세대 간의 페리코레틱 교제를 회복하는 것임을 누구보다 절실하게 감지하고 있기 때문이다. 오늘날 포스트모던(postmodern), 포스트 크리스텐덤(post-Christendom) 시대를 사는 많은 젊은이가 교회를 떠나고 있다. 국내에서도 예외는 아니다. 국내의 교회들이 위기에 처해 있다. 어린이 주일학교와 청소년 그룹이 없는 교회들이 허다하다. 이러한 교회의 노령화는 시간적 선교의 필요성을 절감하게 만든다.

이러한 현실에서 오늘날의 크리스쳔 여성(남성 포함)들은 반드시 다음 세대로 보냄을 받은 선교사라는 소명 의식을 가져야 한다. 미래로 파송하는 이 시간적 선교는 "관계적 실천"(relational praxis)의 형태로 수행될 수 있다.[154] 전통적으로 북미의 이민 교회들은 부모와 자녀 간에 언어가 다른 점과 청소년들은 부모들에 의해 간섭받고 싶어 하지 않는다는 통념 때문에 청소년 사역과 장년 사역을 나누어 진행해 왔다. 결과적으로 세대 간에 영적 소통이 단절되는 결과가 초래되었다. 세대 간의 영적 소통을 회복하기 위해서 기성 세대와 다음 세대 간에 관계적 실천을 장려해야 한다.

세대 간의 영적 소통을 위해서 삼대가 함께하는 예배의 장을 펼치고 자녀와 부모가 함께 참여할 기회를 만들어야 한다. 부활절, 감사절, 성탄절과 같은 절기 예배와 선교사 파송 예배, 창립 예배와 같은 특별 예배에는 삼대가 함께하는 예배로 드린다.

언어 장벽의 불편함을 최소화하기 위해 찬양할 때나 기도할 때 이중 언어로 진행하여 각자가 편리한 언어로 할 수 있도록 편의를 제공한다. 그러

---

154  저자는 1세대와 2세대가 다양한 교회 활동에 함께 참여하여 관계를 맺으며 세대 간 접촉을 더 많이 하게 하는 "관계적 실천"(relational praxis)를 제안한다.

나 반드시 한국어로 진행해야 할 때는 영어 자막을 띄워주고 영어로 해야 할 때 한국어 자막을 띄워준다. 설교는 동시통역을 제공한다. 이런 노력은 결코 쉽지 않다. 많은 인적 자원과 편의 시설이 요구된다. 그러나 세대 간의 관계 회복과 영적 흐름을 회복하기 위해 반드시 실천해야 할 미션이다.

국내의 경우에는 언어 장벽이 없으므로 삼대를 아우르는 예배를 준비하는 것이 이민 교회보다 훨씬 수월하다. 그러나 선호하는 찬양이 다르고 예배 스타일이 다르므로 "절충의 기술"을 발휘하여 모두가 소통하는 예배 의식을 창출하고 실행할 필요가 있다.

"관계적 실천"은 단기 미션이나 특별활동에 부모 세대의 적극적인 참여를 장려한다. 재정적 후원만으로 책임을 다했다고 생각하지 말고 직접 함께 참여하는 것이 중요하다. 이처럼 "관계적 실천"(relational praxis)을 통해 성령의 역사가 부모로부터 자녀들에게, 자녀로부터 부모에게, 그리고 지도자로부터 평신도에게, 평신도로부터 지도자에게 흐르도록 해야 한다. "관계적 실천"은 세대 간의 상호이해를 증진하게 시켜 줄 것이며 모두에게 동일한 하나님 가족의 일원이라는 소속감을 강화해 줄 것이다.

건전한 선교는 "서로에게 열려있고, 서로와 나누며, 서로를 존중하는" 삼위일체적 페리코레틱 교제의 본질 위에 기초한다.[155] 하나님의 선교(*missio Dei*)는 삼위일체의 관계를 본받아(in the spirit of *analogia relationis*) 겸손한 태도로 이루어져야 한다는 것을 반드시 기억해야 한다. 삼위일체 하나님께서 결함이 많은 인간에게 관여하신 방식으로 선교에 참여해야 한다. 즉, 삼위일체 하나님은 우리를 치유하고 회복하고 변화시키기 위하여 사랑 안에서 자신을 내어 주며 자신을 비우심으로 삼위일체적 교제 안으로 인도하신다.

선교는 진공상태에서(in a vacuum) 이루어지지 않는다. 항상 다양한 민족, 문화 및 종교 배경을 가진 사람들 사이에서 이루어진다. 실제로 다문화, 다종교 환경에서 살아가는 오늘날의 여성(남성포함)들은 매일의 삶 속에서 다른 문화와 종교를 가진 사람들과 만난다. 더구나 많은 젊은이가 타 문화

---

[155] Moltmann, "'The Fellowship of the Holy Spirit': On Pneumatology," 57.

권이나 타 종교 배경을 가진 배우자를 만나 결혼하기도 한다.

이러한 현실 속에서 그리스도인들은 그들의 신앙을 지키면서 다른 종교 및 문화적 배경을 가진 사람들과 더불어 조화롭게 살려면 어떤 태도가 필요한지 고민해야 한다. 그런 의미에서 우리는 사회적 삼위일체적 관점에서 종교 간의 대화라는 주제를 두고 논의해야 할 것이다.

### 5) 공공의 차원에서 삼위일체적 교제의 실천: 종교 간의 대화

제1장에서 이미 언급한 것처럼, 근본주의자로 잘 알려진 박형룡 신학자는 "다른 종교는 잡초 또는 파괴되어야 할 적들"로 보았다.[156] 그리고 많은 한국 기독교인은 그의 가르침에 영향을 받았다. 이러한 종교적 견해는 그들이 종교적 제국주의(religious imperialism)와 오만(arrogance)이라는 위험에 쉽게 빠져들게 만든다. 예를 들어, 2010년 10월 26일에 몇몇의 근본주의 기독교인이 봉은사라는 사찰 대강당에 들어가 예배를 드린 사건이 보도되었다.[157]

그 후에도 이와 유사한 사례가 TV에서 몇 건 더 보도되었다. 이슬람 국가들을 방문하던 한국인 관광객들이 무슬림들이 회개하고 그리스도께로 돌아오도록 기도하며 모스크를 도는 광경이 대중의 눈에 띄었다. 이러한 사건들은 사회적 문제로 번지게 되었고 대중들이 기독교인은 다른 종교에 대해 어떤 태도를 보이는 것이 좋으냐는 질문을 제기하게 했다. 이러한 사건들이 보여주는 기독교의 배타주의적 경향 때문에 한국의 비기독교인들은 기독교를 자신들의 전통문화와 충돌하는 이방 종교, 오만과 지배의 종교로 오해하는 경우가 많다.[158]

따라서, 오늘날 다원주의, 다문화로 변해가는 사회에서 살아가는 국내

---

156 이미 제1장에서 언급된 바와 같이 박형룡의 신학적 입장이 한국 기독교인들에게 미친 영향에 대해 논의했다. 오늘날에도 그의 신학은 지배적인 보수 개신교 교회들 사이에 매우 우세하다.

157 www.ohmynews.com. "Bong Eun Sa…," Oct. 26, 2010.

158 Park, *Christianity and Encounter of Asian Religions*, 125–126.

인들과 이미 그런 사회에서 살아가는 북미의 한인 이민자들에게 타 종교를 향해 어떤 태도를 보여야 할 것인가에 대한 길잡이가 될 수 있는 적절한 기독교 신학이 절실히 요청된다.

사회적 삼위일체의 측면에서 본 십자가 신학은 다른 문화와 종교를 가진 사람들에게 취해야 할 태도에 대해 어떤 지침을 주는가?

종교 간의 대화에 대한 목적을 논의할 때, 몰트만은 "직접적인 대화"와 "간접적인 대화"로 구분한다.[159] 그에 따르면, "직접적인 대화"는 각 종교가 가지는 초월성과 구원관, 인류와 자연에 대한 이해가 어떻게 대립하고 비교되는지를 다룬다. 여기에서 기독교는 삼위일체 하나님, 십자가 신학, 구원론, 종말론을 가지고 나온다. 같은 방식으로, 다른 종교도 그들이 믿고 주장하는 특유의 신념들(faith claims)을 내놓는다.

각자는 그들의 신념에 대해 진지해야 한다. 그러나 "직접적인" 종교 간 대화의 목표는 서로 다른 종교 간의 일반적인 합의(general consensus)에 도달하려는 것이 아니라 오늘날 상황에서 우리의 사랑과 관심을 구체적으로 표현하려는 것이다. 몰트만에 따르면 종교 간 대화를 하다 보면 자신의 종교가 어느 점에서 생명에 대해 적대적이며 세상을 파괴하는 폭력적인 힘을 품고 있는지 발견하게 되고 또한 생명을 긍정하고 세상을 보존하기 위해 어떤 변화가 필요한지를 알게 된다.[160]

그러나 세계 종교들이 "직접 대화"를 통해 서로 평화를 이루고 세계 평화에 이바지할 수 있는지는 늘 의문이다. 따라서 몰트만은 "종교 간 대화는 현대 세계의 이데올로기와의 대화를 통해 확장되어야 한다. 궁극적으로 오늘날 이 세상에 살면서 고통받고 죽어가는 사람들과 연계해야 한다."라고 주장한다.[161] 몰트만은 이러한 종교 간 대화의 실용적인(pragmatic) 측면을 "간접적 대화"(indirect dialogue)로 분류한다. "간접적 대화"는 대화 속에서 자신들의 종교적 신념에 대해 직접적으로 이야기 하지 않는다. 다만,

---

159　Moltmann, *Experiences in Theology*, 20.
160　Ibid., 21.
161　Moltmann, *The Church in the Power of the Spirit*, 162.

지역적 또는 글로벌 수준에서 사회적 문제와 환경 문제를 포함하는 공통 관심사에 대해 이야기한다.

종교 간 대화의 태도와 관련하여 몰트만은 "대화가 가능하다는 것은 대화할 가치가 있다는 것을 의미한다"(To be capable of dialogue means to merit dialogue)고 주장한다.[162] 종교 간의 대화를 할 수만 있다면 하는 것이 좋다는 것을 의미할 것이다. 그러나 종교 간 대화가 이루어지려면 오직 확신에 찬 기독교인, 유대인, 무슬림, 그리고 다른 종교인만이 대화에 들어갈 수 있다.

따라서 다문화 사회의 상대주의(the relativism of the multicultural society)에 빠진 사람은 대화할 가치가 없다. 다른 종교의 대표자들은 오직 자신이 무엇을 믿는지에 대한 확신이 선 기독교인, 유대인, 무슬림 그리고 기타 종교인에게만 관심이 있다. 왜냐하면, 그런 사람만이 진지하게 종교 간 대화에 임하기 때문이다.

따라서 몰트만은 다원주의를 거부한다. 그는 "다원주의는 소위 종교가 아니다. 종교 간 대화에 특별히 도움이 되는 이론도 아니다. 상대주의에 빠진 사람은 더 이상 할 말이 없고 아무도 그의 말을 계속 듣지 않을 것으로 주장한다."[163]

몰트만은 그의 저서 『성령의 능력 안에 있는 교회』(The Church in the Power of the Spirit)와 『신학 방법론의 구조와 특성』(Experiences in Theology)에서 종교 간 대화라는 주제를 다루지만, 다원주의가 종교 간 대화에 도움이 되는 이론이 아니라는 그의 주장에 대한 신학적 변론을 제공하지 않는다. 그는 사회적 삼위일체에 관한 그의 이해를 바탕으로 종교 간 대화의 당위성을 신학적으로 발전하지 않는다. 다만 몰트만은 『성령의 능력 안에 있는 교회』(The Church in the Power of the Spirit)에서 우리가 "하나님에 관한 깊은 이해부터" 다른 신앙을 가진 사람들과 대화를 시작해야 한다고 간단히 언급

---

162  Moltmann, *Experiences in Theology*, 18.
163  Ibid., 19.

한다.<sup>164</sup>

그는 인류에 관한 하나님의 개방성, 하나님의 열정, 하나님의 취약성(God's vulnerability), 약함 속에 있는 하나님의 능력(God's power in weakness)이라는 측면에서 "하나님에 대한 이해의 깊이"를 자세히 설명한다. 몰트만은 "아들의 무력함을 통해 세상에서 권능을 얻으시고, 자신을 내어 주심으로 해방하시고, 약함 가운데 강하신 하나님에 관해서 대화로 그리고 대화가 가져오는 상처들과 변화들로만 증거될 수 있다"라고 서술한다.[165]

위에서 언급한 그의 저서 중 어디에서도 몰트만은 페리코레시스의 개념을 종교 간 대화에 대한 그의 논의에 연관하지 않는다. 그뿐만 아니라 기독교 신앙과 신학에서 그리스도의 십자가를 탈중심화하는(decenter) 다원주의 신학자들과도 대화하지 않는다.

다원주의 신학자들은 "예수를 하나님의 성육신으로 보며 그를 유일하고 초월할 수 없는 분으로 묘사하는 "위로부터의 기독론"(high Christologies)의 그리스도 중심 신학은 종교 간의 화해에 방해가 된다"고 주장한다.[166] 다원주의 신학자들은 구원의 길이 하나만 있는 것이 아니라 여럿이 있다고 주장함으로써 기독교의 신앙에서 십자가의 탈중심화를 초래한다.[167] 이러한 다원주의 신학자들의 주장에 비추어 볼 때 십자가에 대한 사회적 삼위일체적 이해에서 종교 간 대화에 대한 올바른 태도를 도출해 낼 수 있을지 논의할 필요가 있다.

우리가 종교적 타자에 대해 오만함을 피하는 길은 우리의 진리 주장을

---

164 Moltmann, *The Church in the Power of the Spirit*, 161.
165 Ibid., 161.
166 Wells, *The Christic Center: Life Giving and Liberating*, 183.
167 Ibid., 201–210. 폴 니터(Paul Knitter)의 저서 『예수와 다른 이름들』(*Jesus and the Other Names*)에서 제시된 다원주의자의 입장을 비판함으로써 웰스는 예수 그리스도의 유일성과 최종성에 대한 좋은 논쟁을 제시하고 "다원주의자가 그리고 "예수의 다원적 탈중심화"(The pluralist decentering of Jesus)가 예수 그리스도의 유일성(uniqueness)과 최종성(finality)을 주장하는 입장보다 세계의 종교들을 더 존중하고 더 생명을 주고 더 해방시키는 것인지를 논한다.

상대화하거나 축소함으로써가 아니다. 오히려 종교 간의 대화를 위한 올바른 태도는 십자가에 대한 사회적 삼위일체적 이해에서 도출해 내야 한다고 본다. 선교학자인 펜샴(Fensham)은 "하나님 선교(the mission of God)의 대화적 성격(dialogical nature of God's mission)은 다양성 안에 하나님의 통일성(God's unity in diversity)을 인정하는 데서 강조된다"고 단언한다.[168]

그에 따르면, "페리코레시스는 삼위 간 상호 인정(mutual recognition)과 자기를 내어 주는 본성(self-giving nature of the persons of the Trinity)을 보여준다. 따라서 [페리코레시스는] 교회의 지속적이고 자기를 내어 주는 대화의 기반이 된다."[169] 페리코레시스의 개념은 삼위일체의 각 위격의 온전함(integrity)과 독특함(distinctiveness)을 보장하고 복수성이 삭제되지 않고 보존되는 특별한 단일성에 관해 묘사한다.[170]

삼위일체 안에서 상호내주가 완전히 이루어져도 각 위격의 무결성과 온전함이 여전히 확인되고 유지된다. 이러한 페리코레시스 개념이 종교 간 대화의 영역에 적용될 때, 그것은 보호되고 유지되어야 하는 각 종교의 특수성(particularity)을 보장하고 다양성 안에서 조화를 통해 공존을 허용한다. 그러므로 종교 간 대화는 다른 종교로 융합되거나 통합되는 것을 목표로 하지 않는다. 오히려 종교 간에 비교될 수 없는 특유한 요소(incommensurable elements)들이 존재한다는 사실을 인식한다.

이런 점에서 확실한 종교인들은 상대주의자(relativist)가 될 수 없다. 헤롤드 웰즈는 오늘날 다원주의적인 세상에서 살아가고 있는 많은 사람이 종교적 진리 주장을 진지하게 받아들이지 않는 경향이 많다고 서술한다.[171] "관용"(tolerance)이라는 이름으로 그들은 종종 깊고 열정적인 믿음을 은근히 약화한다. 그러므로 다원주의적 입장에서는 어떤 형태의 헌신도 기대할 수 없게 된다.

---

168  Fensham, *Emerging from the Dark Age Ahead*, 152.
169  Ibid., 152.
170  Volf, "The Trinity is Our Social Program," 409.
171  Wells, "The Holy Spirit and the Theology of the Cross," 482.

웰즈에 따르면 진리를 주장하는 사람들은 필연적으로 어느 정도는 배타적 일 수밖에 없다. 그렇다고 하여 독특한 또는 보편적 진리를 주장하는 것이 반드시 오만한 것은 아니다. 왜냐하면, 일반 사람들은 오만하다는 비난을 받지 않고 정치, 윤리, 미학 등의 분야에서 끊임없이 각자의 신념에 따라 소신껏 자기주장을 펴기 때문이다.[172] 우리는 우리의 진리를 주장해야 하지만 다른 사람들이 그것을 공유하지 않을 수도 있다는 것을 인정하고 그들이 다른 신앙을 진술을 할 수 있도록 허용하면서 겸손한 태도로 대하여야 한다.

우리의 진리 주장에서 반드시 인식해야 할 한가지 원칙은 "신학의 진리 주장은 보편적으로 그리고 과학적으로 증명될 수 있는 것이 아니라는 점이다. 즉, 우리는 하나님, 예수, 구원에 관해 믿음으로 말하고, 보는 것으로 말하지 않기 때문이다(고후 5:7)."[173]

지금까지 논의된 사항을 정리하자면, 우리가 삼위일체의 페리코레시스 개념을 종교 간 대화의 영역에 적용한다면 열렬한 기독교인이(ardent Christian) 종종 빠질 수 있는 종교적 오만과 종교적 제국주의에서 벗어날 수 있다고 본다. 삼위일체의 페리코레틱 교제를 바탕으로 우리는 종교 간 대화를 위한 몇 가지 원칙을 도출해 낼 수 있다.

**첫째**, 삼위일체 하나님의 페리코레틱 교제에 기초한 종교 간 대화는 하나의 통일된 종교(a single, unified religion)를 추구하지 않는다. 오히려 모든 것을 함께 혼합하려고 하기보다는 각 종교의 특수성의 고유함을 인정하고 존중한다.

**둘째**, 대화에 임하는 태도에 있어서는 삼위일체 하나님께서 십자가를 통해 보여주신 자기를 내어 주는 사랑과 겸손을 반영해야 한다.

펜샴은 "달리트"(저자 각주: Dalit는 전통적으로 인도에서 접촉 불가한 천민, 즉

---

172　Ibid., 483.
173　Ibid., 483.

untouchable로 간주 되는 집단) 신학자들처럼, 우리의 대화도 먼저 자기를 내어주고 자기를 비우신 하나님의 사랑을 반영하면서 가난한 자들과 소외된 자들의 말을 경청함으로 시작해야 한다고 주장한다.[174]

마지막으로, 우리는 성령의 보편적 역사 때문에 십자가에 못 박히신 그리스도에 관한 우리의 믿음을 굳게 고수하면서도 종교적인 "타자"에 관해 열린 마음을 가질 수 있다는 것이다.[175] 성경은 예수 그리스도의 아버지로

---

**174** Fensham, *Emerging from the Dark Age Ahead*, 70. For Dalit theology, see Geoffrey Lilburn's summary of the 2001 congress of Asian Theologians and his discussion of Wesley Ariarajah's contribution on inter-religious dialogue http://daga.dhs.org/daga/cca/ctc/ctc02-04/ctc0204b.htm(accessed October 7, 2004).

**175** Pinnock은 캐나다 출신의 선도적인 복음주의 신학자이다. 그는 "위로부터의 기독론"(high Christology)이 반드시 배타주의를 의미하는 것은 아니라고 주장함으로써 예수 그리스도의 유일성(uniqueness)을 주장한다. 그에 따르면 신학적으로 모든 민족에 대한 열린 태도의 기초는 삼위일체 하나님과 그의 선재적 은혜(prevenient grace)의 교리이다. 그리스도 안에서 "창조를 위한 하나님의 비밀스러운 계획이 드러났다." 그러므로 성육신은 "하나님의 보편적인 구원 의지에 대한 우리의 신뢰를 약화시키는 것이 아니라 오히려 굳게하고 강화한다." 나사렛 예수 안에서 성육신하신 로고스는 전 세계와 인류 역사 전체에 존재한다. See Pinnock, *A Wideness in God's Mercy*, 77. Pinnock은 또한 창조에서 성령의 역사를 인정함으로써 우리는 실제로 복음을 듣기 위해 마음을 준비시키는 일이 그리스도 안에서 복음이 성취되는 것과 정반대되는 것이 아닌 성령의 사역에 대한 보다 보편적인 관점을 허용하고 있는 것이라고 주장한다. 그는 "우리가 예수 안에서 만나는 것은 성령이 이전에 초대한 것들의 성취"라고 주장한다. See Pinnock, *Flame of Love: a Theology of the Holy Spirit*, 63. 종교에 대한 그의 성령론적 신학에 따르면, 종교는 하나님께 다가가려는 헛된 인간의 시도나 하나님에 대한 구원하는 지식에 대한 노골적인 장애물이 아니라 성령이 사용하는 하나님을 가리키는 포인터(pointers)이자 하나님과의 접촉 수단이 될 수 있다. See ibid., 203. Cf. D'Costa, *Meeting of Religions and the Trinity*, 128-132. 로마 가톨릭 신학자인 D'Costa는 그의 자서, *Meeting of Religions and the Trinity*에서 삼위일체의 외부를 향한 사역(the works of the Trinity *ad extra*)은 나누어지지 않으며, 다른 종교들 사이에 성령의 임재는 또한 삼위일체 하나님의 임재를 의미한다고 주장함으로써 종교의 삼위일체 신학을 옹호한다. 그는 또한 성경적 전통(특히 요한복음 14-16장의 *Paraclete*구절)에서 성령의 임재가 교회와 연결되어있으므로, 다른 종교에서 성령과 그에 따른 삼위일체 하나님의 임재는 일종의 교회의 임재를 의미

부터 보냄을 받은 하나님의 영의 보편성(The universality of the Spirit of God)이 십자가의 특수성을 포기하거나 십자가의 스캔달(the scandal of the cross)을 축소하지 않는다.[176] 웰즈가 주장하듯이, 성령의 보편적 임재는 하나님을 아는 인간의 자연적 능력을 확립하지는 못하지만, 다른 종교가 주장하는 진리에 관해 우리가 어떤 태도를 가져야 하는지에 관해서는 확실하게 답을 준다. 그는 다음과 같이 주장한다.

> 기독교인들이 그리스도의 영이라고 부르는 하나님의 영이 모든 창조 안에 그리고 모든 사람과 함께 존재하며 일하신다면, 우리는 많은 곳에서 진리와 지혜를 발견하기를 간절히 기대해야 할 것이다. 하나님의 영이 세상에 편재하다는 사실에는 매우 중대한 결과가 따른다. 출애굽과 부활의 주님의 임재는 언제나 축복과 진리를 위한 것이다. 따라서 우리는 하나님의 지혜가 유교, 도교, 무슬림에 무엇을 가르쳤는지 경청할 필요가 있다. 우리는 또한 많은 사회운동가 안에서 발견되는 정의에 대한 그들의 용기와 사랑을 보고 하나님께 감사한다. 우리는 그들 안에서도 미래를 향한 위험하지만 선경지명이 있는 추진력을 발견한다. 그들의 그런 태도는 역사 속에서 불어오는 하나님의 성령에 대한 참으로 진정한 "믿음"의 반응(an authentic "faith" response)이다.[177]

---

한다고 주장한다.
See also ibid., 117-127.

[176] Wells, "Holy Spirit and Theology of the Cross," 484-92. Wells는 여기서 우리가 성경에서 "하나님의 영"과 "성령"을 볼 때 우리는 특수성/보편성과 배타성/포괄성의 변증법을 발견한다고 주장한다. 그에 따르면 성령의 보편성에 비추어 볼 때, 십자가에 달리신 하나님의 어리석음이 바로 기독교인들이 다른 신앙을 가진 사람들과 믿음이 없는 사람들에게 쉽게 상처받을 수 있는 마음을 여는 태도를 보일 수 있게 하는 것이다 … 바로 세상의 구세주로 십자가에 못 박히신 그리스도에 대한 특수성과 배타주의적/보편주의적 믿음이 우리가 다른 사람들과의 만남에서 겸손한 태도로, 배우고 나누는 진정한 열정을 갖도록 인도할 수 있다." ibid., 491-492.

[177] Ibid., 490. 사회 정의와 자유를 위한 운동에서 역사하신 성령에 대한 토론을 보려면, see Comblin, *The Holy Spirit and Liberation*, 51-55.

이처럼 웰즈의 주장에 따르면 성령의 보편적 임재와 역사하심 때문에 우리는 다른 종교인에게서 어떤 지혜와 진리를 발견할 수 있기를 기대하면서 자신감과 열린 자세로 그들을 만날 수 있다는 것이다. 성령의 보편적 임재와 역사하심 때문에 우리는 종교가 생명에 적대적이고 세상을 파괴하는 세력을 어느 부분에서 품고 있는지 그리고 종교가 생명을 주고 해방하는 힘이 되기 위해서는 어떤 변화해야 하는지를 알기 위해 우리의 신앙에 대한 취약성을 인정함으로써 종교 간 대화에 참여할 수 있다는 것이다.

위에서 논한 바와 같이 십자가에서 절정에 이르는 사회적 삼위일체의 교제는 종교 간 대화에서 우리가 가져야 할 태도에 대한 원칙을 제공한다. 관대함(generosity)과 자유(freedom)로 삼위일체적 교제를 본보기로 삼고 우리는 종교적 타자의 말에 귀를 기우리고 그들의 다양한 신앙과 삶의 이야기를 나누면서 "열린 우정"(open friendship)의 태도를 취할 것이다. 그러나 우리의 진리 주장을 상대화하거나 축소화함으로써 다른 종교를 향한 열린 마음을 보이는 것이 아니다. 오히려 예수 그리스도의 십자가를 중심으로 한 신앙을 붙잡고 있으면서도 우리는 모든 사람 안에 성령께서 역사하시기 때문에 확신과 열린 마음으로 종교적인 타자를 자유와 확신 가운데 대할 수 있다. 창조에 관여하시는 삼위일체 하나님은 죽음을 통해 생명을 가져오시고 사랑을 통해 자유를 주시는 고통당하시는 하나님(suffering God)이시다. 이는 우리가 하나님의 형상(*imago Dei*)으로 종교적 타자를 향한 겸손과 환대의 태도로 대화적 관계를 맺는 것을 의미한다.

제4장에서 저자는 사회적 삼위일체적 십자가 신학이 그리스도인의 실천에 어떻게 기여하며 어떤 방법으로 우리의 삶과 관계 속에서 구현될 수 있는지에 관해 논의하였다. 따라서 이 마지막 장은 몰트만, 보프, 라쿠나와 같은 신학자들에 의해 제시된 사회적 삼위일체적 십자가 신학을 북미의 한인 이민 여성들의 삶의 장과 그들의 사회적 위치뿐만 아니라 변화하는 국내 상황에 비추어 재해석한 실천적 상황 신학이라고 할 수 있다.

저자는 십자가에서 구체적으로 드러난 삼위일체적 교제를 인간관계를 안내하는 관계의 유비(*analogia relationis*)로 제시하였다. 우리는 다른 사람들과의 다양한 관계에서 삼위일체의 페리코레틱 관계를 반영하도록 부름을 받았다. 그러나 삼위일체 하나님과 죄가 많고 유한한 인간 사이에 존재하는 넘을 수 없는 격차로 인해, 상호-호혜적 관계 속에서 온전히 서로에게 자신을 내어 주고받는 삼위일체적 교제가 악과 죄로 얼룩진 이 세상에서 단순하게 모방할 수 없다.

그러므로 북미에 사는 한인 여성들뿐만 아니라 국내 여성들 모두가 삼위일체 하나님의 고통당하시는 사랑과 관계성을 본받아 죄로 물든 세상을 변화시키는 일에 참여해야 한다. 그들이 사회적 지식뿐만 아니라 사회적 실천에서 가져야 할 태도는 십자가를 본받고(imitatio crucis) 삼위일체의 관계를 본받는(imitatio relationis) 것이다.

십자가와 삼위일체 관계(imitatio crucis and imitatio relationis)를 본받는다는 것은 삼위일체 하나님께 응답하게 하시는 성령의 역사 없이는 불가능하다. 그리스도의 십자가는 타자에게 자신을 내어 주는 사랑의 절정이며, 상호성(mutuality), 호혜성(reciprocity), 평등(equality), 관용(generosity)이라는 삼위일체적 친교의 본질을 드러내 준다. 이러한 삼위일체적 교제가 여성들의 개인적 삶과 공공의 차원에서 구체적인 방법으로 실천되어야 한다.

# 결론

본서는 다문화권 북미에 사는 한인 이민자 여성들과 다문화 사회로 변모해가는 상황을 맞이하는 국내 여성들에게 삼위일체적 교제를 반영하는 하나님의 형상(*imago Dei*)으로 살아가야 한다는 소명 의식을 확신하기 위해 정통적 실천(orthopraxy)의 신학적 근거를 제공하기 위한 의도로 집필되었다. 이러한 목적을 위해 세 가지 중점을 강조했다.

**첫째**, 적절한 십자가 신학은 현재 펼쳐지는 현실이 초래하는 도전과 우려를 충족시켜야 한다.

**둘째**, 십자가 신학은 여성 모두에게 생명을 주고 그들을 자유롭게 하는 신학으로 회복되어야 한다. 그런 차원에서 사회적 삼위일체적 십자가 신학은 그런 목적을 성취하기 위한 여성신학의 확장이라고 볼 수 있다.

**셋째**, 십자가에 관한 사회적 삼위일체적 접근을 통해 하나님의 본질이 서로를 위해 내어 주는 관계성, 상호성, 다양성 속에 단일성임을 나타내고자 했다.

상황과 무관한 신학은 있을 수 없다. 따라서 변화하고 있는 현실이 교회와 신학에 주는 도전에 대해 해결점을 제공하는 십자가 신학을 모색하기 위해 무엇보다도 먼저 여성들이 처하고 있는 삶의 장(*Sitz-im-Leben*)을 분석한 후, 다문화적 다원주의적 상황에서 겪는 삶의 경험은 각자가 십자가를 이해하는 데 지대한 영향을 미치고 있음을 분석했다.

여성들의 삶의 장을 분석하는 가운데 그들이 경험하는 다양한 세력의 역학 구조를 발견하고 모든 여성이 동일하게 "한"에 사무친(*han-ridden*) 동류(monolithic) 집단으로 취급될 수 없다는 점을 강조했다. 그러므로 이제는 여성을 남성에 대치되거나 지배권에 대치되는 이분법적 구조 안에 존재하는 희생자로 전제하는 신학을 세워서는 안 된다고 주장하였다.

이어서 북미라는 특별한 상황에서 여성들이 삶의 장에 따라 바라보는 십자가에 관한 해석이 달라질 수 있다는 점에 근거하여, 북미에서 태어난 또는 어릴 때부터 성장해 온 여성들은 성인이 되어 이민한 여성들과 기독교의 상징인 십자가를 어떻게 다른 시각으로 바라보는지에 관해 분석하였다. 성인이 되어 이민한 여성들은 기독교 신앙을 개인의 성공 수단으로 삼거나 천상과 다른 세계(heavenly and other worldly)를 향한 구원의 수단으로 삼는 경우가 많다.

반면에 북미의 다문화 사회에서 태어나고 양육 받은 여성들은 남녀 간, 인종 간, 그리고 문화 간에 평등, 상호성, 호혜성과 같은 가치를 중시하는 인간공동체를 구상할 수 있는 새로운 십자에 이해가 필요하다. 어떤 사회적 문화적 배경을 가지고 살든지 인간은 누구나 삶의 네트워크(a network of life) 속에서 존재하는 "세상에 던져진 존재들"(beings-in-the world) 로 인간관계에서 상호성과 호혜성의 중요성을 인식하게 하는 십자가 이해를 향해 나아가야 한다.

따라서 그들 모두가 지구상에서 성, 민족, 인종과 관계없이 서로 의존하고(inter-dependence), 서로 돕고(mutuality), 서로에게 유익한(reciprocity) 관계적 필요성을 충분히 인식하며 추구하는 삶으로 인도하는 십자가 신학의 회복이야말로 이 시대가 필요한 예언적 부르심(a prophetic call)이라 할 수 있다.

제2장에서는 기독교 신학과 전통에서 여성에 대한 생명을 주고 해방하는 사랑의 상징을 찾기 위해 두 가지 주요 쟁점을 중심으로 일부 페미니스트 신학자들의 신학적 입장을 연구하고 비판하였다.

**첫째**, 하나님에 관한 남성 중심적 언어(the male-centered language and symbolism of God)와 상징성이다.

**둘째**, 십자가와 하나님과의 관계(God's relation to the cross)이다.

하나님에 관한 배타적인 문자적 가부장적 언어가 남성 중심적 세계관과 같은 지배적인 사회 구조를 정당화하는 역할을 했다는 점을 발견하고 어느 한 이미지에 대한 과도한 강조를 상대화하기 위해 하나님이 남성적 그리고 여성적 은유와 이미지를 통해 자유롭게 표현될 필요가 있다고 주장했다. 하나님을 상징하는 어떤 것도 하나님의 초월성을 완전히 표현하지 못한다. 그러므로 예배나 기도에서 하나님이 남성적, 여성적, 인격적, 비-인격적 상징으로 다양하게 표현될 필요가 있다고 본다.

하나님에 관한 보다 포괄적인 표현과 개념의 필요성을 제시하면서 일부 페미니스트 신학자들이 신학과 전통 내에 존재하는 억압적인 신학 패턴을 폭로하려는 다양한 시도를 세 가지 범주로 나누어 평가했다.

**첫째**, 말씀이 남성의 몸을 입고 성육신하셨다는 것이다
**둘째**, 하나님을 아버지라 부르는 것이다.
**셋째**, 아버지-아들-성령으로 표현하는 삼위일체 언어이다.

말씀이 남성 예수로 성육신하신 사실이 여성에 대한 남성의 우월성을 합리화하는 데 사용된 경우가 있다. 엘리자베스 존슨의 신학적 논리에 따라 교리상으로 중요한 것은 예수의 남성성이 아니라 고통받는 인류 전체와 연대하는 예수의 인간애다. 사실, 남성으로 성육신하셔서 여자와 어린이들을 환영하신 하나님의 선택은 이 세상의 남성우월주의적인 가부장 제도에 도전하는 의도적이고 전복적인 선택이었다는 존슨의 주장은 사회적 관점에서 매우 설득력 있는 주장이라고 본다.

전통적으로 하나님을 아버지로 부르며 남성성을 강조해왔다. 이러한 신학적 입장은 예수님이 하나님을 아버지라고 부른 사실에 의해 뒷받침된다. 또한, 성부, 성자, 성령으로 표현되는 삼위일체 하나님을 남성으로 봐야 한다는 신학적 입장이 있다. 이에 반하여 일부 신학자들은 우선 성령을 여성으로 지정하거나 아버지-아들-성령을 여성도 남성도 아닌 다른 삼인조 이미지와 교체하려는 시도들이 있었다.

또한, 소피아의 관점에서 예수의 생애와 주권을 이해한 피오랜자와 존

슨의 소피아-삼위일체가 있다. 남성 지배체계를 강화하고 여성의 비인간화를 초래한 하나님에 대한 남성 중심적 표현의 약점을 극복하기 위한 그들의 신학적 시도를 높이 평가할 만하나, 가부장적, 남성주의적 사고방식과 체계를 야기시키는 근본적 문제는 단순히 언어보다 더욱 깊은 차원의 것이라고 본다.

라쿠나가 지적한 것처럼 예배학(liturgy)이나 신학에서 종교적 언어를 수정하면 언어에 함축된 배제에 대한 의식을 높일 수는 있지만, 즉시 모든 배타성(exclusiveness )이나 문자성(literalness)을 극복하지는 못한다. 이런 점에서 라쿠나와 동의하며 카파도키아의 페리코레시스 개념(Cappadocian concept of *perichoresis*)이 자족하는 아버지라는 가부장적 이상을 포함하는 생물학적, 문화적, 상식적 부성 개념을 포기하도록 기독교적 상상력에 도전을 줄 수 있음을 살펴보았다.

또한, 십자가를 여성에 대한 폄하와 억압의 상징으로 보는 조안 칼슨 브라운(Joanne Carlson Brown), 레베카 파커(Rebecca Parker), 드로레스 윌리암스(Delores Williams), 리타 나카시마 브로크(Rita Nakashima Brock)와 같은 일부 페미니스트 신학자들의 주장에 반대 입장을 펼쳤다. 그들은 십자가가 여성이 희생자로 살도록 장려할 뿐만 아니라 그들의 삶에서 고통과 억압에 순응하도록 부추긴다고 주장한다.

이에 반해 도로시 죌레는 그녀의 십자가에 대한 실존적 이해(her existential understanding of the cross)에서 십자가는 성부와 성자 하나님의 관계를 표현하는 상징도 아니고 고통을 요구하는 마조히즘적(masochistic) 하나님의 상징도 아니며 다만 십자가를 진정으로 따르는 사람들을 통해 어떻게 현실이 변화될 수 있는지에 대한 상징이라고 주장한다. 고난받는 자들을 대신하여 고난당하신 그리스도를 본받는 자들을 통해 현실이 바뀔 수 있다.

그러나 십자가에 대한 실존적 접근에 죌레는 삼위일체 하나님의 살아계시고 역사하심을 담아내지 못한다. 그녀는 그리스도의 임재를 인간의 참여에 국한한다. 죌레의 실존적 십자가 이해에는 변화시키고, 동기를 부여하고, 고통당하는 자들과 연대하도록 능력 주시는 성령의 역사에 대한 인식이 없다.

또한, 엘리자베스 존슨은 예수의 십자가가 세상의 고통에 대한 소피아-하나님의 참여를 구현하는 비유라고 생각한다. 십자가-부활의 변증법으로 그녀는 십자가에 달리신 예수는 버림받지 않고 부활하셨으며, 그의 부활은 죽은 모든 자와 우주 전체의 미래에 대한 하나님의 약속이 된다. 그것은 "샬롬의 승리는 전사이신 하나님의 칼이 아니라, 고통받는 이들과의 연대 안에서 그리고 이를 통해 자비로운 사랑의 놀라운 힘으로 얻어지기" 때문이라고 주장한다.[1]

존슨은 죄인을 용서하기 전에 피의 희생을 요구하는 진노의 아버지나 심판관으로 하나님을 묘사하는 속죄론에 항의한다. 속죄론의 이와 같은 하나님 이해가 잘못되었다는 존슨의 지적은 그릇되지 않다. 그러나 웰즈가 지적한 것처럼 존슨의 소피아 기독론은 그녀가 비판한 속죄론에 대한 대안을 제시하지 못한다는 약점이 있다.

예수님 속죄의 죽음을 새롭게 전유하기 위해서는 그리스도의 사역을 단순한 도덕적 모범이나 그리스도인의 삶의 모델로 축소해서는 안 되며 예수님의 죽음을 그분의 삶과 부활에 비추어 통합적으로 보아야 한다. 또한, 우리가 예수의 삶과 메시지를 떠나서 그의 죽음의 속죄의 측면에만 초점을 맞춘다면 우리는 하나님을 아들의 죽음을 요구할 만큼 명예에 집착하는 질투하는 하나님으로 제시하게 된다.

그러므로 예수의 죽음을 그의 삶이나 부활과 떼어 놓고 논의해서는 안 된다. 예수의 죽음은 그분의 생애와 메시지의 절정이다. 그분은 삶과 메시지에서 하나님의 근본적이고 포괄적인 사랑을 가난한 자와 사회적으로 소외된 자들, 여인들과 어린이들에게 확장하셨다. 예수의 부활은 그가 죽기 전에 행한 모든 일의 진정성을 하나님이 직접 입증하신 것이다.

예수의 대속적 죽음이 기독교의 전통과 신학의 중심에 자리 잡고 있으므로 알셀름(Anselm)이 그의 저서 『하나님은 왜 사람이 되셨는가』(*Cur Deus Homo*)에서 펼친 대속론을 자세히 검토하고 과연 일부 페미니스트 신학자들이 주장하는 것처럼 안셀름의 속죄론에 여성이 말없이 복종하는 희생자

---

1   Elizabeth A. Johnson, *She Who Is*, 159.

로 살도록 조장하는 부분이 있는지 살펴보았다.

그렇게 함으로써 안셀름의 속죄론이 일부 페미니스트 신학자들이 말하는 "신이 허락한 아동 학대"나 "여성 폄하"로 이어지지 않는다는 사실을 증명하였다. 그러나 안셀름의 속죄설이 오늘날 여성들에게 힘을 실어줄 수 있는지에 관해서는 생각해 볼 여지가 있다. 그것은 엔셀름의 속죄설이 비역사적이며(ahistorical) 윤리적인 면에 무관하며(a-ethical), 역사 밖에서 거래되며(positing transaction outside of history), 예수의 삶과 사역을 제외하고 죽음만을 연관시킴으로써 사회-정치적 차원이 없기 때문이다. 또한, 정적이고 위계적인 중세 세계관에 기초하여 오늘날 다문화 세계에서 여성들이 직면한 도전이나 고민과 관련하여 제한적이고 부적절하다고 결론을 지었다.

마지막으로 오늘날 여성들에게 전개되는 현실에 대한 도전이나 우려를 충족시킬 수 있는 십자가 신학을 찾기 위해 몰트만의 사회적 삼위일체적 십자가 이해가 페미니스트 십자가 신학의 자원으로서 도움을 줄 수 있는지 검토하고 비판했다. 이 과정에서 우선 몰트만이 루터의 십자가 신학을 어떻게 극복하려 하는지를 논하였다.

루터는 "속성의 교류"(a communication of attributes, *communicatio idiomatum*)를 확증함으로써 그리스도의 버림받으심(godforsakenness of Christ)에서 하나님을 생각하고, 십자가의 고통과 죽음을 그리스도의 신격과 인격(the divine-human person of Christ)에 돌리는 것을 가능하게 만들었다. 몰트만은 예수의 인성과 신성을 강조하는 루터의 기독론이 성자의 고난을 성부와 성령과 관련된 관계 안에서 설명하지 않고 생략한다고 비판한다. 따라서 몰트만은 십자가를 삼위일체 사건으로 제안한다.

십자가를 사회적 삼위일체적 관점에서 바라봄으로써 해방과 생명을 주는 기독교 신앙의 기본적 상징으로서의 십자가 신학을 회복할 수 있다. 고 십자가에 대한 사회적 삼위일체적 접근은 삼위일체에 여성성을 더하지 않는다. 그러나 이 접근은 하나님의 본질이 관계성, 성호성과 다양성 속의 단일성에 있음을 드러내기 때문에 페미니즘적 접근이다.

몰트만은 페리코레시스 개념을 사용하여 성부, 성자, 성령의 상호침투와 내주하심이 삼위의 끊임없이 자신을 내어 주는 행위에서 발생한다 설명한다. 삼위일체 하나님은 하나님 자신의 피조 세계와 교제를 갈망하는 "열린 삼위일체"(open Trinity)로서 다른 사람과의 관계에서 페리코레틱 사랑을 모방함으로써 삼위일체적 교제에 참여하도록 우리를 부르신다.

사회적 삼위일체적 실천(social trinitarian praxis)은 우리의 상호연결성을 인식하고 성별, 민족, 인종과 관계없이 상호의존의 필요성을 포용한다. 십자가에 대한 사회적 삼위일체적 이해는 예수의 탄생부터 부활까지의 수난을 포괄하며, 소외되고 희생당하고 인간으로서 대우받지 못하는 사람들과 연대하여 고통을 겪으시는 열정적인 사랑의 하나님으로 드러내 준다. 그러므로 십자가에 대한 사회적 삼위일체 이해는 남성의 지배와 여성의 비인간화를 허락하는 하나님에 대한 전통적 신 묘사를 무효로 한다. 결과적으로, 십자가에 대한 사회적 삼위일체적 접근은 여성의 존엄성과 가치를 회복시키고 다른 사람들과의 상호적, 호혜적 관계 속에서 살아가라는 도전을 준다.

마지막 장에서는 다 문화권에서 살아가는 북미의 한인 여성들과 빠르게 다문화 다원주의 사회로 변해가는 국내 상황 속에 살아가는 여성들 모두를 위해 삼위일체적 십자가 신학이 제시하는 기독교적 실천은 어떤 것인지 논했다. 우리는 악과 죄로 얼룩진 이 세상에서 성령의 도우심을 통해 십자가와 삼위일체의 관계를 따라서(*imitatio crucis* and *imitatio relationis*) 삼위일체 하나님의 고통당하는 사랑을 실천해야 한다.

인간 교제의 사회적 삼위일체 모델을 바탕으로 남성과 여성이 성별, 인종, 민족과 관계없이 자유와 신뢰 속에서 다양한 은사를 사용하여 자기 잠재력을 실현하고 서로에게 봉사할 수 있는 포용적 사회를 구상하고 건설하는 데 참여하여야 한다.

또한, 십자가를 통해 보이는 사회적 삼위일체적 교제가 어떻게 교회의 리더십과 구조에서 개혁을 촉구하는지에 관해 논의했다. 사회적 삼위일체적 교제를 반영하는 기독교 교회는 교회의 구성원들 사이에서 성별, 인종, 나이와 관계없이 자기를 내어 주는 사랑과 우정으로 특징지어져야 한다. 사회적 삼위일체적 교제 때문에 형성되는 리더십은 다른 사람들이 리더가 되도록 동기를 유발하고 포용적이며 상호적이며 창의적이다.

끝으로 십자가에서 절정에 이르는 삼위일체적 교제는 선교와 종교 간 대화에 대한 새로운 이해를 갖도록 이바지한다. 선교에 관해서 사회적 삼위일체 관점에서 더 큰 스펙트럼의 선교를 제안하였다. 선교적 교회는 다음 세대를 포함하며 하나님의 모든 창조 세계와 함께하는 하나님의 페리코레틱 교제를 회복하기 위해 하나님의 도구로써 하나님의 선교(missio Dei)에 참여한다.

그러므로, 선교의 개념에 다음 세대와 미래를 품는 시간적 차원을 더해야 한다. 세계를 복음화하려는 공간적 선교는 차세대 영적 지도자들이 양육되지 않는 상태에서 지속될 수 없다. 기독교의 미래를 준비하고 예수님의 대강령을 계속해서 실천하기 위해 시간적 선교의 중요성을 강조했다.

또한, 종교 간 대화에 관련하여 삼위일체 하나님의 페리코레틱 교제에 기초한 종교 간 대화는 하나의 통일된 종교를 추구하지 않으며 가난하고 억압받는 사람들과 함께 연대하는 평화와 정의의 세계를 창조하기 위해 자기를 내어 주는 사랑의 태도로 대화를 열어 간다고 강조하였다.

결국, 십자가에 관한 사회적 삼위일체 이해와 실천을 통해 다민족 사회에서 살아가는 북미의 한인 여성들과 다민족, 다원주의 사회로 변해가는 상황을 맞이한 국내 여성 모두가 자긍심(self-respect)과 자존감(self-worth)을 회복할 것이다. 그리고 다양한 형태의 불의에 대한 불관용과 억압에 항의하면서 다른 사람들과 상호적이고 호혜적인 관계를 맺어가며 하나님의 형상(imago Dei)으로 살아갈 힘을 더욱 얻게 될 것이다.

# 참고 문헌

Abetz, Katherine. "Identity for Women: A Proposal for the Gendered *imago Dei* Based on 1 Corinthians 11:1–16." *Pacifica: Journal of the Melbourne College of Divinity* 23(2010) 15–34.

Adiprasetya, Joas. "Toward a Perchorietic Theology of Religions." ThD diss., Boston University, 2008.

Ahn, Byung-Mu. "Jesus and the Minjung in the Gospel of Mark." In *Minjung Theology*, edited by Yong-bok Kim, 138–54. Singapore: Commission on Theological Concerns, Christian Conference of Asia, 1981.

Althaus, Paul. *The Theology of Martin Luther*. Translated by Robert C. Schultz. Philadelphia: Fortress, 1966.

Aquinas, Thomas. *Summa Theologica*. 2 vols. Translated by Fathers of the English Dominican Province and revised by Daniel J. Sullivan. New York: Encyclopedia Britannica, 1952.

Armstrong, Hilary. "Negative Theology." *Downside Review* 95(1977), 176–89.

Ansell, Nik. "Annihilation of Hell and the Perfection of Freedom: Universal Salvation in the Theology of Jürgen Moltmann(1926–)." In *All Shall Be Well: Explorations in Universal Salvation and Christian Theology from Origen to Moltmann*, edited by Gregory MacDonald, 417–39. Eugene, OR: Cascade, 2011.

_____. "The Annihilation of Hell: Universal Salvation and the Redemption of Time in the Eschatology of Jürgen Moltmann." Thesis, Vrije Universiteit Amsterdam, 2005.

_____. *The Annihilation of Hell: Universal Salvation and the Redemption of Time in the Eschatology of Jürgen Moltmann*. Eugene, OR: Cascade, 2013.

Anselm, St. Cur Deus Homo. In *Basic Writings*, translated by S. W. Deane, 191–302. 2nd ed. La Salle, IL: Open Court, 1962.

Attfield, D. G. "Can God be Crucified? A Discussion of Jürgen Moltmann." *Scottish Journal of Theology* 30(1977) 47–57.

Augustine, Saint. *The City of God*. Translated by Marcus Dods. New York: Random House, 1950.

_____. *The Trinity*. Translated by Stephen McKenna. Washington, DC: Catholic University of America Press, 1963.

Aulen, Gustaf. *Christus Victor: An Historical Study of the Three Main Types of the Idea of Atonement*. Translated by A. G. Herbert. New York: Macmillan, 1961.

Baer, Richard. *Philo's Use of the Categories Male and Female*. Leiden: Brill, 1970.

Bainton, Roland. *Here I Stand: A Life of Martin Luther*. New York: Mentor, 1950.

Barth, Karl. *Church Dogmatics*. 14 vols. Edited by Geoffrey W. Bromiley and Thomas F. Torrance. Translated by G. W. Bromiley et al. Edinburgh: T. & T. Clark, 1956–69.

Bauckham, Richard. "Moltmann's Eschatology of the Cross." *Scottish Journal of Theology* 30(1977) 301–31.

_____. "Moltmann's Messianic Christology." *Scottish Journal of Theology* 44(1991) 519–31.

_____. "'Only Suffering of God Can Help': Divine Passibility in Modern Theology." *Themelios* 9(1984) 6–12.

_____. *The Theology of Jürgen Moltmann*. Edinburgh: T. & T. Clark, 1995. Baum, G. "From Solidarity to Resistance." In Intersecting Voices: Critical Theologies in a Land of Diversity, edited by D. Schweitzer and D. Simon, 49–66. Ottawa: Novalis, 2004.

Begalke, M. Vernon. "Luther's Anfechtungen: An Important Clue to His Pastoral Theology." *Consensus* 9(1983) 3–17.

Bidwell, Kevin J. *The Church as the Image of the Trinity: A Critical Evaluation of Miroslav Volf's Ecclesial Model*. Eugene, OR: Wipf & Stock, 2011.

Boff, Leonardo. *Church, Charism and Power: Liberation Theology and the Institutional Church*. New York: Crossroad, 1985.

_____. *The Maternal Face of God: The Feminine and Its Religious Expressions*. Translated by Robert Barr and John Dierckmeier. Maryknoll, NY: Orbis, 1987.

_____. *Passion of Christ, Passion of the World*. Maryknoll, NY: Orbis, 1987.

_____. "Trinitarian Community and Social Liberation." *Cross Currents*(Fall 1988) 289–308.

_____. "Trinity." In *Systematic Theology: Perspectives from Liberation Theology: Readings from Mysterium Liberationis*, edited by Ignacio Ellacuria and Jon Sobrino, 75–89. Maryknoll, NY: Orbis, 1993.

_____. *Trinity and Society*. Maryknoll, NY: Orbis, 1988.

Bonhoeffer, Dietrich. *Creation and Fall: A Theological Interpretation of Genesis 3*. Translated by J. C. Fletcher. London: SCM, 1959.

_____. *Letters and Papers from Prison*. Enlarged ed. London: SCM, 1971.

Bosch, David Jacobus. *Transforming Mission*. Maryknoll, NY: Orbis, 1991.

Braaten, C. E. "A Trinitarian Theology of the Cross." *Journal of Religion* 54(1976) 113–21.

Brecht, Martin. *Martin Luther: His Road to Reformation, 1483–1521*. Translated by James L. Schaaf. Philadelphia: Fortress, 1985.

Brock, Rita Nakashima. "And a Little Child Will Lead Us: Christology and Child Abuse." In *Christianity, Patriarchy and Abuse: A Feminist Critique*, edited by Joanne Carlson Brown and Carole R. Bohn, 42–61. New York: Pilgrim, 1989.

_____. *Journeys by Heart: A Christology of Erotic Power*. New York: Crossroad, 1988.

Brown, Colin. "Trinity and Incarnation: In Search of Contemporary Orthodoxy." *Ex Auditu* 7(1991), 82–104.

Brown, Hunter. "Anselm's Cur Deus Homo Revisited." *Eglise et Theologie* 25, no. 2(1994), 189–204.

Brown, Joanne Carlson, and Carole R. Bohn, eds. *Christianity, Patriarchy and Abuse: A Feminist Critique*. New York: Pilgrim, 1989.

Brown, Joanne Carlson, and Rebecca Parker. "For God so Loved the World?" In *Christianity, Patriarchy and Abuse: A Feminist Critique*, edited by Joanne C. Brown and Carole R. Bohn, 1–30. New York: Pilgrim, 1989.

Brown, Raymond. *The Gospel according to John*. New York: Doubleday, 1966.

Budapest, Zsusanna. *The Spiral Dance: The Rebirth of the Ancient Religion of the Great Goddess*. San Francisco: Harper & Row, 1979.

Bultmann, Rudolf. *Interpreting Faith for the Modern Era*. San Francisco: Collins, 1987.

Buxton, Graham. *The Trinity, Creation and Pastoral Ministry: Imaging the Perichoretic God*. Milton Keynes, UK: Paternoster, 2005.

Calvin, John. *Institutes of the Christian Religion*. Edited by John T. McNeill. Translated by Ford Lewis Battles. 2 vols. Library of Christian Classics 20–21. Philadelphia: Westminster, 1960.

Carr, Anne E. "The God Who Is Involved." *Theology Today* 38(1981) 314–28.

_____. "A New Vision of Feminist Theology: Method." In *Freeing Theology*, edited by Catherine Mowry LaCugna, 5–30. San Francisco: HarperCollins, 1993.

_____. Transforming Grace: Christian Tradition and Women's Experience. New

York: Harper & Row, 1988.

Castelo, Daniel. "Moltmann's Dismissal of Divine Impassibility: Warranted?" *Scottish Journal of Theology* 61(2008) 396–407.

Chai, Alice Yun. "Korean Women in Hawaii, 1903–1945: The Role of Methodism in Their Participation in the Korean Independence Movement." In *Women in New Worlds*, edited by H. F. Thomas and Rosemary Skinner Keller, 328–44. Nashville: Abingdon, 1981.

_____. "Women's History in Public: 'Picture Brides' of Hawaii." *Women's Studies Quarterly* 1–2(1998) 51–62.

Chapman, G. Clarke, Jr. "Hope and the Ethics of Formation: Moltmann as an Interpreter of Bonhoeffer." *Studies in Religion and Sciences* 12(1983) 449–60.

Chapman, Mark D. "The Social Doctrines of the Trinity: Some Problems." *Anglican Theological Review* 83(2001) 239–54.

Charry, Ellen T. "Is Christianity Good for Us?" In *Reclaiming Faith: Essays on Orthodoxy in the Episcopal Church and the Baltimore Declaration,* edited by Ephraim Radner and George R. Sumner, 225–46. Grand Rapids: Eerdmans, 1993.

Chemnitz, Martin. *The Two Natures in Christ*. Translated by J. A. O. Preus. St. Louis: Concordia, 1971.

Choi, Hee An. *Korean Women and God: Experiencing God in a Multi-religious Colonial Context.* Maryknoll, NY: Orbis, 2005.

Chong, Yo Sop. "Women's Social Status during the Yi Dynasty—from the view point of hope." *Journal of Asian Women* 12(Seoul: Suk-myong Women's University, 1973) 103–22.

Chopp, Rebecca S. The Praxis of Suffering. Maryknoll, NY: Orbis, 1986. *Christ, Carol P. Diving Deep and Surfacing: Women Writers on Spiritual Quest.* Boston: Beacon, 1980.

_____. "Why Women Need the Goddess: Phenomenological, Psychological and Political Reflections." In *Womanspirit Rising,* edited by Christ and Plaskow, 273–87. San Francisco: Harper, 1987.

Christ, Carol P., and Judith Plaskow, eds. *Womanspirit Rising: A Feminist Reader in Religion*. New York: Harper & Row, 1979.

Chung, David. *Religious Syncretism in Korean Society*. Ann Arbor: University Microfilm, 1960.

Chung, Hyun Kyung. "Han-Pu-Ri: Doing Theology from Korean Women's Perspective." In *Frontiers in Asia Christian Theology: Emerging Trends*, edited by R. S.

Sugirtharajah, 52–64. Maryknoll, NY: Orbis, 1994.

_____. *Struggle to Be the Sun Again: Introducing Asian Women's Theology*. Maryknoll, NY: Orbis, 1990.

Chung, Paul. "The Asian Pursuit of Trinitarian Theology in a Multi-religious Context." *Journal of Reformed Theology* 3(2009) 144–56.

Cobb, John. *Beyond Dialogue: Toward a Mutual Transformation of Christianity and Buddhism*. Philadelphia: Fortress, 1982.

Coffey, David. "The Holy Spirit as the Mutual Love of the Father and the Son." *Theological Studies* 51(1990) 193–229.

Collins, Mary. "Naming God in Public Prayer," *Worship* 59(1985) 291–304.

Collins, Sheila D. "Feminist Theology at the Crossroads." *Christianity and Crisis* 41(1981) 342–47.

Cone, James H. *A Black Theology of Liberation*. Philadelphia: Lippincott, 1970.

_____. *God of the Oppressed*. New York: Seabury, 1975.

Congar, Yves. *I Believe in the Holy Spirit*. Translated by David Smith. New York: Crossroad, 1997.

Conyers, A. J. *God, Hope, and History: Jürgen Moltmann and the Christian Concept of History*. Macon, GA: Mercer University Press, 1988.

Cornelison, Robert T., ed. "The Promise of God's Future: Essays on the Thought of Jürgen Moltmann." *Asbury Theological Journal* 55(2000) 9–142.

Cunningham, David. S. *These Three Are One: The Practice of Trinitarian Theology*. Cambridge: Blackwell, 1998.

Daly, Mary. *Beyond the Father: Toward a Philosophy of Women's Liberation*. Boston: Beacon, 1973.

_____. "Feminist Post-Christian Introduction." In *The Church and the Second Sex*, 15–52. Boston: Beacon, 1985.

D'Costa, G., ed. *Christian Uniqueness Reconsidered: The Myth of a Pluralistic Theology of Religions*. Maryknoll, NY: Orbis, 1990.

_____. *Meeting of Religions and the Trinity*. Maryknoll, NY: Orbis, 2000.

_____. *Theology and Religious Pluralism: The Challenge of Other Religions*. Oxford: Blackwell, 1986.

DeVries, Mark. *Family-Based Youth Ministry*. Downers Grove, IL: InterVarsity, 1994.

Dostoevsky, Fyodor. *The Brothers Karamazov*. Translated by Andrew R. MacAndrew. New York: Bantam, 1988.

Dunn, James D. G. *Christology in the Making*. 2nd ed. London: SCM, 1989.

_____. *The Theology of Paul the Apostle*. Grand Rapids: Eerdmans, 1998.

Ebeling, Gerhard. *Luther: An Introduction to His Thought*. Translated by R. A. Wilson. London: Collins, 1970.

Eckardt, Burnell F. "Luther and Moltmann: The Theology of the Cross." *Concordia Theological Quarterly* 49(1985) 19–28.

Ekka, Jhakmak Neeraj. *Christ as Sacrament and Example: Luther's Theology of the Cross and Its Relevance for South Asia*. Minneapolis: Lutheran University Press, 2007.

Fabella, Virginia, ed. *Asia's Struggle for Full Humanity*. Maryknoll, NY: Orbis, 1980.

Farley, Margaret. "New Patterns of Relationship: Beginnings of a Moral Revolution." *Theological Studies* 36(1975) 627–46.

Fensham, Charles. *Emerging from the Dark Age Ahead: The Future of the North American Church*. Ottawa: Novalis, 2008.

Feuerbach, Ludwig. *The Essence of Faith according to Luther*. Translated by Melvin Cherno. New York: Harper & Row, 1967.

Fiddes, Paul. S. *The Creative Suffering of God*. Oxford: Clarendon, 1988.

_____. *Past and Present Salvation: The Christian Idea of Atonement*. London: Darton, Longman, and Todd, 1989.

_____. "Suffering Divine." In *The Blackwell Encyclopedia of Modern Christian Thought*, edited by Alister E. McGrath, 633–36. Cambridge: Blackwell, 1993.

Forde, Gerhardt O. *On Being a Theologian of the Cross: Reflections on Luther's Heidelberg Disputation*, 1518. Grand Rapids: Eerdmans, 1997.

Fox, Patricia. "The Trinity as Transforming Symbol: Exploring the Trinitarian Theology of Two Roman Catholic Feminist Theologians." *Pacifica* 7(1994) 273–94.

Fretheim, Terence E. *The Suffering of God: An Old Testament Perspective*. Philadelphia: Fortress, 1984.

Frey, Rebecca. "Why Women Want the Goddess: Experiential and Confessional Reflections." *Lutheran Forum* 5(1991) 19–26.

Gabriel, Andrew K. "Beyond the Cross: Moltmann's Crucified God, Rahner's Rule, and Pneumatological Implications for a Trinitarian Doctrine of God." *Didaskalia* 19(2008) 93–111.

Gadamer, Hans-Georg. *Truth and Method*. Translated and revised by Joel Weinsheimer and Donald G. Marshall. New York: Continuum, 2000.

Garcia, Laura. "Femininity and the Life of Faith." In *The Catholic Woman*, edited by Ralph McInerny, 125–30. San Francisco: Ignatius, 1990.

Geertz, Clifford. *The Interpretation of Cultures*. New York: Basic, 1973.

Gibbs, Eddie. "Church Responses to Culture since 1985." *Missiology: An International Review* 35(2007) 158–68.

Gilbert, Kevin James. "Jürgen Moltmann's Theological Method: Evangelical Options?" *Restoration Quarterly* 41(1999) 163–78.

Gilkey, Langdon. *On Niebuhr: A Theological Study*. Chicago: University of Chicago Press, 2001.

Goldenberg, Naomi R. *Changing of the Gods: Feminism and the End of Traditional Religions*. Boston: Beacon, 1979.

Grabowski, Stanislaus. *The All-Present God: A Study in St. Augustine*. St. Louis: Herder, 1953.

Gresake, Gilbert. "Redemption and Freedom." *Theology Digest* 25(1977) 61–65.

Grillmeier, Aloys. *Christ in Christian Tradition*. Vol. 1. Atlanta: Knox, 1975.

Gresham, John L., Jr. "The Social Model of the Trinity and Its Critics." *Scottish Journal of Theology* 46(1993) 325–43.

Grey, Mary. *Redeeming the Dream: Feminism, Redemption and Christian Tradition*. London: SPCK, 1989.

Guder, D. L. *Missional Church: A Vision for the Sending Church in North America*. Grand Rapids: Eerdmans, 1998.

Hall, Douglas John. *Confessing the Faith: Christian Theology in a North American Context*. Minneapolis: Fortress, 1996.

_____. *The Cross in Our Context: Jesus and the Suffering World*. Minneapolis: Fortress, 2003.

_____. *God and Human Suffering: An Exercise in the Theology of the Cross*. Minneapolis: Augsburg, 1986.

_____. *Lighten Our Darkness: Toward an Indigenous Theology of the Cross*. Philadelphia: Westminster, 1976.

_____. "Luther's Theology of the Cross." *Consensus* 15(1989) 7–19.

_____. *Professing the Faith: Christian Theology in a North American Context*. Minneapolis: Fortress, 1993.

_____. *Thinking the Faith: Christian Theology in a North American Context*. Minneapolis: Fortress, 1989.

Hampson, Daphne. "Luther on the Self: A Feminist Critique." In *Feminist Theology: A Reader*, edited by Ann Loades, 215–24. Louisville: Westminster John Knox, 1990.

_____. *Theology and Feminism*. Oxford: Blackwell, 1990.

Haring, Bernard. *Free and Faithful in Christ*. New York: Crossroad, 1984.
Harnack, Adolf von. *What Is Christianity?* New York: Harper, 1957.
Harrison, Verna E. F. "Perichoresis in the Greek Fathers." *St. Vladimir's Theological Quarterly* 35(1991) 53–65.
Hart, Trevor. "Person and Prerogative in Perichoretic Perspective: An Ongoing Dispute in Trinitarian Ontology Observed." *Irish Theological Quarterly* 58(1992) 46–57.
Horowitz, Maryanne Cline. "Aristotle and Women." *Journal of the History of Biology* 9(1976) 183–213.
Haring, Bernard. *Free and Faithful in Christ*. New York: Crossroad, 1984.
Heo, Chun Hoi. *Multicultural Christology: A Korean Immigrant Perspective*. Berne: Lang, 2003.
Heron, A. "Who Proceedeth from the Father and the Son: The Problem of the Filioque." *Scottish Journal of Theology* 24(1971) 149–66.
Hertig, Young Lee. "Asian North American Women in the Workplace and the Church." In *People on the Way*, edited by David Ng, 105–27. Valley Forge, PA: Judson, 1996.
Heschel, Abraham J. *The Prophets*. Vol. 2. Peabody, MA: Prince, 2003.
Heyward, Carter. *Saving Jesus from Those Who Are Right: Rethinking What It Means to Be Christian*. Minneapolis: Fortress, 1999.
Holmes, Stephen R. "Trinitarian Missiology: Towards a Theology of God as Missionary." *International Journal of Systematic Theology* 8(2006) 72–90.
Horowitz, Maryanne Cline. "Aristotle and Women." *Journal of the History of Biology* 9(1976) 183–213.
Hulbert, H. B. *The Passing of Korea. Seoul*. Yonsei University Press, 1969.
Hurh, Won Moo. *Korean Immigrants in America: A Structural Analysis of Ethnic Confinement and Adhesive Adaptation*. Cranbury, NJ: Associated University, 1984.
_____. "Religious Participation: Ethnic Roles of the Korean Church." In Won Moo Hurh and Kwang Chung Kim, *Korean Immigrants in America*, 129–37. Cranbury, NJ: Associated University.
_____. "Toward a Korean-American Ethnicity: Some Theoretical Models." *Ethnic and Racial Studies* 3(1980) 444–63.
Hurh, Won Moo, and Kwang Chung Kim. "Religious Participation of Korean Immigrants in the United States." *Journal for the Scientific Study of Religion* 29(1990) 19–34.

Jaggar, William Leslie. "The Passibility of God as Atonement Motif in the Theology of Martin Luther." PhD diss., Southwestern Baptist Theological Seminary, 1989.

Jensen, Gordon. "The Christology of Luther's Theology of the Cross." *Consensus* 23(1997) 11–25.

Jeremias, Joachim. *New Testament Theology*. Translated by John Bowden. New York: Scribner, 1971.

_____. *The Prayers of Jesus*. Philadelphia: Fortress, 1967.

Johnson, Elizabeth A. *Consider Jesus: Waves of Renewal in Christology*. New York: Crossroad, 1990.

_____. "The Incomprehensibility of God and the Image of God Male and Female." *Theological Studies* 45(1984) 441–65.

_____. "Jesus the Wisdom of God: A Biblical Basis for Non-Androcentric Christology." *Ephemerdes Theologicae Lovanienses* 61(1985) 261–94.

_____. "Redeeming the Name of Christ." In *Freeing Theology*, edited by Catherine M. LaCugna, 115–38. San Francisco: HarperCollins, 1993.

_____. *She Who Is: The Mystery of God in Feminist Theological Discourse*. New York: Crossroad, 1999.

Jowers, Dennis W. "The Theology of the Cross as Theology of the Trinity: A Critique of Jürgen Moltmann's Staurocentric Trinitarianism." *Tyndale Bulletin* 52(2001) 245–66.

Jungel, Eberhard. "The Christian Understanding of Suffering." *Journal of Theology for Southern Africa* 65(1988) 3–13.

_____. "The Relationship between 'Economic' and 'Immanent' Trinity." *Theology Digest* 24(1976) 179–84.

Kadai, Heino O. "Luther's Theology of the Cross." *Concordia Theological Quarterly* 63(1999) 169–204.

Kang, Don-Ku. "Traditional Religions and Christianity in Korea: Reciprocal Relations and Conflicts." *Korea Journal* 38(1998) 96–127.

Kant, Immanuel. Der Streit der Fakultaten(Conflicts of Faculties). Hamburg: Meiner, 1959.

Kärkkäinen, Veli-Matti. *An Introduction to the Theology of Religions: Biblical, Historical and Contemporary Perspectives.* Downers Grove, IL: IVP Academic, 2003.

Käsemann, Ernst. *Essays on New Testament Themes.* London: SCM, 1964.

Kasper, Walter. *The God of Jesus Christ*. Translated by Matthew J. O'Connell. New

York: Crossroad, 1984.

_____. *Jesus the Christ*. Translated by V. Green. London: Burns & Oates, 1976.

Kelly, Robert A. "The Suffering Church: A Study of Luther's Theologia Crucis." *Concordia Theological Quarterly* 50(1986) 3–17.

Kelsey, David. "Whatever Happened to the Doctrine of Sin?" *Theology Today* 50(1993) 169–78.

Keshgegian, Flora A. "The Scandal of the Cross: Revisiting Anselm and His Feminist Critics." *Anglican Theological Review* 82(2000) 475–92.

Kilby, Karen. "Perichoresis and Projection: Problems with Social Doctrines of the Trinity." *New Blackfriars* 81(2000) 432–45.

Kim, Ai Ra. *Women Struggling for a New Life: The Role of Religion in the Cultural Passage from Korea to America*. Albany: State University of New York Press, 1996.

Kim, Andrew E. "A History of Christianity in Korea: From Its Troubled Beginning to Its Contemporary Success." *Korea Journal* 35(1995) 34–53.

_____. "Korean Religious Culture and Its Affinity to Christianity: The Rise of Protestant Christianity in South Korea." *Sociology of Religion* 61(2000) 117–33.

Kim, Grace Ji-Sun. *Grace of Sophia: A Korean North American Women's Christology*. Cleveland: Pilgrim, 2002.

Kim, Grace Sangok. "Asian North American Immigrant Parents and Youth: Parenting and Growing Up in a Cultural Gap." In *People on the Way: Asian North Americans Discovering Christ, Culture, and Community*, edited by David Ng, 129–45. Valley Forge, PA: Judson, 1996.

Kim, Heup Young, and David Ng. "The Central Issue of Community: An Example of Asian North American Theology on the Way." In *People on the Way: Asian North Americans Discovering Christ, Culture, and Community*, edited by David Ng, 25–42. Valley Forge, PA: Judson, 1996.

Kim, In Hoe. "Korean Shamanism: A Bibliographical Introduction." Translated by Youngsik Yoo. In *Shamanism: The Spirit World of Korea*, edited by Richard W. Guisso and Chai-Shin Yu, 12–29. Seoul: Asian Humanities, 1988.

Kim, Kristeen. "Christianity's Role in the Modernization and Revitalization of Korean Society in the Twenty-First Century." *International Journal of Public Theology* 4(2010) 212–36.

Kim, Kwang Chung, and Won Moo Hurh. "Beyond Assimilation and Pluralism: Syncretic Sociocultural Adaptation of Korean Immigrants in the US." *Ethical and Racial Studies* 16(1993) 696–713.

Kim, Kyoung Jae. "Christianity and Cultures: A Hermeneutic Proposal of Mission Theology as Regards Inter-religious Fusion of Horizons in an East Asian Context." *Journal of Asian and Asian American Theology* 7(2005–2006) 64–80.

_____. *Christianity and the Encounter of Asian Religions: Method of Correlation, Fusion of Horizons and Paradigm Shifts in the Korean Grafting Process*. Zoetermeer, Netherlands: Uitgerverij Boekencectrum, 1994.

Kim, Nami. "'My/Our' Comfort Not at the Expense of 'Somebody Else's': Toward a Critical Global Feminist Theology." *Journal of Feminist Studies in Religion* 21(2005) 75–94.

Kim, Samuel S. *Korea's Globalization*. Cambridge: Cambridge University Press, 2000.

Kim, Young(Jung) Han. "Christianity and Korean Culture: The Reasons for the Success of Christianity in Korea." *Voices from the Third World* 27(2004) 7–30.

Kimel, Alvin F., Jr., ed. *Speaking the Christian God: The Holy Trinity and the Challenge of Feminism*. Grand Rapids: Eerdmans, 1992.

Kitamori, Kazuo. *Theology of the Pain of God*. Richmond: Knox, 1965.

Knitter, Paul F. *Jesus and the Other Names: Christian Mission and Global Responsibility*. Maryknoll, NY: Orbis, 1996.

_____. *No Other Name? A Critical Survey of Christian Attitudes toward the World Religions*. Maryknoll, NY: Orbis, 1985.

_____. *One Earth, Many Religions*. Maryknoll, NY: Orbis, 1995.

Koning, Robin. "Clifford Geertz's Account of Culture as a Resource for Theology." *Pacifica* 23(2010) 33–57.

Kooi, Cornelis van der. "Herman Bavinck and Karl Barth on Christian Faith and Culture." *Calvin Theological Journal* 45(2010) 72–78.

Koyama, Kosuke. *Water Buffalo Theology*. Maryknoll, NY: Orbis, 1999.

Kraemer, Hendrik. *The Christian Message in a Non-Christian World*. London: Clarke, 1938.

Kuhn, Thomas S. *The Structure of Scientific Revolution*. Chicago: University of Chicago Press, 1970.

Kuo, Wen H. "Coping with Racial Discrimination: The Case of Asian Americans." *Ethnics and Racial Studies* 18(1995) 109–27.

Kwok, Pui-lan. *Discovering the Bible in the Non-Biblical World*. Maryknoll, NY: Orbis, 1995.

LaCugna, Catherine Mowry. "The Baptismal Formula, Feminist Objections, and Trinitarian Theology." *Journal of Ecumenical Studies* 26, no. 2(1989) 235–50.

_____. *God for Us*. New York: HarperCollins, 1991.

_____. "God in Communion with Us: The Trinity." In *Freeing Theology: The Essentials of Theology in Feminist Perspective*, edited by Catherine Mowry LaCugna, 83–114. San Francisco: HarperSanFrancisco, 1993.

_____. "The Trinitarian Mystery of God." In *Systematic Theology: Roman Catholic Perspectives I*, edited by Francis Schussler Fiorenza and John P. Galvin, 149–91. Minneapolis: Fortress Press, 1991.

LaPorte, Jean. "Philo in the Tradition of Biblical Wisdom Literature." In *Aspects of Wisdom in Judaism and Early Christianity*, edited by Robert Wilkens, 103–41. Notre Dame: University of Notre Dame Press, 1975.

Lazareth, William H. *Christians in Society: Luther, the Bible, and Social Ethics*. Minneapolis: Fortress, 2001.

Lee, Jung Young. "The American Missionary Movement in Korea 1882–1945 and Its Contributions and American Diplomacy." *Missiology: An International Review* 40(1983) 387–402.

_____. "Marginality: A Multicultural Approach to Theology from an Asian American Perspective." *Asian Journal of Theology* 7(1993) 224–53.

_____. *Marginality: The Key to Multicultural Theology*. Minneapolis: Fortress, 1995.

Lerner, Gerda. *The Creation of Patriarchy*. New York: Oxford University Press, 1986.

Lienhard, Marc. *Luther: Witness to Jesus Christ*. Translated by J. A. Bouman. Minneapolis: Augsburg, 1982.

Lilburne, Geoffrey R. "Christology: In Dialogue with Feminism." *Horizons* 11(1984) 7–27.

Loewenich, Walther von. *Luther's Theology of the Cross*. Translated by Herbert J. A. Bouman. Minneapolis: Augsburg, 1976.

Lohse, Bernhard. *Martin Luther: An Introduction to His Life and Work*. Translated by Robert C. Scultz. Philadelphia: Fortress, 1986.

_____. *Martin Luther's Theology: Its Historical and Systematic Development*. Minneapolis: Fortress, 1999.

Lossky, Vladimir. *In the Image and Likeness of God*. Crestwood, NY: St Vladimir's Seminary Press, 1974.

Luther, Martin. *Bondage of the Will*. Translated by J. I. Packer and O. R. Johnson. London: Clarke, 1957.

_____. *Commentary on Genesis*. 2 vols. Translated and edited by J. Theodore Mueller. Grand Rapids: Zondervan, 1968.

_____. *Lectures on Romans. Library of Christian Classics 15*. Translated by Wilhelm Pauck. Philadelphia: Westminster, 1961.

_____. *Luther and Erasmus on Free Will*. Library of Christian Classics 17. Edited by E. G. Rupp. Philadelphia: Westminster, 1969.

_____. *Luthers Werke: Kritische Gesamtausgabe*. 100 vols. Weimar: Böhlaus Nachfolger, 1883–.

_____. *Luther's Works*. Edited by Jaroslav Pelikan, Hilton C. Oswald, and Helmut T. Lehmann. 55 vols. American ed. Vols. 1–30: St. Louis: Concordia; Vols. 31–55: Philadelphia: Fortress, 1955–1986.

_____. *Luther's Works: Epistle Sermons*. Vols. 7 and 9. Edited by John Nicholas Lenker. Minneapolis: Luther, 1908.

_____. *Sermons on the Passion of Christ*. Rock Island, IL: Lutheran Augustana Book Concern, 1871.

_____. *Three Treatises*. Translated by Charles M. Jacobs, A. T. W. Steinhauser, and W. A. Lambert. Philadelphia: Fortress, 1978.

MacCormack, Carol. P. "Nature, Culture, and Gender: A Critique." In *Nature, Culture and Gender*, edited by Carol MacCormack and Marilyn Strathern, 1–24. New York: Cambridge University Press, 1980.

Madsen, Anna M. *The Theology of the Cross in Historical Perspective*. Eugene, OR: Pickwick, 2007.

Maimela, Simon S. "The Atonement in the Context of Liberation Theology." *Journal of Theology for Southern Africa* 39(1982) 45–54.

McDougall, Joy Ann. "The Return of Trinitarian Praxis? Moltmann on the Trinity and the Christian Life." *The Journal of Religion* 83(2003) 177–203.

McFague, Sally. *Metaphorical Theology*. Philadelphia: Fortress, 1982.

McGrath, Alister. *Luther's Theology of the Cross: Martin Luther's Theological Breakthrough*. Oxford: Basil Backwell, 1985.

McIlhenny, Ryan. "A Third–Way Reformed Approach to Christ and Culture: Appropriating Kuyperian Neo–Calvinism and the Two Kingdoms Perspective." *Mid–America Journal of Theology* 20(2009) 75–94.

McLaughlin, Eleanor Commo. "Equality of Souls, Inequality of Sexes: Women in Medieval Theology." In *Religion and Sexism: Images of Woman in the Jewish and Christian Traditions*, edited by Rosemary Radford Ruether, 213–66. New York: Simon and Schuster, 1974.

McWilliams, Warren. "The Passion of God and Moltmann's Christology." *Encounter*

40(1979) 313–26.

_____. "Why All the Fuss about Filioque? Karl Barth and Jürgen Moltmann on the Procession of the Spirit." *Perspectives in Religious Studies* 22(1995) 161–81.

Meeks, M. Douglas. *Origins of the Theology of Hope*. Philadelphia: Fortress, 1974.

Migliore, L. Daniel. *Faith Seeking Understanding*. Grand Rapids: Eerdmans, 1991.

_____. "September 11 and the Theology of the Cross." *Princeton Seminary Bulletin* 23(2002) 54–58.

Min, Anselm Kyongsuk. "Dialectical Pluralism and Solidarity of Others: Towards a New Pluralism." *Journal of the American Academy of Religion* 65(1997) 587–604.

_____. "The Political Economy of Marginality: Comments on Jung Young Lee, Marginality: The Key to Multicultural Theology." *Journal of Asian and Asian American Theology* 1(1996) 82–94.

Min, Pyong Gap. "Cultural and Economic Boundaries of Korean Ethnicity: A Comparative Analysis." *Ethnic and Racial Studies* 14(1991) 224–41.

Min, Pyong Gap, and Dae Young Kim. "Intergenerational Transmission of Religion and Culture: Korean Protestants in the U.S." *Sociology of Religion* 66(2005) 263–82.

Moffat, Samuel Hugh. *The Christians of Korea*. New York: Friendship, 1962.

Moltmann Jürgen. *The Coming of God*. Translated by Margaret Kohl. Minneapolis: Fortress, 1996.

_____. *The Crucified God: The Cross of Christ as the Foundation and Criticism of Christian Theology*. Translated by R. A. Wilson and John Bowden. Minneapolis: Fortress, 1993.

_____. *The Church in the Power of the Spirit: A Contribution to Messianic Ecclesiology*. Translated by Margaret Kohl. London: SCM, 1977.

_____. *Ethics of Hope*. 1st Fortress ed. Translated by Margaret Kohl. Minneapolis: Fortress, 2012.

_____. *Experiences in Theology: Ways and Forms of Christian Theology*. Translated by Margaret Kohl. Minneapolis: Fortress, 2000.

_____. *God for a Secular Society: The Public Relevance of Theology*. 1st Fortress ed. Minneapolis: Fortress, 1999.

_____. *God in Creation: An Ecological Doctrine of Creation:* The Gifford Lectures 1984–1985. Minneapolis: Fortress, 1993.

_____. *History and the Triune God: Contributions to Trinitarian Theology*. Translated by John Bowden. New York: Crossroad, 1992.

_____. "The Inviting Unity of the Triune God." In *History and the Triune God: Contributions to Trinitarian Theology*, translated by John Bowden, 80–90. New York: Crossroad, 1992.

_____. *Man: Christian Anthropology in the Conflict of the Present*. Translated by John Sturdy. Minneapolis: Fortress, 1979.

_____. "Reformation and Revolution." In *Martin Luther and Modern Mind: Freedom, Conscience, Toleration, Right,* edited by Manfred Hoffman, 163–90. Lewiston, NY: E. Mellen, 1985.

_____. "The Social Doctrine of the Trinity." In *The Christian Understanding of God Today*, edited by James Byrne, 104–11. Dublin: Columba, 1993.

_____. *The Spirit of Life: A Universal Affirmation*. Translated by Margaret Kohl. Minneapolis: Fortress, 1992.

_____. *Sun of Righteousness, Arise! God's Future for Humanity and the Earth*. Translated by Margaret Kohl. Minneapolis: Fortress, 2010

_____. *Theology of Hope: On the Ground and the Implications of a Christian Eschatology*. Translated by James W. Leitch. London: SCM, 1965.

_____. *The Trinity and the Kingdom: The Doctrine of God*. Translated by Margaret Kohl. San Francisco: HarperCollins, 1991.

_____. *The Way of Jesus Christ: Christology in Messianic Dimensions*. Minneapolis: Fortress, 1989.

Moltmann-Wendel, Elisabeth. *Autobiography*. Translated by John Bowden. London: SCM, 1997.

_____. "Is There Feminist Theology of the Cross." In *God—His and Hers*, edited by Elisabeth Moltmann-Wendel and Jürgen Moltmann, 77-91. New York: Crossroad, 1991.

_____. *Humanity in God*. London: SCM, 1983.

Mong Ih-Ren, Ambrose. "Approaches to Inter-faith Dialogue: Trinitarian Theology and Multiple Religious Belonging." *Asia Journal of Theology* 24(2010) 285–311.

Mongeau, Gilles. "Classic Rhetoric and the Control of Elemental Meaning." In *Meaning and History in Systematic Theology,* edited by John D. Dadosky, 354–573. Milwaukee: Marquette University Press, 2009.

Moon, Seungsook. "Overcome by Globalization: The Rise of a Women's Policy in South Korea." In *Korea's Globalization,* edited by Samuel S. Kim, 126–46. New York: Cambridge University Press, 2000.

Muller, Richard A. "Incarnation, Immutability and the Case for Classical Theism."

*Westminster Theological Journal* 45(1983) 22–40.

Nestigen, James Arne. "Luther's Heidelberg Disputation: An Analysis of the Argument." In *All Things New: Essays in Honor of Roy A. Harrisville*, edited by Arland J. Hultgren et al., 147–54. St. Paul: Word & World, Luther Northwestern Theological Seminary, 1992.

Neuer, Werner. *Man and Woman in Christian Perspective*. Translated by Gordon Wenham. London: Hodder & Stoughton, 1990.

Newbigin, Lesslie. *The Gospel in a Pluralistic Society*. Grand Rapids: Eerdmans, 1989.

Ng, Greer Anne Wenh-In. "Asian Sociocultural Values: Oppressive and Liberating Aspects from a Woman's Perspective." In *People on the Way: Asian North Americans Discovering Christ, Culture, and Community,* edited by David Ng, 63–103. Valley Forge, PA: Judson, 1996.

Ng, Peter Tae Ming. "Timothy Richard: Christian Attitudes toward Other Religions and Cultures." *Studies in World Christianity* 14(2008) 73–92.

Ngien, Dennis. *The Suffering of God according to Martin Luther's Theologia Crucis*. Vancouver: Regent College, 1995.

Niebuhr, H. Richard. *Christ and Culture*. New York: Harper & Row, 1951.

Oberman, Heiko A. *Luther: Man between God and the Devil*. Translated by Eileen Walliser-Schwarzbart. New York: Doubleday, 1992.

Ochs, Carol. *Behind the Sex of God: Toward a New Consciousness Transcending Matriarchy and Patriarchy*. Boston: Beacon, 1977.

Ogden, Schubert M. "A Priori Christology and Experience." In *Doing Theology Today*, 123–38. Valley Forge, PA: Trinity, 1996.

Otto, Randolph E. "The Use and Abuse of Perichoresis in Recent Theology." *Scottish Journal of Theology* 54(2001) 366–84.

Palmer, Richard E. Hermeneutics. Evanston: Northwestern University Press, 1969.

Pannenberg, Wolfhart. "The Religions from the Perspective of Christian Theology and the Self-Interpretation of Christianity in Relation to the Non-Christian Religions." *Modern Theology* 9(1993) 285–97.

_____. "Religious Pluralism and Conflicting Truth Claims: The Problem of a Theology of the World Religions." In *Christian Uniqueness Reconsidered: The Myth of a Pluralistic Theology of Religions*, edited by Gavin D'Costa, 96–106. Maryknoll, NY: Orbis, 1990.

_____. "Toward a Theology of the History of Religions." In *Basic Questions in Theology*, translated by G. H. Kehm, 2:65–118. London: SCM, 1971.

Park, Andrew Sung. *Racial Conflict and Healing: An Asian-American Theological Perspective*. Maryknoll, NY: Orbis, 1996.

_____. *The Wounded Heart of God: The Asian Concept of Han and the Christian Doctrine of Sin*. Nashville: Abingdon, 1993.

Peach, Lucinda Joy. *Women and World Religions*. Upper Saddle River, NJ: Prentice Hall, 2002.

Pesch, Otto. *The God Question in Thomas Aquinas and Martin Luther*. Philadelphia: Fortress, 1972.

Peters, Ted. "The Atonement in Anselm and Luther: Second Thoughts about Gustaf Aulen's Christus Victor." *Lutheran Quarterly* 24(1972) 301–14.

_____. *God as Trinity: Relationality and Temporality in Divine Life*, 1st ed. Louisville: Westminister John Knox, 1993.

Peterson, Daniel. "We Preach Christ Crucified: Rejecting the Prosperity Gospel and Responding to Feminist Criticism Using Luther's Second Theology of the Cross." *Dialog* 48(2009) 194–201.

Peterson, Mark. "Women without Sons: A Measure of Social Change in Yi Dynasty Korea." In *Korean Women: View from the Inner Room*, edited by Laurel Kendall and Mark Peterson, 37–43. New Haven: East Rock, 1983.

Phan, Peter C. "Jesus the Christ with an Asian Face." *Theological Studies* 57(1996) 399–430.

Pierce, Andrew, and Gerraldine Smyth, eds. *The Critical Spirit: Theology at the Crossroads of Faith and Culture*. Dublin: Columba, 2003.

Pinnock, Clark. *Flame of Love: A Theology of the Holy Spirit*. Downers Grove, IL: Intervarsity, 1996.

_____. *A Wideness in God's Mercy: The Finality of Jesus Christ in a World of Religions*. Grand Rapids: Zondervan, 1992.

Plaskow, Judith. *Sex, Sin, and Grace: Women's Experience and the Theologies of Reinhold Niebuhr and Paul Tillich*. Washington, DC: University Press of America, 1980.

Pless, John T. "Martin Luther: Preacher of the Cross." *Concordia Theological Quarterly* 51(1987) 83–101.

Prenter, Regin. *Luther's Theology of the Cross*. Philadelphia: Fortress, 1971.

Purvis, Sally B. *The Power of the Cross: Foundations for a Christian Feminist Ethic of Community*. Nashville: Abingdon, 1993.

Rahner, Karl. "Anonymous Christians." In *Theological Investigations*, 6:390–98. Baltimore: Helicon, 1969.

_____. "On the Importance of the Non-Christian Religions for Salvation." In *Theological Investigations*, 18:288–95. London: Darton, Longman & Todd, 1983.

_____. "On the Spirituality of the Easter Faith." In *Theological Investigations*, 17:8–15. New York: Crossroad, 1981.

_____. "Remarks on the Dogmatic Treatise De Trinitate." In *Theological Investigations*, 4:77–102.

_____. *The Trinity*. Translated by Joseph Donceel. New York: Herder and Herder, 1970.

Ricoeur, Paul. *Interpretation Theory: Discourse and the Surplus of Meaning*. Fort Worth: Texas Christian University Press, 1976.

Ritschl, Dietrich. "Historical Development and Implications of the Filioque Controversy." In *Spirit of God, Spirit of Christ: Ecumenical Reflections on the Filioque Controversy*, edited by Lukas Vischer, 46–68. London: SPCK, 1981.

Roetzel, Calvin. "The Grammar of Election in Four Pauline Letters." In *Pauline Theology*, edited by David M. Hay, 2:211–33. Society of Biblical Literature Symposium 4. Minneapolis: Fortress, 1993.

Ross, John. *History of Corea: Ancient and Modern, with Description of Manners and Customs, Language and Geography*. London: Stock, 1891.

Ruether, Rosemary Radford. "Christian Feminist Theology: History and Future." In *Daughters of Abraham: Feminist Thought in Judaism, Christianity, and Islam*, edited by Yvonne Yazbeck Haddad and John L. Esposito, 65–80. Gainesville: University Press of Florida, 2001.

_____. "Misogynism and Virginal Feminism in the Fathers of the Church," In *Religion and Sexism: Images of Woman in the Jewish and Christian Traditions*, 150–83. New York: Simon and Schuster, 1974.

_____. "A Religion of Women: Sources and Strategies." *Christianity and Crisis* 39(1979) 307–11.

_____. *Sexism and God-Talk: Toward a Feminist Theology*. Boston: Beacon, 1983.

_____. *To Change the World: Christology and Cultural Criticism*. New York: Crossroad, 1981.

_____. *Women and Redemption: A Theological History*. Minneapolis: Fortress, 1998.

Ruge-Jones, Philip. *Cross in Tensions: Luther's Theology of the Cross as Theologico-Social Critique*. Eugene, OR: Pickwick, 2008.

_____. *The Word of the Cross in a World of Glory*. Minneapolis: Fortress, 2008.

Rupp, E. Gordon. "Luther's Ninety-five Theses and the Theology of the Cross." In

*Luther for an Ecumenical Age: Essays in Commemoration of the 450th Anniversary of the Reformation*, edited by Carl S. Meyer, 67–81. London: Concordia, 1967.

Russell, Letty M. *Church in the Round: Feminist Interpretation of the Church.* Louisville: Westminster John Knox, 1993.

_____. *The Future of Partnership.* Philadelphia: Westminster, 1979.

Ryu, Tong-Shik. *The History and Structure of Korean Shamanism.* Seoul: Yonsei University Press, 1975.

_____. *Tao and Logos.* Seoul: Christian Literature Society, 1978.

Saiving, Valerie. "The Human Situation: A Feminine View." *Journal of Religion* 40(1960) 100–112.

_____. "The Human Situation: A Feminine View." In *Womanspirit Rising: A Feminist Reader in Religion*, edited by Carol P. Christ and Judith Plaskow, 23–42. New York: Harper & Row, 1979.

Sanders, John. *Atonement and Violence: A Theological Conversation.* Nashville: Abingdon, 2006.

Sarot, Marcel. "Auschwitz, Morality and the Suffering of God." *Modern Theology* 7(1991) 135–52.

_____. "Patripassianism, Theopaschitism and the Suffering of God: Some Systematic and Historical Considerations." *Religious Studies* 26(1990) 363–75.

Sasse, Hermann. "Theologia Crucis." *Lutheran Theological Journal* 11(1968) 115–27.

Scaer, David R. "The Concept of Anfechtung in Luther's Thought." *Concordia Theological Quarterly* 47(1983) 15–30.

Schaab, Gloria Lo. "Of Models and Metaphors: The Trinitarian Proposals of Sallie McFague and Elizabeth A. Johnson." *Theoforum* 33(2002) 213–34.

Schillebeeckx, Edward. *Jesus: An Experiment in Christology.* Translated by Hubert Hoskins. New York: Crossroad, 1991.

Schleiermacher, Friedrich. *The Christian Faith.* Edited by H. R. MackIntosh and J. S. Stewart. Edinburgh: T. & T. Clark, 1928.

Schneider, Sandra M. *Women and the Word.* 1986 Madaleva Lecture in Spirituality. New York: Paulist, 1986.

Schreiter, Robert J. *Constructing Local Theologies.* Maryknoll, NY: Orbis, 1985.

Schüssler Fiorenza, Elisabeth. *In Memory of Her: A Feminist Theological Reconstruction of Christian Origins.* New York: Crossroad, 1983.

_____. "Interpreting Patriarchal Traditions." In *The Liberating Word*, edited by Letty M. Russell, 39–61. Philadelphia: Westminster, 1976.

_____. *Jesus: Miriam's Child, Sophia's Prophet: Critical Issues in Feminist Christology*. New York: Continuum, 1994.

_____. "The Will to Choose or to Reject: Continuing Our Critical Work." In *The Feminist Interpretation of the Bible,* edited by Letty M. Russell, 125–36. Philadelphia: Westminster, 1985.

_____. "Wisdom Mythology and the Christological Hymns of the New Testament." In *Aspects of Wisdom in Judaism and Early Christianity*, edited by Robert L. Wilken, 17–42. Notre Dame: University of Notre Dame Press, 1975.

_____. *Wisdom Ways: Introducing Feminist's Biblical Interpretation*. Maryknoll, NY: Orbis, 2001.

_____. "You Are Not to Be Called Father." *Cross Currents* 29(1979) 301–23.

Schweitzer, Don. "Contrasting Approaches to Social Analysis in the Theologies of Douglas Hall and Jurgen Moltmann." *Religious Studies and Theology* 16(1997) 37–54.

_____. "Douglas Hall's Critique of Jürgen Moltmann's Eschatology of the Cross." *Studies in Religion* 27, no. 1(1998) 7–25.

_____. "Jürgen Moltmann's Theology as a Theology of the Cross." *Studies in Religion* 24(1995) 95–107.

Singh, David Emmanuel, and Bernard C. Farr, eds. *Christianity and Cultures: Shaping Christian Thinking in Context.* Cumbria, UK: Regnum, 2008.

Smith, Susan. "Gospel and Culture." *Missiology: An International Review* 34(2006) 337– 48.

Sobrino, Jon. *Christology at the Crossroads: A Latin American Approach*. Translated by John Drury. Maryknoll, NY: Orbis, 1978.

Sölle, Dorothee. *Suffering.* Translated by Everett R. Kalin. Philadelphia: Fortress, 1975.

Song, C. S. *Jesus, the Crucified People.* New York: Crossroad, 1990.

Southern, R. W. *The Making of the Middle Ages*. New Haven: Yale University Press, 1953.

Stanton, E. Cady, S. B. Anthony, and M. J. Gage, eds. *History of Woman Suffrage*. Vol. 1. New York: Fowler & Wells, 1881.

Starkloff, Carl F. "The Problem of Syncretism in the Search for Inculturation." *Mission* 1(1994) 76–96.

_____. *A Theology of the In-Between*. Milwaukee: Marquette University Press, 2002.

Stassen, Glen H. "Concrete Christological Norms for Transformation." In *Authentic*

*Transformation: A New Vision of Christ and Culture*, edited by Glen H. Stassen, D. M. Yeager, and John Howard Yoder, 127–89. Nashville: Abingdon, 1996.

Steinmetz, David. C. *Luther in Context*. Bloomington: Indiana University Press, 1986.

Stewart, Charles, and Rosalind Shaw. *Syncretism/Anti-Syncretism: The Politics of Religious Synthesis*. London: Routledge, 1994.

Strelan, John G. "Theologia Crucis, Theologia Gloriae: A Study in Opposing Theologies." *Lutheran Theological Journal* 23(1989) 99–113.

Suchocki, Marjorie. "The Unmale God: Reconsidering the Trinity." *Quarterly Review* 3(1983) 34–49.

Suh, Nam Dong. *A Theology of the Changing Era*. Seoul: Korean Theological Study Institute, 1976.

―――. "Toward a Theology of Han." In *Minjung Theology*, edited by Yong-bok Kim, 51–68. Singapore: Commission on Theological Concerns, Christian Conference of Asia, 1981.

Tanner, Kathryn. *Christ the Key*. Cambridge: Cambridge University Press, 2010.

―――. "Kingdom Come: The Trinity and Politics." *The Princeton Seminary Bulletin* 27(2007) 129–45.

―――. *Theories of Culture: A New Agenda for Theology*. Minneapolis: Fortress, 1997.

Tappet, Theodore G., ed. *The Book of Concord*. Philadelphia: Fortress, 1959.

Thiemann, Ronald F. "Beyond Exclusivism and Absolutism: A Trinitarian Theology of the Cross." In *God's Life in Trinity*, edited by Miroslav Volf and Michael Welker, 118–29. Minneapolis: Fortress, 2006

Thistlethwaite, Susan. "On the Trinity." In *Lift Every Voice: Constructing Christian Theologies from the Underside*, edited by Susan Brooks Thistlethwaite and Mary Potter Engel, 115–26. Maryknoll, NY: Orbis, 1998.

Thomas, M. M. "The Absoluteness of Jesus Christ and Christ-Centered Syncretism." *Ecumenical Review* 37(1985) 387–97.

Thompson, Deanna A. *Crossing the Divide: Luther, Feminism, and the Cross*. Minneapolis: Fortress, 2004.

Thompson, John. "Christology and Resurrection in the Theology of Karl Barth." In *Christ in Our Place,* edited by Trevor A. Hart and Daniel P. Thimell, 207–23. Exeter, UK: Paternoster, 1989.

―――. "Modern Trinitarian Perspectives." *Scottish Journal of Theology* 44(1991) 349–65.

Tillich, Paul. *Christianity and the Encounter of the World Religions*. New York: Columbia

University Press, 1961.

_____. *On the Boundary*. New York: Scribner's, 1966.

_____. *The Religious Situation*. 1932. Reprint, Cleveland: World, 1964.

_____. *The Shaking of the Foundations*. New York: Scribner's, 1953.

_____. *Theology of Culture*. Oxford: Oxford University Press, 1959.

_____. What Is Religion? New York: Harper & Row, 1969.

Tinder, Galen. "Luther's Theology of Christian Suffering and Its Implications for Pastoral Care." *Dialog* 25(1986) 108–13.

Tonstad, Linn Marie. "Sexual Difference and Trinitarian Death: Cross, Kenosis, and Hierarchy in the Theo-Drama." *Modern Theology* 26(2010) 603–31.

Tracy, David. *The Analogical Imagination: Christian Theology and the Culture of Pluralism*. New York: Crossroad, 1981.

Trible, Phyllis. *God and the Rhetoric of Sexuality*. Philadelphia: Fortress, 1978.

Vanhoozer, Kevin J. "The World Well Staged? Theology, Culture, and Hermeneutics." In *God and Culture*, edited by D. A. Carson and John D. Woodbridge, 1–30. Grand Rapids: Eerdmans, 1993.

Vercruysse, Joseph E. "Luther's Theology of the Cross at the Time of the Heidelberg Disputation." *Gregorianum* 57(1976) 523–48.

Volf, Miroslav. *After Our Likeness: The Church as the Image of the Trinity*. Grand Rapids: Eerdmans, 1998.

_____. "'The Trinity is Our Social Program': The Doctrine of the Trinity and the Shape of Social Engagement." *Modern Theology* 14(1998) 403–23.

Walsh, Brian J. "Transformation of Culture: A Review Essay." *Conrad Grebel Review* 7(1989) 253–67.

Weaver, J. Denny. "Atonement for the Non-Constantinian Church." *Modern Theology* 66(1990) 307–23.

_____. *The Nonviolent Atonement*. Grand Rapids: Eerdmans, 2001.

_____. "Violence in Christian Theology." *Cross Currents* 51, no. 2(2001) 150–76.

Weber, Max. *The Sociology of Religion*. Boston: Beacon, 1963.

Wells, Harold. *The Christic Center: Life-Giving and Liberating*. Maryknoll, NY: Orbis, 2004.

_____. "The Holy Spirit and Theology of the Cross: Significance for Dialogue." *Theological Studies* 53(1992) 476–92.

_____. "Korean Syncretism and Theologies of Interreligious Encounter: The Contribution of Kyung Jae Kim." *Asia Journal of Theology* 12(1998) 56–76.

_____. "The Theology of the Cross and the Theologies of Liberation." *Toronto Journal of Theology* 17(2001) 147–66.

_____. "Trinitarian Feminism: Elizabeth Johnson's Wisdom Christology." *Theology Today* 52(2004) 330–43.

Westhelle, Vitor. *The Scandalous God: The Use and Abuse of the Cross*. Minneapolis: Fortress, 2007.

Wiesel, Elie. *Night, Dawn, The Accident: A Trilogy*. New York: Hill and Wang, 1987.

Williams, Delores S. "Black Women's Surrogate Experience and the Christian Notion of Redemption." In *After Patriarchy: Feminist Transformations of the World Religions*, edited by Paula M. Cooey et al., 1–14. Maryknoll, NY: Orbis, 1990.

_____. *Sisters in the Wilderness: The Challenge of Womanist God-talk*. Maryknoll, NY: Orbis, 1993.

Wilson-Kastner, Patricia. *Faith, Feminism and the Christ*. Philadelphia: Fortress, 1983.

Wink, Walter. *Engaging the Powers: Discernment and Resistance in a World of Domination*. Minneapolis: Fortress, 1992.

_____. *Naming the Powers: The Language of Power in the New Testament*. Vol. 1. Philadelphia: Fortress, 1984.

Wolfson, Harry Austryn. *The Philosophy of the Church Fathers*. Cambridge, MA: Harvard University Press, 1956.

Wood, James. "Two Kingdoms—in America?" *Currents in Theology and Mission* 14(1989) 165–76.

Wynne, Jeremy J. "Serving the Coming God: The Insights of Jürgen Moltmann's Eschatology for Contemporary Theology of Mission." *Missiology: An International Review* 35(2007) 437–52.

Yu, Eui-Young, and Earl H. Phillips, eds. *Korean Women in Transition: At Home and Abroad*. Los Angeles: Center for Korean-American and Korean Studies, California State University, 1987.

Zimany, Roland. "Views and Counterviews: Moltmann's The Crucified God." *Dialog* 15(1977) 49–56.

Zizioulas, John. *Being as Communion: Studies in Personhood and the Church*. Crestwood, NY: St. Vladimir's Seminary, 1985.

# 인명 색인

## ㄱ

가다머(Gadamer, Hans-Gorg) 18, 19, 20, 21, 22, 28, 30, 33, 40, 42, 44, 57, 67

곽 푸이란(Kwak, Pui-lan) 40

귀쏘, 리차드(Guisso, Richard W.) 51

길키, 랭든(Gilkey Langdon) 103

김경재(Kim, Kyoung Jae) 17, 18, 23, 24, 25, 26, 28, 35, 36, 38, 41, 42, 43, 60

김애라(Kim, Ai Ra) 45, 46

김재준(Kim, Chai-Choon) 35, 36, 37, 38, 46

## ㄴ

나지안주스의 그레고리(Gregory of Naziansus) 80, 94, 98, 196, 197, 198, 218

노이어, 베르너(Neuer, Werner) 259, 260

니버, 리차드(Niebuhr, H. Richard) 35, 103, 104, 105, 106

니엔, 데니스(Ngien, Dennis), 153, 156

니터, 폴(Knitter, Paul F.) 275

## ㄷ

다마스커스의 요한(John of Damascus) 198, 199, 219

댈리, 메리(Daly, Mary) 70, 71

던, 제임스(Dunn, James) 136

도스토예프스키(Dostoevsky, Fyodor) 114, 166

## ㄹ

라너, 칼(Rahner, Karl) 119, 203, 204, 205, 222, 262

라쿠나, 캐서린(LaCugna, M. Catherine) 84, 85, 91, 92, 93, 94, 97, 139, 166, 204, 212, 257, 258, 259, 260, 261, 280, 285

램셔-슈미트, 게일(Ramshaw-Shmidt, Gail) 83

러셀, 레티(Russell, Letty) 73, 83, 258

로스, 존(Ross, John) 28

뢰첼, 칼빈(Roetzel, Calvin) 143

루터, 마틴(Luther, Martin) 105, 107, 126, 127, 130, 140, 142, 143, 144, 145, 146, 147, 148, 149, 150, 151, 152, 153, 154, 158, 264, 287

류더, 로즈메리(Reuther, Rosemary) 72, 73, 96

## ㅁ

맥그라스, 알리스터(McGrath, Alister) 144

맥두걸, 조이 앤(McDougall, Joy Anne) 67, 217, 218, 219, 224, 226, 235, 242, 245, 247

몰트만, 위르겐(Moltmann, Jürgen) 67, 73, 84, 95, 106, 108, 111, 112, 116, 140, 141, 142, 143, 148, 151, 157, 158, 159, 160, 161, 162, 163, 164, 165, 166, 167, 169, 170, 171, 172, 173, 174, 175, 176, 177, 178, 179, 180, 181, 182, 183, 184, 185, 186, 187, 188, 189, 190, 191, 195, 196, 199, 200, 201, 202, 203, 204, 205, 206, 207, 208, 209, 212, 213, 214, 215, 216, 217, 218, 219, 220, 221, 222, 223, 224, 225, 226, 227, 232, 233, 234, 235, 236, 237, 238, 239, 240, 241, 242, 243, 244, 245, 246, 247, 248, 252, 253, 258, 262, 263, 266, 268, 273, 274, 275, 280, 287

몰트만-웬델, 엘리자베스(Moltmann-Wendel, Elisabeth) 73, 106, 111, 112, 187, 188

## ㅂ

박형룡(Park, Hyung-Nong) 32, 33, 35, 38, 44, 272

보컴, 리차드(Backham, Richard) 166, 167

보톰, 프란시스(Bottome, Francis) 102

보프, 레오나르도(Boff, Leonardo) 81, 82, 212, 215, 280

본회퍼, 디트리(Dietrich Bonhoeffer) 147

볼프, 미로슬라브(Volf, Miroslav) 212, 227, 228, 229, 230, 231, 253, 254, 255, 258

불트만, 루돌프(Bultmann, Rudolf) 32

브라운, 조안 칼슨(Brown, Joanne Carlson) 108, 285

브라운, 헌터(Brown, Hunter) 125

브로크, 리타 나카시마(Broch, Rita Nakashima) 108, 109, 110, 120, 248, 285

## ㅅ

서남동(Suh, Nam Dong) 33, 34, 35, 50

세이빙, 벨러리(Saiving, Valerie) 103, 104, 249

슐라이어마허(Schleiermacher, Friedrich)

221

스타클로프, 칼 (Starklof, Carl) 43

## ㅇ

아디프라세티야, 조아스(Adiprasetya, Joas) 196, 197, 198, 218, 219

아리스토텔레스(Aristotle) 96, 174

아리우스(Arius) 92, 94, 97, 260

아울렌, 구스타프(Aulen, Gustaf) 61, 126

아퀴나스, 토마스(Aquinas, Thomas) 77, 96, 97

아타나시우스(Athanasius of Alexandria) 97

안병무(Ahn, Byung Mu) 250, 251

안셀(Ansell, Nik) 189, 244

안셀름(Anselm of Canterbury) 61, 62, 119, 120, 121, 122, 123, 124, 125, 126, 127, 128, 129, 130, 131, 132, 133, 134, 135, 136, 137, 139, 140, 286, 287

알렉산드리아의 슈도-키릴(Pseudo-Cyril of Alexandria) 155, 197, 198, 219

알렉산드리아의 필로(Philo of Alexandria) 87, 88, 175

앤드류 성 박(Park, Andrew Sung) 181, 237, 238, 239, 240, 241, 246

어거스틴(Augustine of Hippo) 76, 181, 182, 190, 242

웰즈, 헤롤드(Wells, Harold) 42, 151, 276

위버, 데니(Weaver, J. Denny) 127, 128, 132, 133, 134

위젤, 엘리(Wiesel, Ellie) 113, 114, 167, 168, 169

윌리암스, 드로레스(Williams, Delores) 108, 109, 285

윌슨-카스트너, 패트리샤(Wilson-Kastner, Patricia) 250

유동식(Ryu, Tong-Shik) 25, 39, 40, 41

## ㅈ

정현경(Chung, Hyun Kyung) 33, 34, 35

조용기(Cho, Yonggi) 31

조워스(Weaver, J. Denny) 186, 187

존슨, 엘리자베스(Johnson, Elizabeth) 66, 73, 74, 81, 82, 83, 85, 87, 98, 99, 117, 284, 286

죌레, 도로시(Dorothee Soelle) 113, 285

지지울러스, 존(Zizioulas, John) 212, 254

## ㅊ

참회자 맥시머스(Maximus the Confessor) 218

최희안(Choi, Hee An) 52, 58, 59, 60

## ㅋ

카, 앤(Carr, Anne) 96, 118, 141
카스퍼, 월터(Kasper, Walter) 124, 125
칸트, 임마누엘(Kant, Immanuel) 221
캐슬, 스티븐(Castle, Stephen) 48
케슈게기언, 플로라(Keshgegian, Flora A.) 130
콘, 제임스(Cone, James) 136
콩가, 이브스(Congar, Yves) 81, 82
쿤, 토마스(Kuhn, Thomas) 17, 18
크라이스트, 캐롤(Christ, Carol P.) 70, 71
크로스비(Francis Jane [Fanny] Crosby 102
킬비, 캐런(Kilby, Karen) 213, 215, 216, 217, 218, 219, 226

## ㅌ

태너, 캐스린(Tanner, Kathryn) 226
톰슨, 디애나(Thompson, A. Deanna) 107
트리블, 필리스(Trible, Phylis) 68, 70
티슬스웨이트, 수잔 부룩스(Susan Brooks Thistlethwaite) 84
틸리히, 폴(Paul Tillich) 43, 44

## ㅍ

파커, 레베카(Parker, Rebecca) 108, 120, 124, 285
퍼비스, 쌜리(Purvis, Sally) 106
포드(Forde, Gerhardt) 145
폽케스(Popkes, Wiard) 187, 188
프레이, 레베카(Frey, Rebecca) 105
플라스코우, 주디스(Plaskow, Judith) 104
플라톤(Plato) 174, 203
피데, 폴(Paul Fiddes) 173, 186
피오렌자, 엘리자베스(Elisabeth Schüssler Fiorenza) 55, 56, 66, 68, 73, 85, 86, 87, 139, 257, 258, 260

## ㅎ

하르낙, 아돌프(Von Harnack, Adolf) 220
하르트, 트레보(Hart, Trevor) 194, 195, 223
하링, 버나드(Haring, Bernard) 100
하이데거, 마르틴(Heidegger, Martin) 19, 22
한은숙(Han, Eun Sook) 250
햄프슨, 다프니(Hampson, Daphne) 70, 71, 104, 249
허천회(Heo, Chun Hoi) 268
헤셀, 아브라함(Heschel, J. Abraham) 175, 188
홀, 더글라스(Hall, Douglas John) 16, 147, 264

# 주제 색인

## ㄱ

감성 신학(pathetic theology) 172, 175, 176

개혁주의 페미니스트(reformist feminist) 73, 172, 175, 176

경륜적 삼위일체(economic Trinity) 84, 172, 175, 176, 203, 204, 205, 207, 262

관계의 유비(analogia relationis) 172, 175, 176, 213, 232, 234, 235, 280

관계적 모방(imitatio relationis) 172, 175, 176

관계적 실천(relational praxis) 172, 175, 176, 270

그리스도를 본받아(imitatio Christi) 172, 175, 176

그리스도의 대행 98, 110, 112, 259, 261

기독교왕국(Christendom) 172, 175, 176

## ㄴ

내재적 삼위일체(immanent Trinity) 172, 175, 176, 203, 204, 207, 213, 216, 217, 218, 262

넘치는 은혜(surplus of grace) 172, 175, 176

능동적 고난(passio activa) 172, 175, 176

니버의 죄 개념(Nibuhrian conception of sin) 172, 175, 176

니케아 콘스탄티노플 신조(Niceno-Constantinopolitan Creed) 172, 175, 176

## ㄷ

다원주의(pluralism) 19, 23, 33, 35, 40, 41, 44, 49, 232, 235, 237, 246, 248, 249, 272, 274, 275, 276, 282, 288, 289

동등한 제자도(discipleship of equals) 172, 175, 176, 260, 261

두 왕국론(theology of the two kingdoms) 150

두 정부론(theology of the two governments) 150

## ㅁ

무감동성(impassible/impassibility) 172, 174, 175, 176

무감성,아파테이아 110, 112, 157, 1 172, 174, 175

## ㅂ

방법론적 우상(methodolatry) 71
배타주의자(exclusivist) 45, 71
변증법적 기독론(dialectical Christology) 71, 161, 162
비상조치(emergency measure) 71
비움 100, 108, 110, 112, 179

## ㅅ

사랑의 능력(erotic power) 71, 110, 112

사회적 삼위일체(social Trinity) 44, 66, 67, 89, 106, 140, 141, 142, 190, 202, 206, 209, 210, 211, 212, 213, 214, 216, 217, 224, 226, 232, 235, 236, 237, 241, 242, 246, 247, 248, 250, 252, 253, 256, 257, 258, 260, 261, 268, 272, 273, 274, 275, 276, 280, 282, 287, 288, 289

사회적 유비(social analogies) 80, 216

사회적 프로그램(social program) 202, 215, 216, 229

삼위일체의 계시자(revealer of the Trinity) 204, 223, 224, 225

상보성 신학(theology of compleme-ntarity) 95

상황신학(contextual theology) 314, 320

샬롬의 승리(victory of shalom) 117, 286

성령의 보편성(universality of the Spirit) 279

세계 속의 존재들(Beings-in-the-world) 64

속성 간의 교류(cummunicatio idiomatum) 173, 174

숨으신 하나님(hidden God) 144, 157

승리주의(triumphalism) 252, 263, 264, 265

신격화(apotheosis) 220

십자가-부활 변증법(cross-resurrection dialectic) 117

십자가 신학(theologia cruces) 16, 46, 50, 63, 64, 66, 67, 73, 101, 106, 108, 116, 120, 121, 138, 140, 141, 142, 143, 144, 146, 147, 148, 149, 150, 151, 153, 158, 159, 160, 161, 164, 173, 176, 180, 181, 186, 187, 188, 190, 209, 213, 214, 228, 237, 246, 249, 252, 264, 273, 280, 282, 283, 287, 288

## ㅇ

아리우스주의(Arianism) 97
아우슈비츠(Auschwitz) 113, 167, 168
알렉산드리아 기독론(Alexandrian Christology) 155
양태론(modalism) 85, 139, 194, 196, 200, 222
열린 삼위일체(open Trinity) 201, 288
열린 우정(open friendship) 236, 237, 266, 267, 280
영광 신학(theologia gloriae) 107, 144, 146, 147, 148, 156, 264
오만(hubris) 106
우주론적 논증(cosmological argument) 165
우주적 아동학대(cosmic child abuse) 120, 315, 321
이해의 이전 구조(fore-structure (vor-struktur) of understanding 21, 27
인정론(anthropodicy) 167

## ㅈ

자연신학(natural theology) 38, 165
자율성(autonomy) 106, 247, 249
정통신앙(De Fide Orthodoxa) 316, 321
존재 양태(seinsweisen, the modes of being) 192, 194
지평(horizont) 18, 19, 21, 22, 27, 28, 30, 31, 32, 33, 40, 41, 42, 43, 44,
지평 융합(fusion of horizons) 19, 22, 30, 31, 32, 33, 42, 43, 44

## ㅊ

차영지 운동(SLNG: Spiritual Leaders for the Next Generation) 268, 269

## ㅋ

케노시스 86, 110, 112
코이노니아, 친교(Koinonia) 66, 90, 95, 139, 190, 215, 222, 232, 234, 242, 254, 262, 263, 266, 268, 269, 281
크리스투스 빅터, 승리자 그리스도(Christus Victor) 61, 62, 63, 131

## ㅌ

타율(heteronomy) 30
탈역사화(de-historicize) 136
투사(projection) 165, 213, 214, 216, 217, 218, 219, 226

## ㅍ

파토스(pathos) 176
페리코레시스(perichoresis) 95, 142,

143, 190, 196, 197, 198, 199, 200, 201, 202, 203, 211, 216, 218, 219, 222, 223, 230, 233, 246, 247, 254, 261, 275, 276, 277, 285, 287

편견(prejudice) 19, 20, 21, 23, 27, 31, 45, 57, 75, 237, 258, 261, 266

표준 규범(norma normans) 220

필리오케, 아들로부터(filioque) 206

## ㅎ

하나님 앞에서(coram Deo) 27, 145, 149, 150

하나님은 왜 사람이 되었는가(Cur Deus Homo) 120, 134, 137, 140

하나님의 남성성(maleness of God) 75, 76, 91, 98

하나님의 정의(iustitia Dei) 123

하나님의 죽음(theopaschitic) 64, 178, 179

하나님의 형상(imago Dei) 83, 211, 212, 213, 229, 232, 233, 234, 235, 243, 259, 280, 282

하이델베르크 논쟁(Heidelberg Disp-utation) 264, 317, 322

혁명적 페미니스트(revolutionary femi-nist) 70

혼합주의(syncretism) 30, 42, 44, 70, 317, 323